上海市人文社科基地华东政法大学外国法与比较法研究院建设项目
国家重点学科华东政法大学法律史学科建设项目
上海市教委高水平建设项目·国际法与比较法研究

比较法文丛

主编/何勤华

6

解读约因
英美合同之效力基石

陈　融　著

法律出版社

总　序

自 1978 年改革开放以来，我国在外国法或西方法的研究方面取得了重大成就。这方面的系列丛书可谓琳琅满目，其中，影响较大的有：商务印书馆的“汉译世界学术名著丛书”（法学部分，1981 年）及“法学译丛”（2004 年）、中国大百科全书出版社的“外国法律文库”（1991 年）、中国政法大学出版社的“当代法学名著译丛”（1990 年）及“美国法律文库”（2001 年）、北京大学出版社的“比较法学丛书”（1998 年）、中国法制出版社的“西方法哲学文库”（2001 年）、清华大学出版社的“比较法学丛书”（2001 年）、上海人民出版社的“世界法学名著译丛”（2001 年）、北京大学出版社的“外国法与比较法文库”（2008 年），等等。

然而，在上述众多的系列丛书中，真正冠以“比较法”字样的丛书还不是很多。的确，在 20 世纪 80 年代到 90 年代期间，我国也先后出版了诸如：茨威格特和克茨的《比较法总论》（贵州人民出版社 1992 年版）、勒内·达维德的《当代主要法律体系》（上海译文出版社 1984 年版）、梅利曼的《大陆法系》（知识出版社 1984 年版）、大木雅夫的《比较法》（法律出版社 1999 年版）等比较法方面的经典。但是，出版这些著作大多都是当时一种零星的、偶尔的出版行为，并非系统策划的比较法系列丛书。

众所周知，21 世纪的中国已步入法治建设的攻坚阶段。今后，对于外国法的吸收、借鉴和移植将是我国一项大量的、经常性的任务。要顺利完成这一任务，离不开发达的比较法研究。而当下我国比较法著作缺乏出版途径的现状已严重制约了比较法研究的繁荣和发展。因此，加强比较法方面的研究和出版,成为我国学界和出版界一项刻不容缓的工作。

鉴于此,法律出版社高瞻远瞩,勇挑重担,与华东政法大学共同策划、出版一套《比较法文丛》,以期为我国比较法的研究和出版开辟一个新的途径。本文丛以扶植中青年学者,尤其是法学博士、博士后,为这些法学新秀提供一个出版的平台为目的。为此,特选择一批国内最新且富有特色的比较法著作进行出版,同时,也可容纳部分纯粹的外国法方面的译著、专著。

本文丛的主要原则和特色是:在百花齐放、百家争鸣的前提下,坚持质量第一,宁缺毋滥,不定期出版的原则。具体将体现为以下三点特色:第一,本文丛的著作,应属国内学术界没有涉及的课题,具有填补法学研究空白的特色;第二,本文丛的著作,应是国内学术界都很感兴趣,但还没有系统研究或未及时挖掘的课题;第三,本文丛的著作,应具有比较高的文献史料价值,能为学术界进一步研究提供基础性的资料。我相信,《比较法文丛》的出版,一定会为我国比较法研究的进步与发展作出新的贡献。

本文丛的出版,得到了法律出版社沈小英分社长的全力支持和帮助,也得到了华东政法大学外国法与比较法研究院的建设经费资助。在此,特表示诚挚的谢意。

何勤华

于华政人可居

2010 年 9 月 19 日

目　录

导　论

一、人类对合同效力基石的持续探索

合同是自发产生于人类生产生活中的法律行为，而关于合同的记载和探讨无疑是人类文明的重要组成部分。在欧洲大陆，后经院哲学家利用亚里士多德和托马斯哲学中的概念对罗马法条文进行解读，原因理论得以形成。于是，合同法在16世纪第一次得到系统的归纳，法学先辈们为合同效力寻找到了哲理源泉。

十七八世纪被称为理性法的时代，霍布斯（Hobbes）、洛克（Locke）、普芬道夫（Pufendorf）和巴比拉克（Barbeyrac）等近代自然法学家基于理性自明的信念，对后经院学派借助亚里士多德及阿奎那哲学构建的理论发起攻击。法律原则的重构发生于19世纪，在合同法领域的成就就是"意志合同论"（will theory of contract）的提出。该种理论认为，合同的达成就是对当事人意志的表达，而不是对德性的践行，当事人的义务表明他对自身意志的服从，而不是源自合同的实质。

"意志合同论"成为合同效力依据的古典解释模式，与19世纪自由放任的政治经济哲学相辅相成。抽象的合同自由促进了法律一般原则的形成以便为商业活动提供确定而有预期的指导，有助于合同法实现对其他私法部门的吞并，并上升为19世纪私法的核心。然而，作为近代自然法观念的产物，"意志合同论"不可避免地烙上了先验哲学的印记。它的理论前提是：所有的人都是"理性经济人"，都有充分自由和平等的签约能力。19世纪末20世纪初以来，市场扩张和大工业生产带来的种种社会矛盾已使人们清醒地意识到，抽象合同自由只是神话传说,“意志合同论”的危机日益显现。从此,关于合同效力基础的理论此消彼长、各抒己见。

“交易合同论”(bargain theory)是普通法世界在19世纪以来的主导合同理论。“交易合同论”体现了自由主义、个人主义的价值取向以及对交易的促进。该理论由英国法学家波洛克(Pollock)和美国法学家霍姆斯(Holmes)共同创立,其中心思想是:允诺不因允诺人的严肃意向而对允诺人产生约束力,允诺人必须从受诺人那里要求某种东西作为允诺的交换或代价。合同关系当事人必须遭受“法律受损”或得到“法律获益”作为支撑合同的约因(consideration),但约因与允诺的交换关系是合同效力的基础。① “交易约因论”符合当时的社会共同体观念(community standards)、市场经济背景和“合意论”等思想。②

以德国的沃纳·福卢姆(Werner Flume)及美国的查尔斯·弗里德(Charles Fried)为代表的“允诺合同论”(promise theory of contract)充分体现了合同自由的精神,并以康德哲学为基础。“允诺合同论”认为,法院不必关注约因或交易的存在,合同的生命力来自允诺本身,一个人有遵守诺言的道德义务。③“允诺合同论”的重大贡献是唤起人们重视道德在合同理论中的重要意义。但事实上,法院强制执行所有允诺是不现实的,也是不必要的。而且,一个允诺生效后不仅对允诺人有影响,允诺不能仅仅因允诺人的履约义务就生效。

美国法学家富勒(Lon. L. Fuller)和英国著名合同法学家阿提亚(Patrick S. Atiya)是“信赖合同论”的代表。他们强调,受诺人的合理信赖损失是允诺人承担责任的前提,即便合同没有缔结。合同法应该从传统的预期利益保护转向对信赖利益的保护。信赖学说对传统“交易约因论”及古典合同法带来巨大冲击,反映了现代合同法对实质正义的关注。但是,该理论所倡导的责任基础和救济的性质都还有待争论。而且,信赖损失在实践中常常难以证明或计算。实践调查表明,信赖学说在案件审理中的影响力在持续下降,司法部门倾向于选择可预期的市场交易规则而拒绝与商业效益相悖的政策考虑。④

以美国法学教授波斯纳(Richard A. Posner)为杰出代表的经济分析法学

---

① Oliver Wendell Holmes, *The Common Law*, with a new introduction by Tim Griffin. Transaction Publishers: New Brunswick (U. S. A.) and London (U. K.) 2004, p. 230.

② Kevin M. Teeven, *A History of the Anglo-American Common Law of Contract*, Greenwood Press, New York, 1990, p. 224.

③ Charles Fried, *Contract as Promise: A Theory of Contractual Obligations* (1981), 91 Yale LJ 404 (1981).

④ Robert A. Hillman, *Questioning The New Consensus On Promissory Estoppel: An Empirical and Theoretical Study*, 98 Columbia Law Review (1998), pp. 580 – 588.

(Economic Analysis of Law)是20世纪70年代初首先在美国兴起的法学思潮。该学派认为,人们自愿发生交易的原因是想谋求各自经济利益的最大化,交易使人们以放弃现有资源为条件而获得更有价值的资源回报,使资源流向更有价值的使用,从而增加分配的有效性。[①] 所以,合同法的价值在于保障自愿交易的实现,而合同的效力依据是交易通过追求私利而增进了社会的福利。经济分析法学派为合同法研究引入了经济学视角。但是,其以财富最大化为核心的效用观念过于狭隘,有效违约理论也不利于社会信用的建立,增加人们的交易风险和成本,有悖于合同法的根本目的。

美国学者麦克尼尔(Macneil)等人认为,上述现代合同学说并不适应现实社会的需要,只有经过对形成当事人交易基础的社会环境和大量习惯的调查才能理解合同法。社会学上的合同是为实现将来一定事态的当事人间的企划,在合同所属的社会关系中,被容许的合同内容是自然决定下来的,企图将这种事实认识提升到法世界的,便是关系合同论。[②] "关系合同论"的崭新之处是,合同的拘束力的根源不只存在于当事人的合意,或信赖,还应该存在于合同背后的社会关系和共同体的社会规范。"关系合同论"强调交换的丰富价值,而不是财富的最大化。但是,关系理论所遭遇的批评也不少。第一,关系理论关注对当事人行为的描述,缺乏对当事人和法院的行为提供充分的指导。例如,它缺少一个"可预见的原则"对可强制执行的协议和不能强制执行的协议进行区分。第二,对合同效力的确认需要广泛的社会调查,这似乎超出了法院在个案中作出裁决的能力。第三,关系理论依赖于关系所产生的规范,但并未确立评价这些规范的标准。[③]

本书拟对英美合同法中合同效力的正当性依据——约因原则进行历史追溯和现实评说。上述简短文字追溯了人类对合同效力源泉的苦苦探索,只是想为研究对象搭建更宽广的舞台,以便展示其独特魅力和本文研究的价值。考虑到已有文献对上述内容做精彩论述,而且本书正文部分对上述问题也有所涉及,于是,笔者在此只想简要地对本书的写作问题做些说明,以方便读者阅读。

二、consideration的法律翻译及解释:"约因"或"对价"

"consideration"是一个常见的英语单词,它的意思亦很常用,如考虑、动机、原因、体贴、照顾、补偿、报偿、酬报等。consideration 作为一个合同法术语包含了上述

---

① [美]罗伯特·A.希尔曼著:《合同法的丰富性:当代合同法理论的分析与批判》,郑云瑞译,北京大学出版社2005年版,第208~209页。

② [日]内田贵著:《合同的再生》,胡宝海译,中国法制出版社2005年版,第120页。

③ [美]罗伯特·A.希尔曼著:《合同法的丰富性:当代合同法莅临的分析与批判》,郑云瑞译,北京大学出版社2006年版,第245~246页。

各种意义。在合同法语境中,consideration 代表合同效力的基石。几个世纪以来,在英美合同法中都有一个惯常的说法:No informal promise is enforceable if it is without consideration。[①] 所以,consideration 是当事人能据允诺提起诉讼、获得司法救济的依据。

现在,consideration 是英美合同法的标志性元素。正如英国法学家汉姆森(C. J. Hamson)所说:"So far from being an additional and unnecessary mystery, an accidental tom-tit in an otherwise rational theory of contract, consideration in its essential nature is an aspect of the fundamental notion of bargain, other aspects of which, no less or no more important, are offer and acceptance. Consideration, offer and acceptance are an indivisible trinity facets of one identical notion which is that of bargain."[②]第二次《美国合同法重述》(以下简称《合同法重述》)第 17 条规定:"Except as stated in Subsection (2), the formation of a contract requires a bargain in which there is a manifestation of mutual assent to the exchange and a consideration."[③]

中文著作对于作为英美法合同效力依据的 consideration 的翻译有两种:对价和约因。大陆的著作一般用"对价",我国香港特别行政区和台湾地区用"约因"的居多。本书开篇就面临着对这个关键词的翻译问题,最终选择后者。原因如下:

第一,"对价"也广泛地用于对中国合同法的描述,它不能体现 consideration 作为英美法独特元素的意蕴。例如,"根据当事人之间的权利义务是否存在对价关系进行的划分。当事人之间互为对价给付的,为有偿合同。……双方当事人之间没有对价给付关系的,为无偿合同,如赠与合同"。[④] 第二,"对价"在汉语语义上一般被认为是"等价有偿",于是,中国法学著作就此认为《合同法》第 7 条规定"当事人应当遵循公平原则确定双方的权利和义务"充分体现了英美法中的 consideration 原则的精神。[⑤] 事实上,在英美合同法中,作为有效 consideration 的"法律获益"或"法律受损"无须在经济上与相应允诺内容等价。可见,"对价"一词没能充分表达 consideration 的本义。如果用"对价"作为的对译词,容易导致我们对 consideration 的误读。而"约因"一词内涵更加丰富和宽泛,即当事人约定的理由,与 consideration

---

① 大意是:没有 consideration 支持的非正式允诺没有强制力。See Arthur Linton Corbin, *Corbin on Contracts*, ST. PAUl, MiNN. West Publishing Co. 1952, § 110, p. 164.

② 该段文字的大意是:"consideration 对于简单合同绝不是可有可无的历史附属物,consideration 在本质上是交易的基本要素,是与要约与承诺并列的构成交易的不可分离的组成部分。"See C. J. Hamson, "The Reform of Consideration", 54 L. Q. R. 233 (1938) p. 234.

③ "除第二项另有规定外,合同的成立必须具备交易,交易包含双方当事人对交换的合意的表示和 consideration。"See American Law Institute, Restatement, Contract(Second) § 17(1).

④ 孔祥俊主编:《合同法教程》,中国人民公安大学出版社 1999 年版,第 45 页。

⑤ 李玉泉主编:《保险法》(第 2 版),法律出版社 2004 年版,第 98 ~ 99 页。

的本义更加契合。基于上述理由，本书选择“约因”这一术语。以约因为核心要素的术语很多，为后文论述的方便，在此略举几例。

确定将 consideration 翻译为“约因”后，那么，约因的确切定义是什么呢？事实上，英美学者关于约因原则的阐述很丰富，但至今没有确定的，或被奉为权威的关于“约因”的定义，也没有针对约因原则的正式的成文法规定。合同法本身随着时代和现实的变化而变化，“约因”只不过是集合了非正式允诺得到强制实施的种种理由，所以，对其作唯一正确的定义是不可能的。① 但是，为了论述方便，本书在此选择几例词典及学术著作关于“约因”的阐述，作为“约因”神奇世界的入口。

目前，国内权威的中文英美法律大词典《元照英美法词典》也选用“对价”中译名，它的“consideration”条不仅包含了主要理论、对价的功能，还包括对价与法国合同法的原因理论（cause，词典中将之译为约因）之比较。其中关于“对价”词义的说明是：合同成立的诱因；致使缔约方缔结合同的原因、动机、代价，或迫使性的影响力；一方当事人获得的权利、利益、利润或好处，或另一方当事人所遭受的损失或承担的义务。这是有效合同存在并对当事人有法律约束力的基本且必需的要素。对价是英美合同法的重要概念。其引入是基于以下原因：按照传统的观点，合同是一项或一组这样的允诺，它或它们一旦被违反，法律给予。而要使允诺能成为一项法律能为之提供救济的允诺，即成为有法律约束力的合同，则受诺人必须向允诺人提供某种与该诺言相对应的回报，这种回报就被认为是对价。②

《牛津法律大辞典》将“consideration”译为“对价”，它的解释如下：对另一方的要约或者行为对等地给付，完成一定行为或暂不行使权利。在英国合同法中，要约除非以契约形式作出，否则，除了为价值重大对价外，不能通过诉讼强制执行。该规则直到 18 世纪末才明确建立起来。对价可能是一个做某事或不做某事的承诺，或者是依要约方的要求承受某些损失或损害。通常是支付货款、运输货物、提供服务或者放弃另一合法权利。对价不能是承诺方已经负有的履行义务，它必须是有价值的，它并不一定是具有要约相当或足够多的价值。过去的对价，即在要约前所做的对价，是不充分的。对价理论对于英美普通法是独特的，但是，它有证明合同的存在，确保不轻易履行和阻止效力可疑的交易上的功能，在其他法律系统中是通过其他方式体现出来的。③

《布莱克法律词典》对约因的解释是最全面的，收录了数位合同法专家关于约因

---

① Arthur Linton Corbin, *Corbin on Contracts*, ST. PAUl, MiNN. West Publishing Co. 1952, § 109, p. 162.

② 薛波主编：《元照英美法词典》，法律出版社 2003 年版，第 289 页。

③ 《牛津法律大辞典》，David M. Walker，李双元等译，法律出版社 2003 年版，第 248 ~ 249 页。

的阐述,列举了众多与约因有关的专业术语。这里仅参考它对“约因”的定义:“约因是允诺人在交易中要求,并从受诺人中接受的某物,比如,某种作为、不作为,或一个反允诺。”①此定义包含了约因承载的交换功能以及“约因”的表现形式。

英国拉希法官(Lush J.)在1875年的Currie v. Misa案中说:“一个在法律意义上有效的约因,可以是一方当事人得到的某种权利、利益、好处,也可以是另一方当事人遭受的损失、不得不进行的克制,或必须承担的责任。”②该定义得到最广泛的引用。它展示了“约因”的两大要素:允诺人的法律获益或受诺人的法律受损。英国顿尼丁(Dunedin)勋爵以波洛克(Fredrick Pollock)的学说为基础,将约因概括为:“一方的作为或不作为,或者作为与不作为的允诺,是购买另一方的允诺的代价(price),由此这个被给予有价值回报的允诺是有约束力的。”③此种定义在“获益—受损”约因论的基础上强调了“约因”与允诺的交换关系,即“约因”是受诺人为允诺付出的代价。于是,有人提出,“约因就是允诺的价格标签”。④

同样强调“约因”交易功能的汉姆森认为,“约因”可以简单理解为被要约人作为其允诺之交换的“承诺”(acceptance),而“承诺”可以是对方给出的一个允诺或做出了某种履行。在要约人的请求下应允诺而做出的行为就是“约因”,“约因”实质上只不过是对要约方的请求的回应。但是普通法没有将要约承诺概念适用于无偿允诺。我们可以为了理解的方便将要约、承诺与“约因”分开,但事实上,它们是构成交易的自成逻辑且相互关联的必备要素。⑤

三、“约因”是何种法律要素:原则或规则

所谓法律要素就是构成法律这一系统的基本元素,这是从法律的内在构成而不是从效力来源角度对法律进行的分析。我们在对英美法进行研究时,不得不面临着如何对其法律要素进行定位的问题,是约因原则、约因规则,还是约因制度呢?国内没有统一的称谓。

---

① *Black's Law Dictionary*, Eighth edition, Bryan A. Garner, West, Thomson business, 2004, pp. 324 - 325.

② (1875) L. R. 10 Ex 153(U. K.) Laurence Koffman, Elizabeth Macdonald, *The Law of Contact*, 4th edition, 2001, Published by Tolley p. 45; (U. K.) J. BEATSON, *Anson's Law of Contract*, by Oxford University Press, Inc., New York 2002, 28th ed. p. 88; (U. K.) Mary Charman, Contract Law, 2nd edition, published simultaneously in USA and Canada by Willian Publishing, 2002, p. 61.

③ Jill Poole, *Casebook on Contract Law*, 6th edition, Published in the United States by Oxford University Press Inc., New York, 2003, p. 103; also see Laurence Koffman, Elizabeth Macdonald, *The Law of Contact*, 4th edition, 2001, Published by Tolley, p. 46.

④ J. C. Smith, *The Law of Contract*, London, Sweet and Maxwell, 1993, 2nd edtion, p. 67.

⑤ C. J. Hamson, "The Reform of Consideration", 54 L. Q. R. 233, (1938) p. 234.

英语中对“约因”的描述术语有 doctrine of consideration, theory of consideration 及 rule of consideration 等。其中最常用的是 doctrine of consideration，而 doctrine 的含义是较多的，这给我们的翻译带来了困难，也就是难以从法律要素角度对“约因”进行准确的定位。国内学界一般认为法律的三要素是：法律原则、法律规则和法律概念。

法律概念是对事物的专业性、技术性的概括，“约因”当然是一个独特的概念。Doctrine of consideration 是指以“约因”为核心的系列动态的机制，所以，它肯定不仅是一个法律概念。那么，将“约因”定位为制度合适吗？制度是针对某一特定法律关系的规范，如善意取得制度、结婚离婚制度等。而“约因”包含了价值判断，它在英美合同法中处于基石地位，对合同的成立和解除发挥了决定性作用，美国当代学者吉尔摩（Gilmore）将“约因”比做是合同法这部庞大机器的平衡轮。[①] 所以，Doctrine of consideration 也不是一个没有价值判断的制度，而是更高层次的法律原则或法律规则。

法律原则与法律规则有些共性，甚至有些要素究竟属于原则还是规则是难以定位的。不过，相比而言，它们有以下区别：第一，原则的适用面较规则宽；第二，法律原则的稳定性较规则强；第三，法律原则在适用中较规则弹性和模糊。[②] Doctrine of consideration 在英美合同法中无疑是历史悠久且广泛适用，它贯穿了合同的成立与解除。Doctrine of consideration 具有价值宣告的功能，与合同自由原则、所有权绝对原则一样。而且，在对大量案例解读的过程中，我们强烈感觉到“约因”内涵的不确定及其运行的灵活性。对于某种事物是不是“约因”，或某一允诺有没有“约因”支持的判断明显地受到案件的时代背景、公共道德以及法官个人理解的影响。原则的不确定性来自它所由构成的法律概念的模糊性，法官的自由裁量权本质上是在把社会发展的新要求以解释的形式充实于那些抽象的法律概念，从而赋予古老法律年轻的生命。[③] “约因”的发展史恰好是这些学理的生动写照。

有鉴于此，本书试将 Doctrine of consideration 翻译为约因原则。这一看法似乎可以从国内外文献中找到一些支持。[④] 对“约因”有深入研究的美国学者马科·B. 威斯曼（Mark B. Wessman）将 Doctrine of consideration 界定为一种观点——只有那

---

① （U. S.）Grant Gilmore, *The Death of Contract*, Ohio State University Press, Columbus, 1995, p. 19.

② 张文显主编：《法理学》（第3版），高等教育出版社、北京大学出版社 2007 年版，第 122 ~ 123 页。

③ 徐国栋著：《民法基本原则解释》，中国政法大学出版社 1992 年版，第 28 ~ 30 页。

④ 国内文献如《英美法对价原则研究》（刘承韪著，法律出版社 2006 年版）也将 Doctrine of consideration 作为原则来研究。

些有"约因"的支持的允诺才能得到强制实施。[1] 另有学者提出 Doctrine of consideration 包含了一个一般原则(principle)和一组具体规则(rule),这个一般原则就是要求允诺必须与约因形成有价值的交换,而且交换双方需互为引诱。而那些规则是一般原则适用于具体交易时推导认定约因是否存在的惯常方法,如先前义务不能作为约因,虚幻允诺不能作为约因,要约人在没有收到约因前对要约享有完全的撤销权,等等。[2] 这些规则是每一英美合同法著作的核心内容。本书将在第四章进行详细论述。

按原则的涵盖面不同,法律原则可分为基本原则和具体原则。基本原则指那些体现法的根本价值、承担整个法律活动的指导思想和出发点的原则,如法律面前人人平等原则。具体原则就是基本法律原则的具体化,构成某一领域法律规则的基础和出发点。那么,约因原则属于哪种层次的法律原则呢?本书试将它定位为英美合同法关于合同效力的具体原则,它体现的是合同自由与公平这一基本原则精神,同时,它下辖了有关交易行为中产生的各种责任的系列规则,使约因原则具备了制度操作的功能。如果按照法律原则的内容来划分,约因原则可界定为实体性原则,虽然它形成之初的功能具有程序性,即"约因"是案件适用"承诺之诉"的条件,但它主要是调整当事人实体性的合同权利和义务。按照法律原则产生的基础,约因原则应该属于公理性的原则,它来自于"有付出才有得到"的朴素认识。

当然,英美法律本身重实践经验,轻概念阐述和逻辑划分,以上从法律要素的角度对"约因"进行定位也许本身没有意义。其实,笔者认为,"约因"在 14 世纪开始萌芽时候只是一种程序要求,到十六七世纪,"约因"在诉讼实践中飞速发展,并上升为学理。直到 19 世纪,古典法学家在规则主义的热潮中将其定型化成一种原则。但是,行文中总得对研究主题有确切的称谓,而国内对此一直不统一。事实上笔者有时也认为自己对"约因原则"的定位分析有些牵强附会,所以,本书题目避免了对"约因"套上任何头衔,只让其素面朝天地登场。

四、本书的结构与主要内容

全书分为五大部分,前面三章依历史顺序阐述了约因原则的起源、发展、兴盛到衰落与变革的历史轨迹。第四章对约因原则进行内在的研究,解析法官在司法实践中形成的认定约因是否存在的规则,包括这些规则的历史演进、引发的学术争论及相关立法等。第五章则是从比较法视角对约因原则的研究,即约因原则与其在内涵

---

① Mark B. Wessman, *Should We Fire the Gatekeeper? An Examination of the Doctrine of Consideration*, 48 U. Miami L. Rev. 45. 1993.

② B. J. Reiter, *Courts, Consideration, and Common Sense*, 27 U. Toronto L. J. 439, 441 (1977).

和外延上相关的法律要素之间的比较。本章从多角度揭示了约因原则的独特性，也从深层次揭示了约因原则与特定法律环境及其他法律元素的关系。

总之，本书的结构是"纵横交错、内外结合"。前面三章是纵向的历史轨迹，第四章及第五章则倾向横向研究。同时，前面四章可看做是"就约因谈约因"的内在分析，第五章则是从外围对约因原则的探讨。笔者曾试图把第四章的规则解析整合到前面三章各历史时期，这样在逻辑上更加自然。但是，约因认定规则的内容相当繁杂，不仅有各自的历史起源和变迁历程，还有它们在英、美两国的现代分野。使得笔者最终保持了最初的思路，将规则解析单独成章，形成对约因原则的内在和微观分析。关于第五章，笔者考虑过将其中的约因未来展望部分单独作为文章结语，这样既可以使第五章看起来不太冗长沉重，也可以展现相应内容的光彩。但是从内容的逻辑考虑，将它放在第五章更为合理。

第一章追溯了约因原则的起源与初步发展，时间跨度从盎格鲁—撒克逊时期一直到18世纪。其中，第一节探寻了英美合同法的起源与形成的路径，即英格兰中世纪合同诉讼形式及其演进。第二节分析了约因原则如何在合同诉讼形式的夹缝中衍生出来，陈述了三种关于约因形成的著名观点，并挖掘约因法理的理论源泉。第三节阐述了十六七世纪的人们对约因要求的认识状况。第四节讲述的是，在18世纪这一特定历史背景下，自然法思想、商业经济的发展及大陆法的概念对传统普通法带来冲击，并由此导致了"约因"对其传统角色的背离。约因法理在十六七世纪已扎根普通法，其中的第四节原本单独成章，但因其字数不多，与其他章比起来实在显得厚此薄彼。而且，从法律的发展史来看，普通法合同法从18世纪末19世纪初才开始理论构建，之前都处于诉讼判例的松散状态，将"约因"在18世纪的历史放置在以"令状制"为主流的合同法蒙昧阶段也不无道理。

第二章阐述了约因法理的古典革命与鼎盛。合同法在19世纪的飞跃发展为"约因"的成长提供了的摇篮。约因概念的分解促进了合同法规则的形成。19世纪初，英、美的古典法学家开始了对约因原则的转型（revolution）。首先，他们将"约因"在古典时期以前的某些功能予以清除或掩盖，让约因要求只回答一个问题，即法律将实施哪些允诺？其次，他们将允诺的实施作为合同法的核心问题，事实上就是将约因原则作为指挥合同法的轴心。这一努力成果在英、美两国有不同的表现。英国法学家基于约因要求起源和形成的早期历史，对"约因"进行实质意义上的概括，提出了"获益—受损约因论"（benefit-detriment consideration），即要约人从允诺中的获益或者受约人因允诺的受损都是允诺的充分约因。现在我们熟知的许多经典的约因定义都是依此做出。不过，美国法学家霍姆斯（Oliver Wendell Holmes）提出的"交易约因论"（The Bargain Theory of Consideration）代表了约因理论在英美合同法中的成熟形态。它的要素除了前述"法律获益"与"法律受损"外，还要求允诺与"约因”(受诺人的某种履行或允诺)之间的交换关系。加上被誉为“盎格鲁—美利坚现代合同法之父”的威利斯顿的努力,“交易约因论”主宰了合同的成立与违约责任的确认,成为古典合同法的核心,并被置于美国1932年版和1981年版的《合同法重述》。

第三章阐述了约因原则的衰落与变革。本章的衰落概念有两层含义:第一,约因要求在合同同法中地位下降,不再是主宰合同成立与解除的“试金石”;第二,认定“约因”是否存在的规则发生变化。19世纪末20世纪初,市场的扩张带来的社会矛盾迫使国家干预加强,社会工程法学、现实主义法学等新兴法学思潮嘲笑古典合同法的失灵,“意志允诺论”(will or promise theory)及“信赖合同论”(reliance theory)等新派合同法理论对“交易约因论”发起攻击。约因原则步入衰落和变革:第一,以英国的丹宁勋爵(Denning Lord)和美国的卡多佐(Cardozo)大法官为代表的司法运动主义者在司法实践中对“约因”的内涵做灵活解释,认定“约因”是否存在的规则发生变化。第二,英、美两国的成文法以及国际法文件对“约因论”的使用进行限制和修正。第三,随着合同落空理论和胁迫论的兴起,“约因→合同→责任”的古典模式被打破,有“约因”的合同也不再有绝对的责任。第四,合同救济的新依据茁壮成长,允诺禁反言原则(promissory estoppel)与准合同理论为没有“约因”支持的允诺提供了强制力基础,尤其是允诺禁反言原则,不仅得到《合同法重述》的认可,并被广泛称为“约因的替代”,吉尔摩(Grant Gilmore)甚至宣称它将导致“约因”乃至合同法的死亡。①

第四章是对“约因”认定规则的解析。约因原则一直仅仅是有关交易行为中产生的各种责任的许多不同规则的概括表达方式而已。这些规则是法官司法经验的总结,是法律精神和公共道德的融合,储存了约因原则的精髓,是每一英美合同法著作的核心内容。除了“约因必须充分无须等价”这一指导性法则外,本章对典型的约因认定具体规则进行了详细探讨。譬如,“过去约因”有效吗?“约因”必须由受诺人提供吗?“履行既存义务”能作为约因吗?以部分偿还冲抵全部债务的债务和解协议有效吗?除了对上述典型规则的历史起源、法理基础、实践运行及其在英、美两国的现代创新和变革做了较充分论述外,本章还探讨了相关要素的效力。譬如,在对“约因无须等价”规则的论述中,讨论了美国法中的“名义约因”与“虚假约因陈述”的效力,在对“过去约因无效”规则的讨论中加入了对“道德约因”的讨论。

第五章是从比较法的角度对约因原则的综合评述。第一,本章通过揭示允诺禁反言原则与约因原则在内涵及价值追求上的相同与相融,分析了二者之间是“替代还是补充”的关系,从而对吉尔摩的“合同死亡论”进行评析,并探讨现代合同效力

① Grant Gilmore, *The Death of Contract*, Edited and with a Foreword by Ronald K. L. Collins, Ohio State University Press Columbus, 1995.

理论的最新发展趋势。第二,本章通过对"约因"与形式的比较,分析了"约因"对形式在功能上的相通与超越、约因原则的实体价值及其受到的形式主义限制。第三,本章追溯了民法法系原因理论的起源、形成与发展,分析了原因论与约因论在哲理基础、价值追求、对有效合同的认可范围以及实践作用等方面的差异,从而揭示了人类法律文明基于不同传统的不同样态及其相互的回应。第四,通过分析"约因"与普通法传统血融于水的紧密关系,本章试图回答这样的问题:为什么约因原则为普通法独有?为什么约因原则成为英美法的标志?而且,通过对最新文献的解读,借助制度学的分析方法,本章展望了约因原则在普通法中的未来:充分却非唯一的合同效力基石。

五、本书的研究目标和价值定位

本书的选题主要源于笔者在教学中的积累和需要。笔者最初只是因为想完整回答学生关于"约因"的提问才开始查阅英文资料,乃至后来在不经意中将其作为博士论文的主题。抱着为学生解惑的平淡心境和谨慎态度,笔者对该书研究确定的首要目标是"讲一个真实的 Consideration"。具体说,研究成果至少要弄清楚以下问题:"Consideration"这一术语的特定含义,"约因"的起源与发展历程以及它在这历程中接受过那些外来文化的影响,"约因"在英美法中的实践作用,"约因"在英美本土学者心目中的地位如何等。低调的定位也许降低了笔者对研究的理论深度的预期,但是提高了笔者对参考资料的原创性要求。本书所用的绝大部分资料,尤其是针对"约因"本体论述的资料,都借助权威性较高的英文文献并经过仔细研读。有些外文著作已经有中译本,但笔者仍然坚持阅读原文版本,以求得"眼见为实"的踏实。

当然,任何法律现象都不是孤立存在的。笔者也希望对约因原则的研究达到"以小见大"的效果。第一,希望研究成果勾勒出以"约因"为视角的英美合同法史。作为英美合同法的独特要件,约因原则的起源、成长与变革都贯穿于英美合同法的形成、发展与创新。第二,希望研究成果以"约因"为舞台呈现普通法的个性和魅力。约因要求孕育于英格兰合同法独特的起源路径,英格兰中世纪合同理论的滞后刺激了约因原则的生成,正是普通法院法官们的实践智慧和判例法传统的柔韧使约因原则得以保存和发展。第三,希望研究成果以"约因"为切入点分析英、美两国法律的共性和差异。众所周知,英、美两国具有相同的普通法传统,但是,随着约因原则在19世纪的变化,他们在合同法制度设计上产生分野。面对古老的约因传统,美国的开放和英国的保守反映了两国不同的法哲学理念以及不同的司法体制等深层次因素。基于以上理由,这份成果梳理了普通法合同法起源与成长的独特路径,追逐了众多英美著名法律人物的思想,讲述了许多英美合同法史上的经典判例。它无疑为国内合同法、英美法的教学和研究增加了生动素材,或许也可为比较法研究提供新的视角。

当然,对约因原则的研究价值并不纯粹是理论上的。作为当代美国合同法巨擘,科宾(Arthur Corbin)教授在揭示了约因原则的不确定性后,也肯定了研究"约因"的历史及相关案例的实践价值。他说:"我们研究的目的不是佐证某种定义或某种规则,而是想知道哪些允诺在过去得到强制实施从而可以预测哪些允诺在将来能得到强制实施。如果法院不赋予所有允诺有强制力,我们应该知道他们实施了哪些允诺以及为什么,他们没有实施哪些允诺以及为什么。这就是我们研究'约因'问题的目标。"①不过,不免让人忧虑的是,约因原则是英美合同法的核心,中国法制秉承了大陆法系传统,中国学者研究"约因"是不是仅仅是文化欣赏而没有实际意义呢?

首先要表明的是,笔者从未认为中国合同法有直接引入以"约因"为名的某种原则或规则的意义或可能性。原因很简单,"约因"是英美合同法的独有产物,它所要表达的初衷在中国合同法中有现成的原则或要件来实现,如平等自愿的基本原则,意思表示真实这一合同生效要件等。更何况,约因原则的运行方式、功能在英美本土已经备受指责,至今前途未明,我们又怎会盲目地移植呢?尽管如此,笔者还是认为,研究约因原则的实践价值至少有以下几点:第一,对我国合同法制度完善的意义。"商业社会中的财富主要由允诺构成。"合同是最普遍的法律行为,合同法是市场经济的基本法。对英美这样市场经济非常发达的国家的合同法之核心要得要素的研究,对于我国合同法的制度完善无疑有所启示。英美法在私法领域的精华在于其历史悠久的合同法和侵权法。英美法来源于实践的个性为它的法律带来了许多精致、独特的制度,加上合同法本身的国际趋同性,英美合同法的域外影响日益加强。1999 年的《中华人民共和国合同法》也吸收了很多源自英美的要素,如预期违约制度、损害赔偿范围的确立等。第二,对国际贸易的实践意义。该意义体现在两个层面。第一个层面,对英美合同法核心内容的研究必然有助于中国与英美之间贸易活动的进一步开展。第二个层面,英美在国家舞台上的主导地位,决定了它们在国际商事法律制定中的强势话语权,《联合国国际货物买卖合同公约》及《国际商事合同通则》都在很大程度上吸纳了美国国内法的内容,对英美合同法的研究其实是增强我们对国际商务游戏规则的理解。

六、研究方法

本书对"约因"的研究不仅是对其运行规则的制度分析,更是对这一异域法律元素的文化解释。本书主要运用了以下几种研究方法。

---

① Arthur Linton Corbin, *Corbin on Contracts*, ST. PAUl, MiNN. West Publishing Co. 1952, §110, p. 166.

1. 历史叙事法。对法律的理性研究从很大程度上而言是对历史的研究，历史必须构成法学研究的一部分，因为，没有历史我们就无从知道为我们所熟悉的法律规则的精确范围。合同法充满了历史。① 本书关于约因原则的历史起源和理论进化的章节主要采用了历史叙事法。约因原则一直与英美合同法相伴而生，并融为一体，只有在英美合同法的起源中才能发现约因的源泉，只有在英美合同法的流变中才能了解约因原则的兴盛与衰落。而且，历史考察意味着社会学方法的运用，因为任何法律现象都是社会合力挤压的后果，对约因历史的研究必然包含了对孕育约因原则的政治、经济、文化等社会背景的呈现。本书将约因论视做一种"社会产品"，努力在特定历史和社会语境中来了解约因理论的真实面貌和意义。

2. 案例分析。英美法的显著特点之一是判例法传统，重要的原则或制度无不以经典判例来确立。判例蕴涵了法律的精髓和法官的智慧。对判例的解读是研究英美法律的必然途径。约因原则同样依靠司法判例得以衍生、保存和发展。而且，"约因"的内涵相当灵活，人们只能在形形色色的判例中才能把握其中的特质。那句耳熟能详的陈述——没有"约因"支持的非正式允诺没有强制力——只能被理解为：非正式允诺没有约束力，除非它伴随有法院使其产生约束力的因素。所以，研究"约因"的首要任务不是下定义或阐述规则，而是考察大量的案例，寻找到法院据以确定允诺具有强制力的因素。在此研究过程中，我们会发现，当法院认定某些因素足以构成允诺被强制执行的正当理由时，法院称为"充分约因"。当法院认定某些因素不能证明允诺的强制力时，他们就宣称该允诺"缺乏约因"或"约因不充分"。而且，在司法实践中，"充分约因"包含的因素可谓形形色色。② 所以，案例分析法贯穿全书的始终。

3. 价值分析。约因原则本来就包含了英美合同法的价值宣告和选择。无论是约因原则的起源、形成或变革，都承载了人们对它寄托的某种愿望。本书陈述了从古到今众多法学家约因原则的评述，涉及的法学家包括圣杰曼（S. T. Germain，1460～1540 年）、科克（S. Edward Coke，1551 ～ 1634 年）、布莱克斯通（William Balckstone，1723 ～ 1780 年）、曼斯菲尔德（Mansfeild，1705 ～ 1793 年）、霍姆斯（Homles，1841～1935 年）等数十人。笔者也从多角度分析了约因原则的积极作用和消极影响，这些角度包括法律的最终价值——公平正义标准、经济学视角、伦理写视角以及法律形式的视角。

4. 比较方法。"人类面临许多基本的共同问题，但是在不同时期不同地方，人们

① Oliver Wendell Holmes, *the Path of Law*, 10 Har. L. Rev. (Mar. 1897), pp. 457 - 478.

② Arthur Linton Corbin, *Corbin on Contracts*, ST. PAUl, MiNN. West Publishing Co. 1952, § 110, p. 165.

理解这些问题的立场、对待这些问题的态度和解决这些问题的方式并不相同。这就是所谓文化选择,围绕这一过程,产生了不同意义的世界。”①所以,比较的方法在社会科学研究得到广泛运用,在法学领域也不例外。而比较方法也是本书的基本方法之一,包括对合同法在普通法和罗马法的不同生成方式的比较,学者们关于约因源头的不同观点的比较,某一约因规则在不同历史时期的比较,约因论与大陆法系的原因论的比较,不同合同理论之间的比较等。正是在比较中,约因论的历史得以展示,普通法的个性得以凸显。

七、需要说明的问题

1. 对外国人名的处理。本书涉及的外文人物较多,对外文人名的中文翻译参考新华通讯社译名资料组编辑的《英语姓名译名手册》,商务印书馆 2004 年版(第 4 版)。当该人名第一次出现时,以括号附上外文原文。对于那些在文中多次出现并对文章主题有较大影响的人物的姓名,本书以附录列出中英文对照表,以便读者阅读。

2. 对案例名称的处理。为便于读者理解和进一步查阅,本书对于所涉及的大量案例及其中的人名基本未翻译成汉语,但对于国内文献已有惯常译法的案例除外。本书对每一案例都注明其原始编号以及作者关于本案的参考文献。

3. 关于外文文章的来源。本书参考的绝大部分外文论文都来自 JSTOR 及 LexisNexis 数据库。前者为“西文过刊数据库”,该数据库对每篇文章在其所属期刊的原始页码都明确显示。但后者却未显示文章的原始页码,所以,本书在参考时存在文章标注方式不统一的问题,请读者见谅,不过您可以根据文章名做进一步查阅。

4. 本书所引用外文法条法规的来源和处理。本书参考了《美国合同法重述》等诸多外文立法的条款,文中只对部分条款做了外文原文的注释。读者若对中文的理解有异议,可以通过网络轻松查阅到这些原文进行比较。统一州法律全国委员会网(http://www.nccusl.org)可查到《统一商法典》条文及其修订进程,美国法学会网(http://www.ali.org)提供翔实的美国法律重述的知识。另外,有一本书包含了美国合同法主要的成文法渊源,如《统一商法典》买卖篇、合同法重述、国际商事合同通则及国际货物买卖合同公约等。该书书名是 *Rules of Contract Law*, Selections from the Uniform Commercial Code, the CISG, the Restatement (Second) of Contracts, and the UNIDROIT Principles with Material on Contract Drafting 2003 - 2004 Statutory Supplement,参考文献中有关于该书的详细信息。

---

① 梁治平编:《法律的文化解释》,三联书店 1994 年版,第 37 页。

第一章　约因要求的起源与初步发展

约因的起源是英美合同法中最具争议的问题之一。美国现代合同法大师科宾甚至声称:约因的起源是一个谜,尽管有很多的学者对此问题进行研究,但至今没有发现具体而确切的源头。[①] 不过,波洛克、霍姆斯 [②]、埃姆斯(J. Ames)、米尔森(S. Milson)等普通法大师对此问题发表过自己的看法。归纳起来,英美学者对于约因的起源大致有以下几种观点:第一,约因来源于罗马法的原因论(causa)。第二,约因源自"债务之诉"中的对等物(quid pro quo)。第三,约因源自"欺诈性特殊侵害诉讼"中受诺人的受损。第四,约因是交易的互惠性原理(notion of reciprocity)的体现。第五,约因就是诱使受诺人相信允诺的动机。第六,约因源自受益制中的"衡平约因"(equitable consideration)概念。第七,约因源自"承诺之诉"中的对受诺人信赖利益的保护。第八,约因是在交易和后续承诺之间提供联系的动机或相互性。第九,约因源于经济生活中的相互性原则(principle of mutuality)。普通法合同法制史专家凯文·M. 蒂文(Kevin M. Teeven)特别强调了约因渊源的复杂性,他认为约因原则是众多侵权性和合意性概念在数个世

---

① Arthur Linton Corbin, *Corbin On Contracts*, One Volume Edition, ST. PAUL, MINN. West Publishing Co. ,1952, pp. 108 – 110.

② 霍姆斯(Oliver Wendell Holmes 1841 ~ 1935 年), 1881 年完成《普通法》,1882 年成为哈佛大学法学教授, 1883 年成为马萨诸塞州最高法院法官, 1899 年成为该法院首席大法官, 1902 年到 1932 年,担任美国联邦最高法院大法官。

纪中相互融合的产物。①

不过,学者们在存在分歧的同时,都一致认为应该从英格兰中世纪合同法的成长历程中来探析约因法理的起源。所以,本书首先对英格兰中世纪合同法的萌芽及兴起历程进行介绍,具体包括盎格鲁—撒克逊习惯法中的担保合同,及英格兰中世纪合同诉讼形式及其演进。然后在合同诉讼形式的演化中捕捉约因要素的种种源泉。鉴于遥远的时空距离,本书难以对约因的起源提出什么观点,但可以通过历史的追溯和对主要的学说的梳理来探索普通法的古老和玄妙。本章对英格兰合同法史的描述将从盎格鲁—撒克逊时期延续至18 世纪。

第一节　英格兰中世纪合同诉讼形式及其演进

一、盎格鲁—撒克逊时期的合同实践

英国历史上的盎格鲁—撒克逊时代从公元450 年左右一直持续到公元1066 年的诺曼征服。在这个时期的人们还不能奢谈合同概念。“合同只是财产法则的一个不重要的附属物。”②当时的合同被施加了烦琐的形式要件,其中最重要的是担保物(wed,诺曼征服后叫做 gage)。担保物包含一个有一定价值的物体,由允诺人转移给受诺人或第三人作为合同的履行的保证。当时还有提供人身担保的担保人(borb),这一要件在诺曼征服后叫做“pledge”。在时代变迁中,担保物的逐渐由一些价值些微的物品甚至一小笔金钱来担任,并最终沦为一个标志而不是有价值的担保物,合同因为它而变得正式。在盎格鲁—撒克逊时代,合同的使用情形主要有二:第一,杀人案件发生后的赔偿协议;第二,订婚。③

(一)程式合同与形式合同

杀伤案件发生后赔偿协议的达成是盎格鲁—撒克逊时期使用合同的主要领域,即程式合同(procedural contract)。也就是加害人家庭的代表向被害人家庭允诺,杀人者将按时出庭并达成一个支付赔偿金的正式协议。程式协议达成的程序如下:被指控人向原告家庭的代表交付物件——经常是一根棍子或其他东西——作为担保物(wed),接受者又将该物交给被告家族的特定代表。该仪式的含义是:原告家族基于被告家族的允诺,即根据习惯支付赔偿金的允诺而放弃了对被告的追诉,于是

① Kevin M. Teeven, *A History of the Anglo-American Common Law of Contract*, Greenwood Press, New York, 1990, p.57.

② Sir William Holdsworth, *A History of English Law*, Methuen & Co. Ltd., Sweet & Maxwell, Ltd., in 16volumes, reprinted in 1977, Volume Ⅱ, p.82.

③ Theodore F. T. Plucknett, *A Concise History of the Common Law*, 5th edition,《简明普通法史》(第5版)(影印本),中信出版社2003 年版, pp.628-629。

和平得以恢复。这个和解协议的实质是将加害人置于他自己家庭成员的掌控中，接收了担保物对他负有掌控权的家庭成员就是这场交易的担保人（surety，borh）。他们的作用类似于今天的中介人（bail）。担保物和担保人这种协议达成方式渐渐扩展到其他交易。譬如，盎格鲁—撒克逊的婚姻形式。从民事角度来看，当时的婚姻意味着女性的亲属将他们对女性的监管权卖给了她未来的丈夫，订婚的效力取决于担保物（wed）的给付。

随着时间的推移，程序逐渐简化。债务人可以自己做担保人，担保物也萎缩为一种不具实质价值的标志物，于是，达成的合同叫做形式合同（formal contract）。在伦巴第（Lombard）法律中，人们甚至可以提供一根棍子、握手、将手放置在受诺人的手上这些形式达成协议。在程序法中，担保物和担保人长期存在，作为被告将出庭的保证。盎格鲁—撒克逊人的形式合同其实是前述程式合同出于商业目的的扩展运用。在侵犯、殴打、杀人等情形中，在压力下达成的合同是为和平付出的代价。在盗窃的情形下，主人对财产提出权利主张，占有人要么放弃财产，要么提出担保人为其抗辩。在借贷和买卖的场合，当事人采纳担保物仪式来保证合同的约束力。此时，担保人的职责是见证当事人所履行的事务，并在纠纷产生时带债务人出来抗辩。如果债务人确实没有履行他的义务，担保人有责任代他履行。这类合同的特殊性在于，债务人不受约束，只有担保人对债权人负责。债务人只是对担保人负有义务，因为担保人控制了他的人身和财产，他们可以迫使债务人支付，或者本人支配财产只要它们能抵偿债务的支付，如果担保人对债权人先行给付，他们可以向债务人追索。担保物变成了一种纯粹的形式，担保人却具有实质意义，他们首先要对债权人负责，债权人向担保人寻求义务的履行，根据伦巴第法律，债务人将担保物（wed）交给债权人，债权人又交给担保人作为义务的标志和证明。所以，应当认为，担保机制是程序义务和其他义务的基础。而且，担保人还有人质的意味。①

（二）“交付—允诺”型债务的出现

在盎格鲁—撒克逊时代即将结束之时，形式合同的变体在实践中出现。当卖方A将商品交付给买方B时，或者当A借钱给B时，B的支付义务或返还义务是否能作为A的诉讼依据呢？根据原来的担保物（wed）仪式，A是得不到救济的，因为缺乏担保人。然而，现在的做法有了改进，商品交付和金钱借贷都按正式形式（formally）进行，并有见证人（witness）在场。正式形式包括誓言、固定的套语及动作

---

① Sir William Holdsworth, *A History of English Law*, in 16 Volumes, reprited in 1977, Methuen & Co. Ltd., Sweet & Maxwell, Ltd., Volume Ⅱ, pp. 82 – 83.

等。有学者将这种合同实践称为“交付—允诺”(delivery-promise)。[①] 盎格鲁—撒克逊时代末期的法律之所以省略了担保人要件,是因为王国已经下令要求每个臣民提前为自己准备担保人,并要求每个臣民回应针对自己的任何诉讼。没有保人在场自然就不必引用使债务人对保人负责的担保物(wed)仪式。担保物在实践中逐渐退化,后来,交付的商品本身就构成充足的担保物。在“交付—允诺”中,当事人所说的与见证人所看到的一样重要,即当事人的允诺与标的物的交付一样重要。

二、从诺曼征服(1066 年)到 14 世纪中期:多种诉讼形式并存

(一)12 世纪末:债务令状是唯一的合同类诉讼

格兰威尔(Glanvill)的著作虽然点缀着罗马法术语,但完全保留了盎格鲁—撒克逊时代古老的合同思想。他把各种交易都被笼统地称为创造债的方式。债的证明方式有担保人、担保物、誓言或书面材料。但是,作为对古老合同思想的发展,格兰威尔在其他著作中否认了誓言在王室法院的效力,也否认了象征性的担保物对协议的约束力。这似乎在暗示着,经过一段时间后,一项协议要具有强制力,要么一方已经履行,要么具备书面形式。但是,书面材料证明只是说该债务具有执行力,并不意味着王室法院要受理。[②]

还有学者认为,格兰威尔介绍了两种形式的债务令状(writ of debt),针对担保人及针对债务人本身的获益,具体事宜限于买卖、借贷这些对一方有交付的情形,交易证人(transaction witness)就他所见所听、正式交付及接受财产一方的允诺做证。王室法院或格兰威尔都没有创立新的合同形式,他们只是对盎格鲁—撒克逊习惯法的采纳而已。截至亨利二世(Henry Ⅱ,1154 ~ 1189 年在位)前,王室法院并没有关于“债务之诉”的记录,王国内的合同诉讼屈指可数。[③]

(二)13 ~ 14 世纪中期:债务之诉、盖印约定之诉等合同诉讼形式的并存

据波罗克和梅特兰(Maitland)的概括,爱德华一世(Edward Ⅰ,1272 ~ 1307 年在位)时期,当事人一般可以在五种情形下主张债务:(1)收回借款;(2)收取租金;(3)收回已出卖并交付的商品的价款;(4)针对担保人的债务;(5)以盖印文书记录的特定金额。[④] 英格兰合同法在这一时期的变化主要有二:一是增加了收取租金的

---

① Robert L. Henry, *Consideration in Contracts 601 A. D. to 1520 A. D.*, The Yale Law Journal, Vol. 26, No. 8(Jun.,1917),pp. 664 – 698,678.

② Sir William Holdsworth, *A History of English Law*, in 16 Volumes, reprited in 1977, Methuen & Co. Ltd., Sweet & Maxwell, Ltd., Volume Ⅲ, pp. 414 – 415.

③ Robert L. Henry, *Consideration in Contracts 601A. D. to 1520 A. D.*, The Yale Law Journal, Vol. 26, No. 8(Jun.,1917),pp. 664 – 698.

④ Ibid, p. 676.

债务依据;二是出现了盖印文书合同。

到爱德华三世(Edward Ⅲ,1326～1377年在位)之前,书面合同已普遍使用。如果交易意义重大,债权人就要求担保人的允诺以盖印方式作出。这种方式的优越性是明显的:(1)避免了宣誓断讼程序①的运用。(2)书面材料证明力更强,而担保物(wed)仪式还需要交易证人来证明,盖印是盖章人受法律约束的意向的直接表达,是证明被告对原告负有义务的权威证据,被告难以逃避其责任。(3)如果采纳了担保物(wed)仪式作为约定的效力依据,只有担保人要承担法律责任而债务人不必负责。(4)以盖印作为约定效力依据时,多个当事人可以同时被追究责任。尽管个别债权人仍然采用口头允诺,但古老的交易证人作为制度最终在爱德华三世时期消亡,这一变化并非源于法律本身的变化,而是商业习惯的变化。

总之,民间对盖印和书面材料的广泛采用是导致担保物仪式失去对担保人的约束力的主要因素。我们可以在此回顾,以担保物(wed)仪式伴随的担保合同从601年一直沿用至1314年,度过了盎格鲁—撒克逊时期、亨利二世、爱德华一世等重要时期。在700多年的时间里,担保人都受制于他们所做的口头约定。"交付—允诺"型债务中,债务人自己,即收到商品的人承担责任。这种归责方式的具体起源时间不详,大约是公元900年。它在亨利二世、爱德华一世时期得到充分发展,至1314年,至少有400年的历史。②

可以这样概括,古老的担保合同在这个期间发生分化,一方面归入盖印书面文书证明的债务诉讼,即"盖印约定之诉"(action of convenant);另一方面归入"交付—允诺"(delivery-promise)的合同形式,即适用于买卖、借贷、收取租金等情形的用"债务令状"(action of debt)保护的交易。

在布拉克顿(Bracton)的名著《关于英国的法和习惯》(*De legibus et consuetudinibus Angliae libri quinque*)中,除了格兰威尔论述过的"债务之诉"外,还有一种新的令状也被大量采用,即"盖印约定之诉"(writ of convenant)。"Covenant"的含义是协议(agreement)。该令状首先出现于13世纪,其目的是:在出租人违犯责任时,给土地承租人提供救济。最初,成功诉讼可以恢复尚未到期的租赁关系,后来,还帮助承租人获得损害赔偿。爱德华一世时期规定"盖印约定之诉"在王室法院的使用必须基于盖印(seal)的书面材料。

盖印由诺曼人传至不列颠,直到亨利二世时期,盖印都只是身居高位的人才有

---

① 源于盎格鲁—撒克逊时代的证据方式。被告寻找特定数量的人(一般是11人)宣誓证明被告是可信的,则被告摆脱法律责任。See Kevin M. Teeven, *A History of the Anglo-American Common Law of Contract*, Greenwood Press, New York, 1990, pp. 9－10.

② Robert L. Henry, *Consideration in Contracts* 601*A. D. to* 1520*A. D.*, The Yale Law Journal, Vol. 26, No. 8(Jun., 1917), pp. 664－698, 682－683.

的选择。随着盖印证明书面材料的形式普及到民间,盖印的书面材料被认为是加盖印章的人受法律约束的不可辩驳的证据,是证明被告对原告负有义务的最终证据,是当事人对自己自身义务最直接的表达。这也是"盖印约定之诉"的生命力所在。

"债务之诉"的证明方式有见证人誓言和书面材料,从12世纪末开始,书面证据本身的优越性和陪审制的兴起已经导致见证人制度的衰落。不过,在证明债务的书面材料中,这一步的跨越却经历了好几个世纪。保守的法官和当事人还是更倾向于程序相对自由的"债务之诉"。14世纪初的诉讼规则依旧是:凡是"债务之诉"适用的地方,"盖印约定之诉"就不得适用。譬如,如果A已向B做了金钱转移,可以适用"债务之诉",如果A已将动产寄存于B,而且该转移有契据证明,人们认为合适的诉讼形式是"债务之诉"或"请求返还动产之诉"(writ of detinue),而不是"盖印约定之诉"。直到1585年,后座法庭(Queen's Court)才允许让"盖印约定之诉"在这种情形下取代"债务之诉";大约到17世纪初期,普通民事诉讼法庭才采纳了这一做法。不过,以盖印的书面材料证明的其他协议中,这种原有债务令状向新令状的转变是立即实现的。我们已经看到,在布拉克顿时代,王室法院已经实施了这类协议。实际上在13世纪许多与土地有关的协议已经用"盖印约定之诉"来实施;有证据证明人们试图用这些盖印约定建立一套新的隶农制。很明显,"盖印约定之诉"的范围在逐渐扩大,从1284年的《威尔士法令》(Statute of Wales)①开始,各种协议都可以用"盖印约定之诉"来实施。到十四五世纪,它已覆盖待履行契约(executory contracts)的整个领域。对这类诉讼的普遍抗辩是:原告没有盖印的书面材料。②

"债务令状"和"盖印约定之诉"无疑是影响普通法合同法早期发展的两大对人诉讼形式。"债务之诉"代表着英美现代合同法的最古老源泉,但是,它无法进入现代合同法理论框架。第一,其理论前提是被告占有了某种属于原告的、他不能合法占有且应该放弃的东西(quid),被告由此应该承担的法律责任是对等给付(pro quo)。这就是"债务之诉"的一大特点——"对等物"制度。所以,"待履行契约"(executory contract),即以允诺交换允诺的合同,得不到救济。第二,它主要的证明方式是见证人证明被告已经获益的事实,而除非有盖印的书面文书,被告可以用"宣誓断讼"程序(wager of law)轻易推翻原告的主张,摆脱诉讼。又因遗嘱执行人不得代表死者宣誓行使"宣誓断讼"这一当时人认为的法定权利,所以,遗嘱执行人永远不会成为"债务之诉"中的被告,这导致死者的债务永远不被追偿。第三,"债务之

① Statutum Walliae,英格兰古法,根据该法,臣属于英格兰国王的威尔士及其居民被兼并,与英格兰统一。

② Sir William Holdsworth, *A History of English Law*, in 16volumes, Methuen & Co. Ltd., Sweet & Maxwell, Ltd., Reprited in 1977, Volume Ⅲ, pp. 418 -419.

诉”要求确定数额的金钱，如果经证明数额不确切，原告必然败诉。第四，“债务之诉”的适用条件在各个地区并不统一。① “盖印约定之诉”是中世纪英国法早期最为纯粹的合同诉讼，因为它是原告在“待履行合同”中获得救济的唯一方式。但是，它要求以盖印的书面文书作为依据，这一形式的要求对于普通商业交易显然是一个累赘，而且，在当时，印章和读书识字只为少数人拥有的现实也使该种诉讼形式的救济范围极为有限。

从13世纪到14世纪中期，除了“债务之诉”和“盖印约定之诉”外，还有“请求返还动产之诉”（writ of detinue）与“账目之诉”（writ of account）具有一定影响。在格兰维尔时代，“债务之诉”可以用于收回金钱和动产。13世纪以后，这两种用途发生分化。“债务之诉”只用于索要金钱，如果原告要收回已经托付（转移对商品临时占有权）给被告但得不到返还的物品，他必须用“请求返还动产之诉”。例如，A将犁借给B，B没有在约定时间内偿还，A可以提起“请求返还动产之诉”，但他本质上不是在请求实施合同而是请求返还他的财产。后来，即便没有寄托存在，该诉讼形式也可用于返还动产的请求，原告只需证明自己对该动产的所有权及被告占有该动产的事实。可见，该诉讼形式原有的合同意味减少，财产或侵权色彩进一步增强。②

“请求返还动产之诉”的弊端也很明显。首先，“宣誓断讼法”的使用对原告很不利；其次，如果财产在被损害的状态下归还，受害人得不到救济，被告却可以选择支付财产的价金或者归还财产，这显然是不公平的。在实践中，一种新的更加宽泛适用的“动产侵占之诉”（trover）终于将它代替，新的诉讼形式的基础是被告非法占有或使用了原告动产。

“账目之诉”大约兴起于13世纪早期，它的使用情形是：被告为了原告利益而从原告那里收取了财产。“账目之诉”包括一个发给地方执法官要求被告出示关于原告金钱的账目开支的命令。如果被告不能证明合理的支付，法庭将做出查账的命令，由法官或者原告指定两个查账员。如果查账员认为某笔钱是应该属于原告的，可以用“债务之诉”予以收回。而且，查账员的裁定不受“债务之诉”中的“宣誓断讼”程序的抗辩，根据1285年制定法，查账员可以把被告投进监狱，直到金钱得以偿还为止。在14世纪，因为原告滥用虚假查账员等原因，查账员对被告的强制权力逐渐消失。同时，衡平法院发展出了更加适用的、针对代理人或其他受托者的账目审查程序。所以，古老的“账目之诉”逐渐失去用武之地。以现代眼光来看，该诉讼形式要求被告返还他原来允诺要返还的东西，该诉讼还有些合同的色彩。不过，“账目

---

① Frederick G. Kempein, *Historical Introduction to Anglo-American Law*, 3rd edition,《盎格鲁—美利坚法律史》（第3版）（美国法精要·影印本），法律出版社2001年版，第220页。

② 同上。

之诉”相当复杂耗时,而且,它以当事人间的特定既存关系为基础,只能针对管家、代理人、合伙人等,诉讼的原由不是允诺而是被告对账目报告义务的破坏。

三、14 世纪中期到 16 世纪末:承诺之诉的兴起与成长

上述对人诉讼形式虽然或多或少地发挥了合同诉讼的功能,都因其严格的适用条件明显不能满足实践的需求,阻碍了合同法的生成。非盖印的“待履行合同”包括口头担保合同在王室法院都得不到受理。霍姆斯认为,1314 年之后,口头担保约定不再受法律保护,书面材料成为对担保人追究责任的必备要件。而地方法庭却依据习惯法实施着这类合同,教会法院不顾王室禁令也在实施对合同事务的部分管辖权,衡平法院更乐于提供救济。普通法院面临的管辖权竞争是其扩大合同救济的重要动力,对于责任性质并不明确的案件,法官们借用侵权诉讼予以救济,“侵害诉讼”(writ of trespass)成为合同法发展的载体。爱德华三世后期,这种案件越来越多,正是在此类最初被看做纯粹侵权的案件中,我们可以逐渐追溯现代合同法理论的发展轨迹。在这些案件中采用的侵害和侵权的类案诉讼(actions of trespass and deceit on the case)逐渐演化成我们所说的“承诺之诉”(Assumpsit)。而长期处于侵权领域的“承诺之诉”,发展出其他分支,通过它,明示合同、默示合同,甚至准合同都得到实施。

(一)特殊侵害诉讼(actions of trespass on the case)的出现与含义

普通法院关注的是救济形式而不是责任的真实性质,法官们往往通过拟制(fiction)的方式扩展救济范围。特殊诉讼侵害对合同法的成长至为关键,我们首先对这一概念的出现与含义予以考察。

直到 13 世纪早期,英格兰王室法院的管辖权主要限于重罪和侵害,即处理对国王安宁的破坏和对王室成员的侵犯案件。13 世纪中期,由于原告对王室法院的偏爱等原因,那些没有武力侵犯、没有直接影响国王安危的案件也开始从地方法院转移到王室法院。原告不顾 1278 年的《格罗切斯特法案》(Statute of Gloucester)对于王室法院的案件受理所做的限制,①也不顾大法官的拒发令状,他们不惜采用拟制的方法给原来的案件增添上武力侵扰特点,甚至花钱请人来证明他的案件中有“侵害令状”规定的种种“武力侵扰”事实。

终于,在 14 世纪的最后 30 年,大法官出于良心开始对上述当事人提供“侵害令状”,其形式与地方法院一样没有武力要求,普通法院也接受了这样的案件。这一变化的原因很可能是地方法院在 14 世纪的衰落,王室法院必须填补这一领域的诉讼

---

① 《格罗切斯特法案》规定:“地方法官在郡法庭审理侵害案件是一个传统。”另外的相关限制有该法令关于 40 先令的债务诉讼规则,以及“盖印约定之诉”必须满足盖印的要求。

空缺。1372 年的“法勒案”(The Farrier’s Case)①具有里程碑的意义。铁匠过失地将钉子钉进了马蹄,导致马的死亡。以前这个案件可能被当做故意的暴力行为,现在法院的宽容允许原告如实陈述事实,即马在被告的合法看管之下,被告没能实施适当的注意。尽管该案实质上是侵权性质,不是基于允诺,但它在合同法史上的重要意义有二:“侵害诉讼”对非武力过错案件的运用;王室法院首次公开承认“特殊侵害诉讼”。

从更广阔的视野来看,“特殊侵害诉讼”是英国封建贵族与国王进行权力斗争的产物。由于亨利二世以来国王的司法权以牺牲贵族权利在持续扩张,贵族在 13 世纪对国王施加压力迫使国王停止司法权力的扩张,他们所采取的一种措施是发布《牛津条例》(Provision of Oxford,1258),以阻止国王签发新的令状。可是爱德华一世是一位雄心勃勃的君主,热衷于立法扩大君主权利。他于 1285 年颁布的《威斯敏斯特第二号条例》(Statute of Westminister Ⅱ)的规定“如果控告的事实与一项令状所根据的事实属于同类案件,则准许大法官及其下属签发新令状”却为这一时期令状的发展大开方便之门,因为,如果没有现成的令状针对原告的救济,大法官可以根据相似案情签发新的令状。从 1350 年开始,大法官开始借助该条例中“同类案件”(action on the case)条款,以“侵害之诉”(action of trespass)为基础确认了新的“特殊侵害诉讼”(actions of trespass on the case)。

从此,普通法的“侵害诉讼”分为两类:一般(general, common)侵害和特殊(on the case, special)侵害。“一般侵害”具有准刑事性质,它的适用条件是:行为人使用了暴力或武器对他人有身体的或财产的伤害,王室法院对它的重视是因为暴力或武器对王国的安宁是有威胁的。“一般侵害”包括了严格的刑事责任程序(capias),可以导致被告被监禁。而该刑事责任程序直到 1504 年都没有适用于“特殊侵害”,这一事实可以解释“一般侵害”和“特殊侵害”的明显分化。“特殊侵害诉讼”近似现代侵权法的范畴,它要解决的难题是:原告的损失不是由被告对他身体的直接攻击造成的而是由被告的特殊行为或疏忽大意的间接侵害所致。②

“特殊侵害诉讼”获得重大发展,其中一个分支为“欺诈性质的特殊诉讼”(actions on the case in the nature of deceit),也就是“特殊承诺之诉”(special assumpsit),这种诉讼方式借用侵权理论扩展适用于口头和书面的允诺,弥补“盖印约定之诉”的僵化,也抵制衡平法院对此类诉讼的管辖权的扩张,“特殊承诺之诉”

---

① Y. B. Trin. 46 Edw. Ⅲ, pl. 19 (1372). See Kevin M. Teeven: *A History of the Anglo-American Common Law of Contract*, Greenwood Press, New York, 1990, p. 16.

② 值得注意的是,法庭的案件记录直到 16 世纪才使用“trespass on the case”这一术语,当然,《法律年鉴》对该术语的使用要早得多。

在16世纪用于单务协议,在17世纪用于双务协议。另一个分支为"一般承诺之诉"(gengneral assumpsit),一般认为是"债务性质的特殊诉讼"(actions on the case in the nature of debt)。它在16世纪首次用于偿还对先前债务有明示允诺的情形,在17世纪用于默示允诺,意味着只要有简单债务存在就可以用"一般承诺之诉"。①

(二)"承诺之诉"针对被告对承诺的不当履行(assumpsit for misfesance)

在14世纪后半期,一种规则已经形成:如果一个人在履行其承诺的义务时对他人带来损害,那么这个人要承担侵权责任。这种责任由缘起于"特殊侵害或欺诈诉讼"(trespass and deceit on the case)的"承诺之诉"(writ of assumpsit)来解决。"assumpsit"的第一层含义为"承诺"、"简式合约"、"非盖印契约",第二层含义为"违犯合约赔偿之诉"、"简约之诉",许多著作将其称为"违约赔偿之诉"。最古老的"承诺之诉"案例是1348年的"洪柏摆渡人案"(Case of Humber Ferryman)。② 原告主张:被告承诺把原告的母马安全渡送过河,可是由于被告超载导致渡船翻覆,原告的母马落水淹死,要求被告赔偿损失。王座法院最后以被告超载给原告造成伤害为由判决原告胜诉。1369年的"治马案"(Waldon v. Marshall)③中,被告承诺为原告医治马,因被告治疗中的过失导致原告的马死亡。最后法庭以"特殊侵害诉讼"作出原告胜诉的判决。④

对于上述诉讼,法学家的总结为:"……所有案件的案因是被告做出一个承担责任的承诺,可事实上有超越承诺的事项发生,原告为此遭受了损失。"⑤这一原则很容易扩展适用于其他案件,即被告违背其明示承诺,以欺诈性的行为致使原告遭受损失。譬如,1433年的J. Somerton案⑥。原告雇用被告在其对一块土地的购买谈判中充当律师,并且佣金已谈妥。可是被告却与别人共谋做了别人的代理人,侵犯了第一家雇佣者的商业秘密,为第二家雇佣者购得了那块地。有很多法官讨论原告能否提起特殊侵害诉讼,但最终没能达成一致。但有些法官已经提出,被告与第三人的交涉行为是有过错的,所以该案有欺诈要素存在,因为被告有对明示保证的违犯。如果被告仅仅是没有拿到那块地而没有任何积极的违反义务的行为,则诉讼无从产

---

① Hugh E. Willis, *What is Consideration in the Anglo-American Law of Contracts? A History Summary*, University of Pennsylvania Law Review and American Law Register, Vol. 72. No. 3 (Mar., 1924), pp. 245 – 262.

② De B. v. De. F (1348) 22 Lib Ass, Fo. 94 p1. 41.

③ Y. B. 20 Hy. VI. Trin. pl. 4. Y. B., Mich. 43 Edw. Ⅲ, f. 33, p1. 38(1369).

④ Theodore F. T. Plucknett, *A Concise History of the Common Law*, 5th edition,《简明普通法史》(第5版)(影印本),中信出版社2003年版,第637~638页。

⑤ William Holdsworth, *A History of English Law*, Volumn Ⅲ, London: Methuen & Co. Ltd., Sweet and Maxwell, 1977. Volumn Ⅲ, pp. 429 – 430.

⑥ Y. B. Ⅱ Hy. Ⅵ. Hil. pl. 10.

生。马丁(Martin)大法官对该案的阐述更加独特也更正确:一个人要做某事的保证在本质上是独立的担保合同。对于这类没有盖印的口头保证被违犯其实是无从提起诉讼的,唯一可能的诉讼基础是被告为另一个人做代理人这一过错行为。

总之,这一阶段"承诺之诉"的适用基础包括:被告的承诺、被告在履行承诺过程中的行为瑕疵、原告实际遭受的人身或财产损失。这种诉讼的实质是侵权而不是合同性质的,虽然承诺是损害赔偿的义务的前提,但诉讼的基础并不是对承诺的违犯而是过错行为对原告的伤害。被告在此类诉讼中采用的抗辩通常是:我只是违约,没有对对方的伤害,原告应该用"盖印约定之诉"。

(三)承诺之诉扩张至被告对承诺的"不作为"(assumpsit for non-feasance)

《法律年鉴》记载的案例表明:亨利四世(Henry Ⅳ,1399~1413年在位)时期,被告根本不履行自己的承诺给原告带来损失,原告不能提起"承诺之诉",除非有盖印约定存在,原告可以"盖印约定之诉"获得救济,甚至到亨利六世(Henry,1422~1461年在位)早期,这一区分仍得到坚持。

但是,为了解决非盖印待履行合同(executory contract)缺乏救济的极大不便,为了应对衡平法院对此类诉讼管辖权的争夺,15世纪时期有部分法官提出,当事人以不履行的方式对承诺的违犯应该成为"特殊侵害或特殊欺诈"令状的充足理由,这一创新首先在伦敦地方法院开始。伦敦地方法院的做法是取消这类交易的效力,并将被告投进监狱,直到被告返还原告支付的价金为止。随着这类阐述及以此为基础的判决的频繁出现,法律也面临一种挑战,人们担心"一个人能够对世界上任何约定的违犯提起诉讼"。所以,法律必须对协议进行区分,即对哪些协议的不履行会导致诉讼,哪些协议则不会导致诉讼,否则法律将从之前的过于僵化走向过于放纵。而该种机制最终要解决的问题是:违约导致的损失是完全由违约造成的呢,还是原告因为协议和出于对协议的遵循而被动地改变了他的状况,由此,原告所受的损失不仅由违约引起,而且也由原告受到签约的诱导而对自身状况的改变这一事实。在第一种情形下,仅仅是不履行是不能引起诉讼的,在第二种情形下,不履行是可以引起诉讼的。但是,这一检验协议可诉性的一般机制是逐渐形成的。①

1442年"道齐案"(Doige's Case)②是这一阶段由王室法院审理的这类案件中的经典案例。该案发生在伦敦,原告与被告协商在特定的日子以100英镑的价钱从被告那里购买一块地,原告已付了100英镑,被告承诺了转移土地的时间,可是被告

---

① William Holdsworth, *A History of English Law*, Methuen & Co. Ltd., Sweet and Maxwell, reprinted in 1977, Volumn Ⅲ, pp. 434-435.

② Y. B. 20 Hen. VI. Chap. 34 p1. 4, f. 34(1442), See Robert L. Henry, *Consideration in Contracts 601A. D. to 1520A. D.*, The Yale Law Journal, Vol. 26, No. 8(Jun., 1917), pp. 664-698.

后来将这块地卖给了他人,于是原告提起“欺诈之诉”要求损害赔偿。被告辩称,原告只能提起“盖印约定之诉”,而他们的协议没有盖印文书证明,所以诉讼无从提起。理财法院十几位法官对该案展开激烈讨论。除了几位法官坚持被告的不作为不构成欺诈诉由外,大部分法官都不反对“欺诈性的特殊侵害诉讼”的适用,尤其是被告转卖给第三人的行为形成对原告的欺诈并且给原告造成损失,他们提出的重要理由之一就是法律必须对原告提供更周密的保护。牛顿(Newton)法官就提出,买卖交易达成后,买方依自然正义有权拥有财产。如果买方不付款,卖方可以提起“债务之诉”,在卖方不交付财产的情况下,买方当然应该有诉权,否则这样的法律就很荒唐,因为买方只受诉讼的约束而得不到法律保护。① 还有法官提出,并不是每一个约定都有盖印约定,即便有,被告对它的履行可能有瑕疵,所以,“承诺之诉”是必需的,它还可以与“盖印约定之诉”同时存在。

1442 年“道齐案”之后,相似案情的纠纷都得到受理。甚至,如果一个人接受了某种任务,履行一段时间后,中途放弃而给对方造成损失,那么这个人被认定为实施了欺诈的行为。到 16 世纪,“特殊侵害诉讼”适用于口头担保允诺。法院认为:如果 A 在 B 的请求下向 C 转移了货物,而 B 未履行其支付允诺,卖方 A 的损失就是在被告 B 的请求下向第三方转移财产。在 1535 年王座法庭处理了一件布匹买卖纠纷,当卖方拿不到货款时,第三人对卖方说:“把布匹给买方吧,我会向你支付。”并约定了付钱的时间。法官认为“债务之诉”在此案不适合,因为允诺人(担保人)没有收到什么东西,但是“特殊侵害诉讼”是合适的。②

“不履行得不到救济”的原则已被抛弃,但是受诺人的受损仍然是“承诺之诉”的基本要件,这是由该诉讼形式所依据的侵害理论决定的。一个不包含伤害的裸露允诺(nude pact)是不能作为诉讼依据的,除非它有盖印文书证明而受制于“盖印约定之诉”。从大量的案例可见,这里的伤害可以是原告所做的金钱支付,也可是原告因相信被告的允诺而遭受的某种损失。

(四)“债务性承诺之诉”(indebitatus assumpsit)的兴起

至此,“承诺之诉”的适用情形可做以下分解:第一,被告对承诺的履行有瑕疵给

---

① 如果买卖标的为动产,已经付钱但得不到货物的买方可以提起“请求返还动产之诉”。在格兰维尔的著作中,“债务之诉”被称做“debt-detinue”,它可以用于原告收回金钱或动产,在 13 世纪,这两种用途发生分化。“债务之诉”只用于索要金钱或无法确认的商品,如果原告要收回已经托付(转移对商品临时占有权)给被告但得不到返还的动产,他必须用“请求返还动产之诉”。譬如,出借人向借用人收回到期未还的农具。

② Holygrave V. knightsbridge, 1535. See Frederick G. Kempin, *Historical Introduction to Anglo-American Law*, 3rd edition,《盎格鲁—美利坚法律史》(第 3 版)(美国法精要 · 影印本),法律出版社 2001 年版,第 233 页。

原告带来损失；第二，被告不履行承诺给原告带来损失；第三，被告依照约定从原告处获得了某物却不履行承诺。可见，第三种情形与“债务之诉”似乎是一个硬币的两个方面。这为普通法的下一步发展，即“承诺之诉”对“债务之诉”的取代提供了理论基础。

从另一个角度来说，尽管“承诺之诉”的优越性已为人们认可，但是，普通法的原则是：如果《令状登记册》对某一交易类型已有救济方式，则“承诺之诉”不可用。原告的律师大胆地尝试回避诉讼形式的重复，他们的方法是，被告允诺偿还先前债务换取原告不以“债务之诉”对被告提起诉讼，或者仅仅是被告允诺一定偿还先前债务。到16世纪中后期，后一种方式已流行民间。

此类诉讼两个代表性的早期案例发生在1530年和1532年。在1530年的案件中，被告先前的债务（indebitatus）跟着被告后续的偿还允诺（assumpsit）：“约翰欠威廉10英镑，现允诺偿还威廉10英镑。”在1532年的案件中，原告主张，被告与他达成交易，将麦芽卖给了他，被告允诺将麦芽转移给他，法官以被告违犯承诺而判决原告胜诉。因为原告的陈述中并未将允诺与债务清晰分开，波特曼法官（Portman J.）以诉讼形式重合为由对该判决提出反对。在1539年的案件中，原告为了将允诺与债务截然分开，于是使用了“债务性承诺之诉”（indebitatus assumpsit）这一术语，而1530年案件中使用的格式也在16世纪40年代得到普遍采用。①

（五）斯莱德案②：“承诺之诉”对“债务之诉”的取代

作为英格兰的两大王室法院，王座法庭与普通民事诉讼法庭在诉讼管辖权上的冲突由来已久。1278年的《格罗切斯特法案》规定：标的超过40先令的日常的、非正式协议案件不得在地方法庭审理，而必须在王室法院受理。这一规定大大增加了普通民事诉讼法庭的案源。而王室法院对于古老的合同纠纷是没有管辖权的，只有极力以“侵害诉讼”为突破口扩大“承诺之诉”的使用范围。商业贸易的发展导致合同类诉讼增多，到16世纪后期，对“承诺之诉”享有专属管辖权的王座法庭放松了程序的要求，原告只需证明原来的交易（债务）存在就可以提起诉讼，后续的支付允诺视为对债务的法律默示而应然存在。于是普通法中有了“默示允诺”（implied promise）概念。而对“债务之诉”有专属管辖权的普通民事诉讼法庭要求原告必须在起诉状中提出并证明“约定”的存在，以保护“债务之诉”的领地不受侵犯。

王座法庭为什么要侵入合同事务的管辖权呢？诉讼费收入不是唯一的解释，因

---

① Whitehed v. Elderton, K. B. 27/1076, m. 64 (1530), Pykeryng V. Thurgoode, Spelman, ACCION SUR LE CASE 5 (1532), Marker v. Wilme, K. B. 27/1111, m. 64 (1539), See Kevin M. Teeven: *A History of the Anglo-American Common Law of Contract*, Greenwood Press, New York, 1990, pp. 37 - 38.

② Slade v. Morley (Slade's case), 4 Co. Rep. 91a, 76 Eng. Rep. 1072 (1602).

为王座法庭那时可以自由使用米德尔塞克斯令(Bill of Middlesex)①使得它审理许多的债务案件。其原因也许是普通民事诉讼法庭对高级律师(serjeant-at-law)的垄断性拥有。高级律师是中世纪英格兰法律职业界的精英，他们比在王座法庭出庭的大律师收费更高，只有他们才能在民事诉讼法庭辩护。从中世纪到19世纪，英国王室法院的法官都从高级律师中任命。无疑，民事诉讼法庭的法官，从前的高级律师们，会尽量地保护他们的既得利益。但是，前两个经济方面的原因都不是最根本的，两大法院冲突的深层次原因主要是学识上的分歧。例如，什么是法律？延续了300多年的令状制要不要改变？要不要继续禁止诉讼形式的重叠使用？王座法庭致力于积极医治古老诉讼制度的弊病，尤其是“债务之诉”的缺陷。王座法庭认为，在商业经济日益繁荣之后，“债务之诉”在显得落后而陈旧，已经成为经济的羁绊，也阻碍了合同法的发展。

王座法庭与普通民事诉讼法庭在要不要以“承诺之诉”代替“债务之诉”问题上的分歧于1585年到1602年之间最为尖锐。英格兰在1585年依法成立了新的理财法庭(Exchequer Chamber)，该法庭有权对王座法庭的判决进行复审，它的成员包括普通民事诉讼法庭的法官和理财委员会(Exchequer)的贵族。于是普通民事诉讼法庭对王座法庭在“承诺之诉”的扩张问题上有了制裁权。从1592年开始，由于雄心勃勃的首席法官约翰·波帕姆(John Popham)上任，王座法庭大肆扩张“承诺之诉”的使用，在1595年和1596年都有相关判决被新的理财法庭推翻，这两起案件相对于“债务之诉”来说没有什么特殊性。可是王座法庭对于理财法庭的复审置之不理，继续允许以“承诺之诉”代替“债务之诉”。直至1595年，两大法院的争执才在“斯莱德”案(Slade’s Case)中得到解决。

“斯莱德”案的大致案情是：原告John Slade于1597年在王座法庭对被告Humfrey Morley提起“承诺之诉”。原告宣称，在被告的请求下，他将长在拉克园地(Rack Park)上的小麦和玉米卖给了被告，被告曾允诺在将来某一特定时刻支付16英镑价款，但事实上没有支付，原告主张40英镑的赔偿。被告辩称他没有做出付款允诺。该案首先在巡回法庭审理，作为惯例，陪审团会作出裁定，最后的判决要由威斯敏斯特宫作出。陪审团的特别裁定是：“原告所陈述的购买事实是存在的……但原告和被告之间只有交易存在，没有付款的允诺存在。”该裁定再次引发了“承诺之诉”能否代替“债务之诉”的问题，这个后续允诺对于“债务性承诺之诉”真的如同普通民事诉讼法庭所坚持的那样是必需的吗？

据记载，从1597年到1602年有五次关于“斯莱德”案的大辩论。当时的优秀法

---

① 古英格兰法，内容为王座法庭据以获取普通民事案件管辖权的一种拟制程序。详细参见薛波主编：《元照英美法词典》，法律出版社2003年版，第149～150页。

律人才都参与其中,家喻户晓的法学家科克(Edward Coke,1552～1634年)[①]和培根(Francis Bacon,1561～1626年)分别做过原告和被告的代理人。原告方指责“债务之诉”之宣誓断讼程序的落后,而被告方又批驳“承诺之诉”不符合古老的《令状登记册》的形式要求,并且认为,宣誓断讼程序对于私人协议来说是发现真实证据的最好方法,交易中的债务是一项已经实施的财产权利,而“承诺之诉”具有侵害性及待履行性质,所以,它不能保护交易中的债权。

双方律师辩论的焦点可以归结为两点。第一,每一个合同(当时是指产生债务的情形,如买卖等)只含一个支付的允诺吗?即允诺能从交易中推导而出吗?第二,“承诺之诉”和“债务之诉”能适用于同样的交易吗?

经过反复较量,“斯莱德”案对第一个问题的回答是:合同本身就默示了同时存在的履行允诺,它不要求被告明确的“I promise…”这样的套语。所以,法官也不需要原告证明被告拟制性的后续允诺的存在。通过法官们对古老交易的新解释,凡是可以适用“债务之诉”解决的那些未得支付的情形,都默示了承诺(assumpsit)的存在。两大法院对第二个问题的争议到“斯莱德”案时已有70年之久。王座法庭首席法官认为,虽然“承诺之诉”不符合令状登记册的要求是一个历史悠久的错误,人们在漫长使用过程中积累的大量先例已经使这一创新成为法律,“公共的错误就是法律”。原告方还指责了宣誓断讼程序已经导致买辅助证人和伪证的泛滥。可是被告认为,宣誓断讼是英格兰人天生的权利,在私人协议中,它比陪审制更具优越性。“斯莱德”案的最终结果是非正式的理财委员会以举手表决的方式达成的,结果以6:5的微弱多数有利于原告。[②]“每一个‘待履行合同’,内含一个承诺(assumpsit),当一个人答应支付金钱或转移某物,就是允诺了这样的支付或转移,所以当一个人卖东西给另一个人,并答应在某天转移给他。而另一方当事人考虑到上述允诺,同意在某天支付相应金钱。在此情形下,双方都可能向对方提起‘债务之诉’或者‘特殊的承诺之诉’(an action on the case on assumpsit),因为相互的‘待履行协议’本身蕴涵了这两种诉讼形式。”[③]

“斯莱德”案在英国契约法制史上的影响无疑是革命性的。第一,更加灵活的

---

① 英国著名律师、法官,1584～1606年担任英国总检察长(Attorney-General),1606～1613年担任高等民事法庭(Court of Common Pleas)的首席法官。1613～1616年担任王座法庭(King's Bench)首席法官。

② 科克的报告说全英格兰的法官都赞成以“承诺之诉”代替“债务之诉”,其实这是不真实的,只是科克作为原告方律师的愿望,这份报告使后人对 Slade 案的结果造成误解。See Kevin M. Teeven: *A History of the Anglo-American Common Law of Contract*, Greenwood Press, New York, 1990, p.49.

③ Theodore F. T. Plucknett, *A Concise History of the Common Law*, 5th edition,《简明普通法史》(第5版)(影印本),中信出版社2003年版,第644页。

“承诺之诉”对僵化的“债务之诉”的代替,意味着更加科学的陪审制对宣誓断讼程序的胜利,尽管宣誓断讼程序到1833年才被正式取消。

第二,“承诺之诉”并不取代那些不适用宣誓断讼程序的诉讼形式,如保证或特殊契据形成的正式债务(debt *sur obligation*)①以及“盖印合同之诉”(covenant)。于是,普通法中正式与和非正式合同义务的传统二分法因此形成。

第三,“斯莱德案”的判决——“每一交易内涵一个允诺”——确立了默示允诺(implied promise)概念的存在,而且,这种思想扩张至更多领域。譬如,A对B履行劳务却没有明确交易或支付允诺的情形,A可以使用“承诺之诉”取得劳务报酬。还有些情形,连“默示允诺”难以认定而被告的确有不正当获益,于是准合同(quasi-contract)概念出现,这是“承诺之诉”的最后一次扩张。

第四,“斯莱德”案判决对繁杂的合同诉讼形式的统一。传统普通法中根据被告违犯的允诺的内容(允诺履行某种行为、允诺支付金钱)而将传统的合同诉讼分为两类。“斯莱德”案将这两类诉讼形式融合,“承诺之诉”成为非正式合同诉讼的统一形式。“承诺之诉”的合同性质的确立也促使了损害赔偿金计算标准的改变。赔偿金的计算不再依侵权原则赔偿原告遭受的损失,而是依合同原则补偿对原告所允诺的利益。从此,现代允诺责任理论开始形成。

第二节　约因要求在合同诉讼中的孕育与形成

英美学者认为,约因原则的源泉是多元的,但对于该原则的起源的研究可以在盎格鲁—撒克逊习惯法和王室法院的合同诉讼经验中完成。② 笔者认为:约因要求的起源是渐进的,它是在合同诉讼扩展过程中法官确认某种程序能否采用、区分允诺能否执行的标准的一般化的成果。约因的起源与英格兰合同法生成是同步的,它在诉讼演进中逐渐取得其蕴涵的交换价值以及技术性规则的程序意义。约因要求绝不是某一种诉讼形式的产物,只是哪种诉讼对约因起源的影响最为直接以及给予了何种影响的问题。笔者对于在其本土尚有争议的问题无法提出权威观点,以下是对相关主要观点进行的介绍和分析。

---

① “债务之诉”的范畴是指无正式形式的债务,以Debt *sur contract* 表示,具备盖印正式形式的债务以debt sur obligation 表示。

② Robert L. Henry, *Consideration in Contracts* 601 *A. D. to* 1520 *A. D.* The Yale Law Journal, Vol. 26, No. 8(Jun. ,1917),pp. 664 -698.

一、观点之一：约因要求起源于“债务之诉”而完善于“承诺之诉”[①]

英国著名法史学家法恩斯沃思（Allan Farnsworth）认为：构成约因的主要要素是获益和受损，其中最为重要的是允诺人的获益要素就是从债务之诉中的“对等物”发展而来……而约因规则的受损要素则来源于“承诺之诉”的信赖因素。[②] 这种观点广为流传，其主要基础是霍姆斯在《普通法》中的翔实论述。

（一）约因在“债务之诉”中的起源：对等物（quid pro quo）

霍姆斯认为，约因不被盖印合同需要的事实表明约因要求不是源于实体规则，而是与程序规则密切相关。霍姆斯认为“债务之诉”对约因原理的贡献最大。[③]

原告在“债务之诉”令状中陈述的主张是概括式的，只需说被告欠他某物，而错误地占有了它，所以有支付的义务，原告无须说明这种支付义务是如何产生的。被告的回应也是概括式的，只需否认债务的存在。这时，原告为了获得救济，必须出示某种东西来证明诉讼的充足理由，即他必须用法律认可的方式坚持他的诉讼理由，这三种方式是：决斗、出示书面材料和出示见证人。[④]

其中，原告出示证人的做法在不列颠有悠久的历史。诺曼征服前的几个世纪里，盎格鲁—撒克逊习惯法要求特定数量的官方证人来见证每一桩买卖，这是远古遗风的延续，因为，在盗窃和类似行为是产生义务的主要原因的时代，人们就有习惯指定证人来确定遭到指控的人是盗窃该物或是合法取得该物，这时，被告可以通过发誓来摆脱指控，他发誓的内容是他是以法律认可的方式公开地接受或购买了该物。诺曼征服并没有导致原告证人制度的消失，它们在征服者——威廉的法律中仍然发挥作用。格兰维尔在其论著中也认为这些做法在亨利二世统治时仍然为人所知。但是，这时候证人的作用不仅限于在撒克逊时代的对刑事指控的处理，也用来证明债务。而且，亨利二世后的很长一段时间内，当原告提起的债务诉讼没有书面材料证明时，法官会问他能用什么来证明您的诉讼呢，原告总是回答：“充足诉讼”，并出示他的证人。只要原告寻找到特定数量的人为他以特定方式起誓，案件的结果很快就出来。

见证人誓言的范围限于证人的所见所闻，见证人制度的目的就是见证人对财产易手的亲眼见证，所以见证人制度适用的交易仅限于因财产转移而产生的债务纠纷，而不可能扩展至适用于双方都只是允诺的情形，因为，盗窃之类的刑事案件不可能在待履行的允诺中产生。格兰维尔也证实在他那个时代王室法院对这类协议不

---

① Oliver Wendell Holmes, *The Common Law*, with a mew introduction by Tim Griffin. Transaction Publishers, New Brunswick(U. S. A.) and London(U. K.), 2004, pp. 198 – 236.

② E. Allan Farnsworth, *Contracts*, Aspen Law & Business, 1999, 3rd ed., p. 19.

③ Ibid, p. 199.

④ Ibid, p. 201.

予实施。

证明的债务产生于被告对财产的收受,这是一个可以被见证人看见并就其起誓的事实,也是被告偿还责任产生的依据。由此决定"债务之诉"的理论前提是被告占有了某种属于原告的、他不能合法占有且应该放弃的东西(quid),被告由此应该承担的法律责任是(pro quo)。这就是"债务之诉"的一大特点——"对等物"(quid pro quo)制度。

英格兰关于"对等物"的最早阐述大约出现在1339年的《年鉴》。从爱德华一世到亨利六世(Henry Ⅵ,1422 ~ 1461 年)时期,它已成为确定的法律规则:凡是没有"对等物"的债务主张就得不到支持。只有契约的一方当事人能够证明他已经履行了他的契约义务时,他才能够主张被告对他欠有债务。① 霍姆斯认为,"对等物"是现代英美合同法中的"约因"(consideration)的最早存在形式。具体讲,证人只能就他们的所见所闻起誓的规则,再加上他们只用于因财产交付引发的"债务之诉",以及交付的对象就是"债务之诉"的被告接受的"对等物"(quid pro quo)的事实,三者程序要素导致了实体法的变化,并发展成为普通法中最独特而重要的合同制度:所有的简单合同,即由证人而不是由契据来证明的债务,都需要约因。以债务合同为起点,约因规则慢慢扩展到其他合同类型。② 霍姆斯还陈述了一个重要事实:从爱德华一世到亨利六世,没有一件缺乏约因支持的债务得到过救济。③

曾经有一个案例被讨论了数个世纪,被告向原告允诺,如果原告娶了被告的女儿,被告将向原告支付一笔金钱,请问本案事实能产生合法的债务吗?这里需要指出的是,从前对该案的争议是本案应该由宗教法院管辖,因为它涉及婚姻问题,现在人们对它的争议完全在世俗法范围内,即被告在这个允诺中得到"对等物"了吗?④ 总之,粗陋的约因法理在亨利六世统治期间已经盛行,约因是以被告获得的"对等物"的形象出现的,即允诺人从合同中的获益。

霍姆斯的观点对后世虽然产生深远的影响,但其也受到了学者的批评。有学者指出,霍姆斯的失误有二。第一,他在追溯约因起源时抛弃了不该抛弃的素材,导致他对约因的定义太狭窄。具体说来,霍姆斯指出,在亨利二世到爱德华三世之间,担保人不能因为他的口头担保允诺而在"债务之诉"中承担责任。霍姆斯据此认为,爱

---

① Oliver Wendell Holmes, *The Common Law*, with a mew introduction by Tim Griffin. Transaction Publishers, New Brunswick(U. S. A.) and London(U. K.), 2004, p. 210.

② Ibid, pp. 203 - 204.

③ Ibid, p. 210.

④ Eg. Marsh v. Rainsford, 3 Dyer, 272 b, n. See Oliver Wendell Holmes, *The Common Law*, with a mew introduction by Tim Griffin. Transaction Publishers, New Brunswick(U. S. A.) and London(U. K.), 2004, p. 211.

德华三世以后的担保案件都是用书面材料来证明，所以，他在对约因起源的研究中完全不考虑担保交易的影响。事实上，他抛弃了很多对现代约因原则的形成有决定性影响的案例。霍姆斯的观点受到后来的两位法学大家波罗克和梅特兰（Maitland）的追随，但他们对于口头的担保案件给予了更多的关注。第二，霍姆斯对"对等物"（quid pro quo）和约因概念进行区分虽然是明智的，但是他对于"对等物"内涵的界定是不准确的，所以也导致对约因定义的错误。"对等物"并非如霍姆斯说的那样只包含了允诺人的获益，其实还有受诺人的受损含义。造成这种曲解的原因是："对等物"规则形成之时，口头担保允诺被排斥在王室法院的保护范围之外，当时，获益比受损受到更多的重视。后来，当"承诺之诉"兴起并成为主要的合同救济方式时，法官们草率地把"债务之诉"中的"对等物"想象成了债务人的获益。①

（二）约因要求在"承诺之诉"（assumpsit）中的发展

霍姆斯认为，"债务之诉"没有孕育约因原则的全部要素，"承诺之诉"的发展完善了约因的内容。"承诺之诉"适用于被告瑕疵履行而给原告带来损失的案件中，被告的允诺已经被作为认定被告责任的实质要件。但是由于普通法的保守，"承诺之诉"被长期界定为侵权案件，人们没有强调被告的允诺是否具备"对等物"。不过正由于理论的徘徊，人们没有把被告对原告的允诺界定为传统意义的合同，所以该诉讼形式的适用条件比"债务之诉"中的"对等物"更加宽泛，亨利六世和亨利七世的一些案件判决已明确认定，在被告不作为而给原告带来损害的案件中，"承诺之诉"的诉讼理由是被告的违约。于是，对于允诺效力的认定机制有必要了，尽管偶尔有些波动，这一理念在伊丽莎白（Elizabeth，1558～1603年在位）时代已视为当然。

约因要求的发展是法官们在冲破诉讼程序的限制并扩大"承诺之诉"的范围的过程中实现的。亨利六世时确立了简单合同的成立必须以被告的受益为基础的法则，然而它远不能满足现实的需求，法官们在实践中机智地进行了突破。例如，被告聘用原告作为他姑姑的碾磨工，工钱为每周10先令，原告在履行劳务之后没有拿到工钱，法官认为原告可以"承诺之诉"起诉被告，因为原告提供的劳务尽管不能作为被告的获益，但它是原告的损失。② 担保人不再成为"债务之诉"的被告，因为"债务之诉"中债务的成立以被告获得"对等物"为必备条件，但是他可能成为"承诺之诉"的被告。同样，关于被告允诺原告如果原告娶了被告的女儿被告将给予原告一笔金钱的案件，原告也可以提起"承诺之诉"索要允诺的金钱。有的法官倾向于认为：被

---

① Robert L. Henry, *Consideration in Contracts* 601 *A. D. to* 1520 *A. D.* The Yale Law Journal, Vol. 26, No. 8 (Jun., 1917), pp. 664－698.

② Read v. Baxter, 3 Dyer, 272 b, n. (26 & 27 Eliz.) Cf. Richards and Bartlet's Case, 1 Leon. 19 (26 Eliz.) See Oliver Wendell Holmes, *The Common Law*, with a mew introduction by Tim Griffin. New Brunswick (U. S. A.) and London (U. K.), in Law & Society Series, 2004, p. 225.

告嫁掉了自己的女儿就是他的获益,这份获益足以使得他支付自己允诺的金钱。也有人认为,原告娶了被告的女儿就是受损,就是被告允诺的约因。① 总之,“承诺之诉”适用范围的扩展最终带来了约因法理的实体变化:受诺人的受损也是允诺有效的约因,也可以导致允诺的强制执行。

二、观点之二:约因要求完全衍生于“承诺之诉”

这是人们对约因起源最一般的看法。虽然“承诺之诉”被归类为侵害之诉,但是它的起点却是“简式约定”(assumpsit)的存在。当“承诺之诉”用于被告“不作为”,甚至仅仅是“允诺交换”的情形时,被告被追究的不是固定金额的债务,而是承诺的允诺义务;而且,在中世纪的英格兰有一个习惯,关于债务担保的允诺、关于支付嫁妆的允诺等尽管涉及确定金额的金钱债务,却不可以采用“债务之诉”解决纠纷,只能以“承诺之诉”提起诉讼。尤其是16世纪前30年,当王室法院利用“承诺之诉”程序上的优势而覆盖“盖印之诉”和“债务之诉”时,人们自然关注对“承诺之诉”的救济范围的限制,否则新兴的“承诺之诉”有被滥用的危险,因为它既无“债务之诉”的要物性限制,也无“盖印契约之诉”对约定形式上的严格要求。哪些允诺能成为“承诺之诉”的基础呢?约因要求,就是对被告的承诺进行界定的机制,就是确认“承诺之诉”使用情势的规则的集合。②

早期普通法从罗马法借鉴的法律思想就是裸露协议不具有强制执行力,这一思想在13世纪就被普通法接受,并进一步具体化为:只有满足早期对人诉讼形式的协议才能成为诉讼的根据。于是人们需要一个术语对能否被强制执行的协议进行区分。“盖印约定之诉”明确要求以盖印的书面材料证明。相对来说,“债务之诉”的要求比较弹性,就是原告为允诺付出了某物,用来表明原告满足了这一要求的宽泛术语有“cause”或“occasion”,因为被告得到的利益一般是他做出某种承诺的动机或理由。不过,到15世纪,“quid pro quo”得到最为广泛的运用,同时,该术语也开始获得技术性含义,正是由于“quid pro quo”受到技术性含义的限制,人们需要更加宽泛的词汇表达导致交易的行为、情势或交易的动机与理由。显然,在15世纪和16世纪早期的《法律年鉴》中,词汇“consideration”已为上述目的而使用。当“承诺之诉”开始扩展后,尤其用于被告违犯协议而“不作为”,原告因对允诺的信任而遭受损失时,“consideration”术语因其使用上的方便和内容上的概括而受到普通法院的欢迎。

---

① Oliver Wendell Holmes, *The Common Law*, with a mew introduction by Tim Griffin. Transaction Publishers, New Brunswick(U. S. A.) and London(U. K.), in Law & Society Series, 2004, p. 211.

② Kevin M. Teeven: *A History of the Anglo-American Common Law of Contract*, Greenwood Press, New York, 1990, pp. 38–39.

在16世纪初期，无论是在普通法中还是衡平法中，合同法语境下的"consideration"都还未取得技术性意义。在"consideration"已经频繁使用的同时，其他术语也在同时使用，与"consideration"表达着同样的意蕴。有人指出，圣·杰曼在《博士与学生》中使用过的相似术语如下："报酬"4次，"原因"4次，"特定约因"2次，"物质性的获益"1次，"保持为上帝效劳的愿望"1次，"对等物"1次，"商品或其他利益"1次，"让与给允诺的事物"1次，"新的负担"1次，"因为允诺而产生的负担"1次。"①

在16世纪后半期，当"承诺之诉"可以代替"债务之诉"，原告在使用"consideration"来介绍自己据以提起"承诺之诉"的事实依据。埃姆斯认为，在亨利八世(Henry Ⅷ,1509~1547年在位)和爱德华六世(Edward Ⅵ,1547~1554年在位)时期的案例记录中还没有出现"consideration"字眼。1557年的Joscelin v. Shelton案应该是"consideration"作为起诉条件的第一个例证。原告宣称：被告允诺，若原告的儿子娶被告的女儿，被告将对原告支付金钱。② 此后，"consideration"的使用概率增加。在1566年的Sharington v. Strotton案中，同样有"consideration that"的诉讼套语，"如果考虑到你是我的熟人、朋友或兄弟，于是我允诺给你20英镑，你不能对我提起'债务之诉'或'承诺之诉'，因为这是一个裸露允诺。我们不存在支付的充足理由，一方也没有付出什么，你在我做出允诺之前就是我的熟人、朋友或兄弟，以后还是。所以，当事人在这里没有新的付出……"该案触及了爱和自然情感能否支持受益权的问题。③ 在1574年的Calthorpe案中，约因被更加宽泛的阐述成："一种原因或有价值的理由，要求双方在事实上和法律上的相互给付。"在财产法领域，人们在此宽泛语境下对于约因的必要性给予了很多阐述。在合同法领域，约因的必要性借助"quid pro quo"来表达。在1589年的Stone v. Wythipol案中，科克法官宣告了约因的内容："每一让被告在承诺之诉中承担责任的约因，必然是被告的获益，或原

---

① "Recompense(four times),cause(3times),a certain consideration(twice),consideration of worldly profit(once),cause in the sense of a desire to maintain the cause of learning or service of God(once),quid pro quo(once), goods or some other profit(once),things assigned for a promise(once),new charge(once), charge by reason of the promise(once)". See Sir William Holdsworth, *A History of English Law*, London: Methuen & Co. Ltd., Sweet and Maxwell,1977. Volume Ⅷ, p.6.

② Joscelin v. Shelton(1557)3 Leo.4. "the Plaintiff declared that the defendant, in consideration that the son of the plaintiff would marry the daughter of the defendant , assumed an promised to pay to him etc". See Sir William Holdsworth, *A History of English Law*,London: Methuen & Co. Ltd., Sweet and Maxwell,1977. Volume Ⅷ, p.6.

③ "For if upon consideration that you are my familiar friend or acquaintance, or my brother, I promise to pay you! £ 20..."See Sir William Holdsworth, *A History of English Law*,London: Methuen & Co. Ltd., Sweet and Maxwell,1977. Volume Ⅷ, p.6.

告的受损。没有哪个案子能超越这一法则。"①

可见,"Consideration"最初用于诉状中表示"考虑到"、"以……为基础"、"原因"或类似含义,意味着当事人做出允诺时的谨慎情境。也许它本身传递了一种思想:一项允诺若想具有法律拘束力必须是当事人经过谨慎考虑后做出的,或者之所以法院要当事人承担允诺的义务,因为该允诺是严肃地、刻意地做出的。后来,"Consideration 在普通法中尤其是'承诺之诉'的诉讼实践中取得了特有的技术含义,它概括地表示允诺能够通过'承诺之诉'得到强制执行的条件"。所以,约因原则形成于16、17 世纪的特点都是"承诺之诉"自身发展与完善的自然产物。

对于"约因衍生于承诺之诉"这一广为接受的观点,同样有人质疑。美国学者罗伯特·亨利(Robert L. Henry)于 1917 年在《耶鲁大学法学杂志》发表文章探讨了约因原则的起源。② 罗伯特认为,埃姆斯率先提出约因要求起源于"承诺之诉"中的受损要素,即原告因被告的欺诈(deceit)而遭受的损失。但埃姆斯的观点是不合逻辑的,从大量的案例记录来看,在"承诺之诉"中,"欺诈"和由此造成的损失只不过是一种拟制,法官们并没有对其严肃考证,只要证明违约的发生的事实就足以满足"欺诈"的指控。如果法官不相信违约是欺诈,不需要欺诈的具体证据,那么又何必需要证明因欺诈造成的损失呢?而且,他们为什么会不嫌麻烦地要求证明损失发生于允诺做出之时呢?因为只有一方在做出允诺时就不打算履约,对方被误导,才能称为侵权发生了。

我们必须回顾"承诺之诉"的成长历程,在最初的 100 年间,它主要适用于摆渡人、理发师、木工和医生等公共职业人士对其承诺的不当履行而给原告带来损害的情形。在当时的令状制下,"承诺之诉"是法官们不得已的选择,因为这类伤害不能用已有的令状得到救济。罗伯特发现,在这些针对被告瑕疵履行的诉讼中,"consideration"没有出现在诉状中,一旦"承诺之诉"只为违约而提起,"consideration"术语立刻出现。而且,在这些早期案件中,法官们在关于救济理由的讨论中使用过的关键术语有"consideration"、"causa"(原因)、"things done at the defendant's request"(在被告请求下的作为)等,却从来没有过"deceit"(欺诈)或"damages"(损害)。所以,他认为在"承诺之诉"的性质被定位为侵权诉讼时,并没有"consideration"的要求。"因欺诈造成损失"的主张迅速转为"以……为约因的允诺,违约就是欺诈"的用语,诉状中主张"欺诈"的用语只是纯粹的拟制。其实,法官

① Stone v. Wythipol, Cro. Eliz. 126(1589). See Kevin M. Teeven, *A History of the Anglo-American Common Law of Contract*, Greenwood Press, New York, 1990, p. 39.

② Robert L. Henry, *Consideration in Contracts* 601 *A. D. to* 1520 *A. D.* The Yale Law Journal, Vol. 26, No. 8(Jun., 1917), pp. 664 -698.

们在内心思考着另外的可诉性检验机制。

从现代法理来说，欺诈性侵权的构成要件包括对事实的错误陈述、行为人的主观动机、被害人对误陈述的信赖以及由此遭受的损失。而在"承诺之诉"中，法官并不关心当事人是否因相信允诺而遭受损失，如果没有约因存在，无论有多么大的损失，与约因尽管表面上都表现为受损，但二者有本质的区别，罗伯特·亨利觉得当时的法官并不是简单地假设被告一开始就不打算履约。1442 年的"道齐案"是普通法院开始实施违约救济的代表性案例，亨利还详细分析该案的记录以寻找法官的思路。他认为法官们赞同"承诺之诉"的主要动因是政策角度的公平正义，即给予当事人更全面、平和等的司法保护，而不是欺诈的实质性存在。亨利甚至认为，当时的法官已经开始区分因违约遭受的损失和合同欺诈造成的损失，后者是被告做出允诺时就不打算履约，是真正的欺诈损失。

总之，缺乏正式形式的土地买卖协议，令状登记册中只有"特殊侵害诉讼"可以帮助已付钱却拿不到土地的人寻求损害赔偿，出于公平正义的考虑，不动产交易的原告应该拥有与动产交易中的原告同样的诉权，于是法官允许他们借用拟制（原告被欺诈了）以便提起诉讼。[①] 所以，给予当事人充足的救济是"承诺之诉"发展的动因，当然普通法院与衡平法院及地方法院等之间的管辖权竞争也是"承诺之诉"发展的重要动力。不过，诉状中的欺诈从未被认真对待。从案件记录来看，一旦"承诺之诉"适用于违约，法官从未讨论过诉讼的理由，也没有一个"承诺之诉"明确说它的判决理由是"违约就是欺诈"。

绝大多数学者还是坚持认为约因起源于"承诺之诉"。普通法合同法史专家克温·提文也是持这样的观点。他认为，到 16 世纪 80 年代，约因已成为决定允诺在什么情况下能在"承诺之诉"中获得救济的基本原则。约因要求开始于普通的金钱债务，逐渐适用于各种类型的合同。一旦"债务性承诺之诉"得到认可，约因要求就广泛地被扩展适用于普通的合同。约因成为区别于"债务之诉"和"盖印合同之诉"的标志，是确认被告承诺中存在合同责任的系列规则的集合。

三、观点之三：约因渊源于盎格鲁—撒克逊时期的担保合同

罗伯特·亨利认为，尽管衡平法院在"承诺之诉"形成之前对口头合同的司法审判经验以及地方法院对口头合同的实施经验对约因的形成有一定的贡献，但是，盎格鲁—撒克逊习惯法以及王室法院的审判实践是孕育约因原则的母体。在对其他

---

① 根据当时的令状制，在动产交易中，如果商品已交付，卖方可提起"债务之诉"要价金。如果金钱已支付而商品未交付，买方可提起请求返还"非法占有之诉"拿到商品和赔偿。而在不动产交易中，得不到支付的卖方可对卖方提起债务之诉，而买方若在付钱后拿不到土地却没有合适的令状。

流行的观点进行了批评之后,他认为约因原则的起源可追溯至盎格鲁—撒克逊时期。

前文已述,盎格鲁—撒克逊主要有两种合同形式:第一类是担保合同(surety contract),其中的关键内容是受诺人在允诺人的请求下遭遇了某种损失。譬如,在买卖和借贷中,受诺人在担保人(允诺人)的请求下将财产转移给债务人。在古老的程式合同中,受诺人在担保人(允诺人)的请求下放弃了报复加害人的权利。第二类是新型的"交付—允诺"型合同,如卖方 A 把商品交付给 B 却收不到价款时,或者 A 借钱给 B 却得不到偿还时,他们就以正式的交付形式、正式的允诺以及见证人来保证 B 的支付义务。其中,允诺人 B 总是接受某种好处,即当他做出偿还允诺时占有了 A 转移给他的商品或金钱。①

当然,盎格鲁—撒克逊人并没有聪明到将受诺人的受损或允诺人的获益作为合同是否具有法律强制力的检验机制,他们所关注到的只是外在形式和形式背后的惩罚。在国家力量衰微的早期,人们将合同义务的履行强加于担保人身上,后来,又把一切责任都归咎于形式标准。人们当时的合同理念可以简单地概括如下:只有允诺人获得了好处或者受诺人遭受了损失的交易中的允诺才具有法律执行力。

亨利认为,形成于盎格鲁—撒克逊时期的"获益—受损"观念一直在普通法中延续。格兰威尔时期的合同救济只是对盎格鲁—撒克逊习惯法的延续,格兰威尔在著作中提到的"债务令状"有两种类型:针对担保人的令状及针对债务人自己的令状,他提到的每一合同都包含了债务人(被告)的获益。至亨利二世时期,所有得以提起诉讼的债务都限于两种情形:担保合同中受诺人的受损,或其他案件中债务人(被告)的获益。至少到 1314 年时,担保人还还受制于他的口头担保允诺。

霍姆斯指出,到爱德华三世执政之前,口头担保允诺不再具有法律强制力,而必须要有盖印的契据证明。② 可以这样概括,古老的担保合同在这个期间发生分化,一方面归入盖印书面文书证明的债务诉讼,即"盖印约定之诉",另一方面归入"交付—允诺"(delivery-promise)的合同形式,即适用于买卖、借贷、收取租金等情形的用"债务令状"保护的交易。口头担保允诺被排斥在法院之外的事实是否足以破坏古老的传统,即合同约束力的基础在于受损或获益?对此问题,罗伯特·亨利从以下几个角度进行了思考。

第一,口头担保允诺是不是绝对地得不到法院的受理?从《法律年鉴》的记载来

---

① Robert L. Henry, *Consideration in Contracts* 601*A. D. to* 1520*A. D.*, The Yale Law Journal, Vol. 26, No. 8(Jun., 1917), pp. 664 – 698.

② Oliver Wendell Holmes *The Common Law*, with a mew introduction by Tim Griffin. New Brunswick (U. S. A.) and London(U. K.), in Law & Society Series, 2004, p. 208.

看,事实不是这样。在1344年、[①]1360年[②]和1459年[③]都有担保人受制于自己的口头担保允诺的案例。法官在1459年的案例中陈述到:“假如我对一位医生说:‘你到病人J那里,给他药物并治好他的病,我给你100先令。’那位医生照办了,他有权对我提起‘债务之诉’要求那100先令,尽管他的付出是为他人而不是为我。”这说明,法院不再承认古老担保仪式(wed)对口头担保人的约束力,但担保人无疑会成为“债务之诉”的主债务人而承担责任。这其实是古老的担保合同诉讼向债务合同的简化。

第二,使用盖印文书,而不是古老的担保仪式来约束担保人合同实践是否改变了交换的实质呢?在独立的盖印合同诉讼没有正式形成前,书面材料及盖印的书面材料只不过证据的方式而已。“要求以某物换取某物或允诺”的情感和实践自法律意识萌芽时就存在,它早已根深蒂固,难以改变。在数个世纪中,担保人因正式形式而承担责任的案子,受诺人都在担保人的请求下失去了某物,形式只不过是对债务的认可。事实上,古老的担保仪式丧失了对担保人的约束力并非法律人士努力的结果,而是商业实践的变化,直到爱德华三世时期,书面合同已普遍存在,即便是在担保场合,谨慎的债权人会要求担保人留下盖印的书面允诺。

第三,担保合同与“要物”(real)合同的融合使担保人与债务人一起或单独成为债务人,是否意味着传统的改变呢?这个古老的传统就是债权人在担保人的请求下失去某物,或者在担保人的请求下做了某事或付出了某物。这个问题涉及对“债务之诉”的性质认定。

很多人认为,“债务之诉”是财产性质(proprietary)的,它实施的合同是要物(real)的。亨利从以下角度进行分析:(1)格兰威尔给我们讲的原始“债务之诉”令状并非等同于权利令状,至少他讲到的针对担保人的债务令状就与权利令状不一样。而且,“债务令状”的适用范围与盎格鲁—撒克逊时期合同诉讼一样,这一合同诉讼显然是允诺性的而不是要物性的。(2)关于证明方式的相似性,决斗的确曾用于“债务之诉”,但因为“债务令状”与权利令状几乎同时产生,唯一的证明方式当然会同时使用于两种令状。不过,决斗证明方式在“债务之诉”中很早就消亡,决斗只适用于要物性诉讼。至于“债务之诉”特有的“宣誓断讼程序”,它是针对允诺性主张的传统抗辩,已经存在了几个世纪。(3)“债务令状”中的原告只是在要回自己的东西吗?在使用借贷诉讼(action on a commodatum)中,出借人的确是在收回自己的东西,但这类诉讼不多。在消费借贷诉讼(action on a mutuum)中,出借人并非一定

① Year Book, 18 Edw. Ⅲ, 13, pl. 7.

② Year Book, 44 Edw. Ⅲ, 21, pl. 23.

③ Year Book, 37 Hen. Ⅵ, 8, 18.

是拿回他借出的钱币。在买卖中,交付是产权转移的关键,即便所购买的东西是具体的,付钱的买方也想象成他自己的,但未得到支付的卖方也无法把未得的支付想成他自己的。合意合同的时代,合意就可以导致产权的转移,而不需要交付,但是,此时的法律还没有到这个程度。债权人对担保人主张权利不是收回他自己的东西。(4)从罗马法引进的合同的要物性(real)术语,对于合同法的发展有害无益。碰巧前人只在买卖和借贷中使用这个字眼,在这两类交易中都有债权人对债务人的给付。我们权且可以将他们称做"real",但我们必须明白,这只意味着物的交付是这类交易的特点。它并不表明仅仅是物的交付创立了返还或支付的义务。允诺是最重要的。交易证人不仅对他看到的作证,还要对他所听到的作证。

总之,亨利认为,"债务令状"在王室法院的出现并没有引起合同法成长的中断,王室法院以"债务令状"实施的交易与盎格鲁—撒克逊习惯法实施的交易是相似的。至少到1314年时,我们有相同的关于借贷和买卖的"交付—允诺"以及相同的口头担保合同。当时的"real"字眼只是说原告付出了某物换取被告的允诺,并不是交付的事实产生了被告的交付或支付的义务。当事人之间没有法律默示义务或事实默示的义务。允诺是明示的,已履行义务的一方并非在诉求他的财产所值,在买卖中,他寻求的是卖方允诺支付的价款,在借贷中,他寻求的是一个与债务等值的返还允诺。如果金钱或财产不需这样的允诺就转移,这是已实施的赠与(executed gift)。法律关注的不是被告必须使用明示的"promise"字眼,而是协议达成的内容,即见证人(witness)听到的内容,见证人的所见构成对等物,即受诺人当着见证人交付的、换取允诺的东西。

债务令状是"对物"性质的以及它所实施的合同是"要物性"的说法会导致思路的混乱。所以,亨利认为,对"债务之诉"最合适的表达应该是:"债务令状"是对人诉讼,它实施的合同有形式要求。而它所要求的形式有三类:(1)约束担保人的担保物(wed)。(2)书面形式,后来加上了盖印要求。(3)一方的财产交付,另一方同时做出允诺,交付物作为允诺的交换。

总之,古老的担保合同在14世纪与盖印合同和债务合同的融合并没有中断古老的传统。商业实践中盖印的书面材料对口头证言的取代并没有改变交易的实质。担保合同与"允诺—交付"合同的共同因素是受诺人为允诺付出了某种东西。简而言之,约因原则蕴涵的哲学和政策孕育于盎格鲁—撒克逊习惯法,并绵延不断地流淌过漫长的历史长河,从未中断。约因原则是一种简单的商业认识,也是一种司法态度,"日耳曼法的古老原则是:法院不会支持无偿的允诺或强制实施无偿的允诺"。

但是,为了给当事人提供更有力的救助,也为了应对法院的管辖权竞争,王室法院又在持续扩大救济范围,强制实施一些为人所知的习惯性的交易。1520年,当有人就口头担保纠纷提起"承诺之诉"时,法院毫无争议地判决担保人承担责任。[①] 因为对担保人施加法律责任是日耳曼法的固有传统,尽管古老的担保物(wed)仪式已经消失,但法院没有理由拒绝新的"承诺之诉"在这类案件的适用。针对该案的判决,埃姆斯说:"从此,受损一直被视着有效的约因。"[②]该论断得到广泛认可,也是"约因的受损要素源起于担保案件"的证据。的确,凡是以"原告基于允诺人的请求而作为"为判决基础的早期案件都是担保案件。[③] 现代的约因定义是:"一个在法律意义上有效的约因,可以是一方当事人得到的某种权利、利益、好处,也可以是另一方当事人遭受的损失、不得不进行的克制,或必须承担的责任。"[④]如果仅仅是受损要素源起于担保案件,又怎么能说担保合同实践孕育了约因原则呢?于是,我们可以从受诺人为允诺的付出角度来看允诺人的获益,将约因定义为受诺人的损失更为简洁,也更为科学,它表达了约因原则的价值基础:一个允诺只有在受诺人为之有所付出的情形下才有强制力。

四、约因原则的理论源泉

海因·克茨(Hein Kötz)曾对约因要求的起源做过这样的描述:在普通法中,允诺人的深思熟虑或道德压力都不能使他受自己允诺的约束,法律要求一个当事人实施交易,而允诺是交易的一部分,所以,英国人不因允诺而承担责任,只因交易而负有义务。本来就没有赠与习惯的商人,对于这样的法律制度很容易理解和接受——法律不情愿认可纯粹因慷慨而做出的允诺。约因学说正是从这种"不情愿"中产生出来的。而约因原则产生于英国这样的国家里应该是情理之中,因为英格兰的合同法已具有"商业偏好",它的适合对象是零售商而不是农民。[⑤]

该段陈述说明,商业经济的发展无疑是约因规则生成的外部动力。的确,社会

---

① Year Book (1520) 12 Hen. VⅢ, q. ⅱ, pl. 3. 第一个用"承诺之诉"解决担保口约的案件是在王座法庭。案情是:J. N. 到原告家里购买特定某物,作为证人的 J. S. 陪他一起来。当 J. N. 表达购买的意愿时,原告说他担心收不到货款,J. S. 说:"如果 J. N. 不付钱给您,我付给您。"基于这个允诺,原告交付了财产。后来 J. N. 真的不付钱,而作为证人的 J. S. 死了,原告说死者留了丰厚的遗产来偿付所有债务,包括对原告的债务。问题的关键是原告能否对遗嘱执行人起诉。所有法官认为原告基于以下两个理由有权诉讼:第一,原告在普通法上没有别的救济方式;第二,原告基于对被告允诺的信任转移了财产。死者有能力支付,就没有理由让他的灵魂处于不安。

② Ames, *History of the Action of Assumpsit*, (1882) 2 Harv. L. Rev. 1.

③ 如 Hunt v. Bate (1568) Dyer, 272。

④ (1875) L. R. 10 Ex 153, See Laurence Koffman, Elizabeth Macdonald, *The Law of Contact*, 4th edition, 2001, Published by Tolley p. 45; (U. K.) J. BEATSON, *Anson's Law of Contract*, by Oxford University Press, Inc., New York 2002, 28th. ed. P. 88; (U. K.) Mary Charman, *Contract Law*, 2nd edition, published simultaneously in USA and Canada by Willian Publishing, 2002, p. 61.

⑤ Hein Kötz and Axel Flessner, *European Contract Law*, Clarendon Oxford, 1997, p. 58.

生产方式是法律发展的根本动力,当自给自足的封建庄园制是英格兰的主要生产模式时,债务之诉、盖印契约之诉、集市里的商业法庭基本上满足社会的需要。然而,圈地运动到13世纪依稀出现,庄园主纷纷将公共牧场圈为己有,羊毛业及贸易活动日益活跃,失去土地的农奴们被迫到城市谋生,传统的农业组织方式在接下来的数个世纪逐渐解体。这一切变化伴随着有产者对金钱需求的持续增大和合同法的发展。

任何法律现象都是多种力量挤压的结果,商业经济的发展无疑是约因规则生成的外部动力,烦琐的诉讼程序、法官的自由裁量权、判例法传统等应该是约因规则生成的制度基础。除此之外,约因的生成还离不开理论源泉的滋养。笔者认为,尽管约因规则被视着法官们在司法活动中的判断允诺是否有法律约束力的经验总结,然而对其隐性的理论源泉的挖掘对于约因起源的研究是很必要的。

(一)信赖利益保护思想

合理信赖利益保护思想在英美合同法的形成和发展进程中发挥了重要作用,这源于英格兰中世纪合同诉讼的发展对侵权理论的借用。"侵害之诉"与合同法的结合表现于"不当履行的承诺之诉"(assumpsit for misfeasance),这是"特殊侵害诉讼"的一个分支。"misfeasance"表示做错某件事情的侵权行为。早期的"不当履行"案件侵权色彩重于合同,"承诺之诉"在14世纪不是一种独立的诉讼形式,只是出现在"特殊侵害诉讼"中表示有应允(undertaking)存在的一个刻板术语。上述1348年的"洪柏摆渡人案"和1369年的"沃登案"都被法院当作纯粹的侵权案处理。"不当履行的承诺之诉"适用的另一领域是卖方对商品质量担保的违犯,卖方对产品质量保证的违犯和瑕疵产品的交付都被解释为侵权性质的欺诈。[①] 从15世纪后半叶开始,伦敦地方法院开始利用"特殊侵害诉讼"对被告根本没有履行承诺的案例提供救济,即"不作为的承诺之诉"(assumpsit for nonfeasance)。

"承诺之诉"区别于先前的债务之诉等其他诉讼形式的突出特点是对原告遭受的"侵权性信赖损失"(tortious detrimental reliance)的救济,其理论基础是:被告对自身承诺的瑕疵履行或不履行就是欺诈,原告因相信被告的允诺而遭受的损失理应达到救济。圣·杰曼[②]表达了这样的思想,他说:"如果一个人因为一个允诺遭受了损

---

① Kevin M. Teeven, *A History of the Anglo-American Common Law of Contract*, Greenwood Press, p. 19.

② 英国法哲学家和教会法学家。主要著作有《博士与学生》(*Doctor and Student*),本书采用一个神学博士与一位普通法学生对话的形式写成,运用宗教和道德标准对普通法进行批评。该书于1523年用拉丁文出版,第二部于1530年用英文出版,对衡平法的发展有重大影响。

失,他可以提起诉讼,尽管那个做出允诺的人没有得到任何好处。"①现代学者认为,在诉讼实践中逐渐形成的约因就是"侵权性信赖损失"的证明机制,就是"承诺之诉"能否提起的检验机制。②

到16世纪30年代,普通法院通过对约因的扩展而将"承诺之诉"扩展至适用于互为允诺的情形。"债务性承诺之诉"的合理性同样基于对当事人信赖利益的保护。因为原告的诉讼理由是:正是被告还钱的后续允诺诱使他放弃了在特定时间前对被告提起债务诉讼,他因此遭到的损失当然应该得到救济。不过,1540年前,约因只是原告陈述中的经验术语,欺诈只是一个程序性的拟制。到17世纪初,"承诺之诉"完全取代了"债务之诉"成为非盖印协议纠纷中最主要的诉讼形式。"承诺之诉"发展满足了日益成长的商人阶层对更加灵活的诉讼形式的要求。

"承诺之诉"完全取代了"债务之诉"之后,作为允诺责任基础的信赖原理在接下来的一个世纪中处于休眠状态。直到大法官霍尔特(Holt)在1703年的寄托案件Coggs v. Bernard案③中再次发掘合理信赖原理的价值。在该案中,霍尔特判决无偿的受托人在"承诺之诉"中承担责任,寄托人因为相信了受托人将妥善运输财产的允诺才将财产交付给受托人。而本案的约因就是财产主人出于对受托人的信赖而将财产托付的行为。在1765年的Pillans案④中,威尔莫特(Wilmot)法官借鉴了霍尔特法官将约因与信赖糅合在一起的逻辑,声称如果原告因为相信被告的允诺而推迟向债务人主张他的债权,被告的允诺责任是自然存在的。威尔莫特法官在Pillans案中其实是向人们强调:合理信赖成为允诺强制力的基础,即便当事人之间没有交易存在。所以,威尔莫特法官曾这样总结16世纪至18世纪普通法中允诺责任的合理基础:允诺基于交易、道德义务和信赖而具有强制力。⑤

合理信赖与约因的关系是英美法中的具有诸多争议的重要问题,本书在后文还有论及,至此,笔者至少已确信:信赖利益保护原理是约因原则的思想渊源之一,约因与信赖利益之间有紧密的联系。

(二)民法法系原因理论

与此同时,衡平法院也在为区分协议的强制力而努力,在合同诉讼的审判实践

---

① ST. Germain *Doctor and Student*, ii. c. 24. See Theodore F. T. Plucknett, *Concise History of the Common Law*, 5th edition,《简明普通法史》(第5版)(影印本),中信出版社2003年版,第643页。

② Kevin M. Teeven, *A History of Promissory Estoppel: Growth in the Face of Doctrinal Resistance*, Tennessee Law Review, Summer 2005, 72 Tenn. L. Rev. 1111.

③ 21 2 Ld. Raym. 909, 919 – 20, 92 Eng. Rep. 107, 113 – 14 (K. B. 1703).

④ Pillans v. Van Mierop, 3 Burr. 1663, 1671 – 74, 97 Eng. Rep. 1035, 1039 – 40 (K. B. 1765).

⑤ Kevin M. Teeven, *A History of Promissory Estoppel: Growth in the Face of Doctrinal resistance*, Tennessee Law Review, Summer 2005, 72 Tenn. L. Rev. 1111.

中,衡平法官采纳了教会法的“causa”理论,并用英文词汇“consideration”表达与之相似的含义。在民法法系中,“causa”指允诺的理由或动机,缺乏原因的允诺就没有强制力。在16世纪40年代之前,普通法院的“承诺之诉”的诉状中有时包含了“causa”术语,尽管该术语在普通法中可能包括了动机和报偿的双重含义。甚至在一些早期判决中,“causa”还指原告对被告允诺的信赖。不过,英格兰的合同法理论主要是在普通法院的司法经验中积淀而成的,而普通法院拒绝教会法院这种宽泛的合同效力检验机制,所以,用以表达“causa”理论的“consideration”没能在英国法中扎根。

不过,“causa”理论与约因原则的联系依然渊源关系依然存在。受益制(use)中的约因(consideration)与“causa”理论紧密相关,衡平法院用约因来表达默示土地受益权存在的条件。在16世纪,那些条件可以是土地保有权(tenure)的创立、金钱的支付、爱和自然的情感。后面两种条件,分别叫做有价值(valuable)约因的和充分(good)约因,发展成土地转移法中具有永久意义的技术术语。衡平约因在财产受益制中的出现比“承诺之诉”对约因的使用早几十年,所以衡平法院对约因术语的这种用法对于约因原则在普通法院的后期发展的影响尽管是间接的,却是很有价值的。

(三)合同互惠理论(reciprocity)

在整个西方哲学中,互惠都是强有力的要素,互惠是道德准则,而且,陌生人之间的互惠与合作是开展经济生活的必备要件。互惠理论在普通法中可谓渊源已久,在格兰威尔和布拉克顿时代,联系买卖双方的纽带是互惠的义务,交易的约束力不是因为协议而是因为财产的转移和价金的支付。在15世纪中期,衡平法院大法官对“quid pro quo”术语的使用意味着如果被告得到了他交易中想要的,他就应该为其付出代价。

16世纪是约因规则正式诞生的时期。“约因原则的理论基础是英国合同法学家近年来争论的焦点,比较权威的解释是合同互惠理论,即受诺人不能要求允诺的实施,除非:①他已付出或允诺付出某种东西作为允诺之交换;②允诺人已得到或承诺得到某物作为允诺之回报。”[①]为了规避诉讼形式的重复,原告以在特定时期内不起诉为条件换取债务人偿还债务的允诺,于是“债务性承诺之诉”产生,新的诉讼形式加速了约因规则的形成,由于该允诺没有正式形式,不具备盖印合同之诉的基础,原告如何使被告的偿还允诺具有被实施的正当性呢?于是互惠理念深入人们的思维,在1539年的Marler v. Wilmer案[②]中,原告认识到必须提出交易和后续允诺之间的联系,否则该允诺就没有被执行的原因(causa),就是一个裸露的协议(nudum

---

① Ewan Mckendrick, *Contract Law*, 4th edition, Palgrave MacMillan law Masters,《契约法》(第4版)(麦克米仑法学精要丛书·影印本),法律出版社2003年版,第79页。

② Marler v. Wilmer, K. B. 27/1109, m. 74(1539).

pactum)。此后,关于义务(obligation)和后续简式约定(assumpsit)之间的联系的术语在实践中很快出现。

原告使用的显示上述必要联系的诉求术语是对等物条款(quid pro quo clause)或约因条款(consideration clause)或二者的并合。最早使用约因条款的案子是1539年的 Harvy v. Stone 案。①该案中,一桩待缔结的婚姻被确认为约因。直到16世纪60年代,"对等物"条款比约因条款使用更广泛,前者尤其使用于收回商品价金的诉讼:"quid"是针对商品(pro quo)而作出的支付允诺。可见,这里的诉讼赘语并不同于债务之诉中的 quid pro quo。有人认为,约因条款对"对等物"条款的最终取代主要是因为约因包含了"对等物"的互惠价值和原因(causa)的动机理念。②

到16世纪中期,合同互惠理念(contractual notion of reciprocity)融合了欺诈(deceit)行为的侵权理念(delictual idea)。对不作为而追究责任的侵权概念促成了合同相互性理念的形成,即允诺人如果得到了某种东西作为他的允诺的交换就应该受到允诺的约束。③ 米尔森认为,一旦约因成为一个合同法术语,法院就会关注"债务之诉"中的"对等物"蕴涵的互惠性。④ 约因被看成是初民时代(primitive society)以物换物概念的延续,于是,受诺人的受损成为约因的一个构成要素。⑤ 在16世纪早期,受损只是被告对允诺的侵权性违犯造成的损失,现在,受损无须实际证明,受损泛指原告为了吸引被告的承诺而做出允诺的过程中的负担与不便。可见,受损的含义更加模糊、宽泛,约因的互惠性因此明确。

在1563年的案例中,被告对于原告所称的约因的充足性提出抗辩,王座法庭做出了对被告有利的判决。于是,实践中出现了对约因充足性的讨论,即究竟什么才能构成充足的约因呢? 而关于约因充足性的讨论又主要集中在"爱和情感能否构成约因"的问题。此时,正是普通法中互惠渊源为"爱和情感作为不能约因"提供了合法性依据。在1565年的案件中,长期存在的情感不能对陪审团提出合同成立的新证据:"原因是不充足的,一方没有付出任何东西,正如,你从前是我的兄弟,以后也是我的兄弟,你从前是我的熟人,以后还是我的熟人。" 接下来的 Hunt v. Bate 案的合理性在于:友谊不能为允诺提供约因,友谊在允诺之前就存在。这一持续存在的特性使得它成为过去的约因,所以"爱和情感作为不能约因"规则是"过去约因无

① Harvy V. Stone, K. B. 27/1112, m. 65(1539).

② Kevin M. Teeven, *A History of the Anglo-American Common Law of Contract*, *Greenwood Press*, 1990, p. 41.

③ Ibbetson, *Assumpsit and Debt in the Early Sixteenth Century*: *The Origin of the Indebitatus Count*, 41 Cambridge, L. J. 153 (1882).

④ S. Milson, Historical Foundations of the Common Law, London, 2nd edition, 1981, p. 358.

⑤ Max Weber, *On Law in Economy and Society*, Cambridge, Mass. M. Rheinstein. 1954, p. 120.

效”的先驱。①

从上文可见,互惠性是约因原则的重要思想源泉,也是早期普通法合同法的重要推动力。约因互惠理念的符合约因的交换本质。在商业时代,法院对它的偏好是很自然的,合同法的核心是对交易的实施,约因规则否认非盖印的赠与允诺的约束力,要求当事人从允诺中的获益或受损,是交换价值的集中体现。

第三节　约因学理在十六七世纪的成长

十六七世纪是约因原则形成和发展的重要时期。“约因”取得了合同法语境中的技术含义。由于“承诺之诉”发展成针对非正式合同的统一诉讼形式,所以它对约因原则的影响是决定性的。约因逐渐成为原告使用“承诺之诉”的条件,约因原则的主要内容也是在合同诉讼形式的演进或选择的过程中塑造的,约因原则形成于十六七世纪的特点都是“承诺之诉”自身发展与完善的自然产物。同时,“债务之诉”中的“对等物”要素、衡平约因理念等其他因素都对约因原则在这一时期的影响也不容低估,到十八九世纪,这些外在因素几乎使约因原则摆脱了它的原始身份——“承诺之诉”的使用条件,并在19世纪后半期取得最终胜利。

一、对约因充分性规则的探讨

前文已述,在16世纪的司法实践中,被告对于原告所称的“约因”的充分性提出抗辩,由此引发了法律人对约因充分性的讨论,即哪些因素可以构成“充分约因”(sufficient consideration)? 围绕这一主题形成了许多具体规则。1602年的“斯莱德”案取消了原告证明后续允诺的必要性,也就是不再要求原告证明允诺和先前债务之间的关系,这时,约因原则面临着被一个弹性的机制(如大陆法系的原因或日后曼斯菲尔德提出的道德约因)替代的危险,所幸“斯莱德”案没有成为消除约因的催化剂,但该案引起了激烈争论,这些争论主要围绕“过去约因”、还款协议(债务人以部分偿还能否作为债权人免除全部债务的允诺的约因)的效力等问题。

十六七世纪是约因原则成长的重要时期,它从一种程序要求取得了实体法的意义。这一时期人们围绕约因充分性的探讨涉及以下规则:(1)约因不必与相应允诺经济等值,但必须有法律上的确定价值。(2)爱与情感不能作为约因。(3)约因必须来自受诺人,但不必要求被允诺人接受。(4)对诉讼请求权的放弃能否构成约因。

---

① Isack v. Barbour, K. B. 27/1207, m. 55 (1563); Sharington v. Strotton (1565) Plow. 298, 302, 75Eng. Rep. 454, 460; Hunt v. Bate, 3 Dyer 272 73 Eng. Rep. 605, (K. B. 1568); Kevin M. Teeven, A History of the Anglo-American Law of contract, Greenwood Press, 1990, pp. 41 - 42.

(5)对已经存在的义务的履行能否构成约因。(6)债务人对债务的部分偿还能否成为债权人免除全部债务的允诺的约因,即债务和解协议的法律效力问题。(7)“过去约因”是不是约因?(8)“过去约因”与“已履行约因”的辨析。

总之,确定约因是否存在的约因规则在17世纪末还呈现出不确定的状态,法官对相似案例往往做出相反的判决,其主要是因为约因的形成与发展受多种渊源的影响。同时,让人惊叹的是,十六七世纪法律人对约因充分性的探讨是比较全面的,这一时期形成的约因规则已构成现代合同法著作关于约因基本规则的主体内容,几百年的时代变迁只是给某些规则带来一些适用上的例外。为了更好地展示约因规则的历史延续性,笔者将十六七世纪时期约因规则的详细阐述放置在后文。

二、对约因的表现形式的认识

在1587年的案件中,当事人不仅在诉状中使用“Consideration”术语,而且将各种可能的约因做如下分类。他说,“承诺之诉”可以依据三种形式的约因而提起:第一,先前的债务,第二,受诺人在允诺做出时做了某件事或花费了劳务尽管允诺人没有获益,第三,当前的约因。显然,第一种形式与“债务性承诺之诉”的原理吻合,即要求被告履行偿还先前债务的允诺。第二种形式源于“承诺之诉”扩张适用于被告不履行承诺的情形。第三种形式源自“承诺之诉”适用于以允诺交换允诺的“待履行合同”的情形。[①] 当时人们认为,约因可以表现为以下几种形式:

(一)相互允诺可以是约因

由于互惠(reciprocal)和对等物理念的影响,互为允诺的强制力最初在司法实践中遭到阻碍。直到16世纪后半期,司法实践才有所创新。科克大法官在1555年Pecke v. Redman案中判决到:完全的“待履行合同”能够以“承诺之诉”予以实施。如果该案是这一观点的权威阐释的话,那么该案就是该原则得到认可的最早判例。在1558年Norwood v. Reed案中,法官的陈述“每一待履行合同本身就包含了一个承诺(assumpsit)”表明当时的法律人开始意识到“待履行合同”的当事人的相互允诺能成为他们相互提起“承诺之诉”的基础。这一原则在1589年的案例中得到认可:“允诺对于允诺的交换将引起诉讼,正如你允诺在某天给我10英镑,我允诺之后给你10英镑。”该案很快被借鉴,类似的判决被做出。[②] 在同年的Wichals v. Johns案中,法官帕法姆(Popham C. J.)确认了双方允诺可以互相构成约因,并使这些允诺

---

① Manwood and Burston's case (1587) 2 Leo. 203. See William Holdsworth, *A History of English Law* Methuen & Co. Ltd., Sweet and Maxwell, reprinted in 1977, Volume Ⅷ, 1937, p.7.

② Strangborough v. Warner, 4 Leo. 3, 74 Eng. Rep. 685(1589), See William Holdsworth: *A History of English Law*, Methuen & Co. Ltd., Sweet and Maxwell, Volume Ⅲ, 1977, p.445.

具有同样的约束力,“(在本案中)有一对允诺是双双方相互约定做出的,因而,如果原告不履行它的允诺,则被告可以对他提起诉讼,反之亦然;同时,一方的允诺对另一方来说就是约因”。[①]

当然,直到1602年的“斯莱德”案才对该原理给予了最透彻的阐述并确立了“承诺之诉”的合同诉讼中的主导地位。可见,允诺可以作为约因的规则是在“承诺之诉”的完善过程中形成的,基本上没有受别的因素的影响。

(二)先前的债务能成为约因

1587年的Manwood案中,当事人所列举的有效约因之一是先前的债务,这显然与“债务性承诺之诉”的原理吻合,即要求被告履行偿还先前债务的允诺。“斯莱德”案之后,1617年有一个案例,原告为被告转移了货物,被告事后做了付款允诺,原告提起“承诺之诉”,被告辩称先前债务不能作为约因。不过,法官推翻了被告的反抗,认为债务是一直存在的,它不是“过去约因”(past consideration)。[②] 无论当时的判决是否准确,“先前债务是后续允诺有效约因”的早期规则对于约因原则的成长有重大影响,它客观上有助于“道德约因论”的提出,它模糊了“过去约因”与“已履行约因”(executed consideration)的区别,对“过去约因”的有效性带来了疑惑。

圣·杰曼是对约因做出最早论述的学者,[③]他曾经对“约因”做过这样的解释,父亲很冷,需要一件长袍保暖,作为父亲的儿子的当事人有义务给他长袍,所以,如果当事人允诺给父亲长袍,该允诺当然是有法律约束力的。圣·杰曼强调约因在其早期历史中表现出来的对既存的道德义务的强化功能。一个人本来对他人就负有做某事的义务,现在他允诺做这件事,那么这个基于一定情势做出的允诺是对一个允诺是有效允诺的典型例子。例如,A欠B 10英镑,因为这个情势(in consideration...)A允诺给B 10英镑。根据前述理论,即仅仅一个支付10英镑的允诺是不够的,它必须有充足的“动机情势”的支持(motivating circumstance),而该案中,本来存在的支付10英镑的义务应该是最充足的“动机情势”了。约因对道德义务强化功能是否对18世纪曼斯菲尔德的观点(允诺人做某事的道德义务足以成为他的允诺的约因)有些预示作用呢?

(三)受诺人的受损是约因

“受诺人的受损是约因”的观点早已在《博士与学生》中得到阐述。16世纪末以及17世纪初的许多案例也认可了这一观点。例如,在1612年的一个案子中,以债

---

① 傅静坤著:《二十世纪契约法》,法律出版社1999年版,第68页。

② Hodge v. Vavisour 3 Bulstr. 222. See William Holdsworth, *A History of English Law*, Methuen & Co. Ltd. , Sweet and Maxwell , reprinted in 1977, Volume Ⅷ, p. 9.

③ [英]靳克斯著:《英国法》,张季忻译,世界书局1939年版,第350页。

权人克制起诉为“约因”,被告允诺替死者偿还债务。法官认定原告主张的约因是有效的,因为债权人克制诉讼是他的损失。这种约因观体现了“承诺之诉”源起于侵权诉讼的本质。根据侵权法理,诉讼的基础不是允诺人(被告)的获益,而是受诺人(原告)的受损。

不过,在很多情况下,受诺人(原告)的受损刚好是允诺人(被告)的获益,因为受损经常表现为金钱的支付、财产的转移或者劳务的提供。在债务之诉中,法官通常从获益的角度来分析问题,看允诺人有没有得到“对等物”(quid pro quo)。当约因(consideration)还没有成为技术性用语时,它有时作为“quid pro quo”的同义语而使用。所以,我们看到一些陈述,如科克称:“‘承诺之诉’中让被告(允诺人)负担义务的约因,必须归结为被告的利益,或原告(受约人)的负担……”①现在广为流传的约因定义与此类似:“一个在法律意义上有效的约因,可以是一方当事人得到的某种权利、利益、好处,也可以是另一方当事人遭受的损失、不得不进行的克制或必须承担的责任。”②

三、针对约因的抗辩理由

1568 年,英国检察总长在判决中做出如下论断,“在每一个关于允诺的诉讼案件中,都必须考虑三个因素:约因、允诺和对允诺的违犯”。③ 这论断突出了约因在合同诉讼中的核心地位。当时,许多法律问题被隐藏于陪审团的概括性裁定和约因之中而未被深究,约因被模糊地认为是法院判决被告的允诺具有约束力的情势。所以,对于 17 世纪的“承诺之诉”来说,当事人提起的主要抗辩是约因不足和缺乏允诺。尽管如此,法学家谢泼特(W. Shepard) 还是总结了有“约因”支持的允诺可能受到的抗辩理由:允诺内容不合法,允诺内容不清楚确定,允诺人不具备行为能力。④由于 1677 年《反欺诈法》的颁布,一定程度的形式成为有效允诺的要件。

(一)合同内容不合法

17 世纪,关于合同内容的合法性抗辩主要涉及对合同自由的限制和高利贷。前

---

① Stone v. Wythipol Cro. Eliza. 126 (1588). See Kevin M. Teeven, *A History of the Anglo-American Common Law of Contract*, *Greenwood Press*, 1990, p. 39.

② (1875) LR 10 Ex 153, See Laurence Koffman, Elizabeth Macdonald, *The Law of Contact* , 4th edition, 2001, Published by Tolley p. 45; See J. BEATSON *Anson's Law of Contract*, , by Oxford University Press, Inc. , New York 2002, 28th. ed. p. 88; See Mary Charman, Contract Law, 2nd edition, published simultaneously in USA and Canada by Willian Publishing, 2002. p. 61.

③ Golding's Case, 2 Leo. 71 (1568). See Kevin M. Teeven: *A History of the Anglo-American Common Law of Contract*, Greenwood Press, New York, 1990, p. 80.

④ W. Sheppard, *Actions upon the Case for Deeds*, 1663. See Kevin M. Teeven: *A History of the Anglo-American Common Law of Contract*, Greenwood Press, New York, 1990, p. 81.

者最普遍的例子就是限制当事人实施某种商业活动。中世纪有种观念:工作是宗教性的及公共的义务,而行会制度和《劳工法》[①]之类的成文法强化了这一观念。中世纪法还没有合同自由思想,法律的宗旨是强化既定的公共秩序。到科克时期,人们开始反对行会制度对合同的限制。行会制度的主要功能曾经是经济管理,保证产品质量和交易的公平,但是,随着市场扩大和人口流动,行会加强了对贸易活动的限制。1614 年有一案例涉及对财产租赁期做 21 年的限制[②],1621 年有一案例涉及不得与卖方竞争的合同[③],这两个案例中的限制都得到法官支持。

"光荣革命"之后,商人们积极消除对自由贸易的限制,1711 年判例意味着现代规则的开始。[④] 租赁合同中约定:出租人在 5 年租期之内不得在本教区内开设对承租人有竞争的面包店。法官判决认为本合同规定是自愿的、部分的限制,只限于特定区域,而且有约因支持,所以,如果合同约定是合理的,它就是有效的。而法官阐述的合理标准是:没有因为对被告技能的剥夺或因可能形成的垄断而妨碍被告的生计或危害公共生活。所以,在司法实践中,如果合同约定的限制违背公共政策,即便有约因支持,该约定也没有强制力。例如,对限制婚姻权利的合同就被认为违反公序良俗。

高利贷是导致合同不合法的另一个重要因素。教会法禁止债权人向债务人征收任何使用收益,利息被认为是重复支付或罪恶收益。英格兰中世纪法遵循了教会法传统。然而,在 16 世纪日益频繁的商业交易中,商人们意识到了借贷的生产力,并期望法律对合法的利息做出规范。都铎王朝时期,复辟势力降低教会法的影响,1571 年法案(Statute of Usury of 1571)规定商人可以征收低于 10% 的利息。不过,在 17 世纪前,由于成文法的不完备和道德上的抵制,普通法院一直不能为贷方寻求利息救济。如果原告能证明借款存在风险,他无法确定能否收回本金和利息,那么他的胜诉可能性较大。1623 年的《高利贷法》(Statute of Usury of 1623)规定利率的最高限额为 8%。不过,直到 17 世纪 30 年代人们才真正将"承诺之诉"用于为借款人收取利息,在 1632 年案例中,法官认定:支付不超过法律规定的利率是合法约因。[⑤] 从此,非法利率成为有约因支持的允诺的抗辩理由之一。

(二)合同内容不明确

这是对适用"承诺之诉"的第二类抗辩,要求当事人在向陪审团提交的诉状中明

---

① Statute of Labourers,颁布于 1349 年 ~ 1351 年。该法的目的是制止瘟疫之后劳动力短缺导致的工人从封建庄园的逃离行为。

② Rogers v. Parrey, 2 Bulstr. 136, Cro. Jac. 326 (1614).

③ Broad v. Joolyfe, Cro. Jac. 596, 2 Rolle Rep. 201 (1621).

④ Mitchel v. Reynolds, 1 P. Wms. 181, 24 Eng. Rep. 647 (1711). See Kevin M. Teeven, *A History of the Anglo-American Common Law of Contract*, Greenwood Press, New York, 1990, pp. 81 – 82.

⑤ Harris v. Richards, Cro. Car. 273, 79 Eng. Rep. 838 (1632).

确证明允诺的明确内容。“债务之诉”有要求诉求的金额确定,如果裁缝在做工前没有确定工钱的金额,他事后就不能通过“债务之诉”收到工钱。“承诺之诉”相对灵活,允许当事人在允诺中约定为市场价格或合理标准,但是约定在“短期内”付钱的允诺则是有瑕疵的。

(三)合同当事人不具备充足的民事行为能力

谢泼特在1663年写到:“不足21周岁的未成年人,哪怕只差一天,也不能受制于合同或承诺之诉。”[①]英格兰关于未成年人的民事行为能力的法律萌芽很早[②],关于未成年人的法律规定也适用于有精神障碍和醉酒的人。为了加强对未成年人的保护,法律推定与未成年人签订的协议缺乏约因。可见,现代合同法中重要的民事行为能力要素,在17世纪时被笼统充塞在“约因”概念之中。在1589年的案例中,原告提出他放弃对被告的起诉是有效约因,可是法院否定了诉由的存在,因为被告未到法定年龄。[③]

到17世纪,未成年人订立的合同不再绝对视为无效,而是可以由未成年人决定是否要强制实施,这也许是为促进交易之需,与现代合同法的发展趋势是一样的,即缩小无效合同范围,扩大效力待定合同的范围。这一特殊做法突破了当时的观念——互为允诺的相互实施构成约因。1697年,一个人认可其在未成年时订立的合同,法院判决该合同有约因支持,“被告未成年时向原告借钱,在成年后允诺偿还,该允诺有约因存在,被告受该允诺的约束。”[④]但是,与已婚妇女订立的合同直到1719年仍然被视为无效合同,即便该妇女在成为寡妇后也无法认可其效力。

(四)合同缺乏法定形式

在十六七世纪的英国,重要交易都适用盖印的附条件保证书(sealed conditioned bonds),布莱克斯通在称它为“最简便而明确的救济”。在该种合同中,当事人双方约定债务人到期不偿还债务就付给债权人双倍的补偿。随着法院对惩罚性赔偿的抵制,盖印的附条件保证书形式也开始衰落。商业经济的发展及陪审团的出现,促使人们更喜欢用“承诺之诉”实施那些非正式的允诺。经过里程碑意义的“斯莱德”案及之后的发展,“承诺之诉”取得了在整个合同领域的胜利。“承诺之诉”的最大特点是形式自由,被告不再能用“宣誓断讼法”对抗原告那些毫无基础的口头证言,

---

① W. Sheppard, Actions Upon the Case for Deeds, 1663. See Kevin M. Teeven: *A History of the Anglo-American Common Law of Contract*, Greenwood Press, New York, 1990, p. 83.

② 据《法律年鉴》的记载,1400年的一个案例判决中提到,到达12岁的人可以制作有效的盖印合同。Y. B. Hil. 21 Hen. IV, f. 18, pl. 7(1400).

③ Stone v. Withipol, 1 Leo. 113, Cro. Eli. 126(1589).

④ Ball v. Hesketh, Comberbatch 381 (1697). See Kevin M. Teeven: *A History of the Anglo-American Common Law of Contract*, Greenwood Press, New York, 1990, p. 104.

原告不需要证明被告占有“对等物”或提供盖印契据。17 世纪的陪审团缺乏足够的证据规则应对私人之间的待履行协议。为了让陪审团积极的认定事实，为了保护被告的合法利益，议会于 1677 年颁布了著名的《反欺诈法》[1]对呈现在陪审团面前的证据进行控制。

《反欺诈法》的核心内容是：对于某些特殊类型的协议，即便有约因支持，也不得使用“承诺之诉”，除非有被告签字的书面材料，并足以让陪审团合理地做出对原告有利的裁定。该法的第 4 条和第 17 条将陪审团在“承诺之诉”审理中感到棘手的口头协议在形式上进行规范。

其第 4 条规定：除非有书面的笔记或备忘录，而且有被追究责任的人或其授权的代理人在上述书面材料上签字，下列允诺、协议或合同不能成为诉讼依据：(1)遗嘱执行人或遗产管理人以他自己的财产替死者赔偿损失的特殊允诺，(2)为他人的债务、疏忽或误送而承担责任的特殊允诺，(3)以婚姻为约因的协议，(4)涉及土地买卖、不动产租赁与继承或其他相关权益的合同，(5)从协议达成之日起不能在一年之内履行完毕的协议。其第 17 条规定：价格超过 10 英镑或 10 英镑以上的商品买卖合同必须具备下列条件才生效：(1)买方愿意且实际接受了部分出售的商品，(2)买方交付某物作为买卖的定金，(3)买方已支付了部分价金，(4)有证明交易的笔记或备忘录，并且有被追究责任之人或其授权之人的签名。[2]

上述条文包括了在 17 世纪引起诉讼较多的问题。在颁布后的数年中，《反欺诈法》受到一些批评，有人认为该法是政治复辟策略，议会试图通过该法将普通法的合同法恢复到“承诺之诉”前的形式主义，并减少陪审团的裁量权，简单地以商人的签名代替贵族的盖印。但是《反欺诈法》对后世普通法系国家的影响却无疑是深远的，它将普通法中的合同分为两种形式：盖印合同与非盖印（口头、非盖印的书面形式）合同，并确认非盖印的书面形式合同仍然需要约因。盖印合同不需约因，它的效力来自其正式形式。

法史学家普拉克内特（Plucknett）说，英格兰的合同法在形成过程中较少受到外来文化的影响，既没有走上罗马化的道路，也没有被教会法淹没，英格兰合同法的最终形成比世界上其他地方晚 300 年。[3] 延续几百年之久的罗马法复兴浪潮在席卷欧洲大陆时，却未能囊括不列颠，所以，罗马法的合同理论也未能系统进入英格兰法。所以，英格兰合同法缺乏现成的概念术语和理论可以依赖，只好从那些烦琐的、机械

---

① 该法全称：An Act for the Prevention of Frauds and Perjuries，简称为 Statute of Frauds。

② Claude D. Rohwer, Gordon D. Schaber, *Contracts*，《合同法》（第 4 版）（美国法精要影印本），法律出版社 1999 年版，第 138～139 页。

③ Theodore F. T. Plucknett, *A Concise History of the Common Law*, 5th edition，《简明普通法史》（第 5 版）（影印本），中信出版社 2003 年版，第 627 页。

的诉讼形式中缓慢生成，其起源路径充斥着法官们对诉讼技术的探索和对程序障碍的突破，所以，其相对是滞后的，在十六七世纪时还没有合同法著作问世。但是，从上文的论述可见，当时的法律人已经在诉讼实践中探索着合同关系的基本要素，他们对约因设定的抗辩理由其实已经涉及合同成立与生效的基本要件。现代合同法中，合同内容的合法与明确、法定的形式也是合同生效的基础，限制性民事行为能力人订立的合同也同样是效力待定的合同。这些相似性让我们感叹数百年前英格兰法官的智慧，也感叹人类法律的历史延续性。

第四节　约因原则在18世纪与传统轨迹的偏离

1689年在英国法制使上有特殊的意义，奠定英国君主立宪政体的重要宪法文件《权利法案》在这一年颁布，该法的内容之一就是确认奥兰治亲王（William of Orange，1689～1703年在位）继承王位的事实。也是在1689年，约翰·霍尔特（John Holt，1642～1710年）①成为王座法庭首席法官。本部分主要讲述的，就是从霍尔特的任职到曼斯菲尔德勋爵（Mansfield，1705～1793年）离开王座法庭首席法官职位（1789年）期间英国合同法的演进。

奥兰治亲王的即位有赖于商业阶层的推动，他的当政不仅意味着英国与荷兰的和平更标志着商业的繁荣。王室颁布系列政策去除工商业的限制，力图形成自由的市场。这些新政带来经济的活跃，在1692年到1695年间英国私人企业的数量翻了10倍之多。水能蒸汽机的采用促进了商业资本的集中，企业规模不断扩大，英国在18世纪前半期一跃而为世界最大的贸易国家。

"光荣革命"（Glorious Revolution）后，国会以及受"辉格党"支持的商业阶层对王室法令取得主导权，法官遵循稳定的职业操守而不受制于王室的支配，法律被视为人为的产物而不是抽象的永恒，财产权无限及合理信用的理念成为商业法制的指导思想。从17世纪末以来，普通法院成为商业纠纷的审判场所，并且吸收了衡平法院及商事法庭的司法经验。随着对现代陪审制的有效调控机制的发展，人们开始探讨事实的法律意义和创设可以预见的规则。

中世纪严格的诉讼形式限制了合同理论在普通法中的生长，直到17世纪末，英国的法学家们才开始构建系统的合同理论。约因法理开始超越法官的判决，进入法学家的著述，步入它的成长期。约因要求在18世纪至19世纪初期的发展轨迹就是试图摆脱它与"承诺之诉"的历史联系，而其他源泉（如衡平法思想、大陆法思想等）

---

① 英国历史上著名法官，1689年到1710年间任王座法庭首席大法官，是17世纪 Natthew Hale 之后到18世纪 Mansfield 勋爵之前最能干的法官。

受到更多重视。霍尔特法官的保守使得他对合同法的变革很有限。布莱克斯通(William Blackstone,1723～1780年)的伟大贡献在于他最先对普通法加以系统化。

曼斯菲尔德勋爵则致力于开创更加灵活且适合于商业交易的合同法,他竭力让合同法摆脱古代“令状制”的影响,将商人法及衡平法引进普通法。在此过程中,法律的基础从财产转向合意。曼斯菲尔德勋爵对普通法合同法的改造主要体现在三个方面:允诺的独立性问题、明示保证问题及约因问题。曼斯菲尔德及其同人提出“约因只具有证据价值”以及“约因等同于道德义务”,尽管这些观点没有成为普通法的一部分,但是约因与道德义务的等同几乎使约因沦为与大陆法系原因(causa)一样模糊不清的合同效力检验机制。

一、霍尔特对约因要求的保守变革

约翰·霍尔特先生可以称得上自布拉克顿之后在王座法庭任职的最优秀的普通法学者之一。他接受了长期的普通法训练乃至对“令状制”崇敬有加,这导致了他的保守甚至迂腐。尽管他充分认识到商业贸易对英国经济的意义,但他作为出庭律师的背景使他自感比商人们高人一等。霍尔特先生反对将商业惯例作为法律规则,反对将“承诺之诉”范围的扩大适用于法律默示领域。尽管如此,从科克大法官离任到曼斯菲尔德勋爵到王座法庭任职之前,霍尔特先生也算得上是将商法引入普通法最多的大法官。他宣布普通法院对所有事务包括商业事务的管辖权,允许对商业惯例给予更多关注。

霍尔特对约因原则的变革主要是涉及未成年人保护和时效限制的“过去约因”认定问题。英国法的传统法则是:原告在被告的允诺做出之前的付出是“过去约因”,“过去约因”不是有法律价值的“约因”,除非事后的允诺有新的“约因”支持,该允诺不能强制实施。霍尔特认为,只要允诺确实存在,未成年人不该享有这种特别保护。霍尔特在1697年的案例中判决:“被告未成年时向原告借钱,在成年后允诺偿还,该允诺有约因存在,被告受该允诺的约束。”①在此之前,未成年人订立的合同是绝对无效的,霍尔特将他变成可撤销合同,可以由未成年人决定是否要强制实施。在1699年的案件中,债务人允诺偿还已过时效的债务,该允诺被判为有约束力。②霍尔特根据商业需求进一步调整约因原则,对于以允诺性票据(promissory note)做

① Ball v. Hesketh, Comberbatch 381, 90 Eng. Rep. 541 (1697). Kevin M. Teeven, *A History of the Anglo-American Common Law of Contract*, Greenwood Press, New York, 1990, p. 104.

② Hylings v. Hastinggs, 1 Ltd. Raym. 389, 421 (1699). Kevin M. Teeven, *A History of the Anglo-American Common Law of Contract*, Greenwood Press, New York, 1990, p. 118.

出的允诺，霍尔特裁定道："不需要原告证明他为票据提供了什么约因，被告已经通过他的允诺承认对方提供了充足约因。"①

霍尔特对约因原则的发展也可以看做对古老规则的延续。我们回忆一下"债务性承诺之诉"的依据是：既存债务是后续支付允诺的充足约因。霍尔特对古老规则的发展是：当债务确实存在，却因为种种原因（如时效已过、债务人不具备民事行为能力等）不被强制实施，而债务人后来有明示支付允诺，法官当然应该让债务得到偿还。所以，霍尔特的发展不算对先例的背叛。不过，当曼斯菲尔德将同样的理由用于1777年的Trueman v. Fenton案②时，约因传统遭遇了根本的冲击。在该案中，债务人在宣布破产前夕，与债权人进行一大笔交易，后来，债务人宣布放弃破产保护，允诺偿还债务。曼斯菲尔德判决债权人有权要求偿还允诺得到强制实施。所以，霍尔特遵循道德习惯和商业需求对约因原则的有限变革为曼斯菲尔德勋爵后来对约因原则的强烈攻击拉开了序幕。

还需要注意的是约翰·霍尔特法官在1703年Coggs v. Bernard案③的判决。在英美合同法中，信赖利益保护原则是与约因原则一样独特而重要的要素，关于二者的关系一直是学术界的话题，本书后文也将予以论述。④"承诺之诉"取代"债务之诉"后，信赖利益概念处于沉寂状态，普通法院不再将信赖损失作为非正式合同的独立救济基础，直到约翰·霍尔特大法官在1703年的Coggs v. Bernard案中才再次发掘了信赖利益概念的价值。该案基本案情是：A希望把一桶酒从Boston送到Cambridge，B出于善意或别的动机，主动允诺来帮忙运送。A将酒桶交付给B。B却在运送途中不小心把桶弄破了，由此，A起诉B。霍尔特法官在本案的判决意见是：无偿的受托人因自己的过失受制于"承诺之诉"，因为委托人相信了受托人将安全运送货物的允诺，约因可以存在于财产主人因相信受托人的允诺而将财产交付给他的行为。

约翰·霍尔特法官在该案将合理信赖作为"承诺之诉"的约因基础。他引入了"约因"概念对普通承运人和其他受托人加以区分。他这样做的目的不是要为约因创立新的基础，也不是想复兴"承诺之诉"早期的合理信赖基础，他强调受诺人的履

---

① Meredith v. Chute 2 Ltd. Raym. 759, 160, 92 Eng. Rep. 7(1702).

② Trueman v. Fenton, 2 Cowp. 544, 98 Eng. Rep. 1232(1777). See William Holdsworth, *A History of English Law*, Methuen & Co. Ltd, Sweet and Maxwell, reprinted in 1977. Vol. Ⅷ, p. 26.

③ 21 2 Ld. Raym. 909, 919 – 20, 92 Eng. Rep. 107, 113 – 14(K. B. 1703).

④ 关于以信赖保护替代"约因"的讨论最早可追溯到出版于1530年的《博士与学生》。该书认为，合理信赖足以成为允诺性救济的检验机制，并在16世纪发展成约因原则。ST. German, Doctor and Student, 230 – 31 (J. L. Barton & T. F. T. Plucknett, eds., Seldon Soc'y 1974) 1530. See Kevin M. Teeven, *A History of Promissory Estoppel: Growth in the Face of Doctrine Resistance*, 72 Tennessee Law Rev. 111, Summer 2005.

行瑕疵是他承担责任的关键。不过,约翰·霍尔特法官对基于信赖事实的约因概念的特别界定导致了案例汇编者们将1703年的Coggs案作为“信赖足以成为约因”的理论基础。[1] 对于19世纪早期的英美法院来说,1703年的Coggs v. Bernard案和1765年的Pillans v. Van Mierop案被当做英国普通法支持合理信赖保护原则的仅有的权威先例。而约翰·霍尔特法官在1703年Coggs v. Bernard案的意见一直被作为威尔莫特法官在Pillans案经典陈述的源泉。

Coggs v. Bernard案为信赖利益保护原则在英美合同法的发展奠定了基础。正是因为它的重要地位,霍姆斯以该案判决为突破口构建了他的“交易约因论”。霍姆斯拒绝承认关于此案的普遍解释,即合理信赖即可构成约因。霍姆斯认为,这种解释是对霍尔特勋爵的误读,Coggs案实际上是过失性寄托案件,而不是以“承诺之诉”来实施以将来履行为内容的允诺的现代合同诉讼。因为,寄托人的信赖并不是受托人要求的,信赖根本不能构成受托人安全运送货物的允诺的约因。[2] 为了摧毁在司法实践中日益成长的信赖利益保护原则,在普通法中,霍姆斯宣称:除非“约因与允诺之间存在相互的引诱”,允诺在普通法中没有约束力。[3]

二、布莱克斯通对约因的阐述

在18世纪的英国法制史上,约翰·霍尔特先生之后的一位不容忽视的法学家是布莱克斯通。布莱克斯通被誉为是英国的第一位法学教授,在曼斯菲尔德到王座法庭之前就开始做普通法讲座,他1753年就在牛津大学做瓦伊纳(Vinerian)[4]系列学术讲授。这些讲座的内容首先以大纲形式在1756年出版,后来在1765年到1769年间以四卷本的评述形式出版,这就是不朽名著《英国法评注》的由来。据说,之前的约翰·霍尔特也想到过这一主题,但是布莱克斯通却是自布拉克顿以来对普通法给予全方位审视的第一人。布莱克斯通的研究目的就是给非法律人士传授普通法的法制体系,为“光荣革命”后的土地产权现状提供辩护。

也许是因为布莱克斯通的学生大多没有普通法知识,他们中少有人打算从事法律工作,所以,布莱克斯通的讲座只是对英国法制的宽泛介绍,避免陷入古代令状制

---

① Pillans v. Van Mierop, 3 Burr. 1633, 1671 - 73, 97 Eng. Rep. 1035, 1039 - 40 (K. B. 1765). See Kevin M. Teeven, *A History of Promissory Estoppel: Growth in the Face of Doctrine Resistance*, 72 Tennessee Law Rev. 111, Summer, 2005.

② Oliver Wendell Holmes, *The Common Law*, with a mew introduction by Tim Griffin. Transaction Publishers, New Brunswick(U. S. A.) and London(U. K.), 2004, pp. 227 - 228.

③ Ibid, p. 230.

④ Charles Viner,1756年去世,著名的案例摘要专家,率先出资在牛津大学设立普通法教学教授席位。

的烦琐。他从欧洲大陆法学者的著作中寻找研究的一般原则,也曾在一位精通罗马法和教会法的意大利教授格雷维纳(Giovanni Vincenzo Gravina)的建议下阅读《学说汇纂》。所以,布莱克斯通没有挖掘普通法的错综复杂,却首次对普通法给予了全面的阐述。他从《法律年鉴》、案例报告和案情摘要中归纳法律的一般原则,在而他之前的著作只是对单独案件的讨论,并没有尝试从案例中抽出一般原理。

布莱克斯通法学讲座的重点是不动产法,他关于合同的论述是概述式的。《英国法评注》四卷本中只有50页关于合同,其第30章涉及合同法的标题是:"通过赠与、授权和合同实现的财产权"(of Title by Gift, Grant, and Contract)。[①] 可见,布莱克斯通没有能够抓住他那个时代合同法的精华,他还是抱着陈旧的财产性思路将合同看着是转移财产的方法之一,没有涉及合同自由的理念。但布莱克斯通对约因的论述却比较丰富,具体内容如下:

(一)约因的地位与性质

布莱克斯通将合同定义为:"在充分约因基础上的做或不做特定事宜的协议。"该定义中,合同的三大要素是:协议,约因和作为或不作为的特定对象。布莱克斯确认了"约因"在普通法合同中的核心地位。

布莱克斯通将约因定位为合同的基础或当事人达成合同的理由。他曾说,罗马人认为所有合同(无论是明示的或默示)中,都必然存在一个相互交换之物,这个作为合同的代价或动机的交换之物,就是普通法中的约因。约因本身必须是合法的,否则合同是无效的。这样,当"约因要求"在合同诉讼中存在数个世纪之后,布莱克斯通最先指出约因蕴涵的交换性质,这无疑为后来的"约因交易论"奠定了思想基础。

(二)对约因的分类

1. 善意约因(good consideration)

善意约因即关系亲近之人之间的血缘或自然情感。基于亲密的情感而做出的任何财产转让,法律都承认其效力。但是,这种约因有时会遭到法律的拒绝,进而导致合同的无效,比如,在当事人企图骗取债权人或第三人的正当权利的情形下。

2. 有价约因(valuable consideration)

如在关于婚姻、金钱支付、劳务履行或其他互惠允诺中的约因就是有价约因。有价约因的效力在普通法中是不容怀疑的。如果它在价值上与相应允诺相当,它在衡平法中也是有效的。这里,布莱克斯通考虑到了约因的法律充分(sufficient)和经济充足(adequate)问题,这应该视做"约因无须等价但须法律充分"(consideration

---

① William Blackstone, *Commentaries on the Laws of England* , Volume Ⅱ of the Rights of Things (1766) With an Introduction by A. W. Brian Simpson, The University of Chicago Press, 1979, pp. 440 – 470.

must be sufficient but not necessary be adequate)这一普通法原则的起点,而且,布莱克斯通也暗示了衡平法对等价交换的要求。

有价约因主要有四种形式:

(1)Do, ut des,所有基于偿还允诺(或保证)的金钱借贷合同和所有商品买卖合同(无论商品价格是明确约定,还是法律默示)中的约因。这类合同规定一方支付金钱或提供商品,他要因他的付出得到金钱或商品的返还。

(2)facio, ut facias, 双方交换劳务的合同中的约因,包括以作为换取作为,如结婚,也包括一方以不作为换取对方的作为,如房客修缮房屋,房东不追究房客在房屋使用中的浪费,这类合同还包括双方都不作为的情形,如A不到里斯本经商,则B不到孟菲斯经营,以此达到双方互不干扰的目的。

(3)facio ut, des,以劳获酬合同中的约因,一方同意以特定的报酬为条件为对方做工的合同。譬如,仆役为特定的工资受雇于他的主人,仆役为了取得工资就必须为主人从事种种劳务。

(4)do ut facias,以支付换取劳务的合同中的约因。譬如,主人允诺给仆役一定的报酬,条件是仆役为他从事一定的劳务。

(三)关于约因的适用

布莱克斯通首先宣称,普通法借鉴了罗马法的原则——“裸露的协议不能成为诉讼的依据”,所以,不同形式的约因对于合同的成立是绝对必需的,如果一方允诺付出,而没有另一方的回报,那么该允诺是无效的,对允诺人没有强制力。当然如果允诺人出于荣誉或善意要履行他的允诺,国家法不予干涉。

约因的要求体现了合同的“互补性”。布莱克斯通认为法律对“互补性”的程度不做特别的要求,任何程度的互补性都可以避免一份协议的“裸露”性质,所以允诺人的先前的道德义务可以成为允诺被强制实施的理由。这里,联系到后文即将论述的曼斯菲尔德法官的“道德约因”论,布莱克斯通是不是给过曼斯菲尔德一些启示呢?

布莱克斯通还说,约因的功能主要是避免口头允诺给司法带来的效力确认的不便,约因规则不适用于有确实可靠的书面证明的允诺。譬如,一个人自愿做出担保允诺,或者开具了在特定时间付款的期票,他就不得以“对方没有提供约因”为名逃避其支付义务。因为,每一份担保允诺都有严肃的形式要求,每一张期票都有出票人的签字,它们本身就包含了约因的充足证据,所以法院应该对允诺人强制实施他的义务,并不得损害债权人或第三人的利益。

总之,上述四种约因形式都用拉丁文写成,而且布莱克斯通明确说这是罗马法对有价约因的分类。所以,在布莱克斯通的《英国法评注》里,约因不是英格兰普通法的独创,而是罗马法的产物,这暴露了作者对普通法合同法认识的不成熟。另外,布莱克斯通将亲人之间的血缘亲情和先前的道德义务等争议性的要素也当做有效约因。布莱克斯通关于合同法的阐述还有很多不足之处，但是，相对于他将支离凌乱的判例法进行整理和归纳的宏大工作，这些瑕疵是可以原谅的。不可否认的是，布莱克斯通对普通法的宏观勾勒为连贯的英国成文法体制的建立奠定了基础。而且，布莱克斯通已经考虑为诉讼程序松绑以探求法律的体系化，而13世纪的法律人考虑的则是如何用诉讼程序束缚稚嫩的普通法。

三、曼斯菲尔德对约因理论的攻击

曼斯菲尔德与先前的约翰·霍尔特先生一样，也是英格兰的外来者，他出生于苏格兰，接受了良好的民法法系知识训练，于1756年担任英国王座法庭首席法官后就致力于开创更加灵活且适合于商业交易的合同法。曼斯菲尔德竭力让合同法摆脱古代“令状制”的影响，将衡平法思想及大陆法学知识大胆引进普通法。他向英国人介绍罗马法知识以及欧洲大陆的优秀法学著作，包括胡果·格劳秀斯（Hugo Grotius）及朴蒂埃（Robert Pothier）的作品，格劳秀斯及朴蒂埃都是合同合意论的倡导者。正是如此，18世纪后半期，英美出现的早期法学著作都深受大陆学者的影响。譬如，布莱克斯通是率先对普通法进行系统化并从古老判例汇编中归纳一般原则的普通法学者，他的《英国法评注》是最早的普通法教材。布莱克斯通用民法法系的术语来阐述普通法案例实践中的原则，这一做法对后来英美的学者带来影响。

曼斯菲尔德思想解放，在他漫长的法官生涯中，喜欢对法律问题做理性分析而不是固守普通法的程序和判例，致力于使法律适合于当时的社会实际，他综合了国外的理论、衡平法院的实践、商业习惯和自然法思想，留下了众多充满激情和创新精神的判决。他反对陪审团的一般裁定，迫使法官们探讨事实的意义并构建具体的合同法规则。为了增强商业时代合同法的确定性，曼斯菲尔德从众多孤立的案例中概括出综合原则。曼斯菲尔德将“承诺之诉”定位为合同性诉讼，这根本区别于布莱克斯通对合同的财产性认识。他认为合同的范围取决于当事人的意向而不是合同诉讼形式的适用。

曼斯菲尔德被誉为“英国商法的奠基者”，他将商业惯例吸纳普通法的一部分，他对可流通票据该的论证和使用的术语成为英美两国的相关成为法的基础。曼斯菲尔德的商法思想也贯穿于他对合同法的改造，他对普通法合同法的贡献主要体现三个方面：约因原则、明示保证和允诺的独立性。① 曼斯菲尔德对变革约因原则付出的努力最为引人注目但也最无长久成效，他认为，约因要求是明示允诺取得执行力的障碍，所以他对约因进行了直截了当的正面攻击。到曼斯菲尔德时代，约因已在

---

① Keevin M. Teeven, *A History of the Anglo-American Common Law of Contract* , Greenwood Press, 1990, p. 130.

英国法中存在200多年,但该要素并未得到清晰的阐述和理解,人们只是接受了一个“教义”:非正式允诺(口头允诺或非盖印的书面允诺)必须约因支持方能生效。具有理性精神的曼斯菲尔德不打算盲目接受这一传统,因为该教义阻碍了合同法的成长,而且,他接受的民法教育使他偏爱衡平法的理论。曼斯菲尔德的约因观包含以下方面:

(一)约因只是一种证据

曼斯菲尔德在商法领域的贡献无疑是伟大的。他致力于让普通法满足他那个时代日益繁荣的商业需求,甚至想要建立一套满足世界商事需求的英国商法,正是这样的宏伟目标,使他设定了一些超越英国法框架的规则,并否定了约因在合同法的传统地位。

1. Pillans 案:观点的提出

曼斯菲尔德认为,约因只是证明允诺人受法律约束的意向的方法之一,如果合同的条款已经因为商业习惯、成文法的规定写成书面的形式,那么,约因不再被需要。缺乏约因只不过是缺乏证据。1765 年的 Pillans 案[①]涉及兑付票据交换的商业允诺,被告提出了“过去约因”的抗辩理由。为了让约因规则与他自己的理论一致,曼斯菲尔德法官作了如下阐述:“我认为关于缺乏约因的古老观念仅仅指的是证据,因为当‘约因’简化为文字、盖印合同和债券等时,也就不存在什么缺乏约因的问题了。”鉴于商事合同一般都用书面形式,曼斯菲尔德认为:“在发生于商人之间的商事纠纷中,不存在缺乏‘约因’的问题。”[②]其他三位大法官也赞同曼斯菲尔德的观点,即商业合同不需要约因要求,“在商业法和商业惯例中,不存在裸露协议”。因为“作为常识,商人会达成一个毫无获益期望的合同吗”?[③]

1765 年的 Pillans v. Van Mierop 案也被当作英国普通法支持合理信赖保护原则的仅有的权威先例。为威尔莫特法官在该案的陈述充分展示了曼斯菲尔德主导的法庭对信赖原则成长的贡献。威尔莫特法官与曼斯菲尔德一样极力主张约因只是证明合同效力的依据之一,他说约翰·霍尔特法官早在 1703 年 Coggs v. Bernard 案中就将合理信赖作为“承诺之诉”的约因基础。威尔莫特法官还宣称:在“承诺之诉”中,允诺可以因交易、道德义务或信赖而取得强制力。这是威尔莫特法官对 16 世纪以来普通法院追究允诺责任的正当性依据的概括。他还提出,原告因为相信被告的保证(债务人的票据能得到兑付)而迟迟没有起诉,所以被告必须承担责任。威

① Pillans v. Van Mierop, 3 Burr, 1663, 97 Eng. Rep. 1035 (K. B. 1765).

② Grant Gilmore, *The Death of Contrac* t, Edited and with a Foreword by Ronald K. L. Collins, Ohio State University Press, Columbus, 1995, p. 120, note 32.

③ Keevin M. Teeven, *A History of the Anglo-American Common Law of Contract*, Greenwood Press, 1990, p. 131.

尔莫特法官将自然法定位为信赖利益保护的合法性源泉。

为了彻底否认约因要求的必需地位，曼斯菲尔德还提出，约因出现之后颁布的《反欺诈法》已经允许非盖印的书面材料证明的协议不需要约因即可生效，即陈旧的约因要求已经被《反欺诈法》对某些合同的书面形式要求代替。其实，情况并不属实，《反欺诈法》只是赋予了某些非盖印的书面材料一定的创设性作用。曼斯菲尔德拒绝承认盖印的独特魔力，试图将所有以书面材料证明的允诺提升到与盖印合同同样的效力等级。他力主约因只不过是证明合同效力的数种方法之一，如果允诺已被证明存在，没有什么陈腐的原则能阻止合同的生效。

2. 约因证据论被否决

在 Pillans 案发生 13 年后，在对王座法庭所做的 1778 年 Rann v. Hughes 案①的复审中，上议院否定了曼斯菲尔德在 Pillans 案中的判决。Rann 案涉及的约因问题是，遗产管理人做出单独的书面承诺：如果遗产不足时他将以自己的财产支付死者债务。那么该书面允诺有强制力吗？经过十六七世纪的犹豫，有些法院已开始做出有利于债权人的判决，但是，人们对此还是有疑义，如果遗产管理人的允诺的约因是债权人克制起诉，同时遗产又不足抵债，那么遗产管理人有什么获益呢？上议院认为本案中的允诺没有约因支持。斯凯勒尔（Skynner）勋爵陈述道："每个人受自然法的约束履行他的义务，同样重要的是，本国的法律不会提供任何救济或方法迫使缺乏充足约因支持的协议得到实施。这样的协议是没有任何强制力的裸露协议。不管这个术语在民法法系是什么含义，它的最终意义只能是它在我国法律中的含义。"②

原告又以《反欺诈法》的相关规定作为追究被告责任的依据，反对将有无盖印的书面材料做不必要的区分。然而斯凯勒尔勋爵表达了上议院法官的一致意见："在英国法律中，有效合同分为正式协议（agreements by specility）和口头协议（agreements by parol），绝没有某些人极力主张的第三种类型，即书面合同。如果一份协议只是写成书面但没有盖印，它们只能是口头协议，必须要'约因'来证明。"③斯凯勒尔法官进一步宣布了 Pillans 案判决的错误，他说《反欺诈法》只是否认保护某些债务人，但不想给他们强加新的义务，所以，约因要求对于《反欺诈法》中所列的书面材料证明的协议来说是需要的。

对于深受传统束缚的英国法来说，取消非盖印书面材料对约因的要求的想法是

---

① Rann v. Hughes, 4 Brown P. C. 27, 2 Eng. Rep. 18(H. L. 1778).

② J. Beatson *Anson's Law of Contract*, 28th edition, by Oxford University Press, Inc. New York, 2002, p. 81.

③ Ibid.

太超前了,约因是“承诺之诉”长期的可诉性检验机制。事实上,曼斯菲尔德在强调约因的证据功能时,忽略了约因演进的其他理由,如约因蕴涵的互惠性、动机和债务性承诺之诉的程序要素。上议院在1778年的Rann v. Hughes案中重申了约因在口头合同中的核心地位,却没有批驳曼斯菲尔德的另一观点:商业惯例不需要约因。这一疏忽给了曼斯菲尔德继续攻击约因的突破口。曼斯菲尔德也清醒认识到彻底变革约因原则阻力太大,于是他采取折中的观点调和约因的缺陷。他一方面承认约因要求的必要性,另一方面强调以道德义务支持的允诺性责任的弹性。

著名法史学家霍尔兹沃斯(Holdsworth)认为,曼斯菲尔德对待约因的观点是合理的,约因只是证明允诺效力的证据之一,而不是合同效力的唯一基础,如同曼斯菲尔德创立的其他规则一样,Rann v. Hughes案的判决不仅表现了英国法的精神,也代表了法律发展的共同趋势。实施曼斯菲尔德观点的后果就是:当事人带着建立法律关系的意向而达成的合法协议,如果有充足的证据证明,应该得到法律强制。当事人建立法律关系的意向是首要的。① 20世纪以来,当“允诺禁反言”基于受诺人的受损而赋予允诺强制执行力,我们不得不佩服曼斯菲尔德的远见和智慧,他的独到见解源于他对商业实践的了解,据说,曼斯菲尔德经常出入那些商人云集的咖啡屋倾听商人的交谈,了解最真实的商业法则。

(二)道德约因论

在普通法中,将道德义务作为约因的内涵是有历史渊源的。《博士与学生》中有这样的论述。前述霍尔特法官将债务人放弃实效限制以及成年人对自己在未成年时所做允诺的认可作为“过去约因”的例外,也是曼斯菲尔德勋爵可以利用的先例。曼斯菲尔德所做的关于道德义务的判决基于两点理由:(1)允诺的约因以道义为基础;(2)只要有特定的救济存在时,允诺可以依衡平法得到实施。

1. 确立与发展

1777年的案例涉及债务人放弃破产保护允诺偿还债务。曼斯菲尔德认为,债务人在破产前夕向原告购买大量亚麻布有欺诈之嫌或不诚实,至少被告应该为此感到羞愧。于是,他做出有利于债权人的判决,判决词明显地反映了法官更信赖宽泛的衡平法原则,而不是狭窄的普通法原则(先前债务是后续支付允诺的有效约因)。“所有破产债务在道义上都是正当的,没有一个诚实的人会拒绝履行债务,只要他事后有偿还的能力。尽管普通法的救济可能过期,但债务在良心上永远不会失效。”②

---

① Theodore F. T. Plucknett, *A Concise History of the Common Law*,《简明普通法史》(英文影印本),中信出版社2003年版,第655页。

② Trueman v. Fenton, 2 Cowp. 544, 98 Eng. Rep. 1232(1777), William Holdsworth, *A History of English Law*, Methuen & Co. Ltd., Sweet and Maxwell, reprinted in 1977. Vol. Ⅷ, p. 26.

曼斯菲尔德在借鉴霍尔特法官先例的同时,也引用了衡平法原则以及衡平法院帕克(Parker)法官的判例①来证实自己的观点。曼斯菲尔德对衡平法的信赖似乎也有道理,因为衡平法有自己独特的约因原则。但是,衡平法的约因规则不可避免地带有其他衡平原则的模糊性,保留着来自抽象的道义和自然理性的色彩。曼斯菲尔德曾不遗余力地将衡平法院的实践经验和先例引入普通法院,由此给普通法约因原则带来了混乱,甚至是带来了普通法合同理论的根本变化。

曼斯菲尔德所做的另外一类关于道德义务的判决并非借鉴霍尔特法官的先例,而是对他在1778年Rann v. Hughes案中遭受的挫折的直接反攻。他将Rann案和1782年的Hawkes v. Saunders案区别开来,其理由是:Rann案中的遗产管理人没有充足的财产,他认为,Hawkes案中的遗产管理人有充足的财产,且有支付的允诺,"承诺之诉"当然成立。对于上议院在1778年Rann案中所说的"获益或受损约因论",他予以反驳,他说:"在个人受道德约束的地方,绝无普通法院或衡平法院伸手的余地,而允诺、诚实和正直本身就是约因。例如,一个人允诺偿还超过时效的债务,或者是在成年后允诺偿还他在未成年时与他人达成的契约的债务,或者是一个被宣布破产的人在条件好转后允诺偿还已经被破产程序免除的债务……在诸如此类的场合,允诺都应该被实施,尽管普通法和衡平法没有这样的规定,因为一个人只是在做一个诚实的人应该做的事,道德良知就是充分约因。"②

曼斯菲尔德的判决似乎回应了1602年Slade案蕴涵的理性——债务默示了允诺的存在,即便没有明示的支付允诺,"承诺之诉"也应成立。但是,在曼斯菲尔德判决中,这种古老理性却以衡平约因论为彰显的基础。1782年Hawkes v. Saunders案的真正理由是:遗产管理人手中的财产就是支付允诺的充足约因,而不是:死者的债务是遗产管理人支付允诺的约因。布勒(Buller)法官强调了Hawkes案所确认责任的衡平性质,"真正的规则是,只要被告有履行的道德义务,或者有基于良心或公平的责任,就有充足约因存在"。不过,在布勒法官关于Hawkes案的笔记中,在对另一个案例进行评述时,他引用了准合同(Quasi-contract)逻辑,而不是曼斯菲尔德的道德约因论来支持法官的判决,他说这不是一个需要约因要求的明示允诺,而是一个基于自然正义的支付义务。学者认为,曼斯菲尔德与布勒法官在思维路径上的差异,恰恰反映了存在于18世纪英国法制史上的事实,即以曼斯菲尔德为代表的法律

---

① Lewis v. Chase(1720) I P. Wms. 620. 法官基于良心判决破产债务人的偿还允诺有效,认可了债权人因为该允诺而获得救济的权利。

② 1 Cowper 289, 98Eng. Rep. 1091 (K. B. 1782), See H. G. Beale, W. D. Bishop & M. P. Furmston TD BCL, *Contract Cases and Materials*, Butterworths, 1990. p. 127.

人努力地沿着两大衡平路线(道德约因和准合同)对合同义务进行改革。① 后世有人认为,道德义务和准合同理论是曼斯菲尔德关于道德交易行为的全部哲学中自成一体的组成部分。②

尽管曼斯菲尔德的"约因只是证据"的观点失败了,但是,他对道德和自然法的崇尚深受当时法律人的欢迎,"道德义务就是充分约因"的宣言也被迅速接受。凡是那些认可"先前债务,尽管没有强制力,却是后续支付允诺的约因"的先例都被曼斯菲尔德及其追随者们竭力引用。在并不牢固的先例基础上,他们建立了全新的约因理论。尽管 19 世纪 20 年代出现了"道德约因论"的反对,但直到那时,它仍是被接受的原则。它在英国法中打下了深深烙印,那些痕迹直到 19 世纪后半叶还清晰可见。

2. "道德约因论"的扩展路径分析

"债务性承诺之诉"早已认可:先前债务是充足约因。18 世纪的系列判例在此基础上确立了新的原则:先前的债务,尽管因为时效已过成文法规定的期限,或者因为当事人是未成年人,或者因为被破产宣告而免除,仍然是后续偿还允诺的充足约因。我们可以注意到,18 世纪的这些判例与十六七世纪的约因规则并不冲突,因为前述的相关案例中,都已经存在债务,尽管该债务因种种原因未能得到实施。但法官们将这一判决思路扩张用于合同因为成文法或普通法的限制而完全无效的情形。1809 年的 Barnes v. Hedley 案中,债务人允诺偿还本金和利率,尽管该借贷行为因违背高利贷法被判决无效,法官仍然判决债务人的允诺须强制实施。③ 该案的判决直到 1813 年还被仿效。在 1813 年的案例中,一份借贷合同因为它由已婚妇女达成而被宣布无效,这位妇女的丈夫去世后她允诺偿还该借贷合同产生的债务,法院判决先前的债务是偿还允诺的有效约因。④ 支撑这些判决的重要理由就是允诺人有支付的道德义务。法官认为:"人们早已确认,只要一个人有道德上或良心上的支付义务,尽管该义务并不受普通法的约束,后续的支付允诺足以成为诉讼的基础。"⑤

---

① Kevin M. Teeven, *A History of the Anglo-American Common Law of Contract*, Greenwood Press, New York, 1990, p. 134.

② Oldham, *Reinterpretions of 18th-Century English Contract Thoery*: *The View form Lord Mansfield's Trial Notes*, 76 GEO. L. J. 1949, 1966. See Kevin M. Teeven, *A History of the Anglo-American Common Law of Contract*, Greenwood Press, New York, 1990, p. 152 ,note 119.

③ Barnes v. Hedley ,2 Taunt. 184. See William Holdsworth: *A History of English Law*, Methuen & Co. Ltd. , Sweet and Maxwell, reprinted in 1977. Vol. Ⅷ, p. 31.

④ Lee v. Muggeridge, 5 Taunt. 36. See William Holdsworth, *A History of English Law*, Methuen & Co. Ltd. , Sweet and Maxwell, reprinted in 1977. Vol. Ⅷ, p. 31.

⑤ William Holdsworth, *A History of English Law*, Methuen & Co. Ltd. , Sweet and Maxwell, reprinted in 1977. Vol. Ⅷ, pp. 31 – 32.

16～17世纪还确立了另一个约因规则，如果某一行为是在被告的请求下实施的，这一行为可以作为被告后续的为该行为做出支付的允诺的约因。我们也注意到，18世纪的法官们的判决思路与以前的判例已经不一样。在这之前的判决基础是：原告的作为是被告允诺的“已履行约因”（executed consideration）。而18世纪法官将这种情形看作“过去约因无效”的例外。由此，我们会发现，这一例外规则被迅速扩展，一个人在没有被请求的情形下自愿做了他人应该做的事，他人事后的支付允诺被强制实施。无疑，这种扩展方式与“先前债务是充足约因”规则的扩展方式相似。其实，18世纪的法官们给予了原始规则及其扩张适用最便利的辩护理由：道德义务就是充足约因。因为，如果过去的作为被看作后续允诺的充足约因，就等于宣布道德义务的动机或情感是充足约因。[①] 所以，我们发现，凡是“先前作为是约因”规则扩张适用的案例中，道德义务占了主导地位。所有这类案件的事实很相似，它们都涉及牧区对其辖区内的贫民的济贫责任。在1802年的Atkins v. Banwell案[②]中，贫民自己花钱济贫后，向该牧区的负责人提起诉讼，要求收回他的花费。法官判决原告败诉，因为被告没有明示支付允诺。但是，埃伦伯格（Ellenborough）认为，如果有明示允诺，原告应该会胜诉，因为“道德义务是明示允诺的充足约因”。在1833年的类似案例以后，“道德义务就是约因”的法则开始下降。但是，直到19世纪中期，该理论在有些案例中仍在被著名法官运用。

（三）曼斯菲尔德约因观的衰落

1.《反欺诈法》第4条的间接后果

在前述1778年的Rann v. Hughes案中，原告提出，《反欺诈法》已规定这样的允诺虽采用书面形式但是没有约因的支持。事实上，《反欺诈法》条文及其解释的意思是，不遵循法典规定达成的合同不是无效，只是不能通过诉讼强制实施。如果不是这样，衡平法就不可能衍生出部分履行的衡平原则，合同也不可能由协议达成后的书面备忘录来证明。所以，书面材料不影响合同的效力，它决定该协议能不能通过诉讼强制实施。进而人们可以认为，如果约因要求为所有非盖印的合同所需，那么，它也是《反欺诈法》规定的书面合同的必需要件。

2. 与传统的不符

道德义务问题在1778年Rann案判决之后还盛行了很长一段时间，但斯凯勒尔法官的判决在开篇就暗含了对“道德约因论”的批评。“每个人受自然法的约束履

---

① William Holdsworth, *A History of English Law*, Methuen & Co. Ltd., Sweet and Maxwell, reprinted in 1977. Vol. Ⅷ, p. 32.

② Atkins v. Banwell (1802) 2 East 505. See William Holdsworth, *A History of English Law*, Methuen & Co. Ltd., Sweet and Maxwell, reprinted in 1977. Vol. Ⅷ, p. 33.

行他的义务,同样重要的是,本国的法律不会提供任何救济或方法迫使缺乏充足约因支持的协议得到实施。"很多法律人都清醒地看到"道德约因论"并没有曼斯菲尔德所鼓吹的强大功效,科克的观点——约因必须是允诺人的即时获益或受诺人的损失在法庭辩论中仍被采用。尽管人们认为该定义太狭窄,但是它仍然有生命力。

1802年有学者提出,"道德义务就是充足约因"的观点与古代的权威说法不相符,而且,对于被引来支持该论点的大多数案例的判决结果也没必要。这些学者认为,"如果两个人之间的合同是无效的,而不仅仅是可撤销,后续的允诺无论如何不能使允诺人承担责任,即便他已经转移了合同的利益"。而且"一项充足约因可能因为成文法规定而中止,从而不能在普通法得到实施,明示允诺可以使先前的充足约因重新具有效力,但不能提供原始的诉权"。换句话说,在正统的普通法理论中,有两种方式使先前的债务成为"债务性承诺之诉"的充足约因:第一,通过1602年"斯莱德"案判决中的后续允诺途径;第二,在没有后续允诺情况下,通过债务包含的默示允诺途径。所以,先前的债务尽管是可撤销的,或因为成文法的限制不能通过诉讼予以强制实施,也是后续允诺的有效约因,但是,如果先前的债务是无效的,绝对不可能是有效约因,无论人们从中创设出怎样的道德义务。①

上述学者对的历史解析对于"道德约因论"在19世纪后半期的变化有直接影响,曾经多次被法官引用为判决理由,尤其被登曼(Denman)法官在1840年的Eastwood v. Kenyon案②确认。Eastwood v. Kenyon案给了"道德约因论"致命的打击。Eastwood是Kenyon夫人在她未成年时的监护人,在为他管理财产的过程中做了一些花费。但他的举动是自愿的。而且,为了行使监护的职责,他还被迫借款,他为这笔借款打了借条。当Kenyon夫人长大成人后她认可了这笔借款,在她结婚后,她的丈夫也允诺支付偿还这张借条的借款。当Kenyon没有如约还钱时,她丈夫因允诺遭到Eastwood的起诉。

登曼法官在该案的判决认为:履行该允诺的道德义务不足以成为该允诺得到强制实施的依据,因为原告的约因是过去的。他说:"实际上,曼斯菲尔德的原则是完全否认了约因的必要性,因为单是做出允诺的事实就创立了履行它的道德义务。"③事实上,登曼法官的判决同样基于蕴涵在古老判例和古老书籍中的普通法原则。他说:"道德义务就是约因的观点直到曼斯菲尔德时期才出现,它不符合正统的古老原

① William Holdsworth, *A History of English Law*, Methuen & Co. Ltd., Sweet and Maxwell, reprinted in 1977. Vol. Ⅷ, pp. 36 – 37.

② Eastwood v. Kenyon(1840), 11, Ad. & ER. 438, Queen's Bench, See H. G. Beale, W. D. Bishop, M. P. Furmston, *Contract Cases and Materials*, Butterworths 1990, p. 129.

③ J. Beatson, *Anson's Law of Contract*, 28th edition, by Oxford University Press, Inc. New York, 2002, p. 92.

则。”从此，约因原则绝大部分时间都按照严格的历史轨迹发展，完全遵循着十六七世纪的先例，也就是将约因作为诉讼赘语，概括原告在提起“债务性承诺之诉”或“特殊承诺之诉”时必须满足的条件。①

Eastwood v. Kenyon 案判决的核心是：“过去约因”不是有效约因，道德义务不能等同于约因。该判决不仅对当事人的动机和约因进行了清晰划分，当然这种区分在 2 年之后的 Thomas 案②中才得到确立，而且强调了“约因必须来自受诺人”规则，消除了衡平约因论对法官的影响。该判决更为重要的影响是消除了“基于请求的约因”与“过去约因无效原则例外”之间的混淆。

从 1614 年的 Lampleigh v. Brathwait 案及该案之前和之后的案例来看，基于允诺人请求而实施的付出并不是“过去约因无效”规则的例外，而是简单的“已履行约因”。新的观点在 19 世纪后半期的判例中逐渐显现。有法官在判决中指出：“过去付出劳务的事实产生了一种暗示：当事人提供的劳务是要得到支付的。如果这是要得到支付的劳务，而劳务人又得到后续的偿付允诺，那么这个允诺既可以看作是允诺人对付出劳务事实的认可，也标志着当事人之间有确定劳务合理价格的积极交易。”③所以，“过去约因无效”的大多数例外都消失了。当然，有一种规则在实践中仍然存在，就是先前债务尽管受时效限制而失去强制力，仍是支付允诺或可推导存在的允诺的约因。但是，这种约因仅仅适用于收回债务的“承诺之诉”，而不适用于寻求其他损害赔偿的案件。所以，尽管这种约因也是“过去”的，它是“先前债务支持债务性承诺之诉”规则的合法扩张。这是符合当时的历史背景的。波洛克认为，当约因的程序渊源已经被人遗忘的情况下，上述特殊规则的基础最好被解释成被告主动放弃了成文法的恩惠。④ 不过，关于成年后做出的偿还未成年时的债务的允诺效力问题，人们没有给出合理解释。

尽管 1840 年的 Eastwood 案判决推翻了“道德约因论”，但是曼斯菲尔德的约因观有着深远的历史影响，而且，从未被正式宣布无效。在美国的许多州，至今仍然有效。佐治亚州（Geogia）法将约因定义为：“支持一个允诺的自然义务、情感、强烈的责任”，路易斯安那州也规定自然责任是充足约因。在伊利诺伊州（Illinois）、马里兰

---

① William Holdsworth, *A History of English Law*, Methuen & Co. Ltd., Sweet and Maxwell, reprinted in 1977. Vol. Ⅷ, p. 38.

② Thomas v. Thomas (1842) 2 Q. B. 851，“动机不同于约因，约因意味来自于原告在有法律价值的东西”。

③ Stewart v. Casey (1892) I Ch. At pp. 115 – 116. See William Holdsworth, *A History of English Law*, Methuen & Co. Ltd., Sweet and Maxwell, reprinted in 1977. Vol. Ⅷ, p. 39.

④ “今天有一个更好的说法是：时效法根本不属于实体法，而是对债务人有利的特殊程序规则，债务人可以选择放弃成文法的保护。”See William Holdsworth, *A History of English Law*, Methuen & Co. Ltd., Sweet and Maxwell, reprinted in 1977. Vol. Ⅷ, p. 39.

州(Maryland)、密歇根州(Michgan)和宾夕法尼亚州(Pennsylvania),道德约因论也得到限制性运用。[①] 本书会在后文的"过去约因"一节阐述道德约因论在美国的影响和运用。

如果18世纪这一阶段的法律原则被普通法吸收和采用,约因原则在英美合同法绝对不会到达它今天占据的地位。如果"道德就是约因"的观点被接受,英格兰合同法又会是什么样子呢?它将会与欧洲大陆法相似,即将道德义务或施加利益的意向作为"原因"(cause),大陆法系中的"原因"是一般协议与有效合同之间很不确定的区分机制,甚至没有什么实质意义。这一可怕后果是可能的,正如登曼勋爵抱怨的那样,曼斯菲尔德及其同人其实是想完全取消约因的必要性,按照他们的观点,仅仅是做出允诺的事实就创造了履行允诺的道德义务。[②]

如果曼斯菲尔德的"约因只是一种证据"的观点取得胜利,约因在今天只是证明合同存在的一种方法而已,它也失去了作为"承诺之诉"程序要件这一历史渊源,甚至已经被庞大的实体法规则淹没。正如波洛克所说,如果曼斯菲尔德的约因观被接受,英格兰现代合同法的将会完全改变,它的基本原则将会与苏格兰法同样。[③] 不过,波洛克的假设是不会出现的,约因的程序渊源在18世纪时已经得到广泛认可,难以改变。到19世纪时,在18世纪偏离普通法传统轨迹的约因观被纠正,约因原则内根深蒂固的程序渊源再次被强调,并成为英美现代合同的效力基础。

---

① Samuel Williston, *A Treatise on the Law of Contract*, 3rd Edtion, Walter H. E. Jeager, Mount Kisco, N. Y. Baker VoorHis & Co. Inc. 1957, pp. 638 - 639.

② Eastwood v. Kenyon(1840), 11, Ad. & ER. 438, Queen's Bench, See H. G. Beale, W. D. Bishop, M. P. Furmston, *Contract Cases and Materials*, Butterworths 1990, p. 129.

③ William Holdsworth, *A History of English Law*, Methuen & Co. Ltd., Sweet and Maxwell, reprinted in 1977. Vol. Ⅷ, p. 34.

第二章　约因原则的古典革命与鼎盛

本章所阐述的是英国商事法和北美殖民地法在 18 世纪基础上的继续发展。1800 年至 1875 年被称为“合同法时代”或古典合同法时期。[①] 古典合同法的思想及其影响直接体现到 20 世纪初期的作品之中,甚至 20 世纪 30 年代第一次《合同法重述》遵循的也是古典合同法思想。所以,本章的时间跨度从 18 世纪末延续至 20 世纪初。这一时间段在法律史上可谓波澜壮阔。英国于 1873 年通过了《司法法》,完成了对古老的诉讼制度的变革,消除了延续四百多年的普通法院与衡平法院对峙的局面。美国则经历了独立之初对普通法的选择、19 世纪前半期的法典化运动、南北战争及其之后的法制变革。本章囊括的历史包括了美国法的形成、重建和镀金时期。[②]依据美国当代法学家吉尔摩的说法,美国的合同法理论由兰德尔偶然发现,经过霍姆斯和威利斯顿的整理和勾勒,尤其是霍姆斯在《普通法》中的精彩论述,纯粹的或古典的合同理论得以形成。[③]

第一节　约因成长的摇篮:合同法的飞跃

商品经济的继续发展伴随着合同法的飞跃。这种飞跃

---

① Kevin M. Teeven: *A History of the Anglo-American Common Law of Contract*, Greenwood Press, New York, 1990, p. 179. 阿提亚(P. S. Atiyah)认为古典合同法的全盛时期是 19 世纪中上叶。参见[英]阿提亚著:《合同法导论》,赵旭东等译,法律出版社 2002 年版,第 14 页。

② 对美国法的历史分期的称谓参见[英]伯纳德・施瓦茨著:《美国法律史》,王军等译,中国政法大学出版社 1990 年版。

③ Grant Gilmore, *The Death of Contract*, Edited and with a Foreword by Ronald K. L. Collins, Ohio State University Press Columbus, 1995, p. 6.

体现为两方面:第一,合同自由思想的极盛;第二,合同地位的上升,合同法内部规范的系统建立,合同法调整范围的空前扩大。合同法的飞跃包含了约因原则前所未有的发展。约因原则的发展体现为两个方面:第一,笼统抽象的约因概念被剥离,原来被约因隐藏的众多法律规则得以显现和形成,如要约、承诺、错误、不当影响、损害赔偿限制的相关规则。第二,至19世纪中期以后,与合同客观主义相契合,约因要求上升合同法的核心,主宰了合同的成立与解除。同时,古典约因理论——“交易约因论”形成,约因规则发展至系统和确定。

一、合同自由思想的极盛及合同法地位的上升

十八九世纪是自然法理论和自由主义哲学兴盛时期,如果说18世纪的合同法仍然受到家长制的影响,那么19世纪的合同法则被自由主义哲学主导。合同自由思想成为这一时期自由放任的经济生活的主导,合同被视为人们权利义务的源泉,合同法成为私法的核心。合同自由的思想包括了紧密相连的两个方面:第一,合同基于双方的合意,合同法被设计成对当事人基于合意达成的协议的履行;第二,合同是双方自由选择的结果,没有外部妨碍,如政府或立法的干预。[①]

对当事人共同意志的关注来自自然法和民法法系思想。自然法学家格劳秀斯认为,法律应该实施那些已经表达出来的涉及将来事项的共同意志。朴蒂埃对普通法有更加直接的影响,他以格劳秀斯的思想为基础作出了更有影响的陈述:“合同包括了双方当事人合意的达成,其中一人向对方允诺某物,对方接受该允诺。”数年之后,布莱克斯通在定义合同时,只是在朴蒂埃的陈述上加上了约因要求。正是因为对“意志论”的采纳,布莱克斯通将合同定义为协议(agreement)而不是由“承诺之诉”强制实施的交易类型。曼斯菲尔德是对“承诺之诉”进行概括并将当事人的意志作为合同实质的第一位普通法法官。曼斯菲尔德竭力将约因与他定位的合同法功能(实施当事人的意向)相协调,他设想,如果道德义务能作为约因,那么当事人受约束的共同意向就成为合同责任的独立基础。可是,曼斯菲尔德的设想没能变成现实。美国19世纪前期的法学著作反映了合同法向意志论的转化。譬如,威廉·斯托里写到:“每一合同都基于当事人的相互合意。”在谈论明示与默示合同时,他说法律实施“当事人愿意的协议”。[②] 总之,在19世纪早期,美国法院追逐着曼斯菲尔德的步伐,允许当事人在协议中改变合同规则,所以合同法是当事人达不成合意时的

---

① [英]阿提亚著:《合同法导论》,赵旭东等译,法律出版社2002年版,第9页。

② W. Story, *A Treatise on The Law of Contracts Not Under Seal*, *Boston*, 1844, See Kevin M. Teeven: *A History of the Anglo-American Common Law of Contract*, Greenwood Press, New York, 1990, pp. 181 – 182.

权宜之计。

法律生物学成为这一时期的特有法学思潮。达尔文的自然选择理论,即优胜劣汰、适者生存的理论被用于解释法律和法制史。英国社会学家和哲学家斯宾塞(H. Spencer,1820～1903年)是法律进化论的代表,他将人类社会的发展比作自然生物有机体的分化,主张人与人之间的关系就是生存竞争,国家和法律的目的就是维护和扩大个人的自由。《社会静力学》(Social Statics)甚至告诉我们,让我们城市中的穷人死于瘟疫,要比让国家卫生团体剥夺个人自由和干预个人主动性或对主动性的诉求好得多;让天花流行于社会之中,要比强迫个人去种牛痘好得多。①

抽象的合同自由与亚当・斯密的政治经济学说不仅兴起于大致相同的时期,而且在观念上也相辅相成。亚当・斯密及其门徒认为,如果社会个体都处于公开竞争的市场,他们完全享有通过合同来交易商品或劳务的自由,商品或劳务的价值由供求关系来决定,那么社会可以获得最大的经济效益。据此,合同等同于市场,竞争解决所有的市场问题,社会个体被假设与其他人具有同样的竞争能力及自我保护能力,法院的功能只是限于排除达成合同的障碍并执行当事人的意愿。

著名法学家亨利・梅因爵士的著名论断将合同自由在美国内战后的地位提高到顶点,"所有进步社会的运动始终是一种从身份到合同的运动"②。根据梅因的论断,在落后野蛮的社会中,人的权利、义务和责任由他隶属的身份决定,而在先进文明的社会中,人们用自由签订的合同决定自己的权利、义务和责任。所以,合同是行使自由权利的方式,合同自由是人类进步的动力和标志。布鲁克斯・亚当斯甚至断言:"美国的文明建立在合同自由理论之上。"③对于当时笃信抽象的合同自由的法官来说,冒险限制合同就是阻止社会的进步。所以,在司法实践中,为了防止以公共政策的名义对个人自由或市场自由的限制,合同标的物和当事人的身份特征与合同效力都没有关系。

抽象的合同自由促进了法律一般原则的形成以便为商业活动提供确定而有预期的指导。抽象的合同自由还有利于合同法对其他私法部门的吞并,所以,合同法成为19世纪私法的核心。在美国法制史上,19世纪是合同的世纪,合同被视作美国人挑战辽阔的北美大陆及成就梦想的手段。"全部的社会生活都要利用它、依靠它。由于有了明示的或默示的,宣告的或意会的合同,才产生了所有的权利、所有的义务、所有的责任和所有的法律……合同是现实生活的经纬,如果合同得不到尊重,社

---

① [美]罗斯科・庞德著:《法律史解释》,邓正来译,中国法制出版社2002年版,第217页。

② [英]梅因著:《古代法》,沈景一译,商务印书馆1996年版,第97页。

③ [美]伯纳德・施瓦茨著:《美国法律史》,王军等译,中国政法大学出版社1990年版,第134页。

会进步就会停滞。"[①]随着"令状制"失去支配地位,现代合同法利用它的灵活性扩展其调整范围,抽象的合同自由促使合同法对其他私法部门的排挤和征服。在19世纪,土地法、商人法、保险法等都属于合同法的领地。其中,合同法对土地法的胜利最为典型,封建地产制被废除,自由保有地产作为土地所有权的基本形式确立起来,不动产转移得以合同自由进行。

二、合同法在19世纪的成长

英美合同法虽然渊源于中世纪,但其中大部分原则和理论在18世纪以后尤其在19世纪才得到阐释和发展,其中的原因主要有:一是商人对法律的可预见性和灵活性的需求;二是民法法系的理论对普通法学者的深刻影响。这一时期的成果就是我们今天所说的古典合同法的塑造,合同法被定格为我们今天所熟知的模式。以下三点既是合同法发展的前提,也是合同法成长的表现。

(一)司法制度变革对合同法发展的促进

"承诺之诉"相对于其他合同诉讼的最大特点是其事实上的形式自由。但是,"承诺之诉"远远无法跟上19世纪商业交易的复杂性步伐。至1800年,普通法合同法中都没有要约、承诺、错误、不当影响、损害赔偿限制的相关规则,当事人仍然在"令状制"的框架下艰难维权。人们将案件事实扔进陪审团的概括性裁定而不对其法律意义进行探讨是合同法滞后的重要原因。"承诺之诉"中允诺性责任检验机制——约因原则的存在,阻止了诉讼中其他独立的抗辩理由的发展。被告一般就着眼于提出缺乏约因的证据,而这个问题又概括性地留给陪审团处理。约因的神秘,诉答的概括,使商人无从了解"承诺之诉"的内在细节。商人迫切需要诉讼形式的灵活性以及法律的可预测性来满足新的交易形式。

美国19世纪前期的法典化运动的高潮是19世纪20年代至50年代。纽约州于1848年通过了菲尔德(David Dudley Field)的《民事诉讼法典》,这既是法典化运动的顶峰也是衰落的开始。根据该法,美国的一些州和英格兰迅速废除传统诉讼形式并简化诉讼程序。由于1834年制定的《希拉里规则》(Hilary Rules)[②]产生的不良后果,英格兰仿效纽约州取消特殊诉求程序,并于1852年和1854年通过普通法程序法(Common Law Procedure Act)以促进事实诉求。英国还进一步在1873年和1875年

---

① Theophilus Parsons, *The Law of Contracts*, Volume 1, Boston, Little Brown & Co. 1853. See Roy Kreitner, *The Gift Beyond The Grave: Revisiting The Question of Consideration*, 101 Colum. L. Rev. 1876, December 2001.

② 英国于1834年春季开庭期所确立的适用于高级法院的诉答程序规则的总称,目的在与简化原先严格的诉答程序。但是该规则的实施又使严格的诉答要求扩展到一些新得法律领域,这些规则又引发新的不满,由此导致1873~1875年的《司法组织法》(Judicature Act)在诉答程序上的放松。

的《司法法》(Judicator Acts)中彻底消除普通法诉求形式,但是没有完全追寻纽约州将普通法和衡平法全面融合。

古老"令状制"的取消和两大法院系统的合并事实上带来了实体法的突破。其具体表现有二:第一,普通法院必须提供先前由衡平法院提供的救济,这是对于古老的普通法既是挑战也是机遇。第二,原来通过诉讼形式的划分进而对法律进行的划分不复存在,法官们必须发展一般法律原则来弥补。实际上,曼斯菲尔德早就以约因为突破口试图对普通法合同法进行理性阐述,他主张深入探讨法律如何适用于事实。"令状制"的取消意味着由曼斯菲尔德开创的一般合同合意理论的概括已取得持续成就。

总之,在19世纪,新的诉答程序因其灵活性能够轻易适应持续复杂而多样的交易,对交易标的和交易性质的不关注与古典合同法的抽象性相匹配。现在,订约人不会受到严格的普通法诉讼的限制,当事人的合意只要不违法都能得到实施。对古老诉讼形式的废除也促进了合同自由。现代证据规则、商业习惯、延迟判决或重新审理的动议以及陪审团指导(jury instruction)都对陪审团的权限造成了一定限制。这些机制有利于周详的合同法规则在审判实践中逐步形成。

(二)专门合同法著述的涌现

正是在古典合同法时期,专门的合同法著述在英美出现,法律改革的重任第一次由学者替代法官来承担。前文已述,布莱克斯通是英国法制史上对杂乱的判例进行整理概括并实现普通法系统化的第一人,虽然他对合同法的阐述相对肤浅,只是简单地说明了所有合同以明示或默示的形式存在,但他的作品预示了专门的合同法著作的问世。英国最早的合同法著作出现于1790年,[①]该著作显著地借鉴了大陆法中发达的商法以及发展一般原则的传统。实际上,在1760年之后的100年间,普通法人士对欧洲大陆法都保持着浓厚的兴趣。曼斯菲尔德式的灵活允许民法的引入,因为商法的国际性,法院在普通法之外寻求合理性也不足为怪。

美利坚合众国独立后忙于宪政体制的设计,所以合同法主要借鉴英国的合同法和商业习惯。这一方面是因为殖民地时期的法律基础,另一方面也是因为北美人缺乏对其他法制的了解。美国律师获取普通法知识的途径主要是布莱克斯通的《英国法评注》以及曼斯菲尔德的作品。美国有影响的法律学者如约瑟夫·斯托里(Joseph Story,1779~1845年)很崇尚曼斯菲尔德将普通法适用于商业实践的灵活与创新。斯托里写了美国第一本畅销的合同法著作——《论非盖印合同的法律》[②],

① J. Powell, *Essay Upon The Law Of Contracts And Agreements* (1790);接下来在英国有影响的合同法著作是:J. Chitty, *A Practical Treatise On The Law On Contracts Not Under Seal* (London, 1831)。

② William W Story, *A Treatise on the Law of Contracts Not Under Seal*, Boston, 1844.

在该书中,他纠正了布莱克斯通对事实默示与法律默示的混淆。在此之前,美国还有一些合同法著述,如肯特(James Kent)法官[1]的《美国法评述》[2]于1827年出版,该书对美国法的价值类似于布莱克斯通的《英国法评注》对英国法的意义。帕森斯(Theophilus Parsons)的《合同法》[3]是继斯托里之后在19世纪美国最好的合同法著作。

19世纪后期,伴随着公立法学院的出现以及教授们对法律"真正规则"(true rule)的探索,"法律形式主义"(legal formalism)日益成为法哲学的主流。"形式主义"在18世纪早期同时出现在英、美两国,它的特点是注重法律本身的逻辑和规则的权威,将法官的作用限制在发现事实和将规则运用于事实。形式主义法律人致力于展示法律的科学性、连贯性和中立性,并通过法律编纂来消除普通法的混乱。

作为哈佛大学法学院首任院长,兰德尔(C. Landell,1826~1906年)是"法律形式主义"在美国的代表。他于1871年发表了开创性的《合同案例集》,[4]9年之后,兰德尔又发表了《合同法概述》[5]作为前者第2版的附录。兰德尔坚信,法律应该是一门科学,与其他任何一门科学没有不同。在《合同案例集》的序言中,兰德尔写到:"法律,应该被视做一门科学,它包含着一系列确定的原则和学说……把合同作为法律的一个部门来研究是可行的。例如,在相对稳定的限度内,对所有案例进行选择、分类和安排,将有助于在某些重要方面促成合同基本原则的产生、发展和确立。"《合同案例集》包含了英国从17世纪直到该书出版时的所有重要合同判决,另外,有少量纽约州和马萨诸塞州的判例作为补充。该书分为三章:合意、约因和附条件的合同,它的结构比斯托里开出的商事合同清单明显科学 。[6]

吉尔摩(Grant Gilmore)曾说,法院对合同类诉讼的审理古已有之,然而关于合同的一般法律或理论却是由兰德尔碰巧发现的。[7] 不过,兰德尔的历史功绩仅限于从判决中率先归纳出一般的合同理论,对于合同理论本身的整合则是由则由霍姆斯和威利斯顿完成的。前者在广泛的哲学框架内研究合同法,后者则致力于研究合同

---

① James Kent(1763~1847年),于1798年成为纽约州最高法院法官,并在1804年到1814年之间成为该法院的首席大法官。1814~1823年,担任纽约州衡平法院大法官。从法官职位上退休后,肯特立即在哥伦比亚大学继续他的法学教授生涯。他的教学讲义成为《美国法评注》(Commentaries on American Law)的基础,该著作在1826~1830年之间发表。

② James. Kent, *Commentaries on American Law*, New York, 1827.

③ Theophilus Parsons, *The Law of Contracts*, Boston, Little Brown & Co. 1853 - 1855.

④ C. Langdell, *A Selection of Cases On the Law of Contracts*, Boston, 1871.

⑤ C. Langdell, *A Summary of The Law of Contracts*, Boston, 1880.

⑥ Grant Gilmore, *The Death of Contract*, Edited and with a Foreword by Ronald K. L. Collins, Ohio State University Press Columbus, 1995, pp. 13 - 14.

⑦ Ibid, p. 6.

理论的细节。霍姆斯的《普通法》率先提出以现代的“交易约因论”作为合同效力的唯一检验机制。[①] 作为霍姆斯理论的追随者,威利斯顿的《合同法》[②]被誉为英美法史上至他那个时代最优秀合同法著作。

(三)合同法的成文化成就

英美国家19世纪前期的法典化运动受多种因素的推动。1787年美国《宪法》表达的主权观念刺激了美国人制定私法的激情。人们认为曼斯菲尔德的司法弹性意在维护特权阶层的利益,所以布莱克斯通的普通法开始遭到怀疑。此外,民法法系的“合意论”、“法国六法”的成功、德国潘德克顿思想以及边沁的鼓动也是法典化运动的重要动力。其中“功利主义法学派”代表边沁对普通法的批评尤为关键。边沁积极倡导议会的立法主体地位,坚持自由放任的经济学观以及合同自由的法学观。为了实现“最大多数人的最大程度的幸福”,他认为应该对普通法进行清晰而理性的编纂以便让所有人知晓并抵制司法干扰。美国19世纪前期法典化运动的高潮是19世纪20年代至50年代。1848年菲尔德的《民事诉讼法典》既是法典化运动的顶峰也是其衰落的开始。根据该法,美国的一些州和英格兰迅速废除传统诉讼形式并简化诉讼程序。但是,菲尔德在实体法领域的成文化愿望受到纽约州立法机关的阻挠,主要是纽约州律师协会会长吉米·卡特(James Carter)的反对。卡特借鉴德国教授萨维尼(Savigny)的历史法学观,认为法律是风俗习惯的自然演化,全面的民法典将会阻碍法律的成长。卡特特别担心商事合同法的成文化对社会的负面影响。

但是,历史潮流不可阻挡。19世纪末期,随着产业革命的完成,全国性的铁路网络已经形成,美国已逐步成为工业强国,地区各异的商事法律已不能满足全国性市场的需求。美国法律面临着新的挑战,开始了法律统一化运动,迎来了合同立法的高潮。

法律形式主义倡导者致力于在流通票据和买卖法的成文化,因为这两个法律领域的法律规范已经很丰富。在美国律师协会的推动下,“统一州法律全国委员会”(National Conference of Commissioners On Uniform State Laws)于1895年成立,次年,《统一流通票据法》就成功出台。紧接着,塞缪尔·威利斯顿(Samuel Williston)以英国1893年《货物买卖法》为基础起草了1906年的《统一买卖法》,试图以松散的立法保留普通法传统。虽然《统一买卖法》扩大了买方的权利,但该法还是受到了“社会法学派”(Social Jurisprudence)的批评,认为《统一买卖法》没能包含社会与经济的现实变化。为此,美国律师协会于1923年组建了美国法学会(American Law Institute)对该法进行重述,使该法更加清晰和明确。第一次《合同法重述》于1932

---

① Oliver Wendell Holmes, *The Common Law*, Boston, 1881.

② Samuel Williston, *Treatise on The Law of Contracts*, New York: Baker, Voorhis & Co., 1921.

年出版。因为该法固守19世纪法律原则,缺乏对现代商业实际的关注,注定要遭受攻击。作为法律现实主义代表,卢埃林(Llewwllyn)与18世纪的曼斯菲尔德一样,认为商人法应该与商人实践保持一致。

"统一州法律全国委员会"于1940年集会研究部分商法的法典化,并在同年提出《联邦买卖法》(Federal Sales Act)的立法建议。卢埃林人被任命为《联邦买卖法》的主持人,他将形成于20世纪30年代晚期的思想和最新的商人法融入立法活动,美国法学会的重述者们也于1942年加入卢埃林的队伍,他们完成的《统一买卖法》(修订版)(Uniform Revised Sales Act)于1943年获得通过,该修订版成为《统一商法典》(Uniform Commercial Code)第2篇(买卖篇)的基础。《统一商法典》于1952年最终形成,取代了19世纪末20世纪初颁布的7部商事法律。合同法的重大变化体现为:法典采纳了"善意"和"显失公平"概念;不可撤销要约规则的采纳复苏了古代的盖印允诺概念;法典抛弃了对双务合同与单务合同的划分;另外,适用了保证(warranty)、不确定(indefiniteness)、无法履行(impracticality)的规则,口头证据规则(parol evidence rule)及《反欺诈法》(Statute of Frauds)的适用也更加宽松。

(四)约因的分解促进合同法规则的形成

19世纪,商业交易的繁荣与复杂对诉讼制度提出了严峻挑战。随着法律对陪审团控制的加强,原有诉讼形式的简化,被神秘的约因及陪审团"一般裁定"(general verdict)长期隐藏的大量事实问题暴露出来,法律人开始探讨这些事实问题的法律意义,并且形成了原来被约因原则包裹的法律规则。这一时期,普通法以前所未有的强大规模吸纳其他知识领域的成果,最主要的两大知识源泉是先进的民法法系商法知识和亚当·斯密倡导的市场经济理论。

1."要约—承诺"规则的形成及其与约因要求的共存

从16世纪到19世纪早期,在普通法合同法中还没有人关注合同成立的时间,因为人们大多是面对面地交涉之后达成协议。由此,人们也不必讨论允诺的撤销问题。支持允诺的约因成为关注的焦点,因为它决定了该允诺能否通过诉讼强制实施。但是,随着市场的扩大,异地交易的开展,在以邮件达成的协议中,约因的使用会带来很多困难。于是,在约因要素之外,产生了要约(offer)与承诺(acceptance)概念。

普通法学者对于非面对面合同达成方式所涉问题的关注是受到了民法法系学者的启示。鲍威尔(J. Powell)在英国最早的合同法著作①中引用了法国朴蒂埃的

① 鲍威尔写的英国第一合同法作品发表于1790年,名为《论合同与协议》(Essay Upon the Law and Agreements)。这部作品的突出特点就是,作者指责衡平法的实质正义观念阻碍了"法治",即降低了人们自由达成的允诺的约束力等。

论述——除非以承诺(pollicitatio)方式达成合意,否则要约没有强制力。[1] 但是邮件交易不是允诺对允诺的即时交换,所以对民法法系理论的认可会带来约因适用的障碍。按照传统普通法的分析,要约是没有约因支持的,承诺也只有过去约因。于是,王座法庭在 1790 年 Cooke v. Oxley 案[2]的审理中遇到了麻烦。法案当事人约定买方可在下午 4 点钟前买特定数量的烟叶,买方恰好在 4 点钟时答应购买,可卖方拒绝出卖。从现在眼光来看,本案涉及的是要约的效力问题。当时的王座法庭法官认为两个允诺在时间上是分离的,由此不能彼此作为约因,所以当事人之间没有协议存在。法庭没有考虑要约与承诺问题。

在 1817 年 Kennedy v. Lee 案中[3],对涉及以邮件接受要约的交易,衡平法院大法官采纳了民法法系的要约与承诺概念来解决类似于 Cooke v. Oxley 案中的允诺同时性问题。爱尔登(Eldon)说:"如果在承诺被交涉的合理时间内,双方对要约的内容都没有提出更改并且有承诺做出,该承诺应看着与要约同时发生。"爱尔登将约因对相互允诺的同时性要求适用到由要约和承诺主宰的双务协议,使要约与承诺概念成功进入普通法。但是,他没有解决承诺生效的时间起点问题。在 1818 年的 Adams v. Lindseil 案[4]中,羊毛商人将要约寄给羊毛品制造商。王座法庭认为应该为以信件方式达成的合同确定一个生效起点。法官选择投递承诺的时间作为合同生效时间,而且依据一个拟制,即要约人在承诺发出之前一直在不停地发出要约,将约因对相互允诺的同时性要求转变成双务的合意(meeting of minds)概念。该案确立的承诺从被投递时生效的规则被美国法采纳,即邮筒主义(mail-box rule)。

1818 年 Adams v. Lindsell 案解决了商人们的一个实践需求:当合同以信件方式达成时,合同从何时开始生效。该案判决有助于商人们预先安排自己的业务。合同成立需要同时满足要约—承诺规则及约因要求。要约—承诺规则标志着以约因支持的单务允诺概念转向以当事人的合意或"意志论"为基础的双务概念。一旦合同被看做以要约—承诺方式达成的双方合意,人们就会关注各种现代的双务合同,并试图根据要约—承诺规则对其理性阐述。

2. 意志论对约因概念的剥离

普通法合同法中当事人的"合意"曾长期被抽象的约因概念笼罩。在 18 世纪以前,当事人的"合意"不被关注,原告只需提供盖印文书或被告获得的对等物或约因

---

① Pothier, *A Treatise on The Law of Obligations*, W. Evans ed., London, 1806(该书原在 1761 年到 1764 年出版于法国)。See Kevin M. Teeven, *A History of the Anglo-American Common Law of Contract*, Greenwood Press, New York, 1990, p. 177.

② Cooke v. Oxley, 3 T. R. 653, 100 Eng. Rep. 785(K. B. 1790).

③ Kennedy v. Lee, 3 Mer. 441, 36 Eng. Rep. 170 (Ch. 1817).

④ Adams v. Lindsell, 1 B. & A. 681, 106 Eng. Rep. 250 (1818).

就可以在“盖印合同之诉”、“债务之诉”或“承诺之诉”中获得救济。陪审团审判的原始状态也是当事人的意志得不到关注的重要原因。在自然法和民法法系思想的影响下,美国19世纪前期的法学著作反映了合同法向“意志论”的转化。“意志论”意味着合同义务是当事人自愿达成的、以要约—承诺方式表示的相互义务,法院的作用是发现当事人的真实意向并在有“合意”时强制实施他们达成的协议,“意思合致”成为所有合同的主导原则。

在决定当事人是否有“合意”存在时,是采用主观解释方法还是客观标准呢?前者关注当事人的真实意思,后者看重客观的外在表现。虽然合同的生效不能排他性地选择某一种解释标准。但一般认为,在18世纪之前的普通法中,客观标准占主流,因为诉讼的成败取决于“对等物”或约因的认定。事实上,早期的面对面交易中,产生误会的可能性不大。一旦交易人的交流受到时空阻隔后,用什么标准来认定其真实意思就尤其重要。19世纪初期的多数学者都支持主观标准。肯特大法官认为,法官在认定合意时应该优先考虑当事人的直接意向而不是合同的严格条款。受曼斯菲尔德的影响,斯托里也赞成主观标准,“当事人的意向在任何时候都占优势地位,不仅在它没能得到充分和清晰表述的案件中,而且在它与协议条文相冲突的情形下也是如此”。①

主观合意标准在19世纪前半期的存在,导致了关于错误(mistake)、不当影响(undue infuence)以及现代胁迫(duress)概念的产生。在合同法未得到阐述之前,这些抗辩理由都隐藏在约因原则中,这些情形也被笼统地认为是缺乏约因,因为约因不认可缺乏合理理由的允诺。法院之所以能将错误、不当影响以及胁迫认可为合同成立或生效的抗辩理由,因为,根据意思理论及自由市场理论,这些抗辩理由存在的基础是合同缺乏自由意思而不是交易不公,因为市场经济的精神是:商品的价值取决于自愿的交易。

第二节　约因理论的古典转型

在19世纪的最后25年中,英美的古典法学家开始了对约因理论的转型,这一转型也称为约因的现代化(modernization)或理性化(rationalization)。② 这一转型的后果是约因要求成为普通法最为独特的要件之一,尤其成为普通法系合同法区别于

① Samuel Williston, *Mutual Assent in the Formation of Contracts*; J. Kent, *Comnentaries on American Law*, 7th ed., N. Y. 1851; See Kevin M. Teeven, *A History of the Anglo-American Common Law of Contract*, Greenwood Press, New York, 1990, p. 182.

② Roy Kreitner, *The Gift Beyond The Grave: Revisiting The Question of Consideration*, 101 Colum. L. Rev. 1876, December 2001.

欧洲大陆合同法的标志。尽管约因的正式历史至少可以追溯至15~16世纪,但我们现在所看到的或者所理解的约因却是19世纪末20世纪的法学家阐述和构建的模式。

约因的古典理论家们主要沿袭以下两条路径对约因原则加以阐述和变革。第一,清理与统一。将约因在古典时期以前的某些功能予以清除或掩盖,让约因只回答一个问题,即法律将实施哪些允诺?第二,将允诺的实施作为合同法的核心问题,事实上就是将约因原则作为指挥合同法的轴心。[①] 现在,我们理所当然地相信,合同法就是关于法律将实施哪些允诺的学科,约因原则等同于哪些允诺应该被强制实施的问题。现代合同法对允诺的排他性关注证明了古典法学家们的努力和成就。

一、清除约因中的非允诺性要素(nonpromissory elements)

约因原则的重构对于合同实现个人自治或私法自治的功能至关重要。学者们的策略是将约因界定为对个人控制力的计算工具。据此,约因代表了一种临界点,在这个界限之外,国家不会介入实施私人的协议。约因的积极意义在于:只要当事人的协议是以交换方式达成的,他们可以避开国家对义务内容的设定,自行约定他们的义务。对于当时的理论家来说,这就是合同相对于身份法的优越之处,合同代表了个人对自己义务的控制,而身份法代表了对个体义务的社会控制。可是,到19世纪中叶,合同仍被视为一系列由习惯建立的标准关系,古典理论家通过对约因原则的重构使合同法成功摆脱了由法律默示的大多数社会义务。在约因原则遭遇古典变革之前,约因要求发挥着以下几方面的作用,它们都不是决定允诺是否实施的问题。而重构约因原则的技巧就是将这些功能予以抛弃或贬值。

(一)约因的默示义务功能(implying the obligation)

约因的前古典功能之一是决定一项义务能否默示存在。当原告对被告付出了劳务或给予了某物,原告有得到回报的预期,但付出时没有以交换的方式索要回报。这时,法官可以默示偿还允诺的推定让被告承担义务。古典理论家用两个允诺性问题(道德约因的地位问题及已履行约因与过去约因的区分问题)来融解约因的默示义务功能。第一步,他们将上述情形划定为不正常的纠纷,并指出,其他的救济途径尤其是准合同理论更有利于解决这类问题。第二步,他们在描述合同法史时,以"真实规则"(即过去约因不是约因)为起点,然后对这些规则进行模糊解释,最后在19世纪对那些"真实规则"进行修复。兰德尔对这种古典技巧进行过清晰描述:

"承诺之诉"成为简单合同债务的常规救济方式后,一个理论困境出现了。即允

① Roy Kreitner, *The Gift Beyond The Grave: Revisiting The Question of Consideration*, 101 Colum. L. Rev. 1876, December 2001.

诺对诉讼必不可少,而债务的产生通常没有通过实质性的允诺。于是,法院发明了一个拟制——只要有简单合同债务存在,法律就默示有偿还允诺存在。默示允诺只是法律创造的,它不可能也不需要有通常意义的约因支持。在实践中,法官就宣称允诺以先前债务为约因。于是产生出"过去约因"或"已履行约因"概念。因为默示允诺并不构成原告诉由的内容,也因为"已履行约因"只能支持默示允诺,所以,"已履行约因"不是充足约因,除非它包含了独立于允诺的充足诉由,即实际债务。可是,该规则并未得到统一的理解和适用。相反,有一种观点盛行,在被告请求下付出的"已履行约因"能够支持事后的实际允诺。于是,又产生了一种说法,"已履行约因"总是充足约因,只要它是在被告的请求下付出。① "法律通过已履行约因来默示允诺存在的拟制使得'承诺之诉'适用领域更为广泛。接下来,这种默示允诺在'承诺之诉'被取消的地方就失去生存空间,于是,在这些领域,'已履行或过去约因'不再有任何意义。"②

兰德尔对非产生于允诺的义务给予了极大关注,尽管他一直在借鉴约因原则来解释这种义务的源泉,他却认为这类义务并不具备真正的合同义务。霍尔兹沃斯、波洛克、霍姆斯、埃姆斯及威利斯顿等学者也有相似的论述。威利斯顿的论述是最为详细的,他认为允诺问题在这种情形下是笨拙的,在指出一般规则(过去约因不是约因)之后,威利斯顿强调,"过去约因"曾经被视为有效约因,到现在,早期的法律在某些案例中还在继续……到 17 世纪末,准合同义务以法律默示的方式得到实施。这种认可义务的途径排除了借用允诺的必要性:债权人受到实体法和程序法的充足保护,不需要给约因原则强加例外。在现代法中,原告在"债务性承诺之诉"中的权利的真实基础是债务而不是所谓的允诺,至于那个允诺是事实存在的还是拟制的,则要根据具体情势来看。③

(二)决定所需注意之程度(required degree of care)

决定当事人在履行过程中需付出的注意程度是约因发挥的、与允诺无关的第二种功能,但它在商业法中却有重要意义。寄托法(law of bailment)是涉及这种功能的典型例证。在传统法中,寄托行为是不需要约因就可以生效的合同种类,因为这种关系不是自愿达成的。这引起了古典思想家的焦虑,因为它违背了"允诺须有约因支持才能生效"的一般原则。古典时期法学家的第一回应是对寄托的合同性质提出质疑,整体上排斥寄托。威利斯顿就认为无偿寄托几乎不能称为合同。

---

① Christopher Columbus Langdell, *A Selection of Cases On the Law of Contracts*, with a Summary of the Topics Covered by the Cases, 2d. ed., Boston, Little, Brown & Co. 1871, p. 1035.

② Ibid. p. 1039.

③ Samuel Williston, *The Law of Contracts*, 1st ed. New York: Baker, Voorhis & Co. 1920, pp. 142 - 143.

更进一步,普通法的一般规则是,无偿受托人只因其重大过失承担责任,也就是说,他需尽到最低限度的注意义务,假如受托人向寄托人收取了费用,则他需尽一般的注意义务。这样,在寄托中的约因不是关乎允诺的实施,而是受托人需尽到的注意程度。对此,古典时期法学家对注意义务做出新的解释。他们认为,注意义务与回报或补偿问题没有关系。他们对那些将那些约因定位为注意程度的案例做严格的解释,并宣称这些案例是基于对注意程度达成合意的隐性原则。"承担责任人需尽的注意程度与对方所获补偿没有比例关系,所以,免费承担某种责任的事实并不重要,仅仅证明责任人所担负的注意义务的范围,这是权威学者的一般观点。"①

(三)决定责任的范围(extent of liablity)

约因在前古典合同合同法中发挥的第三种作用是:决定受害人可得的损害赔偿的范围。在整个 18 世纪及 19 世纪初,约因与允诺内容在经济上的不等值一直是减少赔偿金额的正当理由。该种作用与允诺的效力无关。帕森斯对此予以反驳:"如果协议是不合理的或显失公平的,但没有欺诈存在,法院不会宣告该合同无效,法官只会因违约而给予原告合理的赔偿。"②帕森斯意思是,法官不会对协议本身的合理性做出评价或补偿,有违约才有赔偿。古典学者们宣称约因是二者必选其一的可变因素:约因存在,则导致违约的预期赔偿;约因不存在,则没有赔偿。这一宣称确认了约因不仅是合同成立的决定要素,也是当事人获得赔偿的基础。以威利斯顿为代表的古典学者们进一步指出,赔偿额度源自合同的本质,不必反映约因的价值大小。这是对古典约因法则——约因无须等价——的理论阐述。

为了进一步明晰约因与赔偿的关系,威利斯顿还阐述了合同与"准合同"的区分及各自的赔偿原理。他认为,"默示合同"(implied contract)概念引起了法律上的混淆,人们习惯于根据普通法古老的诉讼形式对法律进行划分。于是,所有通过"承诺之诉"、"盖印约定之诉"或"债务之诉"等形式来实施的权利就被当做合同权利。其中的某些权利不是由当事人的合意或允诺创立的而是由法律强加的。这些义务被称为默示合同义务,现在一般被称为"准合同"。这一称谓表明它涉及的义务不是真正的合同性质。所以,适用于合同义务与"准合同"义务的赔偿机制应该是不一样的。只有对预期利益的损害才适用于违约救济。允诺可能是有约束力的,也可能是没有约束力的。如果允诺有约束力,它就应该得到严格实施……"准合同"情形下的受诺人绝不能基于允诺而得赔偿,而只能根据他遭受的伤害获得公平补偿。总之,古典学者反复否认"准合同"的合同性质,坚持以返还赔偿(restitution damages)作为针对"准合同"被违反的救济。受诺人或者选择允诺有约束力的路径或者选择恢复

---

① Joseph H. Beale, Jr., *Gratutious Undertakings*, 5 Harv. L. Rev. 222, 227, (1891).

② Theophilus Parsons, *The Law of Contracts*, 1st ed., Boston, Little, Brown & Co. 1853, p. 362.

原状的理论路径,二者选其一。[①]

(四)确定责任的时间起点

约因在前古典时期的第四种功能是决定责任从何时开始。在有些领域,义务既可能产生于法律的规定,也可能产生于协议约定,如寄托或代理活动。帕森斯曾经说,如果A把金钱、货物或财产托付给B,A相信B做出的将会以合适的方式处理金钱、货物或财产的允诺,B接受这些转移和托付,就应该受他出的允诺的制约,因为A对B的托付本身就是允诺的充足约因。一般说来,没有报酬的代理人不得因没有履约而承担责任。但是,如果他的履行已实际开始,他要为他在履约过程中的过失或疏忽而承担责任。[②] 这样,某些实际的支付或履行会在协议签订之前提前产生义务。换句话说,约因可以在协议达成之前建立义务或者责任。

古典理论家们从侵权责任和合同责任的区别的角度对上述情形进行重新界定。霍姆斯的阐述最为发人深省。他将上述情形当做合同法的原始现象,以15世纪的案例来对其论述。"木匠没有为别人修房子的义务,但是,如果他接受了别人的托付并已开始了修房子的工作,他不能随意停工任由房梁暴露于恶劣天气……木匠的义务与合同无关,它产生于调整人类行为的一般规则,甚至可以通过刑法来规制。"[③] 在当时的法律条件下,如果要以合同来解释木工的承诺,只能用盖印文书来约束被告。但是,允诺责任的发展克服了上述历史限制,当"承诺之诉"适用于被告的不作为而给原告造成损失的情形时,案件的诉由显然是违约。这是从爱德华三世就确立下来的诉讼规则。"承诺之诉"拥有比"债务之诉"更加宽泛的成立基础,约因得以成为所有允诺生效的条件,包括那些曾经以侵权为救济基础的允诺。于是,责任何时开始的问题及其他与约因的关系被古典学者们融入一个核心问题:允诺怎样才能具有强制力呢?

(五)为合同相对性原则提供例外

约因具备的与允诺执行力没有直接关系的另一功能是:使原告能够避开合同相对性的影响从而获得救济。根据合同相对性原则,合同第三方受益人不能对合同当事人起诉,因为他没有对原允诺提供约因。但是,在衡平法的影响下,普通法从17世纪末引入了针对该原则的例外,如果受诺人与第三方受益人之间有充足而有价值的约因,第三方有诉权。尤其是,爱和自然的情感将受诺人的权利扩展至后者。[④]

---

① Samuel Williston, *The Law of Contracts* (1st ed. New York:Baker. Voorhis & Co. 1920) p. 3.

② Theophilus Parsons, *The Law of Contracts*, 1st ed. , Boston, Little, Brown & Co. 1853, p. 372.

③ Oliver Wendell Holmes *The Common Law*, with a mew introduction by Tim Griffin. New Brunswick (U. S. A.) and London(U. K.), in Law & Society Series, 2004, p. 219.

④ Dutton v. Poole (1677) 2 Lev. 211. See William Holdsworth: *A History of English Law*, Volume Ⅷ, London: Methuen & Co. Ltd. , Sweet and Maxwell, 1977, p. 12.

对于约因具备的这一非允诺性功能,古典学者简单地称为历史错误,是对约因性质的误解。兰德尔承认 1677 年的 Dutton v. Poole 案曾经创立了例外,但他认为这一结果经不起考验,“允诺为他人利益做出,无疑,受诺人能以自己的名义提起诉讼争取自己的权利。如果合同的受益人也能提起诉讼,允诺人就会对两桩诉讼承担责任。实际上,对 A 做出的向 B 支付 100 美元的允诺,并没有给予 B 任何普通法或衡平法上的权利。由此,Dutton v. Poole 案的判决基础是不牢固的,该案的判决应该被推翻”。[①] 兰德尔继续分析到,案件判决的主旨是说约因不必总是来自就允诺提起诉讼的人。但是,约因的核心要求是它必须由受诺人提供。兰德尔认为,本案中使用的“约因”不符合严格意义上的约因,“允诺的约因是受诺人提供的作为允诺之交换的事物”。[②] 他的定义将约因限定在确定允诺的执行力的意义上。

二、定位合同法的核心:允诺—约因

约因理论古典革命在第二阶段的使命,是让约因回答法律应该实施哪些允诺,由此使允诺实施问题成为合同法的核心。到 19 世纪中期,合同法已经从主要由国家强加的义务体系转向个人自治的表达。根据古典理论家的设想,合同法包含的主要是由理性人承担的义务,他们通过允诺修正他们自己的义务内容,约因就是古典合同法的轴心。

(一)约因研究的兴盛

使约因上升到核心地位的有效策略就是使其备受关注,让人觉得,约因是值得学者们耗费心智的高深之物。古典时期之前,约因与要约或承诺一样只是合同理论中的普通问题之一。例如,帕森斯对约因的论述花了 45 页,不到全书篇幅的 5%,只是他对寄托花费的篇幅的 1/3。[③] 而且,帕森斯的同事阿迪森(Addison)在其著作中根本没有设计约因这一条目,论述的篇幅只有帕森斯的一半。[④] 但是,兰德尔的著作对约因的论述却接近全部内容的 30%。[⑤] 在兰德尔著作发表后的 10 年间,关于约

---

① Christopher Columbus Langdell, *A Selection of Cases on the Law of Contracts*, with a Summary of the Topics Covered by the Cases, 2d. ed., Boston, Little, Brown & Co. 1871, pp. 1020 - 1021.

② Ibid, p. 1011.

③ Theophilus Parsons, *The Law of Contracts*, 1st ed., Boston, Little, Brown & Co. 1853, pp. 353 - 408.

④ C. G. Addison, *A Treatise on The Law of Contracts and Rights and Liability ex Contracts*, 4th ed., London, v. & R. Stevens G. S. Norton, 1856. pp. 11 - 26.

⑤ Christopher Columbus Langdell, *A Selection of Cases on the Law of Contracts*, with a Summary of the Topics Covered by the Cases, 2d. ed., Boston, Little, Brown & Co. 1871, pp. 164 - 411, 1011 - 39.

因的著述如雨后春笋,许多学者都对约因的一般理论或内在问题做全面讨论。①

尽管在讨论过程中观点纷呈,但学者们对于约因有聚合点:约因是允诺将得到法律强制力的方法,有约因的允诺区别于无偿允诺,或者那些不具直接交易性质的允诺。他们的分歧不在这个基本原则,而是某些细微的问题,如约因的认定问题。古典学者们反复强调无偿允诺的无效,以此来解释约因存在的理由。其中,具有典型性的陈述是:"约因的潜在法则其实是否定性的——否认无偿允诺被强制实施的理由。自古以来,裸露的协议不产生义务。法院不该被迫救济一个只想索取而不付出的人。所以,除非允诺换取了价值,也就是说,作为允诺交换的是法律认为对允诺人有价值的东西,当事人进行了交易,英国法也不会赋予允诺强制力。"②其实,这种互惠的理念在合同法中有悠久的历史,古典学者们将它上升成整个合同法大厦的基石。

对约因给予高度关注的目的是使合同法围绕允诺(尤其是具备约因的允诺)运转。"允诺中心论"是19世纪后期的法学成就,并导致了私法概念的重新整合。

(二)"允诺"概念的引入

波洛克的著作证实了"允诺中心论"在古典时期的创立。他首先感叹,"我们的著作没有对合同法给出合适的定义",进而开始了对合同的重新定义。他说,尽管意向(intention)通常被认为是创立合同的主要因素,但基于意向的交易并非都是合同。广义的合意包括了任何共同意向的表达,但只有当事人表达了决定他们权利和义务的共同意向时,他们达成的协议才有法律意义。但是,有法律意义的协议并非都称得上合同,必须将合同区别于其他处理财产的方式,尤其是赠与。波洛克认为,合同关系中,一方或每一方当事人有必须做的事,而且对方有权要求他做履行。"对这种受约束的意向的表达就是对他必须做的事的应允(undertaking),换句话说,就是允诺(promise)。这正是我们要寻找的合同的独特标志。"③

波洛克在合同法领域的创新在于将合同定义为允诺。在30年后,波洛克心满意足地发现他的"允诺—合同"定义已经为人熟悉,甚至主导了学界的思想。"合同法可以被描述成国家对正常心智的人在相互交易中产生出的善意预期的积极认可,所以,能够对合同给出的最流行最准确的描述应该是:合同是法律将会实施的一个

---

① 具体著作名称参见 Roy Kreitner, *The Gift Beyond The Grave: Revisiting The Question of Consideration*, 101 Colum. L. Rev. 1876, December 2001. note 50。

② Henry Winthrop Ballantine, *Is the Doctrine of Consideration Senseless and Illogical*? 11 Mich. L. Rev. 423-24(1913).

③ Fredrick Pollock, *Principle of Contracts at Law and Equity*, 1st ed., London, Stevens & Sons, 1876, pp.1-2.

或一组允诺。"[①]可见,通过对"同意"、"协议"等概念的机智解析,波洛克填补了英美法著作中合同定义的空白,而且他的定义还广为接受。所以,我们不能将目前英美合同法中合同与允诺的紧密关系视为理所当然,它不过是法律古典革命的产物。

(三)以允诺为标准划定合同法的范围

允诺已经成为合同法的中心,学者们对约因理论给予高度关注的目的已经达到。接下来要做的就是对私法义务进行整合,以允诺为标准界定"新合同法"的范围,以多种方式将那些非以允诺产生的义务从合同法中转移到侵权法或"准合同"理论等范畴。

约瑟夫·H. 比尔(Joseph H. Beale)是对普通法的私法进行重新分类的核心人物之一。他率先将合同权利和侵权法中的权利进行了定义和区分。"合同是A要求B履行某项义务的权利,因为B已经同意以约因或其他正式形式认可该义务。侵权是侵犯了A对B和其他人同样享有的权利,因为社会已经对其成员规定了相应的义务。"[②]比利对合同的定义引发了一个问题,人们必须寻找一个技术术语来容纳那些传统上被视为合同而又不符合新的合同定义的义务类型。在传统普通法中,对这类权利的违犯可以适用"承诺之诉",据此,比利借用了"承诺之诉"中的术语"应允"(undertaking)来概括这些既不属于合同也不属于侵权的第三类义务。"应允"情形中的当事人自愿建立关系,但是没有合同或侵权。比利认为,寄托是最典型的"应允"例子,长期以来,普通法认为寄托必然包含了合同,但比利否认了无偿寄托的合同性质,因为没有约因的存在。[③]

比利提出了新的私法类型——对关系义务的应允(undertaking of relational duties)。其实,这些义务也是经过当事人合意的,即便义务可能没有被明确地提出,或者当事人依据了风俗、习惯而自然形成了合意。比利保持了"义务须基于合意"的合同思想,因为上述情形缺乏约因,他就找了一个非合同性质的概念"应允"来概括上述类型的义务。比利的观点得到一些学者的追随,他们用相似的方式试图将"准合同"理论抛出合同法的领地。总之,古典思想家们用进化论原理重构了合同法,他们竭力将合同法打造成一个纯粹的合意问题,一片可以由当事人自己决定相互义务的自由乐土。[④]

---

① Fredrick Pollock, *Principle of Contracts at Law and Equity*, 5th ed., London, Stevens & Sons, 1889, p. 1.

② Joseph H. Beale, Jr., *Gratuitous Understakings*, 5 Harv. L. Rev. 222 (1891).

③ Ibid, pp. 222 - 224.

④ Roy Kreitner, *The Gift Beyond The Grave: Revisiting The Question of Consideration*, 101 Colum. L. Rev. 1876, December 2001.

第三节 "获益—受损约因论"及其现代变革

19世纪是合同理论失去哲学基础、重构一般理论的时期。法德的法学家抛弃了亚里士多德(Aristotle)和阿奎拉(Thomas Aquinas)哲学中的守信、慷慨、交换正义等概念,只是保留了意志概念,并将其作为合同效力的唯一基础,于是他们在理论上都遇到了如何区分无偿赠与合同和交换合同的难题。而对此问题作为最积极回应的是盎格鲁—美利坚的法学家,他们借鉴了大陆法系的法学资源,对他们法系中的作为"承诺之诉"的条件的约因要求进行系统的解释,使该理论得以成熟。

在古典理论家对约因理论进行构建之前,约因远非具有连贯意思的统一规则,也没有明确的使用环境。正如卢埃林所言,约因是一些事实问题在法律发展过程中形成的聚结物,好像圆砾岩中的小卵石被一根绳子束在一起,被冠以统一的名字。但事实上,约因原则涉及的问题并不一样。古典思想家们努力在每一案例中对约因重新解释,将约因的功能从决定义务的内容转移到决定合同的成立。这一努力是将合同区别于其他形式的义务,如赠与中的义务,因身份产生的义务,等等。① 随着独立的合同法律部门的逐步形成,法学家们也必须构建统一的合同执行力检验机制,这一努力成果在英美两国有不同的表现。

一、"获益—受损约因论"的历史基础:合同诉讼形式

"获益—受损约因论"(benefit-detriment consideration)的基本含义是:要约人从允诺中的获益或者受约人因允诺的受损都是允诺的充分约因。该种理论是以约因的萌芽及形成的历史为基础,对约因进行实质意义上的概括。

大多数学者基于对约因原则影响最大的诉讼形式来概括约因的要素。他们认为,"债务之诉"对被告获得"对等物"要求就是"获益"要素,而"承诺之诉"中受诺人因为允诺人的"应允"(undertaking)而遭受的损失就是约因的受损要素。法斯沃思(Farnsworth)认为:构成约因的主要要素是获益和受损,其中最为重要的是允诺人的获益要素就是从债务之诉中的"对等物"发展而来……而约因规则的受损要素则来源于"承诺之诉"的信赖因素。②

有学者甚至把获益与受损的渊源追溯到盎格鲁—撒克逊时期。盎格鲁—撒克逊主要有两种合同形式:第一是担保合同(surety contract),其中的关键内容是受诺

---

① K. N. Llewellyn, *On the Complexity of Consideration*, A Forword, 41 Colum. L. Rev. 777, 778 (1941).

② E. Allan Farsworth, *Contracts*, Aspen Law & Business, 3rd ed., 1999, p. 19.

人在允诺人的请求下遭遇了某种损失。譬如，在买卖和借贷中，受诺人在担保人（允诺人）的请求下将财产转移给债务人。第二是新型的“交付—允诺”型合同，如卖方A把商品交付给B却收不到价款时，或者A借钱给B却得不到偿还时，他们就以正式的交付形式、正式的允诺以及见证人来保证B的支付义务。其中，允诺人B总是接收某种好处，即当他做出偿还允诺时占有了A转移给他的商品或金钱。在国家力量衰微的早期，人们将合同义务的履行强加于担保人身上，后来，又把一切责任都归咎于形式标准。人们当时的合同理念可以简单地概括如下：只有允诺人获得了好处或者受诺人遭受了损失的交易中的允诺才具有法律执行力。①

霍尔兹沃斯坚持约因起源于“承诺之诉”。“承诺之诉”产生之初，它的适用前提是被告的瑕疵履行（assumpsit for misfesance）或者被告的不作为（assumpsit for non-feasance）给原告带来损失。所以，霍尔兹沃斯认为“受诺人的受损是约因”的观点早在约因萌芽时期就已形成。该规则反映了“承诺之诉”源起于侵权诉讼的本质，因为侵权责任的基础是原告的受损。

根据霍尔兹沃斯的分析，获益要素只是一种偶然而不是常态，在许多案件中，受诺人（原告）的受损刚好是允诺人（被告）的获益，因为受损经常表现为金钱的支付、财产的转移或者劳务的提供。在“债务之诉”中，法官通常从获益的角度来分析问题，看允诺人有没有得到“对等物”（quid pro quo）。当约因（consideration）还没有成为技术性用语时，它有时作为“quid pro quo”的同义语而使用。所以，“获益—受损”逐渐被理解为约因的基本内涵。于是，科克称：“‘简式约定诉讼’中让被告（允诺人）负担义务的约因，必须归结为被告的利益，或原告（受约人）的负担……”②16世纪末与此类似的陈述还有：“每一约因必定是被告的获益，或者是在被告请求下的其他东西，或者是原告的付出。”③

二、“获益—受损约因论”的内涵及其运行分析

在英美合同法制史上，以获益或受损为要素的“约因”定义不胜枚举。例如，著名法官和法学家肯特法官在《美国法评注》（*Commentaries on American Law*）写到：“一个有价值的约因或者是对允诺人有益的东西，或者是给允诺之对方带来麻烦或偏见的东西。权利之赔偿、延缓或容忍亦将足以保持一个允诺的效力。”斯托里大法官在《论非盖印契约》（*A Treaty on the Law of Contracts not Under Seal*）一文中写到：

---

① Robert L. Henry, *Consideration in Contracts* 601 *A. D. to* 1520 *A. D.* The Yale Law Journal, Vol. 26, No. 8 (Jun. ,1917) pp. 664 – 698.

② Stone v. Wythipol (1588) Cro. Eliza. at p. 26. See William Holdsworth: *A History of English Law*, London: Methuen & Co. Ltd. , Sweet and Maxwell, 1977, Volume Ⅷ, p. 10.

③ Greenleaf v. Barker (1591) Cro. Eliza. at p. 194.

"每个约因的必备物即基本要素是,为允诺人带来某种利益或者为允诺之对方当事人带来某些麻烦、偏见、不便。因此,无论如何,对一方当事人的损害或者给另一方当事人所带来的某些利益都可以看做约因,因而足以支持一个允诺的有效成立。"①至今广为流传的"约因"定义也体现为"获益—受损约因论","一个在法律意义上有效的约因,可以是一方当事人得到的某种权利、利益、好处,也可以是另一方当事人遭受的损失、不得不进行的克制或必须承担的责任"。②

几乎所有学者都认为,"法律获益"(legal benefit)及"法律受损"(legal detriment)具有的技术含义,而非只是财产意义的得失。"法律获益"是受诺人为允诺而履行或履行的允诺给允诺人带去方便或好处,而这种方便或好处是允诺人先前没有的,也不是允诺人本来有权要求受诺人付出的,它是允诺人想要的但不是达成这个有效协议的条件。"法律受损"表现为受诺人的履行或履行的允诺对受诺人带来的不利或限制。这种广义的"法律受损"是指受诺人在允诺的要求或基于允诺履行了某种他本来没有义务要做的事,具体包括作为(act,如履行某种行为或给予某物)、不作为(forbearance,如克制着不做本来有权做的事,放弃本来有权拥有的东西)、无形权利的部分或全部放弃。同时,关于作为、不作为或放弃权利的允诺也可以作为约因。③"法律受损"也不一定实质上的伤害。例如,在 Hamer v. Sidway④案中"不抽烟、不饮酒、不赌博"对受诺人甚至是有好处。还需注意的是,法律不要求约因与要约的内容在经济上的等值,这就是"约因不需等价但须法律充分"规则。

根据"获益—受损约因论",法官确定有无约因其实就是在寻找有无"法律获益"或"法律受损"。在买卖交易中,价金与交易的标的物都具有经济价值,我们可以很明显地看出买方在支付金钱和卖方在交付标的物时所遭受的损失。可是在有些案件中,"获益"或"受损"却难以认定。例如,在 Hamer v. Sidway 案中,叔父允诺,如果其侄子到 21 岁坚持不喝酒、不抽烟、不赌钱,他就给侄子 5000 英镑。最后,当侄子达到上述条件却得不到钱时,法院判决叔父的允诺是有法律约束力的,其理由是侄子有喝酒、抽烟和赌钱的法律权利,他对上述权利的放弃就是叔父允诺的约因。

---

① Grant Gilmore, *The Death of Contract*, Edited and with a Foreword by Ronald K. L. Collins, Ohio State University Press Columbus, 1995, p. 121, note 34.

② Currie v. Misa, L. R. 10 Exch. 162 (1875), See Laurence Koffman, Elizabeth Macdonald, *The Law of Contact*, 4th edition, 2001, Published by Tolley p. 45; See J. BEATSON, *Anson's Law of Contract*, by Oxford University Press, Inc., New York 2002, 28th. ed. p. 88; See Mary Charman, Contract Law, 2nd edition, published simultaneously in USA and Canada by Willian Publishing, 2002, p. 61.

③ Samuel Williston, *A Treatise on The Law of Contracts*, in eight Volumes, Volume 1, New York: Baker, Voorhis & CO. 1936, p. 326.

④ Hamer v. Sidway 124 N. Y. 538 (1891), 27 NE 256, See Arthur Linton Corbin, *Corbin On Contract*, ST. Paul, Minn. West Publishing CO. 1952, pp. 192 – 193.

该案经常被作为单纯受损构成约因的例子。但是也有人提出，侄子到21岁坚持不喝酒、不抽烟、不赌钱对其叔父也是有好处的，这种利益既是“利他的”也是“利己的”，所以，Hamer案不能证明单纯受损构成约因，并进而认为同时发生才能构成约因在普通法合同法中的角色相协调。[①]

Hamer案的判决引起了人们对一个英国案例的反思，即White v. Bluett案[②]，该案中，儿子允诺不就父亲在儿子中分配财产的事宜向父亲发牢骚，父亲则允诺不就儿子对他所欠的债务对儿子提起诉讼。法院判决儿子的允诺不能作为父亲允诺的约因，因为儿子本来就没有权利埋怨他的父亲，只有父亲有权决定如何分配财产，所以儿子放弃埋怨的习惯根本没有为父亲的允诺提供任何约因。

White案与Hamer案的比较引起了法学家的兴趣。有人认为儿子克制着不发牢骚应该是儿子的损失，因为儿子有权埋怨，他放弃该权利应该是对父亲允诺的约因。何况，Hamer案中，侄子放弃抽烟、赌钱的权力被认为是“约因”。为什么相似的案情出现不同的判决结果呢？也许是因为它们出现在不同的国家，也许是儿子的不埋怨的允诺不够确定，不足以构成约因；也许是White案中儿子“不埋怨”的行为被认为不大具有社会意义，不如Hamer案中侄子“坚持不喝酒、不抽烟、不赌钱”的行为更值得加以法律上的保护。[③]

总之，上述两个案例证明，“获益—受损约因论”在实践中经常带来事实上的不公正和理论上的争论，这正是约因理论向前发展产生的动力。

三、“获益—受损约因论”的现代变革

约因原则曾在18世纪经历了与传统轨迹的偏离。自然法思想、商业经济的发展及大陆法的概念对传统普通法带来冲击，激进人士将对“约因”的系统阐述作为变革合同法的突破口。斯菲尔德的“道德约因论”对传统的“获益—受损约因论”带来了极大挑战。“约因”构成要素也变得松散，甚至混乱。

这里必须说到“约因”的相对性。即“约因”必须来自受诺人，第三方受益人不得就合同提起诉讼，因为受诺人与允诺人之间才有相对性(privity)。这一原则在17世纪的普通法中就已经出现。在1669年的案例中，债权人的受益人没有能够获得

---

① Peter Benson, *Theory of Contract Law* , Cambridge Studies in Philosophy and Law, Cambridge University Press, 2001, p. 159, note 50.

② White v. Bluett(1853) 23 L. J. Ex 36, See Laurence Koffman & Elizabeth Macdonald, *The Law of Contract*, 4th edition Tolley, 2001, pp. 53－54.

③ Ewan Mckendrick, *Contract Law*, 4th edition,《契约法》(第4版)(麦克米伦法学精要丛书·影印本)，法律出版社2003年版，第86页。

救济,法官判决他是约因的局外人(stranger to consideration),与允诺人缺乏相对性。[①] 但是,曼斯菲尔德却通过系列判例使爱、情感和道德义务都可望成为充足约因,涉及家庭关系更是如此。在1777年的Trueman v. Fenton案[②]中仅仅基于允诺人的获益就认可了允诺的强制力。"道德义务就是充分约因"的宣言给约因相对性原则带来大量例外。

1840年的Eastwood v. Kenyon案[③]给曼斯菲尔德提倡的"道德约因论"造成了致命的打击。该案的影响之一就是《反欺诈法》得到更加严格的遵循,同时,关于约因的研究也真正开始,人们发现曼斯菲尔德勋爵对于约因的观点缺乏历史基础。1834年的《希拉里规则》(Hilary Rules)[④]取消了"承诺之诉"中的概括诉求而要求原告具体列举必要的诉讼事项。于是,约因回到它的原样,即在17世纪特殊诉求中的必备要求。作为对"道德约因论"的反击和对普通法的保守维护,英国法官们开始严格限制合同第三方受益人的诉讼权利。

1861年 的Tweddle v. Atkinson案[⑤]可谓"约因必须来自受诺人"规则的标志。原告的父亲和原告未来的岳父商议,为了原告已定下的婚事,他们分别给原告100英镑和200英镑,而且原告结婚后,他们还把这个协议写成了书面文字。可是岳父还没来得及支付200英镑时就去世了,于是原告起诉岳父的遗嘱执行人要求这笔钱。法院认为,原告不能要求岳父的允诺得到强制实施,因为他本人并没有为它提供约因,"现在必须确立:约因的局外人不能利用合同而起诉,尽管他是合同约定的受益人"。

1861年的Tweddle v. Atkinson建立的规则被扩展适用于所有原告,无论他是不是第三方受益人,他都必须确切地提供约因。这导致对约因更加严格的解释。为了建立统一而连贯的约因法则,原告的诉权迅速与"获益—受损约因论"中受损要素捆绑在一起,原告—受诺人的受损逐渐成为所有非盖印合同统一的有效性测试机制。所以,在美国构建"交易约因论"的同时,英国也在审视他们具有悠久历史的"获益—受损约因论",并以单独的要素取代之前的"获益受损二元制",于是,仅仅是"受损"即构成充足约因。

---

① Kevin M. Teeven: *A History of the Anglo-American Common Law of Contract*, Greenwood Press, New York, 1990, p. 227.

② Trueman v. Fenton, 2 Cowp. 544, 98 Eng. Rep. 1232(1777).

③ Eastwood v. Kenyon(1840), 11, Ad. &ER. 438, Queen's Bench, See H. G. Beale, W. D. Bishop, M. P. Furmston, *Contract Cases and Materials*, Butterworths, 1990, p. 129.

④ 英国于1834年春季开庭期所确立的适用于高级法院的诉答程序规则的总称,目的在与简化原先严格的诉答程序。但是该规则的实施又使严格的诉答要求扩展到一些新得法律领域,这些规则又引发新的不满,由此导致了1873~1875年的《司法组织法》(Judicature ACT)在诉答程序上的放松。

⑤ Tweddle v. Atkinson (1861) 1 B & S 393.

那么,"法律获益"的地位又怎样呢?现代学者的解释是,在认定"约因"内在要素时,将允诺人的获益平行于受诺人的受损的观点是"债务之诉"的遗留思想的体现,因为,"承诺之诉"的扩张曾经借鉴了"债务之诉"的类推法理,那时约因原则尚处于萌芽期,于是,以允诺人的获益作为诉讼成立要件的思想在约因原理中留下长久影响。① 但还是有学者提出,法官在确定合同效力时不能抛弃受益的要素,因为一个无偿的允诺尽管没有给受诺人带来损失,有时却给了允诺人实际利益。譬如,律师事务所给一个学生提供实习机会的无偿协议中,尽管学生没有遭受任何损失,但律师事务所却可以从实习生这一潜在的人才库中挑选合适员工,这便是律师事务所的获益。②

具有相同普通法传统的英、美两国在合同法基本原则上的分野是随着约因原则的变化而产生的。当面对19世纪民法法系知识的强大影响,在废除古老"令状制"被并致力于建立统一合同法理论之时,他们的反应很不一样:英国法选择了对传统的固守和改良;美国法做出了历史创新——"交易约因论"。英美做出不同选择的原因,也许是19世纪后期美国工商业的崛起使美国人的思维更加偏向市场交易的需求。

第四节 "交易约因论"的形成及其对合同法的影响

"交易约因论"(The Bargain Theory of Consideration)是约因理论在英美契约法中的成熟形态。它的要素除了前述"法律获益"与"法律受损"外,还要求允诺与约因(受诺人的某种履行或允诺)之间的交换关系。"交易约因论"被置于第一次《合同法重述》第75条关于约因的定义之中,并被吸收进1981年公布的第二次《合同法重述》第71条(交换的要件和类型),它突出了合同的自愿交换关系这一特点,是古典合同思想的集中体现。

一、"交易约因论"的内涵及历史合理性

"交易约因论"是由英国法学家波洛克和美国法学家霍姆斯共同创立的,他们阐明的约因规则构成古典约因论,该理论成功解决了区分赠与交换的理论难题。波洛克在《合同法原则》中将约因的实质定位为受损,并提出约因与允诺的自由交换关

① Sir William Holdsworth, *A History of English Law*, London: Methuen & Co. Ltd., Sweet and Maxwell, 1937, Volume Ⅷ, p. 11.

② J. Beatson, *Anson' Law of Contract*, by Oxford University Press, Inc., New York, 2002, 28th. ed, p. 89.

系。霍姆斯在《普通法》第 8 讲“合同的要素”①中提出了关于约因实质的新思想。

(一)波洛克的约因理论

波洛克认为,“约因,与其说是一方受益,还不如说是另一方抛弃了当前的某种权利,或限制了他在将来的法律自由,首先是允诺所受的诱因。约因不关注接受约因的一方是否从中有实际的利益”。② “一方的作为或不作为,或者作为与不作为的允诺,是为另一个允诺付出的代价,由此,这个有价值回报要求的允诺是有约束力的。”而且,“不论一个人选择什么作为交换对象,它最终被看做对他有价值”。即便当事人本人没有得到任何东西,约因已转到第三人,也是如此。波洛克的观点应该是“法院不追究约因的经济价值”原则的逻辑起点。③据此,允诺人达成交易,只是意味着他在“受诺人的状况改变”的诱使下,给出了一个允诺,“法律不关注接受约因的一方是否有明确的获益”。所以,波洛克的成就在于他没有引用任何“等价”(equal value)和“唯一动机”(sole motive)的理论,只是利用受损(detriment)和诱因(inducement)概念就得出了与兰德尔同样的结论。于是,“名义约因也可以支持允诺因为允诺人已经得到了他想要的”,过去约因、履行或允诺履行先前存在的义务就不是约因,因为它们不是允诺人从交易中的法律受损。波洛克明确抛弃了“交换是否等价”以及“允诺人的唯一动机是获得约因”这些问题的意义。

波洛克认为,现代约因学说最突出的特点就是:当某事应某人的请求而履行,法律不关注它是否对请求人有利,而是理所当然地当做他自己选择的价值。波洛克将该段陈述寄给霍姆斯,后者深受启发,他在给波洛克的书信中写到:“我正在纂写合同部分,被你的著述的价值深深吸引。我把你关于约因的阐述作为我写作的最好参考。”④在《普通法》中,霍姆斯的观点的确与此相同,任何作为或不作为,包括受诺人放弃有权履行的作为,或违背他的喜好的作为或不作为,都构成受损,如果该受损与允诺的达成互为诱因,则该受损构成允诺的约因。

波洛克的约因理论在英国引起很大反响。据此,顿尼丁(Dunedin)勋爵将约因概括为:“一方的作为或不作为,或者作为与不作为的允诺,是购买另一方的允诺的

---

① See Oliver Wendell Holmes, *The Common Law*, with a new introduction by Tim Griffin. Transaction Publishers: New Brunswick (U. S. A.) and London (U. K.) 2004, pp. 227 – 240.

② F. Pollock, *Principles of Contract*, 10th edition, 1936, p. 164. See J. Gordley, *The Philosophical Origin of Modern Contract Law*, Clarendon Press. Oxford, p. 172.

③ J. Gordley, *The Philosophical Origin of Modern Contract Law*, Clarendon Press. Oxford, p. 172.

④ Letter From Holmes to Pollock, 17 June 1880, in Holmes-Pollck Letters, 2nd edn., ed. M. Hpwe (Cambridge, Mass., 1961), i. 14, 15.

代价,由此这个被给予有价值回报的允诺是有约束力的。”[①]该定义充分体现了合同交易原则,并得到法学家汉姆森(C. J. Hamson)的回应。他撰文指出,“约因”对于简单合同绝不是可有可无的历史附属物,“约因”在本质上是交易的基本要素,是与要约与承诺并列的构成交易的不可分离的组成部分。“约因”就是应允诺人的要求作为对他的允诺回报的事项,可以是受诺人给出的允诺,也可以是受诺人对某种行为的履行。[②] 汉姆森将“约因”界定为允诺的回报,表达的是以交易为基础的约因论。简言之,“约因是允诺的价格标签”。[③]

(二)霍姆斯阐述“交易约因论”的实质

在美国,将现代“交易约因”作为唯一的合同效力检验机制的运动是由霍姆斯来发起的。霍姆斯提出,约因必须区别于履行允诺的条件及允诺人的动机,约因的实质是允诺的动机或诱因,约因与允诺的交换关系是合同效力的基础。

《普通法》中,霍姆斯借用了英国著名的运酒案[④]作为其分析的起点。他说:“假设A希望从波士顿运送一桶白兰地到剑桥(Cambridge),而B(运送人),无论是出于慷慨还是其他动机,答应为A运送。于是A将酒交给B。如果B不小心打破了酒桶,A不必像古老的‘承诺之诉’案例那样主张B有运送的应允(undertaking)并为此寻找约因。诉讼应该以侵害为基础,与合同无关。如果A起诉理由是B没有尽到他允诺的运送义务,原告必须为被告的允诺寻找约因。那么,A将酒交给B是充足约因吗?依古老规则,如果约因是允诺人的获益,那么本案的B只是给自己找了麻烦,绝无好处可言。再从受损角度来看,交付是允诺人行善的条件,对于受诺人A来说,绝不是受损,显然是获益。”

通过对该案的分析,霍姆斯揭示了“获益—受损约因论”的隐患和这一古老规则存在的混乱。他认为,交付可以被看做酒的主人宣称被告违犯了自己承担的义务的充足约因,法律并没有根据允诺的性质而对支持允诺的约因做好坏区分。但是,交付并不必然被认定为约因,因为B的运送允诺可以被认为是纯粹的慷慨,没有约束力,交付只不过是B可以如约行善的条件而已。所以,不能简单地根据当事人的处理方式而判断某物是不是约因。对Coggs v. Bernard案的流行解释——交付是B安

---

① Dunlop Pneumatic Tyre Co. Ltd v. Selfridge & Co. Ltd [1915] AC 847, See Jill Poole, *Casebook on Contract Law*, 6th edition, published in the United states by Oxford University Press Inc, New York, 2003, p. 103; See Laurence Koffman & Elizabeth Macdonald, *The Law of Contact* , 4th edition, Published by Tolley, 2001, p. 46.

② C. J. Hamson, *The Reform of Consideration* 54 LQR 233,234(1938).

③ J. C. Smith, *The Law of Contract*, London, Sweet and Maxwell, 1993, 2nd edtion, p. 67.

④ Coggs v. Bernard 2 Ld. Raym. 909, 919 – 20, 92 Eng. Rep. 107,113 – 14(K. B. 1703).

全运送允诺的约因,霍姆斯提出的最大质疑是当事人并没有这样的主张。①

霍姆斯提出,约因并不等于受诺人的履行或受损。"现在的观点是,任何受诺人提供的而让允诺人得到的受益,或者任何受诺人遭受的损失都可以成为约因。而且人们还认为,每一约因都可以归结为后一种情况,即广义的受损。"②"对此,我从未完全赞同,同样的事物由不同的当事人来处理可以是约因,也可能不是……并非任何能证明的受损都可以成为约因,除非当事人早有约定。在许多情况下,受诺人的受损都不具有约因功能,这时的受损最多是允诺被履行的前提条件,比如,A 对 B 允诺如果 B 折断一条腿,A 就给他 500 美元。"③霍姆斯认为,B 折断一条腿是 A 给他 500 美元的允诺实现的条件,而不是"约因"。霍姆斯揭示了"获益—受损"原则的缺陷,即它无法区分"约因"和允诺被履行的前提条件。

在相当长的时间里,19 世纪的普通法学者利用从自然法学派的概念来解释约因。约因就是达成合同的"动机"或"理由","因为每一约因在理论上等于允诺蕴涵的价值,所以,在理论上,约因是允诺人做出允诺的唯一诱因。因为法律不关注约因和允诺之间的不等价,所以法律不承认允诺有约因以外的其他诱因"。④ 但霍姆斯提出:"约因不得与实际行为中的真实(主要)动机混淆。一个人允诺为 500 美元做一幅画,可是他的实际动机是想出名。约因的给予或接受只是让允诺具备法律效力,这是它的实质。相反,允诺必须是约因提供的诱因或动机。所以,约因和允诺之间的互惠关系是决定合同效力的根本。"⑤这段话解释了约因作为允诺交换的实质,也体现了古典合同法的客观主义思想,即判断双方是否存在交易时不考虑允诺人的内心动机,而是诱使允诺被接受的表面要求,因为允诺人的法律获益是他的外在愿望的满足。

根据霍姆斯的"交易约因论",无论受诺人遭受多么大的损失,他也不是必然地提供了约因,因此,他也不能获得救济的权利,也不能要求唤起我们的同情,无论导致他受损的(他对允诺人的)信任有多么合理,即便在他受损的同时还给他人带来利益,只要没有约因,受诺人只好自认倒霉,得不到任何法律请求权。除非当事人已经

---

① Oliver Wendell Holmes, *The Common Law*, with a new introduction by Tim Griffin. Transaction Publishers: New Brunswick (U. S. A.) and London (U. K.) 2004, pp. 228 - 229.

② Ibid.

③ Ibid, p. 229.

④ C. C. Langdell, *Summary of the Law of Contract*, Boston Little, Brown & Co., 1880, pp. 78 - 79.

⑤ Oliver Wendell Holmes, *The Common Law*, with a new introduction by Tim Griffin. Transaction Publishers: New Brunswick (U. S. A.) and London (U. K.) 2004, p. 230.

有约在先,否则概无约因存在。“合同的全部意义在于它的外在性和形式性。”[①]所以,约因成为限制合同责任的工具,除非允诺具备一定的形式,它不能成为合同,也就不存在合同责任。这里的形式应该指的是盖印和约因,前者成为正式合同的要件,后者则是简单合同的要件。

(三)“交易约因论”的历史合理性

霍姆斯的观点——“约因基于客观决定的交易”并非合同法的突变,而是历史发展的积淀,霍姆斯通过对约因起源的阐述为他的新观点奠定基础。同时,“交易约因论”也符合当时的社会共同体观念(community standards)、市场经济背景和“合意论”等思想。[②]

约因起源部分已经介绍过,霍姆斯认为约因起源于以金钱支付为目的“债务之诉”,并逐渐扩展到“承诺之诉”。由于“债务之诉”的要物性(real nature),相互允诺和因信赖而遭受的损失都得不到救济。“承诺之诉”的发展填补了上述缺陷,约因成为这一新诉讼形式的适用前提。但是,约因在“承诺之诉”中的独特标志,却没有能够形成统一的规则,因为受诺人的受损或允诺人的获益都可以是有效约因。霍姆斯将约因的源泉归结为“债务之诉”中被告获得的“对等物”(quid pro quo),目的就是实现约因原则的统一化。他通过历史分析的方法为他那个时代的市场经济构建简单而统一的约因原则。

交易(bargain)和互惠(reciprocity)概念在霍姆斯写《普通法》以前已存在数个世纪,霍姆斯只是确切指出了影响约因发展的关键因素。的确,古老的合同债务(Debt sur contract)的基础就是交易思想。在16世纪,即约因原则形成时期,互惠思想在西欧作为一种道德原则被接受,在早期各种约因表现形式的背后,隐藏着同样的道德原则:当事人应当受交易的约束。而且,在19世纪前期,交易思想已经在判例和肯特、帕森斯等学者的论述中出现。

“交易约因论”对互惠思想的重视深受19世纪后期实用主义哲学的影响。实用主义哲学主张抛弃绝对个人主义,偏重集体性的客观标准。霍姆斯对实用主义哲学的借鉴之处在于:语言的含义和实际效果取决于相互交流的思维。与“获益—受损约因论”中“获益”或“受损”的个体性和孤立性不同的是,“交易约因论”中的“交易”凸显出社会性与共同性。为了满足自由企业者对商业交易有明确预期的渴望,

---

① 这是霍姆斯的普通法手写稿中的评述,在由Howe主编的1963年版的《普通法》中再次出现,与前述“约因不得与实际行为中的主要动机混淆”一脉相承。参见Grant Gilmore, *The Death of Contract*, Edited and with a Foreword by Ronald K. L. Collins, Ohio State University Press, Columbus, 1995, p. 124, note 41。

② Kevin M. Teeven: *A History of the Anglo-American Common Law of Contract*, Greenwood Press, New York, 1990, p. 224.

霍姆斯在合同责任的确立时采纳客观标准，这是受市场经济思想的影响，

二、威利斯顿对“交易约因论”的扩张解释

威利斯顿被誉为“盎格鲁—美利坚现代合同法之父”。他与霍姆斯一样，擅长对19世纪的经典案例进行分析，在其名著《论合同》将“交易约因论”用来解释了三大合同现象的合理性，从而实现对《普通法》中的“约因论”的继承和发展。

（一）任何要约在受约人付出约因前都可撤销

威利斯顿继承了帕森斯和霍姆斯的客观合同主义。他认为，合意取决于对方针对合同外在表现附加的合理期待，所以，合同成立的关键不再是被称为合意的主观事物，而是作为当事人相互同意的表现的客观事物。① 威利斯顿认为，客观标准有助于避免陪审团的主观随意性，而且普通法与衡平法的融合加速了客观化的进程。因为衡平法院不太重视客观分析，对口头证据规则的适用也比普通法院更灵活。所以他赞同将口头证据规则作为客观标准的理想弥补。尽管威利斯顿承认有主观标准的例外存在，但是，他认为绝大部分的案件都属于下列情形：只要要约被接受，要约人受错误条款的约束；或者，对要约的撤销只有被受约人接受才生效。②

威利斯顿对 Dickinson v. Dodds 案③的评述，不仅表达了他的合同客观主义，还有“约因中心论”，即将约因作为允诺效力的决定性要素。该案于 1876 年由上诉法院法官做出判决。Dodds 在星期三做出一个出售不动产的要约，要约中还附有书面的说明表示该要约的效力延续至星期五。可是，在星期五之前，Dodds 就把土地卖给了 Allen。Dickinson，本案的原告也知道了这一事实，但在星期五的到期时之前，他仍然通知 Dodds 说他要接受该要约。因为 Dodds 已出卖了土地，所以发生了诉讼。法官的判决是：Dodds 在要约被接受前有权撤销要约，所以他不对 Dickinson 负任何责任。因为合同以合意为基础，本案当事人之间没有合意，所以没有合同可言。

威利斯顿对法官所陈述的“主观主义”和“合意”是不屑一顾的，他认为本案案情的确包含了不可撤销的要约，但 Dodds 不对 Dickinson 负责任的原因是：他没有收到任何约因作为他“不撤销要约的保证”。④

---

① Samuel Williston, *A Treatise on The Law of Contracts* , 3rd edition, by Warter H. E. Jeager New York, Baker ,Voorhis & CO. 1957, § 21 ,p. 42.

② Samuel Williston, *Mutual Assent in Formation of Contracts*, in Celebration Legal Essays , Chicago, 1919, pp. 529 – 532; See Kevin M. Teeven: *A History of the Anglo-American Common Law of Contract*, Greenwood Press, New York, 1990 ,p. 239.

③ Dickinson v. Dodds (1 Ch. D. 463 C. A. 1876) , See Grant Gilmore, *The Death of Contract*, Edited and with a Foreword by Ronald K. L. Collins, Ohio State University Press Columbus, 1995 ,p. 31.

④ Samuel Williston, *A Treatise on The Law of Contracts* ,3rd edition, by Warter H. E. Jeager, New York: Baker ,Voorhis & CO. 1957, § 55 ,pp. 176 – 178.

威利斯顿的“约因论”意味着：当事人对要约中“效力延续至星期五”的理解没有意义。除盖印的要约外，凡是无约因支持的要约都是可以撤销的。所以，对于没有“约因”支持的要约，其表达方式不重要。具体到本案，“效力延续至星期五”可以被理解为：“直到星期五，你都可以接受该要约，但是在你接受之前，我可以撤销它。”也可以理解为：“直到星期五，你都可以接受该要约，我允诺星期五以前我不撤销它。”但是，无论是要约人明示的表达，或暗示的意思，或他人对他的意思推定，都不能成为对要约人施加责任的理由，唯有在要约人接受了“约因”的情形下，他才受法律的约束。

威利斯顿以 Dickinson v. Dodds 案为典型案例陈述了他在要约撤销问题上的观点：“除非有盖印的形式或有约因支持，任何要约在被受诺人接受以前都是可以撤销的。”他还补充到：“即便要约规定了要约被接受的最后时限，甚至要约明确规定它本身不可撤销，上述规则也适用。”①

（二）合同的变更因缺乏约因而无效

1809 年的 Stilk v. Myrick 案②是英美合同法史上经久不衰的话题，因为它确立了“受诺人履行已存义务不能成为新的允诺的约因”法则，又是人们讨论“约因”与“经济胁迫”的关系问题的经典案例。在该案中，Stilk 是一个海员，与被告约定从伦敦航行到波第克，然后返回到伦敦，每月工资 5 英镑。最初船上有 11 名海员，但有两人在航行中逃跑，船主找不到合适的替代者，于是与留下来的船员商议，如果他们继续为他把船开回伦敦，他将让他们 9 人分享两名逃亡者的工资。包括 Stilk 在内的剩下的 9 名船员同意了船主的建议。船回到伦敦后，Stilk 向船主索要那份新增加的工钱，船主却拒绝支付。Stilk 只好为此提起诉讼，可惜他败诉了。被告的辩称是原告把船开回伦敦只不过是履行了他们之间早已达成的先前的合同义务。

该案被两个案例汇编收录，但不幸的是，两种案例汇编对原告败诉的原因给予了不同的解释。在 Esp. 汇编中，法官是出于公共政策的考虑而判 Stilk 失败，如果让原告胜诉，可能会鼓励海员们在航海途中要挟船主额外增加报酬；在 Camp. 汇编中，原告失败的原因在于他没有为被告的新允诺提供约因，他只是履行了他对被告的原来的合同义务。两份报告的区别是巨大的，如果前者是正确的，它也只能适用于有胁迫存在的情形，如果案情中没有胁迫的可能性，允诺应该得以实施。但是，Esp. 汇编的权威性不高，所以，在 Camp. 汇编中确立的“缺乏约因”理由被英国法接受。

---

① Samuel Williston, *A Treatise on The Law of Contracts* , 3rd edition, by Warter H. E. Jeager, New York: Baker , Voorhis & CO. 1957, pp. 176 - 177.

② Stilk v. Myrick (1809) 2 Camp. 317 and 6 Esp. 129. See Jill Poole, *Casebook on Contract Law*, (sixth edition) Oxford University Press, 2003, pp. 116 - 117.

威利斯顿对于法官做出的“没有约因允诺不成立”的判决结果是这样解释的:“A 和 B 达成一项双务协议,经常可能出现的情形是,一方事后对已经达成的双务协议不满意,于是拒绝履行,或对方答应给付比原来的约定更多的补偿后他才继续履行……原则上,第二个协议(如 Stilk v. Myrick 案中的 Cronstadt 港协议)是无效的,因为无论是已经实施的还是允诺实施的履行对于违约方来说,都没有任何损失,在第二个协议达成时,他已经有做这些劳务的义务,受诺人在第二个协议的履行也没有给允诺人带去任何好处,因为他本来就有接受该劳务的权利……”①

虽然我们现在很清楚威利斯顿的假设(一方事后对已经达成的双务协议不满意,于是拒绝履行,或如果对方答应给付比原来的约定更多的补偿他才继续履行)并不符合 Stilk v. Myrick 案的实情,本案中船员没有不满,也没有威胁船主的证据。可是经过威利斯顿的努力,“约因交易论”成为解释合同变更的重要依据,即有效合同的当事人 A 和 B,A 允诺支付给 B 比原来约定价格更高的报酬,这样的允诺对 A 没有约束力。

为了支持他在 Stilk v. Myrick 案中形成的观点,威利斯顿还提出了英国和美国别的类似案例,包括比 Stilk v. Myrick 案判决早 20 年的 Harris v. Waston 案②。该案也是关于海员要强制实施船主在航行中做出的增加报酬的允诺,法院同样判决海员败诉,但其基础是海事政策原则,不是约因的缺乏,因为案情报告显示,船主做出增加工资的允诺时,船正处于危险中。该案主审法官爵士认为说:“如果该行为获得支持的话,将会对联合王国的航海业产生重大影响……”

(三)对债务的部分偿还不能作为免除债务允诺的约因

威利斯顿对该规则的阐述源于一个让英美法学家和法官都颇费笔墨的 Foaks v. Beer 案。③ 该案案情是:福克斯欠比尔夫人 2090 英镑。他们双方达成书面协议,福克斯立即支付给他 500 英镑,其他的以分期付款的方式偿还。比尔夫人也同意她不会针对该判决追究利益。双方没有考虑到判决债务从判决生效之日起就有利息,5 年以后,福克斯付清了判决的债务;比尔夫人却要求判决债务的利息 360 英镑,福克斯依据他们之间的协议和比尔夫人的承诺拒绝支付。经过反复争议,上议院的布莱克本勋爵(Lord Blackburn)遵循 1602 年“平内尔案”所阐述的原则,判决比尔夫人有权要求那 360 英镑,因为福克斯没有为比尔夫人的免债允诺付出“约因”。

Foaks v. Beer 案的判决受到多方的批评,因为它不仅不符合一般的商业习惯,也

---

① Samuel Williston, *A Treatise on The Law of Contracts*, in eight Volumes, Volume 1, New York: Baker ,Voorhis & CO. 1936, pp. 443 – 444.

② Harris v. Waston(1791) Peak 102 , See Paul Richards, *Law of Contract*, 5th edition ,《契约法》(第 5 版)(朗文·培生法学基础系列·影印本),法律出版社 2003 年版,第 59 页。

③ Foaks v. Beer 9 App. Cas. 605 H. L. 1884.

与“约因无须等价原则”相悖，但是 Foaks v. Beer 案确立的规则迅速成为普通法皇冠上最耀眼的明珠，[①]在英美两国受到尊重。

作为普通法传统的忠诚卫士，威利斯顿认为，“债务人部分或全部清偿他所付的债务不会遭到任何损失，而债权人接受债务人的偿还也没有得到任何利益，所以，如果部分支付的地点和方式与约定的债务到期时的清偿地点和方式一样，部分支付的时间在全部债务到期时或之后，那么这种部分支付不能成为任何允诺的约因。当债务人支付了部分债务，债权人因此同意免除全部债务。那么债权人的允诺需要部分支付以外的其他事项作为约因”。[②] 威利斯顿还总结到：“普通法的这项规则与主宰着合同的成立与解除的约因总原则是一脉相承的。”[③]

经过以威利斯顿为代表的法学家的努力，约因规则步入黄金时代。对有无约因的认定成为法官处理合同争讼的第一步骤。威利斯顿是《美国法律重述》（合同法）第 1 版的主编，所以“约因交易论”被置于《合同法重述》第 1 版第 75 条关于约因的定义中，第 75 条关于“约因”的定义完全是霍姆斯式的：

（1）作为允诺的约因是这个允诺要求的、并作为该允诺交换的：a. 某种作为，或 b. 不作为，或 c. 法律关系的创设、修改或消灭，或 d. 一个反允诺；

（2）约因可以给予允诺人或其他人，约因可以由受诺人或其他人提供。[④]

第 1 版第 75 条（关于约因的定义）成为第 2 版第 71 条（交换之要件、类型）的内容，条文本身的规定变化不大。第 2 版第 71 条是：

（1）为构成约因，必须有某种履行或允诺作为允诺的交换。

（2）行为或相对允诺是允诺人想用其允诺交换的，而且是被允诺人为交换允诺人的允诺而付出的，那么这里的履行和相对允诺就是交易的内容。

（3）作为约因的履行可以是：非允诺的行为；不作为；法律关系的创造、修改，或消灭；相对的履行或允诺可以向允诺人或其他人提供，可以由受诺人或其他人提供。

---

① Grant Gilmore, *The Death of Contract*, Edited and with a Foreword by Ronald K. L. Collins, Ohio State University Press, Columbus, 1995, p. 35.

② Samuel Williston, *A Treatise on The Law of Contracts* in eight Volumes, Volume 1, New York: Baker, Voorhis & CO. 1936, pp. 415 – 416.

③ Ibid, pp. 419 – 420.

④ American Law Institute, Restatement of Contract, § 75: (1) Consideration for a promise is (a) an act other than a promise, or (b) a forbearance, or (c) the creation, modification or destruction of a legal relation, or (d) a return promise, bargained for and given in exchange for the promise. (2) Consideration may be given to the promisor or to some other person. It may be given by the promisee or by some other person.

(4)相对履行或允诺可以对允诺人或其他人做出,由受诺人或其他人提供。①

可见,两个版本的《合同法重述》对约因的定义都没有使用"获益"或"受损"的术语。"交易约因论"的辉煌是曼斯菲尔德等试图对该原则进行变革的前辈们未曾想到的。到20世纪,尽管有多种因素可以导致允诺的强制实施,但是,《合同法重述》对"约因"(作为允诺之交换)及"交易"(依据当事人的意思表示)白底黑字的规定有力地维护着约因理论在合同法中的地位。

三、以"交易约因论"为核心的古典合同法

吉尔摩把"交易约因论"比喻为古典契约理论这个"巨大机器的平衡轮"。② 那么"交易约因论"及其主导下合同法呈现出什么特点呢?

(一)合同生效标准的客观主义

约因理论的一个核心问题是,法官在确定是否有"充足约因"存在时采纳什么标准呢?即在判断当事人的合同意向时应该适用什么样的解释标准。

前文已述,19世纪前半期的学者大多支持主观合意标准,并由此导致合同法中关于错误(mistake)、不当影响(undue infuence)以及胁迫(duress)概念的产生。但是,很明显,主观意志论与古典合同法的精神并不契合。因为,根据古典合同思想,每个人都被假设成能与他人平等交涉,每个人都能保护自己,法院的只是排除合同的障碍并实施当事人的意志。即便是在19世纪早期,主观意志论的地位也不绝对。法院对口头证据规则(parol evidence rule)的严格实施实际上排斥了当事人的内心意思。完全免除卖方责任的"买者自慎"(caveat emptor)原则充分体现了客观标准在自由交易中的运用,如果买方没有调查产品质量的客观标识,他自行承担产品质量的一切后果。

从19世纪50年代开始,美国的转变趋势已较为明显,即以受诺人的合理期待为基础的客观标准代替以允诺人的主观意志为基础的主观合意标准。帕森斯最先提出,客观合意标准对于市场经济是必需的,因为它可以提供连续而统一的合同解释方法,以便商人知道合同约定的后果。兰德尔、霍姆斯及后来的威利斯顿都强调

---

① American Law Institute, Restatement(Second) of Contract, §75:(1) To constitute consideration, a performance or a return promise must be bargained for. ,(2) A performance or return promise is bargained for if it is sought by the promisor in exchange for his promise and is given by the promise in exchange for that promise. (3) The performance may consist of (a) an act other than a promise, or (b) a forbearance, or (c) the creation, modification, or destruction of a legal relation. (4) The performance or return promise may be given to promisor or to some other person. It may be given by the promise or by some other person.

② Grant Gilmore, *The Death of Contract*, Edited and with a Foreword by Ronald K. L. Collins, Ohio State University Press Columbus, 1995, p. 47.

法律有保护商业预期的必要性,法律有责任告诉商业安排者对于交易的客观期待,如交易能否成立及其后果。当然,这一趋势的发生也与 19 世纪英美司法改革有关系。普通法与衡平法的融合,导致衡平法不再拥有修正普通法的苛严的独立地位,同时,对陪审团控制的加强对于合同客观主义的成长也有促进。

霍姆斯在对著名的案例 Raffles v. Wichelhaus 案①的分析中表达了他的合同客观主义思想。该案案情是:双方达成一项销售合同,卖方从孟买装运棉花运送到英国的利物浦港口交货。合同有条款明确规定棉花将"从孟买由皮尔斯号运达"(Peerless,运送船只的名字)。事实上,有两艘名叫皮尔斯号的船从孟买出航,出航时间分别在 10 月份和 12 月份。当卖方的船到达利物浦港口时,买方拒绝收货。卖方以买方违约为由提起诉讼。

原告(卖方)坚持认为,棉花已经由一条从孟买出发的名叫皮尔斯号运送到利物浦,被告(买方)拒收并不付款当然就是违约。被告并没有否认原告的陈述,但是辩称,被告内心所指的一直是 10 月份从孟买出发的名叫皮尔斯号的船只,而原告装载棉花的是另一条船,尽管也叫做皮尔斯号,但它是从 12 月份才从孟买出发的。双方律师争论激烈,最后,买方(被告方)律师提出:双方内心没有合意,所以没有合同存在。法官采纳了该观点,做出了对被告有利的判决,被告拒收货物,并没违约。

霍姆斯在《普通法》第 9 讲"无效的和可撤销的合同"部分对该判决作了评论。在陈述了案件事实后,他认为:"普遍认为,这种合同无效的原因是双方对客体认识的错误,他们对同一事物没有达成一致。但是,在我看来,这种分析问题的方式导致误会。法律与当事人内心的真实意志没有关系。就合同而言,法律必须依据外部特征运行,法官只能根据当事人的外部行为来裁决他们的责任……本案判决的真正基础并不是双方内心所指的不一样,而是各方当事人说出来的就不一样。原告就一种事物发出要约,而被告对另一事物做出了承诺。"②

可见,霍姆斯赞同 Raffles 案的判决,但是对法官主观主义的分析方法表示疑义。他认为,如果把"当事人的真实意志"作为判决的依据,每一诉讼都涉及对"打算"、"意指"、"以为"等事项的考察,如果把案件事实的确认限定于当事人的外部行为(言与行),问题会大大简化,这样,当事人的"打算"、"意指"、"以为"等事实问题都将转化为法律问题。

霍姆斯提出的"客观合同论"成为超自然的解纷手段——区分真假的关键标准。

---

① Raffles v. Wichelhaus 2 Hurl & C. 906, 159 Eng. Rep. 375 (Ex. 1864), See Grant Gilmore, *The Death of Contract*, Edited and with a Foreword by Ronald K. L. Collins, Ohio State University Press Columbus, 1995, pp. 39 –40.

② Oliver Wendell Holmes, *The Common Law*, Transaction Publishers New Brunswick (U. S. A.) and London (U. K.) 2005, pp. 241 –242.

威利斯顿以帕森斯和霍姆斯的思想为基础,把"客观合同论"作为近现代最伟大的思想成就之一。威利斯顿赞同极端客观主义者——汉德法官(Judge Hand)在1911年的陈述:"合同与当事人的个人意志无关。合同是纯粹法律的力量强加给当事人的特定行为的义务。"他在《论合同》中第20节"同意的真实性"、第21节"合同意向"和第22节"相互同意必须表示出来"等章节里对客观主义展开了详尽论述。他说:"现在合同成立的关键不再是被称为合意的主观事物,而是作为当事人相互同意的表现的客观事物。"①

"客观合同论"与"交易约因论"相辅相成,是古典合同法极力主张的"合同的简单化和客观化"的体现,法院在确认当事人之间是否有合意存在时,并不考查当事人的真实想法,也不在意当事人之间是否有议价能力上的不平等,将"公平"(fairness)、"诚实信用"(good faith)、"胁迫"(duress)、"欺诈"(fraud)等影响合同效力的事实因素都应该被作为法律问题来处理,最终将确认允诺是否具有合同效力这一复杂的法律问题因为简化为一个外在、客观的标准。对于所有的非盖印合同,这个外在的标准就是"约因"。

(二)合同责任的绝对性

霍姆斯从分析允诺的实质入手来阐述合同的责任。霍姆斯认为,我们能考虑的只是法律会实施什么样的允诺内容,而不是有约束力的允诺得不到履行时的法律后果。法律不关注允诺人对其允诺的控制能力。一个有效允诺的法律后果不受允诺人实际履行能力大小的影响。譬如,允诺人做出三个允诺:允诺明天会下雨,允诺让他人帮忙画一幅画,允诺自己交付棉花,尽管允诺人对这三个允诺的控制力不一样,但他要承担的违约责任没有区别。②

既然有效允诺的法律后果一样,允诺人必须就允诺的事项承担风险。法律对有效允诺的干预是:当允诺内容得不到实现时,法律迫使允诺人交付赔偿金。但是,在履行期限结束之前,法律不会介入当事人之间,所以,允诺人有选择违约的自由。③可见,无论对于允诺人或受诺人,合同都是冒险,它意味着当事人甘愿受对方当事人的奴役。合同责任被限制在一个狭窄的范围,在此范围内,责任是绝对的、无条件的。在接下来"无效和可撤销的合同"一章中,霍姆斯一直在讨论错误、欺诈、误解等免责理由应该尽量限制在最狭窄的使用范围。

---

① Samuel Williston, *A Treatise on The Law of Contracts*, 3rd edition, by Warter H. E. Jeager New York, Baker, Voorhis & CO. 1957, § 21, p. 42.

② Oliver Wendell Holmes, *The Common Law*, Transaction Publishers New Brunswick (U. S. A.) and London (U. K.) 2005, pp. 233 – 235.

③ Ibid, pp. 235 – 236.

当然,绝对责任理论并非霍姆斯的首创。1647 年的 Paradine v. Jane 案①一般被看做英国法中的绝对责任渊源。那是一个地主起诉要求收取地租的案件。佃户辩称他应该被免除租金,因为在租约生效期间,他已经被鲁普特亲王指挥的一支保皇党军队驱逐出土地,也就是说,他因为客观原因并没有享有对土地的使用权。可是他的辩解被法官裁定无效,他还得照付租金。

英国内战期间流传下来的典型案例很少,Paradine 案是其中之一。该案体现了这一历史时期如同宗教信仰般严格的义务观念、对衡平法的排斥以及对地主利益的维护。自从该案于 19 世纪初被发表在桑得尔斯(Saunders)案例集,这个保守的不动产租赁案包含的法律原则就上升到 19 世纪英、美两国合同法的主导地位。很明显,该案设定的可预见规则有利于财产所有人,如出卖人和出租人。19 世纪早期有数起案例都参考了 Paradine 案的判决意见,1837 年美国马萨诸塞州法院处理的 Adams v. Nichols 案②涉及火灾。莫顿(Morton)法官就是引用甚至抄袭编辑者威廉姆斯(Williams)对 Paradine 案的解释。③ 莫顿说到:"如果法律对某人施加的义务,某人因为不可避免的缘因未能履行,那么他的责任可以得到免除。因为法律不可能要求一个没有过错而客观上不能履行义务的当事人承担责任。但是,某人如果通过协议自愿承担义务,他应该受到合同的约束,他的不履行不能因意外事件或不可避免的必须而免除责任。因为如果他不打算承担风险,他就应该在合同中做出规定。"④

威廉姆斯编辑的桑得尔斯案例集在英、美两国多次重印。这一现象意味着在过去的两百年里,严格合同责任的原则一直得到尊重。在美国,Paradine 案至今仍被提及,譬如,斯普森(Simpson)在 1965 年出版的《合同法手册》(*Handbook of the Law of Contract*),伯尔曼(Berman)在 1963 年发表在《哥伦比亚法学评论》上的"国际贸易中的合同实践中对不履行合同义务的免责问题"都提到该案。⑤ 当然,桑得尔斯

---

① Paradine v. Jane Aleyn 26, 82 Eng. Rep. 897(K. B. 1647), See Paul Richards, *Law of Contract*, 5th edition,《契约法》(第 5 版)(朗文·培生法学基础系列·影印本),法律出版社 2003 年版,第 306 页。

② Adams v. Nichols 19 Pick (Mass. 1837) 275,276. See Kevin M. Teeven: *A History of the Anglo-American Common Law of Contract*, Greenwood Press, Newyork, 1990, p. 232; also See Grant Gilmore, *The Death of Contract*, Grant Gilmore, Ohio State University Press Columbus, 1995, p. 138.

③ Paradine 案被两个法律报告汇编收录:Aleyn 汇编和 Style 汇编。Aleyn 汇编中的报告是这样说的:"如果法律施加或创设的义务或责任,当事人本人在没有主观过错的情形下,法律应该免除他的责任……当一个人用契约对他自己施加或创设了某种义务或责任,他就有履行的义务,即便是出于意外事件或不可避免的必要原因,他也不得违约,如果他可能违约,他应该在契约中做出规定。" See Grant Gilmore, *The Death of Contract*, Ohio State University Press Columbus, 1995, p. 138, note104.

④ Grant Gilmore, *The Death of Contract*, Edited and with a Foreword by Ronald K. L. Collins, Ohio State University Press Columbus, 1995, p. 50.

⑤ Berman, *Excuse for Nonperformance in the Light of Contract Practices in International Trade*, 63 Colum. L. Rev. (1963).

(Saunders)案例集只是绝对合同责任论在英美法系的成功的表面原因,日益活跃的经济需求以及清教徒的道德因素等应该是更本质的因素。总之,19世纪的法官们都热衷于引用这样的套语:“即使意外事件或不可避免的缘由导致当事人自愿承担的义务得不到履行,法律也不能免除他的责任。”这不得不让人想起法官们对另一公式化陈述的道德热情,即一个在合同履行中有恶意的或实质性的疏忽的原告永远都不能获得救济,即便他已经部分履行并让被告从中获益。“原告疏忽”的规则是17世纪Paradine案确立的“即使意外事件或不可避免的必须”规则的发展,是对严格责任的进一步强化。

绝对合同责任论与前面论述的客观合同论是协调一致的。客观合同论的关键思路是在确认合同责任时尽量回避事实问题,将不能回避的事实简化为外在的法律问题。绝对合同责任论其实回避了对众多事实问题的探究,如什么叫“意外事件”,什么叫“不可避免的必须”,哪种情形变化或哪种误解可以成为免责理由等。只要有“约因”证明有效契约的存在,由此产生的义务就不得违反,当事人永远没有免除违约责任的机会。

这样“一刀切”的做法强化了约因原则的地位,提高了法官“寻找约因”甚至“创制约因”的技术,但它无疑妨碍了欺诈(fraud)、胁迫(duress)、强制(coercion)等类似与合同责任紧密相关的概念在英美法中的发展。

(三)违约赔偿范围受到限制

霍姆斯认为,将合同看做冒险有更为实际的好处,就是违约损害的赔偿范围受到严格限制。他在《普通法》中反复强调“恶人法理”(“bad man” theory of law):“如果合同被违反,赔偿的尺度一般是一样的,无论违约的动机是什么……违约的动机在合同诉讼没有实质意义。”①也就是说,恶意的违约者与善意的违约者在对受害方的赔偿上没有任何区别。

19世纪后半期关于合同赔偿责任理论的讨论是围绕Hadley v. Baxendale案②展开的。该案的原告是磨房的主人,因为一个曲轴损坏,他们的磨房不得不关门停业。被告受托将被损害的曲轴送到格林尼治作为制作新曲轴的模型。由于运送人的疏忽,旧的曲轴在运送到制作商的途中耽误了,所以原告磨房的关门时间比原来预计的多了几天。于是原告起诉要求取得磨房在延误营业期间丧失的利润。陪审团做出对原告有利的裁定,原告可获得25英镑的赔偿,但是该裁定被理财法院

---

① Globe Refining Co. v. Landa Cotton Oil Co., 190 U.S. 540 (1903). See Oliver Wendell Holmes, *The Common Law*, Transaction Publishers, New Brunswick (U.S.A.) and London (U.K.) 2005, p.236.

② 9 Ex 341, 156 Eng. Rep.145 (1854), See Grant Gilmore, *The Death of Contract*, Edited and with a Foreword by Ronald K.L. Collins, Ohio State University Press Columbus, 1995, pp.54-57.

推翻。

巴伦·安德森(Baron Alderson)法官在Hadley案中的判决意见陈述了违约赔偿的一般规则,他认为应该得到的赔偿的损害属于以下两种情形:或者是(根据事物发展的通常规律)是违约的自然后果,或者属于合同订立时当事人合理预见到的违约可能导致的后果。如果出现与事物发展的通常规律相悖的"特殊情况",这种"特殊情况"应该在合同订立时让被告知道,这样,"特殊情况"就属于他的预见范围。根据上述一般规则,被告一旦违约,也应该为"特殊情况"的损害承担责任。"曲轴损坏是磨房关门的唯一原因"算得上是"特殊情况",可是被告知晓的所有信息就是他们正在把受损的曲轴送到制造商那里。我们不能就此推测被告知道磨房因为曲轴损坏而关门,而且直到新的曲轴从格林尼治送回,磨房将一直处于停业状态。因为磨房完全可能有备用的曲轴,磨房停业的原因也许与曲轴没有关系。经过这些缜密分析,安德森法官判决认为,"曲轴损坏是磨房关门的唯一原因"这一特殊情况没有让被告知悉,所以原告不能为丧失的营业利润寻求损害赔偿。

简言之,Hadley案规则的中心思想可以这样概括——因为违约导致的利润损失及其他间接损失只有在符合以下两个条件时才能得到赔偿:第一,损害是可以预见的;第二,被告知悉造成损害的"特殊情况"。

在19世纪后期,上述规则受到了攻击,人们认为安德森法官在准许对"特殊的"或"间接的"损害赔偿方向上走得太远,而且,不足以保持合同责任和侵权责任之间的区别。因为,严格责任原则的提出受到两方面思想的限制:赔偿合同责任必须限制在最低;违约赔偿必须与侵权赔偿严格区别开来。① 霍姆斯在这个问题上的态度颇具代表性。他认为,"如果违犯合同被视做侵权,那么在合同履行过程中允诺人应当被告知合同不履行导致的所有后果,当允诺人未履行时,他应当承担一切责任。但是,法律并不采纳这种建议。相反,权威法官认为,即便在合同达成时允诺人被告知了某一种"特殊情形"的存在(即一旦违约,"特殊情形"会导致"特殊"损害),这种告知也不足以成为追究允诺人责任的理由,除非合同明确规定违约人自愿承担那种风险。假如某承运人答应将机器从利物浦送到温哥华岛,又假设他没能履行允诺事项,那么,即便他可能知道机器不运回英国就不能修理,他也可能不应该对机器被耽误运送期间主人租赁该种机器的花费承担赔偿责任,除非他被合理地推定为接受了一个'附特殊条件的合同'"。②

---

① Grant Gilmore, *The Death of Contract*, Edited and with a Foreword by Ronald K. L. Collins, Ohio State University Press Columbus, 1995, p. 54.

② Oliver Wendell Holmes, *The Common Law*, Transaction Publishers New Brunswick (U. S. A.) and London (U. K.) 2005, pp. 236 – 237.

显然,霍姆斯是对巴伦安德森法官的公式施加一个外在的限制。当事人预见到损害的发生还不足以让违约者承担损害责任。只有违约者对该种损害发生的风险有谨慎、理性的自愿承担表示,且该表示已载入合同之中时,损害才能得到赔偿。

此外,19 世纪后期的学者们还通过对巴伦安德森法官的公式本身的严格解释来限制违约损害赔偿的范围。"预见性"(Forseeability)、"知悉"(Communication)等要求都成为维护违约者利益、对抗原告索要高额赔偿的工具。阿兰·法斯沃斯(Allan Farnsworth)教授说:"总之,我们的违约法律补救制度深受自由经济哲学的影响,对不守诺言的人表现了明显的宽容。"①

---

① Allan Farnsworth, *Legal Remedies for Breach of Contract*,70 Colum. L. Rev. (1970).

第三章　约因原则的衰落与变革

本章题目中的衰落有两层含义：第一，约因在合同法中地位下降，不再是主宰合同成立与解除的试金石；第二，认定约因是否存在的规则发生变化。一般认为，古典合同法的衰落始于 19 世纪的最后 25 年，所以，本章阐述的是约因原则在 1875 年之后的发展状况。古典革命的胜利主要体现在概念层面，后古典学派对约因原则的变革主要通过两条道路：第一，改变现存的约因规则；第二，法律理论的深层次变化，从对规则的重视转向对实质正义的追求。

"交易约因论"的弊病是明显的。第一，它只认可交易的法律效力，严格限制合同效力的入口，使很多案件得不到公平的处理，譬如，因信赖对方允诺而遭受损失的当事人就无法得到救济，尽管信赖利益保护是约因原则起源时期的重要渊源；第二，"交易约因论"奉行客观主义，关注的是外在的表现，维持的是形式上的正义，当事人的议价能力及合意是否真实等内在因素却被忽略。"交易约因论"的变革沿袭着两条路径，或者说体现在两个方面：第一，约因内在规则的调整；第二，新的合同责任机制对约因的挑战，如返还理论（restitution）、允诺禁反言（promissory estoppel）等。于是，古典合同法封闭的规则体系被打破，合同法的渊源扩大了，商业惯例、国家的调控政策或公序良俗都成为影响合同法的重要因素。而且，法官可以本着社会福利的总体目标，根据法律规则的深层次目的，基于公平正义的良心原则，更多地行使自由裁量权。

第一节 古典约因原则遭遇现实困境与理论质疑

在19世纪早期以合同作为社会的主导关系,武断地宣称自由竞争是获取个人福利的公平途径。19世纪末20世纪初,市场的扩张带来的社会矛盾已日益暴露,如贫富分化、经济垄断、资源浪费等,而个人遭受的住房、健康、失业等问题也日益社会化。人们清醒地意识到,抽象的合同自由忽略了人们议价能力的不均等,工业社会的力量带来了人们实质上的不公平。另外,对消费者权利、雇佣者的权利的保护以及对商业论理的维护也非古典合同法的绝对自由原则所能解决的。①

一、福利国家运动:私法公法化

"合同自由"是19世纪法律精神的主题。但个人自由发挥能动性的神话使人们在过分迷信抽象的人的抽象自由时无视具体人在生活中的社会利益。在这个"合同神圣"的时代,"法律规则成为专制暴虐的君主,哲理法学家遭到压抑"。② 但是,即便是人们对法律稳定性的崇拜达到顶峰的时期,法律学家们也始终在关注法律稳定与法律变化这个问题。在19世纪末期,垄断资本主义和工业生产带来的劳工、福利、社会救助、教育、环保、交通等社会问题亟待国家的干预和调整,各种新的利益所造成的压力无论是在司法判决或立法中都表现得很明显。

当自由取决于个人经济地位时,法律不可能通过限制合同自由的滥用而维护公共利益。19世纪后期的社会法学家为社会的弊病探索新的医治良方。清教徒伦理被解释为一种新的经济学思想。亚当·斯密主张的自由放任不再被迷信。相反,人们相信,国家的干预有助于人类的进步,民主政府有义务推进普遍的福利并改善社会条件,财富的平等是社会的必需,合法的工商业组织必须发挥社会功能。

1887年"州际商业委员会"(Interstate Commerce Commission)的成立是美国开始大规模的现代商业调控的开始。大规模的立法也开始对19世纪抽象的合同原则进行弥补。许多看似属于私人性质的合同关系被纳入公法的调整范围,如公共设施部门与顾客之间的合同、保险人与投保人之间的合同、铁路公司与农民之间的合同等。到19世纪80年代,自由放任的抽象理论与各州对公共设施、劳动关系、保险、银行和社会福利的调控出现冲突。有些既得利益者、商人或法律形式主义者批评国家调控破坏了合同法的确定性与稳定性。

---

① Brian A. Blum, *Contract* ,Aspen Law & Business ,《合同法》(第2版)(英文版Aspen释例系列·注释本),中国方正出版社2004年版,第22页。

② 转引自[美]罗斯科·庞德著:《法律史解释》,邓正来译,中国法制出版社2002年版,第103页。

但是,小企业主、农民、工人的集体力量推进了国家调控的范围。到1900年,社会福利与公共自由已被放到高于个人自由的位置。“普遍福利国家”(general welfare state)思想不仅是对形式主义政府的攻击,也被视为医治工业社会的众多社会弊病的建设性良方。这个积极方案并非要抛弃私有企业,而是要达到社会本位与个人本位的中间状态,集中提高程序的品质以纠正当事人在反垄断、保险、劳工、交通、银行等领域议价能力的不平等。① 于是,国家调控使行政规制开始代替私人合同成为市场的主导,一些商业交易被全部或部分地逐出合同法的范畴,许多私人协议也按照国家政策来解释。普通法的合同法规则降格为合同关系中断后的调解机制。

20世纪初,尽管有些开明的法官积极回应社会的变革,但法院总体上已无法适应工业时代复杂的社会背景,立法机关逐渐在法制变革中占据主导地位,开始加强立法以填补政策不健全的真空地带。以财富民主化为目标的立法给合同法带来新的社会化内涵。20世纪30年代,美国为应对经济大危机而实施全面新政(New Deal)以实现经济的平衡,联邦对国家经济生活的集中调控代替了各州的零散干预。20世纪40年代以后,“普遍福利国家”政策没有受到挑战,直到新古典经济学家们发起法律经济学运动。② 应该说,以“福利国家”思想为指导的普通法合同法领域立法运动在英国开展得更深入。

二、法哲学思潮的转向

社会现实的矛盾催生了新的法哲学思想,科恩(Cohen)、卡多佐(Cardozo)、庞德(Rosco Pound)、卢埃林、科宾(Arthur Corbin)、富勒(Fuller)等后古典法学家从不同的角度对古典合同法的形式主义和僵化性予以批驳。对于20世纪的新派法学家来说,最重要历史使命不再是合同法规则的构建、阐述和选择,而是探索规则的政策合理性、潜在目的和正义性。所以,现代合同法强调法律与道德的紧密联系,主张从现实社会需求去寻找法律的真正意义,注重研究法律与社会的关系以及法律在社会中的实际运作状况。古典合同法提倡的“法律是一门科学”的口号遭到嘲笑。韦伯谴责古典理论家的形式主义,他认为,没有对财产的分配和使用的限制,合同自由是无法实现的。③

在19世纪形而上学法理学向20世纪社会哲理法学的过渡中,人种学、生物学承担了桥梁作用。社会法学在美国正式兴起于20世纪初,罗斯科·庞德是最重要

---

① Kevin M. Teeven, *A History of Legislative Reform of the Common Law of Contract*, 26 U. Tol. L. Rev. 35, Fall, 1994.

② [美]理查德·A.波斯纳著:《法律的经济分析》,蒋兆康译,中国大百科全书出版社1997年版。

③ S. Wheeler & J. Shaw, *Contract Law Cases, Materials and Commentary*, Clarendon Press, Oxford, 1994, p. 324.

的倡导者。由于庞德创立的社会法学具有自由主义、改良主义、社会福利主义及实用主义的色彩,既符合“法社会化的时代潮流”,又体现了美国法律制度的特点,所以,20世纪30年代以来,其几乎成为美国法庭上的官方学说。① 社会法学在美国还可分为社会工程法学、现实主义法学及伯里克利法学等支系,其中前二者对古典合同法理论及约因理论的变革有重大影响。

(一)庞德的社会工程法学

1. 关于法学的性质与任务

庞德认为,法学不是古典法学家定位的那样对法律律令进行条理化和系统化的学科,而是一门社会工程学(a science of social engineering)。而且,社会工程应该被视为一个过程,一种活动,而不只是一种知识体系或固定的建筑秩序。与19世纪不同,我们应该用对待建筑师的方法来评价法学家、法官和立法者。庞德进一步指出了法理学的研究重点:第一,法律制度和法律学说所具有的实际社会效果;第二,那些得以使法律规则有效的方法;第三,为立法工作做准备的社会学研究;第四,研究法律方法;第五,从社会学角度研究法律史; 第六,研究合理公正地解决个别案件的方法。② 可见,庞德提出社会法学的纲领实际批评了古典合同法学的缺陷:崇拜规则的完整不关注实际社会效果,只满足于形式上的平等而不关注当事人的议价能力。

2. 关于法律利益的保护

庞德指出,19世纪法律史就是对个人自由的记载,即持续不断地承认和保障个人利益的记载。但他批评古典法编造的个人自由发挥能动性的神话使人们在过分迷信抽象的人的抽象自由时无视具体人在生活中的社会利益。20世纪法理学思想的最大变化,就是承认个人生活中的社会利益。

庞德把利益定义为:“人们,个别地或通过集团、联合或关系,企图满足的一种要求、愿望或期待;因而利益也就是通过政治组织社会的武力对人类关系进行调整和对人们的行为加以安排时所必须考虑的东西。”③庞德把应该由法律承认和保护的利益分为三类:个人利益、公共利益和社会利益。在现代社会中,社会利益是最重要的,它分为六类:第一,健康、和平与秩序、交换等方面的一般安全;第二,家庭、宗教组织或经济组织不受威胁其存在或妨碍其运行的社会组织安全;第三,禁止侵害公众道德感情的一般道德方面的社会利益;第四,保护社会资源和人类生命资源方面的利益;第五,社会进步的利益,包括经济进步、政治进步和文化进步;第六,每个人

---

① 张文显著:《二十世纪西方法哲学思潮研究》,法律出版社1996年版,第121~122页。

② [美]罗斯科·庞德著:《法律史解释》,邓正来译,中国法制出版社2002年版,第226~227页。

③ 转引自张文显著:《二十世纪西方法哲学思潮研究》,法律出版社1996年版,第123~124页。

都能过上符合社会标准的生活的利益。①

庞德还探讨了法律价值、价值尺度或准则的问题,即对利益如何评价?如何衡量各种利益相互之间的分量?以及在利益重叠或冲突时,哪些利益应该让位?庞德提出三种发现法律价值的方法,即经验的方法、理性的方法和观念的方法。② 其中,经验的方法在现代法中尤为重要。因为,法律不只是规则体,还是知识和经验的结合。

(二)现实主义法学(legal realism)

法律现实主义的基本观点是:法律的基础是法官根据对社会利益和公共政策的衡量而作出的判决,而不是形式上的规范或原则。法律现实主义在美国20世纪初期开始兴盛,联邦最高法院法官霍姆斯及哈佛大学教授格雷(John Chipman Gray)可以看做其思想先驱,霍姆斯的名言"法律的生命不是逻辑,而是经验"③以及"法律不过是法院事实上将做什么的预测"是法律现实主义的集中体现。

卡尔·卢埃林是20世纪20~30年代美国法律现实主义的主要代表。法律现实主义以实证主义哲学为基础,深受行为心理学、精神分析说及社会学等思想的影响。法律现实主义者强调从人的行为尤其是法官的行为中探索现实的法律,区分书本中的"法"(law in books)与行动中的"法"(law in acts)。他们集中研究法官在审判时受到哪些因素的影响,他们承认法官拥有广泛的自由裁量权,并希望对其进行引导而不是徒劳无益的抵制,他们相信成文法可以提高司法质量。

卡尔·卢埃林成为《统一商法典》起草委员会主任后,将他的法哲学思想融入了该法典。《统一商法典》至少从以下五个方面体现了卢埃林的现实主义法哲学。第一,在开放的合同标准和严格的条款之间,优先选择前者;第二,抛弃了严格的形式要求;第三,加强对合同条款的"目的性解释"(purposive interpretation);第四,不做绝对的法律陈述,而是引导法院用一般性的原则代替具体的规则;第五、规定广泛的救济尽力使受损方恢复原状。④

---

① 张文显著:《二十世纪西方法哲学思潮研究》,法律出版社1996年版,第124~125。

② 庞德著:《通过法律的社会控制:法律的任务》,商务印书馆1984年版,第70~71页。

③ Oliver Wendell Holmes, *The Common Law*, with a mew introduction by Tim Griffin. Transaction Publishers, New Brunswick(U. S. A.) and London(U. K.), 2004, p. 5"The life of the law has not been the logic, it has been experience."

④ Gregory E. Maggs, *Karl Llewellyn's Fading Imprint On The Jurisprudence Of The Uniform Commercial Code*, 71 U. Colo. L. Rev. 541, Summer, 2000.

三、合同法理论界对古典约因论的批评

在20世纪的英美合同法学界,关于合同效力的理论相当丰富,主要有"交易合同论"(bargain theory)、"意志或允诺论"(will or promise theory)、"信赖合同论"(reliance theory)、以美国芝加哥大学法学教授波斯纳(Richard A. Posner)为代表的"经济分析合同说"和以美国学者麦克尼尔(Macneil)为代表的"关系合同论"。其中"交易合同论"是古典合同理论的自然延续,该理论认为,允诺不会因允诺人有受法律约束的意向而有约束力,他必须向受诺人寻求某种付出或允诺作为他的允诺的代价。即当事人之间的交易是合同存在的基础。对"交易合同论"的核心"交易约因论"发起直接攻击的是"意志或允诺论"(will or promise theory)和"信赖合同论"(reliance theory)。鉴于"信赖论"本书亦将有专节论述,在此重点阐述"意志或允诺论"及其相关的"同意论"对约因规则的质疑和批评。

(一)"意志或允诺论"

"意志或允诺论"以德国萨维尼的意思学说(will theory)为历史渊源。萨维尼认为,合同义务必须得到认可和实施,因为它们是允诺人意思的产物。① 一些现代学者,如德国的沃纳·福卢姆及美国的查尔斯·弗里德提出了相似的理论。弗里德认为,合同的约束力来自允诺,一个人有遵守诺言的道德义务,因为他有意地提出一个协议,该协议提供了使他人对允诺的履行产生预期的道德基础。法院不再关注约因原则或其蕴涵的交易基础,它们已经过时,而且,约因法理将允诺和合同区别开来,只承认交易的强制力,其中的理论基础是:一个不为自己的获益付出代价的人就是道德上的骗子或窃贼。约因原则的逻辑不能解释以允诺交换允诺的双务合同,因为违约人没有从对方得到任何好处,只是一个空空的允诺而已。所以,查尔斯·弗里德得出结论:合同的生命就是允诺。弗里德认为合同成立的基础其实是当事人的意志或允诺。查尔斯·弗里德具体指出了约因理论两方面的缺陷:②

1. 约因原则的内在矛盾。查尔斯·弗里德认为,约因法理存在内在的矛盾,它的两大基本原则是:(1)允诺必须有"约因"(包含某物或某物的允诺)支持才能具备合同效力;(2)约因的法律充足性不受它是否与允诺的价值等价的影响——法律只关注交易的存在,不考虑交易是否公平。前面的原则以交换为标准限制合同的范围,后者主张合同的无限自由。正是其内在矛盾使约因无法成为合同责任的基础。

查尔斯·弗里德还指出,上述互相矛盾的原则可以在"意志或允诺论"中得到统一。即只要允诺人从允诺中得到了某种东西,无论该事物价值如何,只要它满足了允诺人做出允诺的目的,那么该允诺就是有效的。在这个意义上,合同的自由就是

---

① Hein Kötz, *European Contract Law*, translated by Tony Weir, Clarendon Press, Oxford,1997,p.8.

② Charles Fried, *Contract as Promise:A Theory of Contractual Obligations*,91 Yale LJ 404(1981).

允诺的自由。

2. 忽略了无偿允诺的实施价值。在揭露了约因理论的内在矛盾后，查尔斯·弗里德指出，只承认交易合同效力的“交易约因论”是不完善的，并提出了法律实施无偿允诺的合理性。为什么卖车给我堂兄的允诺比把车赠送给我侄子的允诺更有力呢？其实这两个允诺在本质上是相通的，它们表达了我的意志，增加了我和对方的对生活的愉悦。法律允许人们做出赠与行为（假设该行为是自由的谨慎的合理的）能促进个人自由最终有利于社会；而做出赠与允诺只是因为赠与人现在不愿或不能交付赠与物，但是希望给对方一个在道德上和法律上都有保证的预期。

基于上述论述，查尔斯·弗里德得出结论：合同的生命就是允诺。但是他对这个结论增加了限制，即允诺必须是自由达成的，且没有不公平的压力，它是理性的、谨慎的。允诺人在做出允诺时必须充分认识到允诺的法律后果。“允诺合同论”引发了争议。有人认为它唤起人们对传统的合同理论的反思，不仅仅是哲理追求。[①]也有人人为，现实主义法学将合同法视为貌似哲理的系列规则的松散集合，查尔斯·弗里德的书以传统合同至上论为基础构建统一的合同原则，只是，它无力清除现实主义法学的弊病。[②]

（二）“同意合同论”[③]

与“意志论”非常相似的是美国合同法学者巴尼特（Barnett）提出的“同意论”，该理论也是以允诺人愿意受法律约束的意向为起点，但是“意志论”不能解决司法实践中如何协调当事人的主观意思与客观表示的问题。“同意论”要求当事人受其客观表示的意思的约束。

巴尼特认为，当事人对转移权利的“同意”足以证明合同责任的存在。“同意”的效力来源于两个方面：鉴于它与主观意志的联系，“同意论”保护了允诺人的自由；又因为人们通常只能把握到别人表示出来的意思，从这一角度出发，“同意论”保护了他人的信赖利益以及交易的安全。表示受法律约束的意向有两种方式，第一，以正式的形式做出的正式同意；第二，非正式的同意。

1. 正式的同意。“同意论”认为，在很长时期内，我们今日所称的合同责任在普通法中都是通过盖印书面形式来完成。随着“承诺之诉”上升为主要的合同诉讼方式，社会产生对限制允诺效力的机制的需要，该机制就是约因。但是，当约因规则发展至“交易约因论”的成熟形态时，没有约因支持的正式允诺却陷入了尴尬境地。

---

① Craig Leonard Jackson, *Traditional Contract Theory: Old and New Attack and Old and New Defense*, 33 New England L. Rev. 365(1999).

② Anthony Kronman, *A new Champion of the Will Theory*, 91 Yale. L. J. 404(1981).

③ Barnett, *Rights and Remedies in a Consent Theory of Contract*, in R. Frey and C. Morris (eds.), *Liability and Responsibility: essays in Law and Morals*, Cambridge University Press, 1991, pp. 135 – 142.

“盖印合同自带约因”暗示出盖印的正式允诺是“正常”的约因法则的“例外”。在“交易约因”和“不利信赖”主导合同法领域的今天,没有交易存在或不能证明信赖存在的正式合同地位陷入不稳定。

“同意合同论”的优越之处在于为上述正式合同找到了合适的位置,即允诺自愿使用被认可的形式就是向受诺人明确表示他愿意受法律约束的意向。“同意合同论”也可以对“名义约因”或“虚假的约因陈述”做出合理解释,即只要 1 美元的“约因”或“虚假陈述”同样具备了约因的形式功能,与盖印或其他正式形式是一样。①

2. 非正式同意。更加难以认定的是非正式允诺的强制力,因为受法律约束的意向的证据更加模糊。“同意合同论”认为有两类“非正式同意”的证据:

(1)交易证据。一个人接受了某种有价值的东西作为允诺的回报,即表明了允诺人转移其权利的意向。接受允诺的回报就是正式通知允诺人,对方已经将该允诺理解为具备法律约束力的允诺。

尽管交易的存在是“同意”的最好证据,但“同意合同论”有时也认可没有“约因”支持的允诺的强制力,只要有其他“同意”的痕迹存在。所以,如果一个人自愿同意做出有效转移权利的要约,或者自愿免除他人对他的债务,或自愿同意变更合同,即便没有“交易约因”存在,“同意合同论”也赋予其法律效力。

(2)信赖证据。“同意合同论”也承认在有些情况下,受诺人的“信赖损失”可以代替传统约因要求赋予允诺强制力。如果受诺人因为相信允诺而产生的花费就足以证明当事人之间的有效合同的存在,尤其是当允诺人知道或应该知道受诺人的信赖行为时更是如此。

据此可知,“同意合同论”对“约因论”的最大不满是约因理论无法对允诺的有效性提供统一的标准,不得不借助许多例外,“同意合同论”则容纳合同有效的所有情形然后贴上“同意”的标签。这样的思路与英国的宽泛约因论有几分相似,即“约因”就是合同成立的一切理由,包括交易、信赖等因素。但是,“同意合同论”也不能解决“胁迫”、“误述”等内在事实因素对合同效力的影响,可见,它仍然没有摆脱 19 世纪客观合同理论的弊病。

(三)“信赖合同论”

“信赖合同论”是 20 世纪的产物,其基本观点是人们自愿承担合同义务的情形越来越少,生活中大多数合同责任是基于一方的受益或一方因信赖对方而遭受的损失而强行产生的。譬如,一个人偿还欠款并不是因为他还钱的允诺而是因为他已经得到了欠款的利益。“信赖”学派认为“约因”是历史遗留的古董、无用的技术,即便

① 关于“名义约因”或“虚假约因陈述”在本书第四章有较详细的论述。

有什么用处,最多是允诺严肃性的证明。①

英国著名合同法学家阿提亚是“信赖合同论”代表,他认为,古典合同法注重保护期待利益,②信赖损失在以市场文化占主流的时代得不到重视,只有在侵权或返还之诉中寻求救济。阿提亚将1770～1870年这一百年称作以预期利益为基础的合同救济的黄金时期;在1870年以后,以信赖为基础的责任和救济开始受到重视,阿提亚为此提出的证据包括《1967年误述法案》(Misrepresentation Act 1967)、《1982年商品劳务提供法》(Supply of Goods and Service Act 1968)等,以信赖损失为基础的“允诺禁反言”原则是阿提亚为他的发现提出的最重要证据。③ 当代美国法学家吉尔摩(Grant Gimore)甚至认为,以信赖利益保护为基础的“允诺禁反言”原则将替代约因成为合同效力的基础,并最终导致独立的合同法的死亡。④

(四)科宾对约因理论的批评

科宾(Arthur Corbin)是美国现实主义法学代表卡尔·卢埃林的导师,他对古典约因理论的攻击方式是激进的、直接的,他于1952年发表的《论合同》凝结了他50年思索,该书不仅是法律改革的指导,也是滋养无数法律初学者的乳汁。他在著作中说,他对大量的案例进行历史的、比较的研究的原因就是让法学教师、法官和律师能摆脱种种法学错误观念,这些错误观念包括:法律是确定的、永恒的;法律规则可以机械适用;法律有正确的、不变的概念。⑤ 显然,科宾把我们带进了与霍姆斯理论完全不同的更加广阔的空间。他对约因的论述实质上是对霍姆斯合同模式——“合

---

① P. S. Atiya, *Contracts*, *Promises and the Law of Obligation*, 94 L. Q. R. (1978).

② 富勒认为契约损害赔偿可以追求三种利益:第一,基于对被告允诺的信赖,原告向被告交付了某些价值;被告未履行其允诺,法院可以迫使被告交出他从原告处接受的价值。此处的目的是防止违约的允诺人从受诺人所支付的费用中获得的利益,更简单地说是防止不当得利。受保护的利益叫做返还利益(restitution interest)。第二,原告基于对被告之允诺的信赖,改变了他的处境。法院判给原告损害赔偿以消除他因信赖被告之允诺而遭受的损失。此处的救济的目的是要使原告恢复到他作出允诺之前的处境。这里的受到保护的利益叫做信赖利益(the reliance interest)。第三,不固守受诺人的信赖或允诺人的得利,法院可以寻求给予受诺人由允诺形成之期待价值,在一个特定履行(specific performance)诉讼中实际强迫被告向原告提供允诺的行为,或者在一个损害赔偿诉讼中,迫使被告支付这种履行的金钱价值。这里的目的是使原告处于假设被告履行了允诺原告应该拥有的处境,保护的利益可称做期待利益。[美] L. L. 富勒、小威廉R. 帕杜著:《合同损害赔偿中的信赖利益》,韩世远译,中国法制出版社2004年版,第5～6页。

③ P. S. Atiya: *The Rise and Fall of Freedom of Contract*, revisised edition, Oxford University Press, 1985, See S. Wheeler & J. Shaw , *Contract Law Cases*, *Materials and Commentary*, Clarendon Press, Oxford, 1994, pp. 324－325.

④ Grant Gilmore, *The Death of Contract*, Edited and with a Foreword by Ronald K. L. Collins, Ohio State University Press Columbus, 1995.

⑤ Arthur Linton Corbin, *Corbin on Contracts* , ST. Paul, Minn. West Publishing Co. 1952 § 103, p. 103.

同的全部意义在于它的形式性和外在性”的直接批评。科宾对约因理论的批评如下:

1. 约因内涵的不确定。科宾认为,在无数的案例汇编和法庭记录中,众多法官及学者们没有也不能给约因塑造统一的规则、学说或定义,司法判决与这些学说也不能协调。所以,约因只不过代表了伴随着允诺的某种已经或多或少地被普遍认定的、足以使允诺强制执行的因素。当法院认定某一因素足以构成允诺之强制执行的正当理由时,它就被称为“充分约因”,当法院认定它不足以证明强制执行的正当性时,它就被称做“不是约因”或“非充分约因”。司法过程中,“充分约因”的名目下包含了许多形形色色的因素。① 在每一个新的案件中,法院都要探究“这一允诺是否该强制执行”,而不是机械地确定它是否符合某一权威的约因定义。

合同法是随着历史发展而不断演进的,科宾还从历史发展的角度来阐述约因的不确定性。他首先引用霍尔兹沃斯的观点——“尽管约因学说主要是作为‘承诺之诉’的胜诉条件的逻辑结论发展起来的,但它也受到其他来源的影响;而在 18 世纪和 19 世纪初,其中的某些影响要素似乎使该学说的形态有别于它在 16、17 世纪的形态,即衍生于‘承诺之诉’的程序基础的形态。在 19 世纪,约因学说又回到它作为程序基础的起点。直到最近时期,约因原则还没有最终定型。”沿着霍尔兹沃斯的思路,科宾补充到:“两次世界战留下了社会和经济条件的动荡,人们更不可能假设任何规则或学说的永恒性。”②

2. 约因功能的有限性。科宾认为,如果约因仅仅被看做对当事人的“严肃意向”(serious intent)或受法律约束意思的证明,那么这种意思可以有其他方式来证明。譬如,将允诺的书面表达就是充足的证据。某种约因的存在可以证明允诺人受法律约束的意向或信守诺言的意思,但约因不是允诺具有强制力的唯一因素,也不是必备理由。③ 即便允诺人没有受约束的意向,他也可能要承担法律责任。合同法的主要目的不是实现允诺人的意思,实施合同的主要目的是避免受诺人和合同受益人的希望的损失。如果允诺人明显没有严肃的受约束的意思,但法院有确切证据认定受诺人对于允诺的履行有预期而且合理的信赖,那么,该允诺仍将被强制执行。所以,科宾认为,我们所谓的“充分约因”的存在,只是关于履行预期是合理的以及拒绝实施允诺将不利于公共社会的一般性证据。④

总之,科宾注重事实分析,赞成以司法灵活性促进普通法的现代化,与卡多佐一

---

① Arthur Linton Corbin, *Corbin on Contracts* , ST. Paul, Minn. West Publishing Co. 1952, § 110, p. 165.

② Ibid, § 110, p. 166.

③ Ibid, § 111, p. 169.

④ Ibid, § 112, p. 170.

样发现更为灵活的“约因”概念。他指出，法官不因为《合同法重述》对约因的严格定义而停止在具体案情中发现判决允诺生效的充足理由，如合理信赖。科宾的激进与威利斯顿的保守形成鲜明对比，他担任威利斯顿的特别顾问的事实，决定了他们的合作成果——第一次《合同法重述》徘徊在传统与现代之间的双重性。

第二节　约因原则的内在变革

在上述社会背景和法哲学精神的感召下，对约因原则的改革成为20世纪英美合同法讨论的主要议题。变革的思路可概括为法律从对技术规则的追求转向对实质理性的追求。约因原则变革的内容体现为两点：第一，认定约因是否存在的规则发生变化；第二，约因的内涵被灵活解释。

约因原则的内在变革途径主要是：司法活动与成文法的编纂。这两种方式在英、美两国的分量并不一样。美国法律现实主义者善于以公平的结果为导向来灵活使用法律规则，相比之下，英国法官对于市场经济的失利者给予更少的关注和同情，英国法官却没有发展这样的思维方式，而是把法律变革的任务推给议会。英国形成这样的历史分工，即法官固守形式主义规则而议会实施改革，其中很大的原因是边沁倡导的成文法优于判例法的思想在英国的遗留。

需要特别说明的是，约因规则及其演进是约因原则研究的核心内容，本书后文有专章介绍。所以，在本章节里只对典型案例、学说及成文法进行阐述，以满足文章逻辑结构的需要。

一、司法活动对约因内涵的灵活解释

以判例法为传统的英美法系国家，法官无疑是推动法制变革的重要力量。约因原则在20世纪的发展，同样依赖法官在司法活动中的创新。譬如，英国著名法官和法学家丹宁勋爵（Alfred Thompson Denning）明确指出：“那些由19世纪法官所确立的法律原则——尽管适用当时的社会状况——是不适合20世纪的社会需要和社会见解的，我们应当用现在的社会模型对它们进行改造，使之与人们今天的观点和需要相适应。”①所以担任民事上诉法院院长的他要求法官和律师成为法律改革的先锋。丹宁勋爵被称为“20世纪的司法行动主义者”，他在审判实践中对过去的判例及约因规则进行大胆的修改，甚至创造了许多新的法律原则。需要说明的是，为行文逻辑的需要，本书在此只阐述1991年英国Williams案判决及美国纽约州的卡多

---

① ［英］丹宁勋爵著：《法律的训诫》（The Discipline of Law），杨百揆等译，法律出版社1999年版，第1页。

佐法官对约因原则的变革。涉及丹宁勋爵的案例将在后面章节逐一展示。

(一)英国 Williams 案[①]判决对约因理论的变革

英国 1991 年 Williams 案是英合同法的经典案例,古典约因理论在此案件中遭受了致命打击。该案的案情与第 2 章讲述的 Stilk 案相似,也是涉及合同的变更。其案情是:作为被告的建筑承包商与他人达成一份整修 27 套公寓的合同。被告又将其中的木工活分包给原告,价钱为 2 万英镑。原告收到 16,000 英镑(这意味着总资金的 80%),完成部分工作后就陷入经济困难,其原因一部分是他与被告约定的价钱太低,另一部分在于他对员工的管理不善。而被告在与他人的合同中有惩罚性条款,如被告没能如期完成房屋整修工作,他将承担惩罚性赔偿义务,所以,原告能否按时完成木工活与被告的利益密切相关。所以被告允诺向原告增加 10,300 英镑,即每套房子增加 575 英镑,以保证原告按时完成工作。接下来,原告又完成了 8 套房子的工作,可是被告只付给他了 1500 英镑。原告于是停止工作,向被告索要该项目的剩余款项英镑。被告拒绝承认其支付义务,尤其否认对后来允诺的 10,300 英镑的支付,被告认为原告只不过允诺履行他原有的合同义务,根据 Stilk v. Myrick 案确立的原则,原告没有为新的增加工钱的允诺付出"约因"。[②]

上诉法院判决结果:被告从原告按时完成工作的允诺中获得了"实际利益",这恰好是新的允诺的约因。案例汇编记录了三位法官的判决意见,他们都承认 Stilk v. Myrick 案确立的原则是英国合同法的支柱,仍然应该受到尊重,约因仍然是非盖印合同生效的必备要件,但是,他们又都从不同的角度提出对该原则的现代变革,都得出了不同于传统的 Stilk v. Myrick 案确立的原则(即履行原有合同义务不能作为新的允诺的约因)判决意见。[③] 该判决影响巨大,甚至动摇了整个约因学说的基础,其对古典约因论的变革至少包含了以下几点:

1."受损"不再是约因的必备要件

获益与受损一直是约因的基本要件,在 19 世纪中后期,在美国构建"交易约因论"的同时,英国也在对具有悠久历史的"获益—受损约因论"进行改良,并逐渐以单独的"受损"要素取代之前的"获益受损二元制",于是,仅仅是"受损"即构成充足约因。可见,在认定是否约因的过程中,受损是至关重要的因素。

按照被告代理人的说法,本案中的原告没有为增加报酬的允诺遭受任何损失,根据分包合同,他已经有按时完成木工活的义务。那么根据 Stilk v. Myrick 案确立

---

① Williams v. Roffey Bros & Nicholls Ltd. [1991] 1 Q. B. 1.

② Lawrence Koffman & Elazabeth Macdonald, *The Law of Contract*, 4th edition, Tolley, 2001, pp. 59 – 61.

③ Jill Poole, *Casebook on Contract Law*, sixth edition, Oxford University Press, 2003, pp. 119 – 123.

的原则，新的允诺不具备约因，当然没有强制力。可是，在对 Williams 案的分析中，珀恰斯（Purchas）法官根本没有寻找受诺人（原告）是否遭受损失，他的思路是全新的，几乎摆脱了约因的理论框架。

珀恰斯只是象征性地肯定了 Stilk v. Myrick 案确立的原则的权威性。他认为，在现代的案件，法官应更加依赖"经济胁迫"作为抗辩，而不是以缺乏约因为由否定第二个协议的效力。不过，他又说，胁迫在本案中是不存在的，因为新的协议并不是原告提出来的，所以，被告不能提出经济胁迫。

接下来，珀恰斯法官说，法院更加倾向于在经济交往中寻找双方的获益，用它作为第二个协议的约因。"商人最知道他们自己的事务，即便当他们表面上迁就了对方。在当前案例中，我不认为让约因超越它原有的含义有什么不可逾越的困难。"① 最后，珀恰斯法官说，"对约因问题的现代认定途径应该是：如果有一方从合同的变更中获利了，即便一方没有遭受任何损失，该变更仍然应该视做约因支持的有效协议；如果双方都获益了，就没必要要求有一方受损"。②

2. 以"实际受益"取代"法律受益"

传统约因构成要件中的"获益"或"受损"都是指"法律获益"或"法律受损"，即允诺人或受诺人从案件所涉的允诺中的所得或所失，如美国的 Hamer v. Sidway 案中，叔父对其侄子允诺如果侄子坚持到 21 岁以前不抽烟、不喝酒、不赌钱就给他 5000 英镑。法院判决叔父的允诺有约因，因为侄子付出了"法律受损"，即放弃了抽烟、喝酒和赌钱的权利。可见，"法律获益"或"法律受损"与实际的经济意义上的得失不是一回事。

本案中新增加支付的允诺没有给原告"法律受损"，而被告也没有从新的增加支付的允诺中获得"法律受益"，因为新的允诺对原告的要求没有超出原来的分包协议已经规定的内容。这一点与 Stilk v. Myrick 案的情形完全一样。但是，斯莱德沃尔（Slidewell）法官认为 Stilk v. Myrick 案阐述的规则与拿破仑战争期间苛严的航运政策有关，它在 180 多年后应该受到限制和修正。本案的被告从新的允诺中至少获得了以下三方面的益处：保证了原告继续工作，不违反原来的约定；使被告逃脱了与他人的合同中的款惩罚性条款的处罚；避免了被告另雇他人来完成木工活的费用和麻烦。这些实际获益就是被告增加支付的允诺的约因。

拉塞尔（Russell）法官也认为，Stilk v. Myrick 案确立的严格约因法则在 20 世纪晚期是不必要的也是不合适的。本案中的被告在做出新允诺时，是为了延续他与

---

① Jill Poole, *Casebook on Contract Law*, sixth edition, Oxford University Press, 2003, p. 122.

② S. Wheel & J. Shaw, *Contract Law, Cases, Materials and Commentary*, Clarendon Press, Oxford, 1994, p. 324.

原告的合同关系,因为延续的合同关系给了他实际的利益,所以该允诺不得以缺乏约因为由丧失效力。

3. 约因不必来源于受诺人

被告代理人还认为,即便新的允诺有约因,该约因也不是由受诺人(原告)提供的,所以也不符合 Tweddle v. Atkinson 案[①]阐述的传统约因规则:"约因"必须来自受诺人。斯莱德沃尔法官在判决中提出了创新的解释,他认为传统原则的意思是指"约因"或者由受诺人提供,或者产生于受诺人与允诺人之间的法律关系。Tweddle v. Atkinson 案所涉及的约因是由非合同当事人提供的,而不是来源于受诺人。该案中的约因——被告的受益产生于他与原告的协议,所以,与传统原则并不冲突。英国合同法大师奇蒂(Chitty)先生对此也有论述,他说:"至于约因必须由受诺人提供的原则最典型的表现是受诺人遭受了损失。如他失去金钱、商品,或履行劳务以作为允诺的交换。但在受诺人给允诺人带来好处而自己没有遭受损失时时,该要求同样得到满足。"[②]本案符合奇蒂先生所述的这种情形。

总之,法官们在 Williams 案中确认允诺是否具有法律拘束力时,考虑的关键因素有:第一,该允诺是不是在胁迫因素之下达成的;第二,允诺人从他的允诺中是否有实际的获益。该案的判决反映了法官在认定允诺效力时的思路的转变,即当决定实施一个允诺时,法院首先考虑的是协议的公平、合理以及反映商业现实性的需求,而不是约因的技术性要求,所以,关键的因素不再是约因而是正在形成中的"经济胁迫"。[③] 上述三位法官在陈述中都提到"经济胁迫",这种新的理论与原有的约因法理有什么样的关系呢?

(二)卡多佐等人对"约因"概念的宽泛阐释

卡多佐是以社会学方法(method of sociology)发展约因原则的代表。如果说威利斯顿是霍姆斯理论的忠实继承者,那么科宾与卡多佐则是霍姆斯理论的摧毁者,只不过,他们二人对"交易约因论"的攻击方式不一样。

比起科宾的激进,卡多佐的攻击方式是闪烁的、隐蔽的。他在漫长的法官生涯中发展着与"交易约因论"不一样的合同思想,即便是在"交易约因论"处于顶峰之时,他主导的纽约州上诉法院也特立独行,坚持着所谓的广义"约因论",即法院尽可能地促成合同,而不是像霍姆斯那样用苛刻的约因要求来限制合同的生成,但卡多佐并不是取消约因要求,而是尽其所能地"创制约因"。

---

① (1861)1 B & S 393, See Laurence Koffman & Elizabeth Macdonald, *The Law of Contract*, Tolley, 2001, pp. 50 – 51.

② Chitty, *Chitty on Contract* , 26th edition, , Sweet & Maxwell, 2002, p. 126.

③ Adams & Brownsword, *Contract*, *Consideration and the Critical Path*, (1990) 53 MLR 536.

例如，在 1917 年的 DeCicco. v. Schweizer 案①中，Gulinelli 与被告之女已订婚，被告允诺 Gulinelli：若 Gulinelli 与被告之女结婚，被告将每年付给被告之女 2500 美元。但 1902 年到 1912 年，被告皆依约给付，但 1912 年以后，被告拒绝给付，Gulinelli 与被告之女将诉权委托给原告，原告提起诉讼。按照传统的“交易约因论”，受诺人的法律受损无从谈起，结婚只是履行当事人早已存在的婚约。可卡多佐却判决，Gulinelli 放弃了违反和撤销婚约的权利，就是被告允诺的约因。

在 1927 年涉及以捐赠人的名义设立纪念基金的案件中，卡多佐对霍姆斯的“交易约因论”的评价是：“上一代人一知半解的知识却试图成为下一代人法律中永恒的真理……”卡多佐发现，大学接受 20% 的分期捐助就必须承担使捐助人名字被永久铭记的义务，受助大学遭受的这一损失本身就是强制实施该捐助的充分约因，尽管这一损失不是当事人之间通过市场意义的交易来谋求的。卡多佐还发现了允诺人从捐助允诺中的获益，即允诺人渴望永远被人铭记。显然，在本案中采纳“约因”概念基础比 19 世纪确立的古典约因更为弹性，甚至有些类似于 18 世纪的“道德约因”或大陆法系早期的“原因”(causa)概念。

总之，在卡多佐的司法生涯中，这样“创制约因”的案例不胜枚举，只要法官愿意，似乎任何案件中都能发现约因。一个俯拾皆是的东西不可能有高的价值，“约因”概念被过分的扩张无异于否认它存在的价值。

二、成文法对约因论的限制和修正

在英美合同法中，以约因为试金石形成了许多关于合同的成立或责任认定的一般准则，然而，为了摆脱僵化的技术性规范带来的尴尬，法院又不得不为每一项准则创制诸多例外情况，合同法律的混乱由此产生。从 20 世纪 30 年代开始，不断有成文法对约因的运用进行规范。立法机关打破合同形式主义，夺取法院在市场调控中的主导地位，对约因的适用范围及约因认定规则进行调整。

成文法主要从两个方面侵蚀约因的领地：一是在法律条文中明确规定某些类型的允诺不需约因就可以取得强制力；二是规定某些允诺必须具备契据的正式形式，从而排斥了约因介入的必要性。

(一)英国制定法

1.《1925 年财产法》(Law of Property Act 1925)规定三年以上的租赁合同必须用契据形式。以契据形式制作的合同不需约因证明其效力。那么契据有什么要求呢？英国《1989 年财产法》(混合条款)规定契据必须带有“deed”标志或其他标志显示该文书将发挥契据的效果，如果文书由契据制作人签字，则要有一个目击证人，如

---

① DeCicco. v. Schweizer 221 N. Y. 431 (1917).

果由他的代理人签字,则需要两个目击证人,而且该文书必须被交付,也就是说制作契据的一方必须有行为显示他愿意受该契据的约束。

2.《合同法案》(第三人的权利)。英国法律委员会(UK Law Commission)于1994年建议"将约因原则放宽到足以让第三方受益人能根据合同当事人的意思实施有效合同的权利"。这一建议的最后成果就是1999年11月通过的《合同法案》(第三人的权利),该法对英国合同法带来巨大变化,使得英国法与欧洲大陆法在关于第三人权利问题上基本一致。新法以简洁的规定解决了所有的相对性问题。其第1条宣布非合同当事人有权要求实施合同明确规定对其有利的条款,以此排除了约因在此情形下的适用。①

3. 值得一提的是英国法律改革委员会(Law Revision Committee)于1937年提出的约因修改建议。② 尽管这些建议并没有被制定成法律,但是它对法官的司法活动有较大的影响。主要内容如下:

(1)如果允诺人在排除"胁迫"或"不当压力"的存在的可能性情况下,允诺履行"既存义务"(pre-existing duty),那么该允诺应被视做有效的"约因";

(2)约因理论中的"约因须由受诺人提供"的要求应予废除;

(3)双方当事人之间约定某要约在一定时间内有效的(firm offer),尽管没有约因支持,在约定时间内该要约不得被撤销;

(4)在单务合同中,要约相对人开始履行要约行为时,要约人不得撤回其要约;

(5)在债权人与债务人间有关债务清偿的约定中或在债务清偿时,债权人作出的"债务人以部分支付满足其全部债务"的允诺,应该具备拘束力;

(6)"过去的约因"应该视为有效的约因;

(7)允诺人在做某一允诺时,允诺人知道或应该知道受诺人会信赖此允诺并开始某履行以致遭到损害,则允诺人应该受到该允诺的约束。

另外,法律修改委员会对于当前流行的"书面协议虽无约因亦有效力的观点"并未达成一致。

(二)美国成文法

1. 纽约州1936年颁布的《一般债务法》。③ 该法规定:关于要约、合同变更或债务免除的允诺只有允诺相对人的书面签字证明,无须约因也有约束力。在1970年

---

① Michael H. Whincup, *Contract Law and Practice*, Fifth edition, Kluwer Law International BV, The Netherlands. 2006, p. 83.

② Sixth Interim report (Statute of Frauds and the Doctrine of Consideration) of the Law Revision Committee, Cmd 5449 (1937). 同时参见杨桢著:《英美契约法》,北京大学出版社2000年版,第174~175页。

③ §5-1103—5-1109 of N. Y. General Obligation Law.

密歇根州(Michigen)有同样的法律规定。①

2. 美国宾夕法尼亚州的《标准书面债务法》。② 该法规定:“经债务免除权人(允诺人)签名的免除债务书面允诺,若还有签名者以正式语言作出的将受该书面文书的约束的表示,则该书面免除债务允诺并不因债务人没有付出约因而不得强制执行。”尽管该法要求苛严,不仅要有书面形式,还要有允诺人的正式声明,但是,约因并不是该免责允诺生效的要件。

3.《合同法重述》(Restatement of Law, Contract)。《合同法重述》是美国法律统一化运动的重要成果,由组建于1923年的美国法学会(American Law Institute)负责编纂,其目的是让美国合同法更加统一、清晰和明确。其第一次于1932年出版后,因为它固守19世纪法律原则而遭受指责。《统一商法典》在1952年颁布后,为了加强该法第2篇(货物买卖骗)与第一次《合同法重述》的协调,建议编纂新的《合同法重述》。经过14个草案,第二次《合同法重述》于1981年正式公布,其中一些规定对古典约因规则进行了变革。

其第86条规定,为认可允诺人从受诺人那里已经得到的获益而做出的允诺,在阻止不公平之需的限度内,是有约束力的。该规定在一定范围内认可了“过去约因”的效力。另外,第82条的规定“债务人偿还全部或部分先前的合同或准合同债务的允诺是有约束力的,如果该债务仍然有执行力或仅因时效限制而失效”以及第83条规定的“偿还全部或部分被破产程序免除的债务的明示允诺是有约束力的”都是对“过去约因不是约因”古典原则的修改。③

其第87条规定,要约在以下情形下是有约束力的选择性合同:(1)如果要约是书面的且有要约人的签字,要约列举了要约拟订的目的,并以公平条款提出在合理时间内的交易;(2)要约依成文法不可撤销。该条规定认可了选择性合同在某些情况下不需约因即可生效。④

其第89条规定,合同全部履行完毕前,当事人修改合同义务的允诺,在以下情形,具有法律上的拘束力:修改合同源于遭遇缔约时不可预料的状况,且该修改内容在客观上公平合理。⑤ 该条规定修改了“对原有合同义务的履行不是约因”的古典法则。

---

① 19 Mich. State. Ann. (1970) §26.987 (1)(Modifications and Discharges).

② The Model Written Obligation Act,该法的前身是美国“统一州法全国委员会”制定的1925年的《统一书面债务法》(Uniform Written Obligation Act),目前只有宾夕法尼亚州无条件适用,别的州都是有条件采用。

③ American Law Institute, Restatement (second) of Contracts, §82, §83.

④ Ibid, §87.

⑤ Ibid, §89.

4. 美国《统一商法典》(Uniform Commercial Code, UCC)。《统一商法典》于1952年正式公布,是美国统一州法委员会和美国法学会的共同成果。该法典的编纂汇集了当时美国法学界的精英,而且他们都是现实主义者,他们的初衷是修正颁布于20世纪初期系列统一法①的滞后,解决美国商业活动的实际问题。《统一商法典》第2篇(买卖)是美国合同法的重要渊源。该篇的最新修正在2003年5月获得美国法学会的通过,新的修正促进了法典与电子商务等新的交易实践及其他法律部门的协调。

该篇对约因的限制有以下体现:其2-205条规定,商人做出的不可撤销要约(firm offer)在规定时间内不可以因缺乏"约因"被撤销;2-209(1)条规定,变更合同的协议不需"约因"就有约束力,只要该变更达到善意的条件。该条评述认为:这样规定的目的是让所有必要的、合理的买卖合同变更受到保护和实施,不受技术性规则(如履行先前义务不能作为约因)的限制;2-306条认可了以卖方的产量或买方的需求衡量货物数量的协议的效力,从而限制了因缺乏约因而排斥其效力的可能性。②

(三)国际法

1.《联合国国际货物买卖合同公约》(United Nations Convention for the International Sales of Goods, CISG)。在货物买卖领域,不同国家立法上的差异导致了法律适用上的冲突,并对国际货物买卖的发展构成一定障碍,《联合国国际货物买卖合同公约》③正是为了解决上述矛盾而产生的。经过联合国贸易法委员会(United Nations Commission on International Trade Law, UNCITRAL)20年左右的努力,CISG于1980年4月11日在维也纳正式签订,从1988年1月1日起正式生效,它适用于当事方的营业地处于不同国家的货物买卖合同。美国的大多数贸易伙伴都已经是CISG成员。一般认为,CISG相当于《统一商法典》第2篇(买卖)的国际发展。如果货物买卖发生于美国国内交易,则适用UCC第2篇关于买卖合同的规定,如果买卖产生于美国与他国的公司之间,而且外国公司的营业地处于CISG成员国,则适用CISG。

---

① 例如,1906《统一买卖法》(Uniform Sales Act)、1909年公布的《统一提单法》(Uniform Bills of lading Act)、1906年公布的《统一仓单法》(Uniform Warehouse Receipts Act)、1909年公布的《统一股票转让法》(Uniforn Stock Transfer Act)、1918年公布的《统一附条件销售法》(Uniform Conditional Sales Act)、1933年公布的《统一信托收据法》(Uniform Trust Receipts Act)。

② Bradford Stone, *Uniform Commercial Code*, 5th Edition, (West Group A Thompson Company 2002),《统一商法典》(第5版)(美国法精要·影印本),法律出版社2004年版,第19页。

③ 由联合国国际贸易法律委员会(United Nations Commission on International Trade Law)的工作组制定,于1980年由联合国全权代表会议通过,于1988年实施生效。该法的调整内容与《美国统一商法典》第2篇(买卖)相似,适用于货物为标的的买卖契约,它仅为不同国籍的当事人使用。该条约交由各会员国自行决定是否采用,截至1995年,已经有包括美国在内的45个国家通过适用。

CISG 主要规定了国际货物买卖合同的订立以及卖方和买方的权利和义务，在内容上深受 UCC 的影响，其条文没有关于约因的规定。其第 23 条规定：对要约的承诺依据公约生效之时，合同即告成立。第 29 条第 1 款规定：合同的修改或终止，可以仅仅通过当事人的协议实现。可见，不论是合同的成立、变更或终止，约因同样被排斥在外。

2.《国际商事合同原则》(Principle of International Commercial Contracts, PICC)。总部设在罗马的国际统一私法协会(The International Institute for the Unification of Private Law)从 20 世纪 20 年代致力于促进国际商事交易规则的协调与现代化。经过长期努力，在 1994 年 5 月，正式通过《国际商事合同通则》。2004 年，国际统一私法协会对该通则进行了完善和补充。《国际商事合同原则》体现了普通法系传统与民法法系传统的融合，它与前述的《美国合同法重述》一样，不具有法律效力，但它是各国国际商事立法的重要参考，国际贸易争端解决中发挥着重要作用。

《国际商事合同原则》内容包括合同的订立与代理权限、合同的效力、合同的内容等问题。该通则第 1 章第 2 条规定：合同的达成或证明不需要任何书面材料，它可以任何形式证明，包括证人。第 2 章第 1 条规定：合同的达成有两种方式：对要约的承诺或足以证明协议的当事人的行为。第 3 章第 2 条规定：合同的达成、修改或取消只需要当事人的协议，不需要别的要求。上述条文都没有关于约因的要求。而且，第 3 章第 2 条的解释说："约因具有微乎其微的实际意义"，如果取消约因"只会带来更大的确定性并减少诉讼"。①

3.《欧洲合同法通则》(The Principles of European Contract Law, PECL)。在《国际商事合同原则》制定的同时，随着欧洲统一化进程的加快，统一欧洲合同法的思想和立法建议进入欧洲私法统一的进程。来自欧共体所有成员国的学者以个人身份组成一个委员会，负责起草《欧洲合同法通则》。其第 2－201 条规定：(1)合同的达成只需满足以下条件：①当事人有受法律约束的意向；②当事人有充分的协议。(2)合同的达成或证明都不需要书面形式，也不受制于其他形式要求。合同可以用包括证人在内的任何方式证明。

4. 2002 年欧盟消费者系列指令(Sale and Supply of Goods to Consumers Regulations 2002)。这些指令贯彻了 1999 欧盟指令，同时，授予了消费者几种重要的权利。涉及的生产者担保的规则，曾经因为普通法中的约因要求和合同相对性原则而有疑义，现已得到根本改善。根据新的指令，消费者(consumer)被定义为"非出于贸易、交易或职业的合同主体"，消费者保证(consumer guarantee)是生产者或供货

---

① Ewan McKendrick, *Contract Law*, 4th edition,《契约法》(第 4 版)(麦克米伦法学精要丛书・影印本)，法律出版社 2003 年版，第 122 页。

者对消费者的承诺。产品一旦跟随消费者保证出售或提供,担保的条款即对保证人产生合同约束力,无论保证人是卖方、供货人或生产者。所以,与1999年的英国《合同法案》(第三人的权利)一样,2002年欧盟消费者系列指令对普通法中的约因规则形成了限制。

第三节 “约因”作为合同责任的基石地位的动摇

在“约因→合同→责任”的古典模式下,约因原则在英美合同法中发挥轴心作用,约因的存在宣告了合同的成立,而有合同必然导致责任。然而,我们已经从严格的古典法阶段进化到了温和现代法时期。[①] 约因作为合同责任基础的绝对地位开始动摇。与此紧密相关的是合同落空(frustration of contract)理论及义务相互性(mutuality of obligation)理论的出现。

一、合同责任的免除:“合同落空”

“合同落空”学说于19世纪后半期产生于英国,它的含义可以简单描述为:如果某种与合同成立的假设完全相反的事由出现并导致已经达成的合同无法履行(impossible),或履行不切实际(impracticable),或合同的履行对一方当事人已没有意义(frustration of purpose),则法律免除当事人的合同义务。在现代英国法中,“合同落空”原则适用于以下典型情形:第一,合同标的物的灭失或不能提供;第二,作为合同生效条件的事件没有出现;第三,合同约定的履行方式无法实现;第四,因为某种客观事实导致合同履行被延误;第五,合同的约定因为法律规定的变化而变得不合法。英国1943年《法律改革(落空合同)法案》[②]规定了合同落空的法律后果。

前文已述,1647年英国的Paradine案[③]确立的合同责任绝对原则长期受到英美法院的遵循,在合同自由及议价能力均等的虚幻名义下,法官固守合同条文,事后的非预见范围内的事由不能成为免责理由。但是,当允诺人因受到无法预期的并且他不能控制的阻碍而不能履行他的义务时,严格责任原则带来的不公平是显而易见的。到19世纪后半期,一些明智的法官开始补救这些不公平的情形。“合同落空”学说在实践中萌芽。但是,该原则在英国的运用受到限制:第一,只有当意外事件影

---

① Craig Leonard Jackson, *Traditional Contract Theory: Old and New Attack and Old and New Defense*, 33 New England L. Rev. 365(1999).

② Law Reform(Frustrated Contracted) Act 1943. See Paul Richards, *Law of Contract*, 5th edition《契约法》(第5版)(朗文·培生法学基础系列·影印本),法律出版社2003年版,第316页。

③ Paradine v. Jane(1647) Aleyn 26.

响了合同成立的基本前提，法院才允许当事人以“合同落空”作为违约的抗辩；第二，法院认可合同本身约定意外事件的后果。第二点导致商人普遍开始在约定中写入所谓的“不可抗力”（force majeure）条款以限制意外事件的效力。法官们并没有抛弃古典合同法意思自由的前提，他们的干预路径是推定当事人的约定中存在默示条款，他们宣称自己在实现当事人未能明示的意愿。法院推定默示条款存在的能力为现代“合同落空”学说的发展奠定了基础。

1863 年的 Taylor v. Caldwell 案[①]标志着现代“合同落空”原则的形成。原被告之间达成了租用音乐厅的合同，可是在约定的演出期前一天，音乐厅毁于火灾。原告为演出做了大量准备，音乐厅的毁灭意味着演出只能取消，原告为此遭受重大财产损失。租赁合同没有相关的明确规定，于是，为了弥补自身的损失，原告以被告不履行合同义务为由提起诉讼。被告辩称，音乐厅不能提供非因当事人的过错。法院否定了 1647 年的 Paradine 案理论在本案的适用，支持被告的抗辩理由，布莱克本大法官（Blackburn J.）认为，本案中合同的履行依赖于特定人或物的继续存在，合同默示了一个条件：当特定人或物的灭失导致履行无法实现时法律应当免除当事人的履行义务。当事人达成协议的基础是特定人或物的持续存在。[②]

在 Taylor 案这类“履行不能”（impossibility of performance）的案例中，法官考察的是允诺人是否能依约履行。“目的受阻”（frustration of purpose）的案例关注的不是允诺人履约的可行性，而是被告是否被要求依约履行。对“目的受阻”的分析最先出现于 19 世纪的航运案件中，因航道封锁或非正常延误导致合同已失去意义。1903 年的 Krell 案[③]是阐述“目的受阻”的经典案例。在该案中，被告租下原告的房屋以便观看爱德华七世的加冕典礼游行，可是因国王临时生病，游行取消，房主起诉向被告主张未付的租金。沃恩·威廉姆斯法官（Vaughan Williams L. J.）考虑将 Taylor 案确立的免责理由扩张适用于本案，原告辩称免责理由仅限于标的物的损毁或合同对某一事由的明确规定。但是，法官通过考察合同的基础是否被不可预见的事实阻止，即合同的目的是否因游行的取消而无法实现，最终免除了被告的支付义务。

合同责任绝对原则在英国的变革并不孤立于欧洲大陆法学的发展，布莱克本（Blackburn）大法官的判决引用了法国私法学大师朴蒂埃的观点，其中关于“默示条件”的拟制也来自民法法系中的当事人预期（contemplation of parties）理念。随着

---

① Taylor v. Caldwell（1863）3 B & S 826.

② Paul Richards, *Law of Contract*, 5th edition《契约法》（第 5 版）（朗文·培生法学基础系列·影印本），法律出版社 2003 年版，第 307 页。

③ Krell v. Henry, L. R. 2 k. B. 740（Ct. App. 1903）.

“合同落空”原则的扩展,法官们超越了 Taylor 案阐述的“默示条件”,而将“合同落空”原则的基础定位为独立于当事人意志的客观规则,即“义务的彻底变化”或“解释”机制(radical change in obligation or construction test)。法院需要根据合同的性质和具体情形来决定当事人的义务,以评价当事人的义务是否因后续的意外事件而发生重大改变。Krell 案的免责原则已经摆脱了“默示条件”拟制,而是基于合理公正的考虑,让被告在毫无获益的情形下继续履行交易本身就是不合理的。

在美国,第一次《合同法重述》对“履行不能”和“目的受阻”的规定促进了相关理论的发展,尽管重述对“履行不能”设定了严格的客观标准。“履行不能”概念从19 世纪中期开始出现,1916 年 Mineral Park 案①直接导致了重述者们对“履行不能”的采纳。被告允诺为原告的修桥工程开挖所有泥沙,但是由于海水水位上升,被告付出的成本将是约定中的 10 倍。法院免除了被告的责任,“当某种交易变得不具有经济可行性,就可认定为无法履行,而不具有经济可行性表示该交易只有付出浪费的、不合理的花费才能完成”。第一次《合同法重述》第 454 条一字不差地采纳了该案的语言。在“目的受阻”的案件中,“默示条件”拟制已经被抛弃,法院面临未能预见的变化时,倾向于采纳公平的解决思路。

《统一商法典》对“履行不具有经济可行性”概念的认可使该概念可以发展成独立的规则。该法典的“买卖篇”第 615 条(先决条件不成就时免责)规定:“(a)如果当事人所约定的履行因意外事件的出现而变得不具有经济可行性,而该事件的不出现是合同订立的基本前提,或者,所约定的履行因当事人善意遵守本国或外国生效的规章或指令而变得不具有经济可行性,无论法规以后是否被证明无效,则当卖方遵守(b)和(c)的规定时,其延迟交付货物或不交付货物不被认定为违反买卖合同义务。”②法典的拟订者抛弃了普通法中的“默示条件”拟制,综合采纳了贸易惯例、衡平原则及民法法系的可预见概念。当然,尽管《统一商法典》明确支持非经济可行性成为免责理由,法院仍然面临着系列困难,尤其是意外事件与商业风险的认定,以及该免责规则与允诺人承担商业风险一般规则的协调问题。

二、有约因支持的合同可以被撤销:胁迫论

合同的本质是当事人的自由合意,所以,如果当事人受到威胁或在不当压力之下与他人达成合同,该当事人不受合同的约束。这是现代合同法的公理性认识。在英国合同法中,普通法的胁迫论(duress)以及衡平法的不当影响原则(undue

① Mineral Park Land Co. v. Howard 172, Cal. 289, 156, p. 458 (1916).

② UCC §2-615. See Charles L. Knapp, Nathan M. Crystal, Harry G. Prince, *Rules of Contract Law*, Aspen Publishers, New York, 2003, p. 74.

influence)表明了两种法律渊源在此问题上的共识,只是后者的含义更为宽泛。著名法官丹宁勋爵曾经试图建立一般性的衡平规则——议价能力的不对等(inequality of bargaining power),以保证合同对当事人真实意思的反映,不过,这种倡议未得到司法界的采纳。

普通法的传统"胁迫"指针对人的武力或武力的威胁,这一狭隘定义遭到诸多批评,更加宽泛的"经济胁迫论"在实践中逐渐形成。对"经济胁迫论"予以阐述的早期案例是1966年的D. & C. Builders v. Rees案①。该案案情是:原告是一家小型建筑公司,为被告修建工程,据此被告应付原告工程款项482英镑。被告拖延了几个月未支付,使原告陷入经济困境。被告之妻了解到原告的处境后,提出以支票方式支付300英镑,并说如果原告不接受这300英镑就什么也得不到,原告不情愿地接受了用以冲抵全部债务的300英镑。但在事后提起诉讼主张剩余债务。

上诉法院法官丹宁勋爵依据衡平法理对本案的原告伸出援助之手。他否认了"禁反言"规则在本案的适用,只有在债权人坚持索求其债权显得不公平时,才被禁止行使他的权利。在该案中,被告之妻的行为已经构成迫使原告接受部分欠款的不当压力,原被告双方的债务和解不是出于双方的自愿,被告不当利用了原告的经济困境,以威胁手段施加不当影响。所以,债务和解协议本质上不存在,原告当然有权要求他的余款。②

D. &C. Builders v. Rees案对"胁迫论"具有里程碑式的意义。该案判决无疑宣布:只有在当事人间没有"经济胁迫",免除债务的允诺被违犯不会产生不公的情形下,偿还部分欠款才不能作为债权人免除全部债务的允诺的约因。于是,"胁迫论"的含义基本定型:一个人在受到恐吓或不当压力下被迫与他人达成合同,那么这个人可以不受合同的约束,尽管具备要约、承诺和约因的要件,该合同是可以撤销的。

英国法制史上对"胁迫论"带来突破性发展的是1976年的租船案③。该案缘起于世界范围内的船运业大衰退,由此航船的租金大幅度下降。有两艘船的承租人希望与船主重新商量租赁价格,他们警告船主除非租金下降,否则他们只有宣布破产,尽管当时的租金不至于对承租人导致这样的后果。他们还说,即便船主对他们提起违约之诉,船主也得不到任何好处,因为他们已经没有财力来应付原告的诉讼请求。承租人知道,一旦他们违约,船主在当时的形势下很难将船转租出去,这势必导致船只的空闲和船主的破产。最终,船主同意降低租金。后来,当船主从租船人手中收

---

① D. & C. Builders v. Rees (1966) 2 Q. B. 617.

② See Jill Poole, *Casebook on Contract Law*, 6th edition, Oxford University Press, 2003, p. 140.

③ Occidental worldwide Investment Corporation v. Skibs A/S Avanti, The Sibeon and The Sibotre [1976] 1 Lloyd's Rep 293, See Paul Richards, *Law of Contract*, 5th edition,《契约法》(第5版)(朗文·培生法学基础系列·影印本),法律出版社2003年版,第225~226页。

回这两艘船只时,租船人提起诉讼,主张该合同已经被错误地先期违犯,而船主同时提出,他们的降价完全是受到租船人施加的胁迫。初审法院认为船主关于胁迫的主张不成立。

然而,上诉法院的克尔(Kerr)法官抛弃了原来的"胁迫只限于对人身的暴力威胁"(threat of physical violence)的狭义"胁迫论"。他说:"我不认为英国法应该受到这样的限制……譬如,我被迫与他人达成了租赁或其他协议,该协议有充分约因支持,但是,我在签订合同受到强大的威胁,譬如,我的房子将会被推倒,或者我的名贵字画被毁坏,尽管没有任何人身暴力威胁,我认为法律不会支持这样的协议……"在1976年的租船案中,克尔法官谨慎地开启了"经济胁迫论"(economic duress)的大门,并为"经济胁迫"抗辩设定了检验标准,即当事人所受的意志强制足以使他被剥夺了自由合意的能力。该标准在1979年的北海航运案①等案件中得到更充分的阐述。

美国第二次《合同法重述》第174条~第177条是关于胁迫和不当影响的规定。② 第174条(身体强制的胁迫阻止合同的成立)规定:一个不想实施某种行为的当事人在身体受到胁迫强制的情况下做出了看似合意表示的行为,该行为不能构成是对合意的表达。第175条(威胁的胁迫导致合同的撤销)规定:(1)如果合同一方当事人的同意系受到对方不当威胁下做出,且这种不当威胁使受害人没有另外的合理选择,该合同可以由受害人请求撤销。(2)如果一方当事人的同意系受到非合同当事人的诱使做出,该合同可以在受害人的请求下被撤销,除非合同另一方在出于善意且无合理理由知道胁迫事实的情况下已经付出了价值或对交易给予了实质性信赖。第176条(不当威胁的情形)对"不当威胁"的构成要件进行了解释。第177条(不当影响导致合同的撤销)规定:(1)不当影响是不公平的诱导,使当事人受到诱导人的主宰,或者使当事人基于其与诱导人之间的关系合理地认为诱导人不会以有悖于他的福利的方式行事。(2)如果当事人在他方的不当影响下做出了合意表示,该合同可以由受害人提出撤销。(3)如果一方当事人的合意表示系受到非合同当事人的诱使做出,该合同可以在受害人的请求下被撤销,除非合同另一方在出于善意且无合理理由知道不当影响事实的情况下已经付出了价值或对交易给予了实质性信赖。

国际商事法与英美合同法有相似的规定。例如,《国际商事合同通则》(UNIDROIT)第3章第9条规定:"如果一方当事人订立合同是因他方当事人的不

---

① North Ocean Shipping Co. Ltd. v. Hyundai Construction Co. Ltd., The Atlantic Baron[1979]QB 705.

② American Law Institute, Restatement (Second) of Contracts, § 174. When Duress by Physical Compulsion Prevents Formation of a Contract. § 175. When Duress by Threat Makes a Contract Voidable. § 176. When a Threat is Improper. § 177. When Undue Influence Makes a Contract Voidable.

公平威胁所致,受胁迫当事人有权撤销该合同。所谓不公平威胁,是指在当时的情形下,它严重到使受胁迫人无法做合理的选择。具体地讲,如果当事人被胁迫的作为或不作为内容本身就是不正当的,或者另一方将这种作为或不作为用做致使合同达成的途径的做法是不正当的,那么,不公平威胁都视做存在。"①

从英国案例实践中发展起来的"胁迫论"关注的是当事人的交易能力是否均等,合同是否是当事人真实意思的体现。它与前述合同落空理论一样体现了现代合同法对质正义的追求以及对古典合同理论的客观主义和形式主义的突破,对传统约因理论带来重大影响,动摇了"约因"作为合同责任的基础地位,有"约因"不一定导致责任。"胁迫"、"错误"或"合同落空"等因素会成为免除允诺人责任的理由。同时,"胁迫论"还对"约因论"的存在带来威胁。

学术界关于这两者关系的讨论源起于 1991 年 Williams v. Roffey Bros & Nicholls Ltd. 案与 1809 年 Stilk 案的冲突。Stilk v. Myrick 案确立的"受诺人履行已存义务不能成为新的允诺的约因"法则否认了合同修改的效力,上诉法院在 Williams 案的判决中坚持认为 Stilk 案确立的规则并没有被推翻,只是被限制或修正。但是,如果 Williams 案中的被告有实际获益,为什么 Stilk 案中的船主没有获益呢?事实上船员允诺坚持把船开回伦敦对他是很有好处的,为什么这种益处不能成为约因呢?

面对种种质疑,上诉法院试图将 Stilk 案说成"胁迫案",即像 Esp. 汇编陈述的那样,法官是出于公共政策的考虑而判 Stilk 失败,如果让原告胜诉可能会鼓励海员们在航海途中要挟船主额外增加报酬,正如珀恰斯法官所说:"Stilk 案的判决产生于18 世纪末的特殊形势,那时,海员必须在远洋上履行他们的雇佣合同。所以,有一种强烈的公共政策保护船主和雇主,使他们不被那些心怀怨气的船员挟持和绑架。"②尽管 Stilk 案中并没有船员对船主施加胁迫的任何证据。③ 但是,对于"约因论"与"胁迫论"的关系的界定是不容回避的问题,这是古老的约因理论在 20 世纪的必然遭遇。

对此问题,大多数法官的意见是:"既然已经有了以经济胁迫为基础的合同撤销

① Principles of International Commercial Contracts, Article3.9 (Threat). 同时参见潘维大、黄阳寿编著:《英美契约法案例解析》,北京大学出版社 2001 年版,第 30 页。

② Ewan McKendrick, *Contract Law* ,4th edition,《契约法》(第 5 版)(麦克米伦法学精要丛书·影印本),法律出版社 2003 年版,第 95 页。

③ Grant Gilmore, *The Death of Contract*, Edited and with a Foreword by Ronald K. L. Collins, Ohio State University Press Columbus,1995. 对此问题有很多的分析。

规则,法院就没有理由不认定约因的存在,即便它本来并不明显,甚至没有交易存在。"[①]这种"自由约因观"认为,法院可以尽可能宽松地认定约因,因为有效的合同可以用胁迫论被撤销。顺着这样的思路,Stilk 案是有约因的,只是船员与船主之间的合同因船员施加的胁迫被撤销。有些学者比"自由约因论"走得更远,甚至提出"经济胁迫论"完全可以代替约因论来解决合同构成问题。[②] 但是,这种观点也受到许多人的怀疑,他们认为约因规则关乎合同是否达成,"经济胁迫论"关乎合同的消亡,即胁迫是一个有效合同被撤销的基础。所以它们不能混为一谈。总之,英美合同法学界对于 Williams 案与 Stilk 案的协调、对于新的"经济胁迫论"与传统的"约因论"的关系还没有统一的意见。但是,无可置疑的是,"胁迫论"与"禁反言原则"一样是对"交易约因论"的重大挑战。

第四节　合同救济的新依据:允诺禁反言原则与准合同理论

20 世纪合同法的重大发展趋势是增大对返还利益(restitution interest)和信赖利益(reliance interest)的保护并放松了对预期利益(expectation interest)的救济。其中的原因主要是公平正义的衡平理念受到更多重视,法院开始深入分析当事人利益的公平性从而决定对三大基本赔偿利益的选择。在预期利益损失巨大而返还利益和信赖利益损失相对很小的情形,如果法院坚持实施预期利益,将给允诺人带来不公平。而且,对预期利益损失的举证比对其他两种损失的举证难得多。

返还利益保护和信赖利益保护的共同基础是实质的公平正义。基于这两种利益保护的责任具备侵权法的类似特征,都涉及在缺乏合意时对当事人强加法律责任的案例。未完成合同的纠纷往往包含信赖利益和不当得利两方面的因素。返还利益往往是因为原告对被告的信赖而导致的被告获益。但是,二者并不总是一致,返还利益救济弥补了双重的不公,即原告的不当损失和被告的不当获益。

但是,返还利益仍然不能保证公正的实现。譬如,有信赖事实存在时,返还利益不能对受害人给予充足赔偿。当不当得利难以用金钱计算时,当原告对允诺的信赖没有给被告带来获益时,返还利益救济也无能为力。另外,当允诺被原告信赖,允诺引起的合法预期比被告获得的利益大得多时,仅仅是返还利益救济也是不公平的。在信赖利益和预期利益之间,人们更倾向于弥补信赖造成的不公而不是满足未能实现的预期利益。所以,19 世纪后半期开始,一些受诺人对赠与允诺产生合理信赖的

---

① Ewan McKendrick, *Contract Law* ,4th edition,《契约法》(第 5 版)(麦克米伦法学精要丛书·影印本),法律出版社 2003 年版,第 96 页。

② R. Halson "*Sailors*, *Sub-Contractors and Consideration*",106 LQR (1990),p. 346.

案例中，法官创造性地突破"交易约因论"的要求，赋予这些允诺以强制力。独立的信赖利益保护机制，允诺禁反言原则(promissory estoppel)在司法实践中形成。

一、允诺禁反言原则的生成及其内涵

对信赖利益的保护在英美法中可谓渊源久远。在15世纪的衡平法院中，如果允诺人导致受诺人状况的改变，法官认为允诺人有履行该允诺的道德义务，因为实施在此情况下的预期利益是维护普遍公共福利的需要。在16世纪的普通法和衡平法中，对被信赖的允诺的违犯都被看做侵权性欺诈。而且，形成了新的合同诉讼类型——以侵害性质的信赖损失作为基础的"承诺之诉"成为不能满足"盖印合同之诉"和"债务之诉"要求的疑难案件的保护途径。此后，"承诺之诉"逐渐冲破了侵权的束缚并在16世纪及以后的英国合同法中占据主导地位。发展独立的允诺可诉性检验机制的需求导致信赖利益的曲解，可诉性检验机制被挤压成约因原则。从此，普通法不再将信赖损失作为非正式合同的独立救济基础。

在接下来的300年间，信赖问题只限于在衡平法中被频繁讨论。直到19世纪中期开始的司法改革才促使了普通法院对信赖利益的再度重视。中世纪诉讼形式的取消使许多被诉讼程式隐藏的问题浮出水面，暴露了约因原则的不足。普通法与衡平法的融合迫使普通法院更多地关注受诺人因信赖而遭受的损失，并将更多的公平要素注入判决中。由于美国法还取消了盖印的特殊效力，法院不得不发展出一套理论以弥补当事人因信赖无偿赠与允诺而遭受的损失得不到救济的不公平现象。尽管，当时方兴未艾的"交易约因论"阻止了信赖利益在司法实践中的保护。

在19世纪，对当事人产生了信赖的无偿允诺得到强制实施的理由是不统一的：有些法官将信赖人遭受的信赖损失作为约因；有些法官基于约因基础及公平需要的双重理由，在寄托及代理的案件中，判决的理由是约因要素及允诺人对信托的违反；还有些具有创新精神的法官根据纯粹的信赖逻辑，大胆地为他们的判决理由贴上"禁反言"标签。最后一类判决不再竭力寻找约因的存在，开始把普通法合同法从传统桎梏中解放出来。从19世纪中期开始，美国法院出于公平正义的考虑而强制实施的无偿允诺包括：慈善捐助、土地产权转让、无偿的受托人和代理人、抗辩的放弃婚姻协议、家庭内赠与等。其中，对"允诺禁反言"的形成带来最大影响的合同种类当数慈善捐助允诺。

(一)允诺禁反言原则的兴起

最早将纯粹合理信赖作为救济基础的慈善捐助案例可以追溯到19世纪60年代。在1861年的Pryor v. Cain案[1]中，原告与被告约好共同捐助修建教堂，基于对

---

① Pryor v. Cain, 25 Ill. 292(1861).

被告允诺的信赖,原告已经向他人借钱并花人力修建,可是被告要取消自己的捐助允诺。法院认为:基于诚信,被告必须履行自己的允诺义务,已经支付金钱并花费劳力和材料的当事人有权利信赖该允诺。在 1866 年的 Thompson 案中①,被告允诺捐助修建法院大楼,而后反悔,法院认为:国家选择地址和其他花费是该允诺带来的信赖损失,一般来说,他人因捐助允诺而承担的义务足以让允诺人承担责任。当然,19 世纪以纯粹的信赖逻辑为基础被强制实施的无偿允诺并非仅涉及慈善捐助,1885 年的 Irwin v. Dyke 案②涉及儿子相信父亲将赠与他农场的允诺。法院认为,儿子返回农场并对农场进行修缮就是出于对允诺信赖的付出,衡平法院理应对该协议强制实施。在上述案例中,法官都没有讨论到约因要求。这些判决表明,交易并非允诺生效的必备要件,因为,受诺人对无偿允诺的信赖损失的不公平足以成为允诺性责任的基础。

在 19 世纪,允诺禁反言开始填补合同诉讼的空白地带,使那些既不具备盖印也不具备交易约因的疑难案件有了得到公正判决的依据。新兴的信赖利益保护机制似乎在接替“承诺之诉”在 16 世纪承担的历史重任。但是,二者有很大的区别。对于“盖印约定之诉”或“债务之诉”来说,“承诺之诉”至始就被看做具有不同规则的独立诉讼形式。对于约因原则来说,允诺禁反言是与它共存于同一合同法体系的不同要素。另外,允诺禁反言与曼斯菲尔德倡导的“道德约因论”也有相通之处,“道德约因论”的基本含义是一个人的道德义务是赋予允诺强制力的约因。尽管“道德约因论”没有要求受诺人对允诺的信赖,但它与允诺禁反言原则一样包含了当事人的良心责任并且基于公平而成为允诺强制实施的理由,它在本质上体现了对当事人的信赖损失的救济。

“禁反言”原则和“约因”一样可以赋予允诺以法律效力,单务合同与“禁反言”原则尤其相似,因为单务合同是以受诺人的行为作为“约因”的,而“禁反言”原则适用的基本条件也是受诺人基于对允诺的信任而从事了一定的行为。但是以“约因”支持而有效的允诺和适用“禁反言”而有效的允诺之间的区别是显著的。在单务合同中,受诺人的履行是允诺人要求的,是允诺的交换价值,是允诺开始生效的条件。但是在“禁反言”原则适用时,受诺人的行为虽然受到允诺的诱使或影响,但不一定是允诺人要求的,只要是受诺人在允诺的诱使或影响做出的就够了,允诺的生效是该履行的结果。两种原理下允诺生效的时间也不一样,有“约因”支持的允诺一开始就有效,而根据“禁反言”原则只有受诺人遭遇了损失时或状态发生了改变,才能要求赔偿。

---

① Thompson v. Board of Supervisors of Mercer County,40 Ill. 379(1866).

② Irwin v. Dyke 114 Ⅶ. 302. 1N. E. 913(1885).

允诺禁反言原则在实践中的兴起反映了古典合同法时期的意思自治及极端个人主义的失灵,大工业生产使人与人之间的相互依赖性增强,所以法律自然加强了对人们信赖利益的保护。允诺禁反言原则的理论来源于侵权法与衡平法。所以,允诺人只对其可以预见的信赖损失承担责任是侵权理念,允诺的强制实施必须足以弥补当事人之间的不公正。其中的侵权要素包括:信赖、预见性、法律强加的责任、过错,即做出会给他人带来信赖损失的允诺。允诺禁反言原则采纳了主观标准来决定允诺是否发出以及信赖是否为合理。当他能合理的预见到受诺人会对允诺产生合理信赖并由此遭受损失时,一个理性人不应该过失地发出允诺。允诺禁反言原则中的衡平法要素包括:信赖、善意以及对苛刻法则(任何人只能相信自己,自己承担相信别人的苦果,如同相信了没有约因支持的允诺一样)的修正。在一些法院,依据允诺禁反言原则来诉讼的案子甚至被禁止陪审团参与审理,这是衡平法特点的鲜明体现。① 19 世纪末的司法改革加速了普通法合同法对衡平法的吸收,允诺禁反言原则是一种重要的吸收路径,也是两大法源融合的重要明证。

(二)允诺禁反言与衡平禁反言的概念比较

上述案例也引发了人们对衡平禁反言(equitable estoppel)和新的信赖利益救济方式的混淆。衡平禁反言原本是一项诉状和证据规则,即当事人不得否认自己先前做出的、已经被对方当事人信赖的对事实的陈述。19 世纪末的约翰·诺顿·珀梅雷(John Norton Pomeroy)先生在《衡平法理》(Equity Jurisprudence)一书中阐明了衡平禁反言的要素:第一,允诺人对关键事实进行"误述"或隐瞒的行为(acts)、语言(language)或默示(silence);第二,"误述"行为人是知道这些事实的,或应该知道的;第三,"误述"行为人有意或期望另一方相信他的"误述"表示,或者在当时的情形下,对方对这种"误述"的相信是自然合理的;第四,相信"误述"的人并不知道"误述"行为涉及的真实事实;第五,因为对"误述"的相信导致相对人状况变得更糟。具体来讲,如果法院允许"误述"行为人否认他的"误述",主张与"误述"行为不一致的权利,相对人必将遭受损失。②

对陈述产生信赖的思想被移植适用于对允诺产生信赖的案件,假定允诺人被禁止否认约因的存在。1921 年,威利斯顿在与梅里特·来恩(Merrit Lane)关于《合同法重述》的讨论中,他认为"衡平禁反言"只限于允诺人对事实的"误述",而这个"误述"又被对方相信的情形。对于那些没有对事实的"误述"只是允诺人对将来打算的无偿允诺(受诺人也相信了这个无偿允诺并据此采取行动)的场合,他建议使用

---

① C. & K. Engr. Contractors v. Amber Steel Co., 23 Cal. 3d 1, 587 p. 2d 1136 (1978).

② Randy E. Barnett, *Contracts Cases and Doctrine*, 3rd edition,《合同法案例与原理》(第 3 版)(案例影印系列),中信出版社 2003 年版,第 704 ~ 705 页。

"允诺禁反言"(promissory estoppel)或其他类似术语以区别于之前的"衡平禁反言"。虽然两次《合同法重述》都没有明确采纳"允诺禁反言"术语,但在事实上,19世纪90年代就有法院使用这一新概念,对先前衡平法院和普通法院零散的衡平实践进行系统整理。可以说,曾经是作为"误述"的证据规则的禁反言,被吸纳进适用于合同成立的新的信赖模式——"允诺禁反言"。①

格兰特·吉尔摩在《合同的死亡》中也对这两个概念进行过阐述。他说,"禁反言"(estoppel)或"不得反悔既有行为"(estoppel in pais)的思想最初限于对现存事实的"误述"的情形。即我告诉你一件事情是这样的(而事实上不是这样),那么,你合理地相信了我的陈述并由此遭受损失,在后来诉讼中,我不得否认我那"误述"的内容。但是在关于"衡平禁反言"和"允诺禁反言"的案件中,这个"禁反言"的概念被扩大使用,不仅包括对现存事实"误述"的情形,也包括对将来行为的陈述、保证或允诺。而且,"衡平禁反言"在初期使用频率更高,可后来"允诺禁反言"逐渐代替了它。这种理论的后果是:如果我允诺做某事,而你合理地相信该允诺并由此遭受了损失。我不得反悔该允诺并否认允诺的义务,即便你的损失不是我的允诺的交换。②

根据上述三种观点,我们可以得出这样的看法:

(1)"衡平禁反言"和"允诺禁反言"是"禁反言"理论的扩展。

(2)司法实践对"衡平禁反言"的运用比对"允诺禁反言"的运用要早。

(3)"衡平禁反言"仅限于一方当事人将事实做虚假的表述,使得对方当事人相信其意思表示的真实,而作为或不作为并遭受损害。在此情况下,法院禁止做虚假意思表示的当事人做与先前虚假表述不一样的陈述或主张。而"允诺禁反言"针对当事人对将来事项的意思表示,虽然该原则也禁止当事人做出与先前意思表示相左的陈述,但先前的意思表示其实是真实的,而非虚假的。只不过它是无偿的,按照普通法上严格的约因法理,它本来没有法律拘束力,但是由于该意思表示已经给对方造成影响,为了避免不公平起见,法院判决"禁反言"的适用,使当事人受其自身意思表示的约束。③

尽管"衡平禁反言"和"允诺禁反言"在理论上的差异是明显的,但早期的法院

---

① Kevin M. Teeven: *A History of the Anglo-American Common Law of Contract*, Greenwood Press, Newyork, 1990, p. 249.

② Grant Gilmore, *The Death of Contract*, Edited and with a Foreword by Ronald K. L. Collins, Ohio State University Press Columbus, 1995, pp. 145 – 146.

③ 吉尔默(Gilmore)没有对"衡平禁反言"和"允诺禁反言"做这样的区分,他似乎认为这两个概念大同小异,只不过后者得到更广泛的运用而已。我国台湾地区的杨桢也认为"衡平禁反言"和"允诺禁反言"仅有这样的区别。见杨桢著:《英美契约法论》(第3版),北京大学出版社2003年版,第95~96页。

在实践上不免会贴错标签。1898 年的 Ricketts v. Scothorn 案[①]就是一例。该案的案情是：孙女 Scothorn 有一份工作，每周收入 10 美元。可她的祖父给她一张便条，上面写到："本人于 1891 年 5 月 1 日允诺，在 Scothorn 要求时支付给她 2000 英镑，并且从现在开始支付的金额以每年 6% 的利息递增。J. C. Ricketts。"

同时，祖父还告诉她，他的其他孙子女都没有工作，所以 Scothorn 也不必工作。因为想到生活有了保障，Scothorn 随即辞职了。1894 年 6 月 8 日，祖父去世，当时，他只支付了一年的利息，临死前他曾告诉他的女儿，他为不能支付剩余款项深表遗憾，如果他能卖掉他在俄亥俄(Ohio)州的农场，他就能兑付那张允诺的便条，可是他现在已经没有时间来完成了。祖父去世后，孙女向祖父的遗嘱执行人 Andrew D. Ricketts 提起诉讼，要求法院强制执行其祖父的允诺。

原告宣称它已经为祖父的允诺付出了"约因"，也就是她放弃了工作，失去了生活的来源，她还主张，正是祖父写的便条诱使她辞职，因为她相信了便条上说的 2000 英镑和每年 6% 的利息，她才放弃工作。可是被告否认了原告的主张。兰卡斯特(Lancaster)县地区法院判决原告胜诉。被告上诉。

上诉法院法官沙利文(John Joseph Sullivan)认为本案事实是很清楚的：祖父没有为他的允诺提出任何要求，完全是在做无偿赠与，所以诉讼所涉的法律文书，即支付允诺的便条是没有约因支持的。这样的允诺本来不该强制实施……但是，沙利文法官说，在以往的涉及对教会、学校或其他慈善机构的捐赠的允诺诉讼中，如果受赠人因为相信允诺而产生了花费或对他人承诺了某种义务，那么允诺人不得以缺乏约因为名撤销捐赠允诺。在这类诉讼中，诉讼中的捐赠允诺是属赠与性质，但是法官通常基于如下理由判决：受赠人因为相信允诺而产生的花费或对他人的义务是赠与允诺的充分约因。但是，在他看来，受赠人获得救济的真正根据应该是"禁反言"原则。

沙利文法官认为，一个允诺在提供时希望受诺人履行某种行为，但是又缺乏有约束力的合同强制他的履行，这样的允诺不能成为诉讼的依据。如果受诺人因为相信这个允诺而让他的状况变得更糟，那么，他有权提起诉讼，本案案情体现了"衡平禁反言"的因素。在此，沙利文法官将"衡平禁反言"界定为："一种产生于协议、认可或行动的权利，因为协议、认可或行动已经根据权利相对人的真实或表面的意思诱使对方的状况发生了改变。"最后，沙利文法官判决维持地区法院的原判决。

虽然本案法官认为有充分的证据证明"衡平禁反言"在本案的适用。但是，很明显，本案的事实不包含允诺人对既存事实的陈述，而是对未来事项的允诺。正如法

---

① Ricketts v. Scothorn, 57 Neb. 51, 77 N. W. 365(1898). See Randy E. Barnett, *Contracts Cases and Doctrine*, Little, Brown and Company, 1995, pp. 701 – 704.

院所言:“如果法院允许赠与允诺人,或他的遗嘱执行人以原告没有付出约因为名拒绝兑现允诺的赠与,将产生极大的不公平。”①

二、允诺禁反言原则的确立与发展

《法律重述》是内战以后美国法的统一化运动的成果之一。它反映了内战结束后美国经济的迅速发展及其对原有法律的挑战。1923 年,由律师、法学家和法官组成的美国法学会(American Law Institute, ALI)成立,该学会以非官方的《法律重述》的方式对各州法院的判决加以整理、归纳和组织,使判例法法典化,普通法规则得到系统阐释。《法律重述》是美国习惯法的成文化的学术著作,并不具有法律拘束力,可是它的见解独特,各州法院都直接引用它作为判决的基础。

《法律重述》也是古典法学面对所谓的现实主义法学攻击的本能反应。② 20 世纪二三十年代,古典法学理论已经遭到怀疑和批评,现实主义法学开始在美国盛行。兰得尔的判例法思想——即通过整理判例获得科学的思想首先遭到现实主义法学者的攻击,判例教学法在 20 年代末的法学院已经不再受重视。但是,此时的古典法学者们仍然希望传统的统一法则能够幸免于难,于是通过对判例法的编撰来抵挡成文法对判例法体系的进一步侵蚀。同时,《法律重述》的编撰也符合现实主义学者们的需求,虽然他们的最终目标是“边沁式”的全面法典化,但是在这一目标一时难以实现的情况下,在重要的法律领域,如财产法、合同法、侵权法进行判例的法典化也不失为明智之举。

(一)《合同法重述》对禁反言思想的正式阐述及其对约因的挑战

《合同法重述》和《统一商法典》被称为美国现代合同法的权威渊源。威利斯顿和科宾是第一次《合同法重述》的主要负责人,二人同为美国的合同法大师,他们的共同参与无疑保证了重述的高品质:《合同法重述》不仅是“重述”系列中最好的一本,也成为美国有史以来最伟大的法学成就之一。但是,因为威利斯顿和科宾对传统普通法的不同态度,他们的共同参与导致了《合同法重述》的内在矛盾,尤其是关于约因定义的第 75 条与关于“允诺禁反言”的第 90 条之间的矛盾,吉尔摩将这种矛盾称作《合同法重述》的“精神分裂症”。③

在重述者们对“约因”定义的讨论中,深受卡多佐影响的科宾教授提出了“卡多佐式”的约因定义——宽泛、模糊、没有实质意义。但是以威利斯顿为代表的霍姆斯

---

① Randy E. Barnett, *Contract Cases and Doctrine*, *Little*, Brown and Company, 1995, p. 704.

② Grant Gilmore, *The Death of Contract*, Edited and with a Foreword by Ronald K. L. Collins, Ohio State University Press Columbus, 1995, p. 65.

③ Ibid, p. 66.

派取得了胜利。所以,第75条关于"约因"的定义完全是霍姆斯式的。"(1)作为允诺的约因是这个允诺要求的,并作为该允诺交换的:a. 某种作为 或 b. 不作为,或 c. 法律关系的创设、修改或消灭,或 d. 一个反允诺;(2)约因可以给予允诺人或其他人,约因可以由受诺人或其他人提供。"①

但是,科宾教授没有就此罢休。在接下来的讨论中他不在就约因定义提出疑问,而是向重述编撰者们展示了一系列案例,这些案例没有威利斯顿所说的约因,法院却对被告施加了责任,判决的基础都是像上文提到的 Ricketts v. Scothorn 案那样,以信赖利益为基础的、根据"禁反言"原则为根据判决的案件。

在事实面前,重述编撰者们被科宾折服了。不过,他们不想再触动约因定义,而是在保留第75条的同时,新增第90条:"若允诺人可合理地预期他的允诺将诱使受诺人做出确切而实质性的作为或不作为,而预想的作为或不作为也事实上发生了,那么,如果强制实施该允诺是避免不公平结果的唯一方式,该允诺是有约束力的。"②显然,新增第90条使得第75条所称的"约因"不再是简单合同成立的必备要素,即便是无偿允诺也可以基于对受诺人信赖利益的保护取得强制实施的效力。

《合同法重述》的内在矛盾不仅体现在条文规定上,也表现在条文后附的释例上。第75条的其中一个假设的案例是:"如果A对B允诺,当B上大学时,A给他500美元"。注释给出的结果是:"如果该允诺只是针对即将发生的事项的无偿赠与,B上大学的行为也不是A的允诺的约因。"第90条一点也没有参照第75条的释例,第90条的第三个假设案例是:"A对B允诺,如果B上大学并修完全部课程,A要给他5000美元。B上了大学,并即将修完课程,如果此时A通知B他想撤销他的允诺,A的允诺应当被认为是有约束力的(即,A不能撤销他的允诺)。"这两个假设案例的案情是极其相似的,可是因为放置在不同的条文,其结果就相反。这应该是《合同法重述》的"精神分裂症"的另一症状。

第90条表述的是"禁反言"思想,尽管条文中并不明确使用"禁反言"这一术语,更没有说明第90条在多大程度上削弱第75条的规定,很明显,这样的保守做法体现了新旧合同思想的冲突与妥协。而且,按照《合同法重述》的统一格式,各条文

---

① American Law Institute, Restatement of Contract, §75 (1) Consideration for a promise is (a) an act other than a promise, or (b) a forbearance, or (c) the creation, modification or destruction of a legal relation, or (d) a return promise, bargained for and given in exchange for the promise. (2) Consideration may be given to the promisor or to some other person. It may be given by the promisee or by some other person.

② American Law Institute, Restatement(Csecond) of contract, §90: A promise which the promisor should reasonably expect to induce action or forbearance of a definite and substantial character on the part of the promise and which does induce such action or forbearance is binding if injustice can be avoided only by enforcement of the promise.

后都附有分析性的冗长评论和案例解释,可唯有第 90 条没有任何评论,只有 4 个假设的案例解释。这种不公平的形式体现了编撰者们内心的犹豫。

第一次《合同法重述》于 1932 年公布后,围绕第 90 条的讨论主要是“禁反言”原则的适用范围,即用来解决非盖印的无偿允诺救济困境的新原则能否适用于商业交换。一系列关于建筑承包的案例展示了这个扩展过程。① 它们所涉及的案情相似:总承包人相信分包商对他的报价并将其作为向政府投标时工程总报价的计算依据,分包商能在事后违背自己先前的报价吗?后两个案例援引了“允诺禁反言”原则,其中,在第三个案例中,法官 Taynor 采纳了普通法的默示条款拟制,陈述道,当分包商的报价被合理信赖时,就默示了不可撤销的附带允诺的存在。不过,在审判实践中,“允诺禁反言”原则并不仅限于建筑投标,在其他的商业案件中也得到普遍运用。② 信赖利益保护这只潘多拉盒子被第 90 条规定打开了。

而且,像 Drennan 案这样对于没有被承诺的要约的强制实施改变了关于要约与承诺的传统看法,人们还想到,能否将这一思路扩展适用于磋商阶段的尚不能称做要约的允诺呢?1965 年的 Hoffman v. Red Owl Store 案③对此问题做出了肯定回答。原告在威斯康星州经营面包房,但是对 Red Owl 百货公司的零售店的经营权感兴趣,被告的代理人反复向原告保证 Red Owl 公司将会授予原告特许经销权,尽管特许经营条款并没有达成,Red Owl Store 的代理人以特有的、有力的方式鼓励原告相信他们的保证,代理人还明确表示在 Chilton 的特许经营权只要 18000 美元就足够了,无须与 Red Owl 公司的信贷经理商量。可是这件事后来还是得与经理商量,原告需要的现金数额大幅度提高,致使谈判破裂。原告起诉要求赔偿损失。

威斯康星州最高法院在判决书中说:“被告提出,原被告之间从来没有就合同所需的实质性因素达成协议……通常,‘允诺禁反言’是作为‘约因’的替代物被援用的,目的是使一项让受诺人单方受益的允诺产生合同效力。换言之,受诺人对它产

---

① James Baird Co. v. Gimbel Bros. ,64 F. 2d 344,346(2d Cir. 1933),Northwestern Engineering Co. v. Ellerman, 69 S. D. 39,408,10 N. W. 2d 879,884(1943),Drennan v. Star Paving Co. ,51 Cal. 2d 409, 333 p. 2d 757 (1958). 在后两个案例中,法官援用禁反言原则禁止分包人违背自己的报价。

② 《合同法重述》颁布以后,美国法院以允诺禁反言为基础出判决的其他比较著名的案件还有:Supreme Court of Kansas, 131 Kan. 760, 293 p. 759 (1930). St. Louis Court of Appeal, Missouri, 322 S. W. 2d 163 (1959). Supreme Court of Kansas, 131 Kan. 760, 293 p. 759 (1930). ,Goodman v. Dicker (D. C. 1948), 169 Fed. 92d) 684; Van Hook v. Southern California Waiters Alliance (1958), 158 Cal. App. (2d) 556, 323 Pac. (2d) 212; Chrysler Corp. v. Quimby (1958), 51 Del. 264, 144 Atl. (2d) 855; Lusk-Harbison-Jones, Inc. v. Universal Credit Co. (1933), 164 Miss. 693, 145 So. 623; Feinberg v. Pfeiffer Co. (Mo. App. 1959), 322 S. W. (2d) 163; Schafer v. Fraser (1955), 226 Or. 446, 290 Pac. (2d)190, 294 Pac. (2d) 609; Northwestern Engineering Co. v. Ellerman (1943), 69 S. D. 397, 10 N. W. (2d) 879。

③ Hoffman v. Red Owl Store,26 Wis. 2d 683, 133 N. W. 2d 267 (1965).

生信赖从而使自己蒙受损失,由此产生了舍弃'约因'要求的必要性。如果'允诺禁反言'仅仅适用于这样的情形:足以使诉因发生的允诺必须如此确定,以致包含了合同必须包含的细节,那么本案被告对原告的允诺不符合这一要求。然而,《合同法重述》第90条并没有要求能使诉因发生的允诺在范围上必须广泛到一项要约应该达到的程度,此要约已十分完备以至一旦为受诺人接受就能够成立一份合同。以'允诺禁反言'提起的诉讼不等于违反盖印约定之诉。我们的结论是,由于被告没有信守诺言,而这一诺言使原告采取了行为并让原告因此遭受损失,所以不让原告得到救济是不公平的。"①

Hoffman 案是法院使用"允诺禁反言"原则为过失性"允诺性误述"的受害者提供救济的第一个案例。原告不仅难以依据违约提起诉讼,也无法要求法院追究被告的侵权责任,因为代理人并不是一开始就在撒谎。"允诺禁反言"是为原告赢得救济的唯一依据。但是,如果侵权责任针对"允诺性误述"的认定标准没有那么严格,那么它在本案能产生与"允诺禁反言"同样的结果。

Hoffman 案判决对合同成立的两大基本原则(约因,要约与承诺)提出挑战,它回答的不是法律是什么而是法律应该是什么,它符合日常的告诫,即一个人在商业磋商中应该保持诚信,否则,就要为对方的信赖损失承担责任。Hoffman 案在合同法史上的另一重大意义在于它确立的赔偿方式,法官认为本案诉讼不是违约诉讼,所以,原告能得到的赔偿金不包括未来的利润,只限于他所失去的利益。这种责任追究方式打破了古典合同法中的绝对责任理论,使前合同关系的当事人得到保护。

大法官麦克法丁(McFaddin)认为:"允诺禁反言法则的发展表明,法院希望在司法救济中与商业交易中日益增强的诚实信用道德意识保持协调。"无论如何,"允诺禁反言法则"已经成为法官们阻止不公正结果的有效工具,但这并不是法官们盲目追赶潮流所致,而是暂时也没有别的理论能够在类似情况下为原告提供获得救济的理由。②

由于对19世纪法律原则的固守而不反映现代商业实际,《合同法重述》注定要遭受攻击。体现法律现实主义精神的《统一商法典》在1952年颁布后,为了加强该典买卖篇与《合同法重述》的协调,学者们建议编纂新的《合同法重述》。并由现实主义法学家科宾担任第二次重述工作的负责人,经过14个草案,第二次《合同法重述》于1981年正式公布。经过半个世纪中的积淀,第一次中的内在矛盾在第二次有没有得到解决呢?

第一次第75条(关于约因的定义)成为第二次第71条(交换之要件、类型)的内

---

① Randy E. Barnett, *Contract Cases and Doctrine Little*, Brown and Company, 1995, pp. 744 - 745.

② Ibid, pp. 737 - 738.

容,条文本身的规定变化不大。第二次第 71 条是:

(1)为构成约因,必须有某种履行或允诺作为允诺的交换。

(2) 行为或相对允诺是允诺人想用其允诺交换的,而且是被允诺人为交换允诺人的允诺而付出的,那么这里的履行和相对允诺就是交易的内容。

(3)作为约因的履行可以是:非允诺的行为;不作为;法律关系的创造、修改、或消灭;相对的履行或允诺可以向允诺人或其他人提供,可以由受诺人或其他人提供。

(4)相对履行或允诺可以对允诺人或其他人做出;由受诺人或其他人提供。①

两个版本针对"约因的定义"这一内容的评述却让人感到时代的变迁。第一次的评述完全是威利斯顿的风格:"法律义务不可能对做出非正式允诺的人施加,除非该允诺有充分的约因支持……"第二版第 71 条的评述在语气上显然不再这么理直气壮,态度缓和了许多,写到:"约因这个词常常以不同于本条文的含义被运用。它经常只是表达允诺是有执行力的这一法律后果。"可见,该评述没有强调约因是简单合同生效的必备要件。约因的含义已经被"科宾化"。

第 90 条在第二次中变化显著。从篇幅上看,原来 90 条没有评注,只有 4 个假设的案例做解释,条文与释例加起来不到一页。而在第二次中,该条文附属的解释案例增加到 17 个,全部篇幅达到 12 页。从条文内容上看,第二次《合同法重述》第 90 条(合理引致作为或不作为的允诺)的条文是:

(1)若允诺人可合理期待他的允诺将诱使相对人或第三人为特定的作为与不作为,相对人或第三人确实有特定的作为与不作为,如果只有该允诺的强制实施才能避免不公正结果的产生,则该允诺有拘束力。违犯允诺的救济范围仅限于维护公平所需。

(2)若(1)款适用于关于慈善捐助的允诺和婚姻财产和解允诺,无须证明允诺诱使作为与不作为的事实。②

---

① American Law Institute, Restatement(second) of contract, §75:(1) To constitute consideration, a performance or a return promise must be bargained for. (2) A performance or return promise is bargained for if it is sought by the promisor in exchange for his promise and is given by the promise in exchange for that promise. (3) The performance may consist of (a) an act other than a promise, or (b) a forbearance, or (c) the creation, modification, or destruction of a legal relation. (4) The performance or return promise may be given to promisor or to some other person. It may be given by the promise or by some other person.

② American Law Institute, Restatement(second) of contract, §90:(1) A promise which the promisor should reasonably expect to induce action or forbearance on the part of the promise or a third person and which does induce such action or forbearance is binding if injustice can be avoided only by enforcement of the promise. The remedy granted for breach may be limited as justice requires. (2) A charitable subscription or a marriage settlement is binding under Subsection (1) without proof that the promise induced action or forbearance.

与第一次《合同法重述》第90条相比，第二次《合同法重述》第90条（合理引致作为或不作为的允诺）的内容有以下变化：

（1）适用前提不再有关于允诺相对人对允诺的信赖需到确实与确定的程度的规定。

（2）适用对象并不仅限于相对人，还包括第三人。第一次对此问题的规定不清楚。

（3）救济范围仅限于维护公平所需，原则上限于信赖损害（reliance damage）的范围，与第一次的"全部的合同赔偿请求"（a full contractual recovery）有所不同。

（4）根据新增加的第2款的规定，当"允诺禁反言"适用于慈善捐助的允诺和婚姻和解允诺，当事人无须证明允诺引致的作为与不作为的事实。

显然，第二次《合同法重述》将"允诺禁反言"原则的适用范围扩大了。在实践中这一扩大的趋势更为明显，在一些案件中，当事人受到一般性陈述（general statements）和不确定允诺（indefinite promises）的诱使并据此采取行动，而法官也确认了诉讼权的存在，这是"允诺禁反言"原则最大限度的扩张。这样的案例发生在商业领域，双方商议达成有效交易。在商谈过程中，一方作了允诺，该允诺不足以成为有效交易的基础，但足以诱使对方基于合理信赖改变主意，当这种可预见的信赖发生时，法官将认定受诺人有寻求司法的法定权利。由于所涉及的允诺不够确定，不会成为协议的基础，所以在此情况下，法院对受诺人提供的救济只限于对信赖损失（reliance damage）的弥补，而不是未履行的允诺的价值。① 总之，在前述 Drennan 案及 Hoffman 案等判决的影响下，第二版《合同法重述》第90条的规定与第1版相比有较大变化，首先，该原则的适用前提不再有关于允诺相对人对允诺的信赖需到确实与确定的程度的规定；其次，救济范围仅限于维护公平所需，原则上限于信赖损害（reliance damage）的范围，与第一次重述的"全部的合同赔偿请求"（a full contractual recovery）有所不同。这一"弹性救济"新规定，有助于"允诺禁反言"适用于更多的案件，也使那些不要求实际履行合同的原告获得赔偿。

从评述来看，第二次对第90条的评述是："信赖是强制执行那些未完成交易的主要基础之一，信赖的可能性为履行中的交易的强制实施提供支持……所以本条款（第90条）陈述了一个基本原则，即法官在确定某交易是否应该强制实施时，不再必要就强制实施交易的准确范围展开调查。"②评述中采用了"主要基础之一"来描述

---

① Claude D. Rohwer, Gordon D. Schaber, *Contracts*, 4th edition, West Nutshell Series,《合同法》（第4版）（美国法精要·影印本），法律出版社1999年版，第123～125页。

② American Law Institute, *Restatement*（*second*）*of Contract*, Official Text（1981）, pp. 242 – 243（Comment a）.

信赖利益,第90条的内容上升为“基本原则”(basic principle),这再次说明“允诺禁反言”原则在第二次中的地位较之在第一版中的地位已大大提高,它在必要时候有超越交易约因论的可能。根据这段精彩评述,似乎大多数合同案件都可以用第90条来解决,而不必诉诸第71条(第一次的第75条),所以评述者留给约因理论的适用空间已少得微乎其微。第90条似乎是帮助人们走出普通法合同法的技术困扰的魔力之门。

(二)“禁反言”原则在英国的提出与扩展

到19世纪后期,英国对信赖利益保护的紧迫性不如美国那么强烈,因为英国保留了盖印合同的特殊效力,也没有采纳古典“交易约因论”,英国法官对约因的定义是:“一个在法律意义上有效的约因,可以是一方当事人得到的某种权利、利益、好处,也可以是另一方当事人遭受的损失、不得不进行的克制或必须承担的责任。”①法官们利用“受损约因论”的弹性解决很多疑难案件。

在英国,对“禁反言”理论做出最突出贡献的当属丹宁勋爵,②他是第二次世界大战以后英国最伟大的法律改革家和享誉世界的法学家之一。他担任英国上诉法院民事分院院长长达20年,在其漫长的法律生涯中,丹宁勋爵做出了很多极有影响的判决推动了英国法制的变革。“允诺禁反言”原则是丹宁(Denning)勋爵在1947年的“High Trees”案③中正式提出来的。

“High Trees”案的基本案情是:1939年9月,原告根据盖印的租赁合同,租借给被告一批公寓,每年租金2500英镑,租赁期限为99年。1940年,战争导致许多房屋空闲,于是原告同意将年租金降到1250英镑。双方没有对降价的期限做约定,直到1945年被告都是按降价后的租金支付的。但是1945年时局已经恢复正常,房屋无一空闲。原告写信给被告要求把租金提高到每年2500英镑,并起诉要求被告支付1945年过去两个季度的租金差价。

丹宁勋爵判决原告胜诉,他认为租金调整只是双方当事人对战争影响房屋租赁

---

① Currie v. Misa, L. R. 10 Exch. 162 (1875), See Laurence Koffman, Elizabeth Macdonald, *The Law of Contact*, 4th edition, 2001, Published by Tolley p. 45; See J. BEATSON *Anson's Law of Contract*,, by Oxford University Press, Inc., New York 2002, 28th. ed. p. 88; See Mary Charman, Contract Law, 2nd edition, published simultaneously in USA and Canada by Willian Publishing, 2002, p. 61.

② 英文名为Alfred Thompson Denning,1921年进入牛津大学学习法律,1922年考取林肯律师学院,1938年4月,被授予“王室法律顾问”,1948年被任命为高等法院遗嘱、离婚和海事分院法官,专审离婚案件,1948年被任命为上诉法院法官,1957年进入上议院,1962年成为上诉法院民事分院院长,1982年退休。丹宁勋爵的主要著作都已有中译本,它们是:《法律的训诫》(*The Discipline of Law*)、《法律的正当程序》(*The Due Process of Law*)、《法律的界碑》(*Land Marks in the Law*)、《家庭故事》(*The Family Story*)、《法律的未来》(*What Next in The Law*)、《最后的篇章》(*The Closing Chapter*)。

③ Central London Property Trust, Ltd. v. High Trees House Ltd. [1947] K. B. 130.

而采取的临时措施，所以该协议只能适用于房屋租赁受到战争影响的时期，根据实际情况，到 1945 年 6 月，所有房屋都客满，所以该协议就停止生效了，由此原告主张的 1945 年后面两个季度的租金差价应该得到支持，将来的租金也应当恢复到每年 2500 英镑。

丹宁勋爵的判决逻辑严谨，语言精妙，其最有影响之处在于他在总结过去 50 年相关案例的基础上，正式确认了“允诺禁反言”原则，并阐述其合理性，对传统的约因学说给予正面攻击。丹宁勋爵指出，但是如果原告要求 1940 年 ~ 1945 年的租金差价，他们将败诉，因为他们已无权主张他们在原有合同下的严格的法律权利，原告知道被告方会依据他们的允诺行事，而且事实上也是这样。尽管没有约因，只要引起降价允诺的原因状况持续存在，战时订立的减少租金的协议是有效的。

丹宁勋爵承认，如果不考虑法律的最新发展，这个降价的协议是无效的，原告无疑有权取得整个降价协议期间的租金差额，因为根据古老的普通法，盖印合同不能用简易协议修改。虽然衡平法允许盖印合同用简单合同修正，但是衡平法规则在本案难以适用，因为人们会认为这个修改的允诺没有约因支持。于是只好转向“禁反言”原则，但是本案中减少租金的陈述不是对现存事实的陈述而是对未来的陈述，按照 Jorden v. Money 案①的判决，它不具有被“禁反言”的效力。

丹宁勋爵指出，在过去 50 年中的许多被说成是“禁反言”的案例，没有关于“禁反言”的正式阐述。那些案件的案情大体是这样：一个人做出一个希望创立某种法律关系的允诺，允诺人应该知道受诺人会相信该允诺并据此采取行动，而事实上也发生了这样的后果。在这样的案件中，法官都判决该允诺必须得到尊重，尽管根据古老的普通法很难为这些允诺找到“约因”，但法院不允许允诺人采取与允诺不一致

① 英国历史上第一次提到禁反言理论的是 1854 年的 Jorden v. Money (1854) 5 H. L. Cas. 185. 案。该案事实是：Money 欠 Jorden1200 英镑，但是 Jorden 经常向 Money 说她无意收回此款，这一宣称致使 Money 敢于结婚，并在婚后向法院请求确认她与 Jorden 之间不存在债务。上议院判决 Money 败诉，因为普通法中的“禁反言”只适用于对当前事实的虚假陈述，不适用于对将来的打算。

的行动。这些判决是普通法与衡平法融合的自然结果,因为 Hughes 案①等许多案件的事实已充分说明,出于公平正义的需要允诺人不应该违背自己的诺言。现在,我们应该正式确认这些允诺的有效性。丹宁勋爵进一步指出,确认这些允诺有效性的逻辑后果就是:债权人做出的接受较少金额以满足较大数目的债务的允诺(如果已经被债务人信赖),尽管缺乏约因,也是有约束力的。Foakes v. Beer 案确认的原则与此不同,但是,在普通法与衡平法的融合已经长达 70 年的今天,我们必须重新审视这些原则。丹宁勋爵还提醒人们注意在法律修改委员会第六号中期报告中已经有人建议,像本案中的承诺应该有法律拘束力,尽管受约人没有对它提出约因。② 他认为,法院的判决已经实施了报告的建议。

所以,丹宁勋爵在 High Trees 案中的判决突破了两个障碍。第一个障碍是 Jorden v. Money 案确立的原则:"禁反言"只能适用于对现存事实的陈述。本判决将"禁反言"原则扩展适用于当事人对将来事宜的允诺。第二个障碍是 Foakes v. Bee 案,因为丹宁勋爵明确指出,确认这些允诺有效性的逻辑后果就是:债权人做出的接受较少金额以满足较大数目的债务的允诺(如果已经被债务人信赖),尽管缺乏约因,也是有约束力的。

High Tree 案的判决在英国法学界产生巨大反响,尤其是在商业领域,它的适用范围不断扩大,禁反言的对象从"高树案"中的"允诺"或"保证",扩展到当事人的"行为",我们可以将这种适用称为"行为禁反言"(estoppel by conduct)。

---

① Hughes v. Metropolitan Railway Company (1877) 2 App. Cas. 439 (HL)参见(U. K.) Jill Poole *Casebook on Contract Law*, sixth Edition, Oxford University Pres, 2003, p. 132。该案是产生于 1873 年 ~ 1875 年普通法与衡平法融合时期的一系列判例之一。案情是:房东(上诉人)给房屋承租人(被上诉人)发出通知,承租人在六个月内修缮房屋,否则房东将收回房屋。在通知规定的时限未到期时,双方开始商讨上诉人购买租赁协议的事宜,商讨一直在进行,当通知所规定的时限到即将到期时,上诉人终止商讨,在时限真的到期日,上诉人提起收回房屋之诉。上议院认为,根据衡平法,房屋承租人不得被驱逐,因为双方的商讨行为已经将通知延期。房东(上诉人)与房屋承租人(被上诉人)的商讨默示了上诉人的允诺:在商讨持续期间,他不会强制实施先前的通知的内容。承租人是因为信赖这个默示允诺而没有做任何修缮,所以,六个月的期限应该从商讨终止那天起算,而不是通知送达房屋承租人之时。Cairns 勋爵做了如下表述:"无论是出于怜悯,还是为了让财产免予没收,这样的主张都不应该得到救济。衡平法院有一条基本准则,如果当事人间已经达成了特定的涉及一定法律后果的条款,事后,当事人以行为或同意达成一系列协商,该协商使其中一方相信原来合同的权利不会被强制实施,或者将会被延期生效,或者暂时终止,在这种情况下,另一方当事人不得要求原有合同权利的强制实施——如果双方之间曾有的交涉会让这样的强制实施变得不公正。"有意思的是,Foaks v. Beer 案判决于 1884 年,也是属于普通法与衡平法融合的时期,而且还晚于 Hughes 案,法官却没有援引 Hughes 案的判决。

② [英]丹宁勋爵著:《法律的训诫》(*Discipline of Law*),杨百揆等译,法律出版社 1999 年版,第 227 ~ 229 页。

经典判例仍然是丹宁勋爵在 Charles Richard Ltd. v. Oppenhaim 案[①]的判决。被告想要一种带有特定底盘的车身,汽车制造商允诺在 6 个月,最多 7 个月内交货。可是这个期限已过,汽车制造商没有交货,被告一直催促。如果汽车制造商在 1948 年 6 月交货,被告能拒绝接收吗?根据当时已有的判例,被告是可以拒收的,因为本案既不能为被告的延迟收货寻找约因,又不能满足 1893 年《货物买卖法》对货物买卖的书面文字要求。但是,丹宁勋爵不是顺水推舟,他决定用"禁反言"解决这个长期的商业难题。

丹宁勋爵论述到,如果被告以自己的行为让对方相信,如果对方交货,他就会接受,而他们也顺着这样的思路拖延了。被告就不能重新坚持原来规定的交货时间。这对于被告来说,可以是叫权利的放弃(waiver),可以是权利的丧失(forbearance),或者是双方同意的合同的变革或合同的更新,法律后果都一样,"禁反言"理论适用于此。因为被告通过自己的行为表示了一种影响合同双方法律关系的意图。他实际上作了一个不坚持自己的严格法律权利的承诺。这个承诺意在影响对方,而且事实上也起了作用,被告不得反悔……丹宁勋爵还说,本判决是他在 1947 年"高树案"确立的"允诺禁反言"的具体应用。[②]

Charles Richard Ltd. v. Oppenhaim 案的判决是对英国 1893 年《货物买卖法》的突破,当时,因为该法规定 10 英镑以上的货物买卖合同必须写成文字,正是 1950 年的这个判决,上述严格的规定在 1954 年被取消。Charles Richard Ltd. v. Oppenhaim 案的判决已经提到一方当事人的"弃权"问题,即一方当事人自愿放弃合同权利,事后不得坚持自己原有的严格权利,去追究另一方当事人的违约责任。有些书上也有"弃权禁反言"的提法,认为它 与"允诺禁反言"非常相似,都是对传统"约因"理论的突破。[③]

早期英国的商事法庭对于"弃权"的认定是有严格限制的,只有双方当事人中一方明知对方违犯合同条款而放弃追究时,才适用弃权原则(doctrine of waiver),免去违约方的责任。1970 年的 Panchaud Fr' eres Sa 案[④]将"弃权"适用范围从当事人"明知"对方违约而放弃追究扩大到他有"行为"显示他对对方违约的不在意。买卖双

① Charles Richard Ltd. v. Oppenhaim [1950] 1 K. B. 616. 该案参见[英]丹宁勋爵著:《法律的训诫》(*Discipline of Law*),杨百揆等译,法律出版社 1999 年版,第 235 页。

② [英]丹宁勋爵著:《法律的训诫》(*Discipline of Law*),杨百揆等译,法律出版社 1999 年版,第 230 页。

③ Ewan Mckendrick, *Contract Law*,4th Edition,《契约法》(第 4 版)(麦克米伦法学精要丛书·影印本),法律出版社 2003 年版,第 111 ~112 页。

④ Panchaud Fr' eres Sa (1970) 1 Lloyd' s Rep. 53. 参见[英]丹宁勋爵著:《法律的训诫》(*Discipline of Law*),杨百揆译,法律出版社 1999 年版,第 235 页。

方达成的一项买卖合同规定,卖方将货物于1965年6、7月间装运。但卖方的实际装运时间是8月12日,即将发运时,卖方通过银行向买方送达了装船文件。买方付款并取走文件,并没有仔细检查,所以没有注意到装船时间与原来合同的规定不相符合。但是当船到达目的港时,买方以装船发运时间太晚为由拒收货物,于是发生诉讼。如果依照传统法律见解,买方没有"明知"卖方的违约,从而不能对卖方的违约事宜做任何表示,所以买主并没有放弃(因被告的延迟送货而)拒收货物的权利,那么,卖方无疑败诉。

可是,丹宁勋爵也参与了对该案的审理,他舍弃严格的"弃权"理论,引进"行为禁反言"原则,认为:如果一个人有权以某种理由拒收货物,却表现出某种行为使另一个人相信他不依赖那种理由,那么他事后不得将那个理由提出来作为拒收的理由,否则就是不公平的。买方有充分的时间去读装船文件,他完全可以发现装运时间是8月12日,而不是在合同规定的最晚时间7月31日之前,既然他不愿意这样做,他就该自己承担责任。丹宁勋爵的意见得到其他法官的认可,而且也符合《货物买卖法》第35条(Sec. 35 of The Sale of Goods Act 1893)的规定,如果买主在货物时不愿检查货物,经过合理时间段以后,买主就失去了拒绝接受货物的权利,尽管他当初并不知道货物与合同规定不符。

本案"行为禁反言"法则的引进成就了"弃权"概念的扩大,从而也促进了实际的商事公平。该"弃权"概念在稍后的 Bremer v. Vanden 案①、Toepfer v. Cremer 案②和 Intertradex v. Lesieur 案③都得到采用。

(三)"允诺禁反言"在英国受到的限制及成因分析

虽然丹宁勋爵在1947年"High Trees"案中的判决受到一些法官的追随,但是一些保守的法律界人士很担心"允诺禁反言"对传统的约因原则带来伤害,迫于压力,丹宁勋爵本人在 Combe v. Combe 案④宣告:"High Tree 案陈述的原则不能创立新的诉讼,它只能阻止当事人坚持其原来的严格的法律权利以防止当事人间的不公

---

① (1978) 2 Lloyd's Rep. 109.

② (1975) 2 Lloyd's Rep. 118 at 123.

③ (1978) 19th April(unreproted).

④ Combe v. Combe [1951] 2 K. B. 215(AC). 丈夫在离婚后允诺每年给前妻100英镑生活费。因为相信他的允诺,妻子没有向离婚法院提出申请。接近7年后,前妻提起诉讼要求6年零9个月的生活费,共计675英镑。她宣称他的前夫作了明确允诺,意在让她依赖该允诺行事,事实上,她的行为也受到该允诺的影响,所以他的前夫不得违背他先前的允诺。初审法院支持了她的主张,但是上诉法院推翻了初审判决,认为妻子没有为丈夫的允诺提供"约因",妻子不向法院提出诉求并不是基于丈夫的请求,而且"禁反言原则"不能作为诉讼理由。

正……"[1]丹宁勋爵的经典陈述充分体现了英国法对"禁反言"原则的限制和对传统约因原理的维护，"该原则永远不可能独立产生一桩诉讼，它永远不可能摆脱约因的必要性……约因法理已经根深蒂固，任何侧面来风都不能将它吹倒，约因仍然是合同成立的必被要件，虽然不一定是合同变更的要求"。[2]

据此，"允诺禁反言"在英国法中只能作为抗辩的理由而不是诉讼的基础，即它"不是矛，而是盾"。[3] 在1966年的D & C. Builders案[4]中，丹宁勋爵表达了同样的思想。他说，Foakes v. Beer案的判决仍然代表着普通法的原则，The High Trees确立的规则只是在普通法的原则显失公平时才能发挥作用。丹宁勋爵的话暗示了这样的意思：The High Trees确立的"允诺禁反言"原则并没有推翻Pinnel's案和Foakes v. Beer案坚持的约因法理。

可见，在相对保守的英国法中，"允诺禁反言"原则只是受诺人的抗辩理由而不是可以替代约因的诉讼基础。那么，该原则的适用对于允诺人在原来的合同权利产生什么影响呢？根据著名案例Tool Metal Manufacturing Co. Ltd. v. Tungsten Electric Co. Ltd.案[5]的判决，"允诺禁反言"只能导致允诺人原来的合同权利的暂时中止，而不是取消，允诺人通过给予受诺人合理通知来恢复其原来的严格的法律权利。丹宁勋爵在1979年的Brikom Investments Ltd. v. Carr.案[6]的判决中认为，"禁反言"原则对权利义务的影响是暂时的，除非受诺人无法恢复到以前的状况，或者允诺人明示或默示地表示他要永远放弃他的权利。

相比之下，"允诺禁反言"在美国法中对约因带来更大的挑战，美国合同法著作常常将"允诺禁反言"描述为"约因"的替代（"alternative to consideration"或"substitute for consideration"）。这种差异存在的直接原因在于，"约因"在美国法院受到严格的界定，所以他们不得不给予"禁反言原则"更加宽广的空间使案件得到更妥善的处理，帮助法官摆脱"约因"的技术限制。[7] 深层次的原因在于司法体制的不

---

① Paul Richards, *Law of Contract*, 5th Edition,《契约法》(第5版)(朗文·培生法学基础系列·影印本)，法律出版社2003年版，第67页。

② A. G. Guest, M. A. *Anson's Law of Contract*, 26th edition, Clarendon Press Oxford, 1984, p. 108.

③ "财产性禁反言"是该限制的例外。"财产性禁反言"案例一般有以下两类。第一类是当他人错误地以为自己是土地的主人而改善财产时，财产的真正主人袖手旁观，视而不见；第二类是财产主人向人允诺受诺人将享有一定的权益，而受诺人因为相信该允诺而遭受一定损失。在Pascoe v. Turner (1979) 1 W. L. R. 431.案和Crabb v. Arun District Council (1976) Ch 179 (CA) 3 All Er 865案都是原告利用"财产性禁反言"获得救济的经典案例。

④ D&C. Builders Ltd. v. Rees (1966) 2 QB 617.

⑤ Tool Metal Manufacturing Co. Ltd. v. Tungsten Electric Co. Ltd. (1955) 1W. L. R. 761.

⑥ Brikom Investments Ltd. v. Carr. (1979) Q. B. 467.

⑦ Ewan McKendrick, *Contract Law*, 4th edition,《契约法》(第4版)(麦克米伦法学精要丛书·影印本)，法律出版社2003年版，第106页。

同。英国司法机构单一,他们严格遵循先例,独享法律解释之大权,不愿也不必变革传统。而美国,不仅存在联邦法院与州法院之间的双轨制,而且州与州之间法律不统一,司法机构的多元导致了司法力量的分化,使《法律史重述》之类的成文法或半成文法有更多的机会和空间发挥起统一法律、指引方向、变革传统的作用。但是,英国法官对先例的固守也是有历史原因的,英国的司法理念在20世纪初就比美国更具形式主义,其形式主义传统始于边沁对议会立法的追捧和对法官造法的抵制。保守主义者对边沁的观点加以阐述,进而认为现代法官的职责仅限于在现有的资料中发现法律,严格遵循正式的规则。美国在建国之初就深受自然法思想的影响,现代美国法官在适用先例时会考虑先例蕴涵的合理性基础。

三、"准合同"理论的起源与发展

英美法中的现代"准合同"理论仍然起源于中世纪的令状制,"债务性承诺之诉"(indebitatus assumpsit)的扩张是"准合同"理论最重要的生成路径。作为英美合同法史上里程碑,1602年的Salde案的判决思路是:债务的实际存在默示了债务人后续的支付允诺的存在,于是"债务性承诺之诉"得以适用。由于法官巧妙地增加后续允诺的法律拟制,为"债务性承诺之诉"的扩张建立了合法依据。Salde案判决标志着合同诉讼形式的统一,即"债务性承诺之诉"对"债务之诉"的取代,也显示了法律对"默示允诺"概念的认可。"默示允诺"概念扩张适用于很多纠纷,譬如,A为B付出了劳务,但是B没有做出支付允诺,A可B提起"合理价格支付的承诺之诉"(assumpsit on a quantum meruit)。逐渐地,"债务性承诺之诉"不仅用来强制实施产生于明示或默示合同的债务,也用于那些由法律施加的债务。而法律施加的债务往往不存在合意,而是因为当事人违反了成文法或风俗习惯的义务。

"账目之诉"(action of account)充分表达了现代的不当得利原则:一个人不能以他人利益为代价让自己不正当获利。在17世纪,"债务性承诺之诉" 将这类救济纳入自己范围。这样案件可以分为三类:第一,当合同完全失去了履行前提时,当事人有权收回自己根据合同所做的付出。譬如,原告根据房屋租赁协议向被告预付了租金,而被告在租金开始前被剥夺了房产。原告有权收回他的损失。第二,A有权收回错误地支付给B的金钱。譬如,买方对商品作了重复支付,卖方无权保留第二次支付的价金。第三,B不正当地占夺了属于A的金钱或其他财产,A有权收回。

事实证明,大量涉及法律强加义务的纠纷都通过"债务性承诺之诉"得到了有效解决。但是,这类义务得到实施的理论基础是什么呢?后续允诺的法律拟制已越来越不令人信服。布莱克斯通在对纷繁复杂的案例进行整理时试图对这一拟制赋予新意,他将那些产生于默示合同的义务和纯粹由法律强加的义务混为一谈,没能提出统一的理论。面对浩繁的案例和规则的不统一,曼斯菲尔德承担了对这类救济进行理论阐述的历史重任。在1760年的案例中，他提出了关于不当得利的诉讼得以成立的条件，并归纳了此类诉讼的判决原则："收回不该被合理保留的金钱的衡平法诉讼对社会是有益的，应该受到鼓励……这类诉讼的核心是，被告有基于自然公正的需要而偿还已接受的金钱的义务，即便被告没有支付的允诺。"[①]曼斯菲尔德的阐述开启了现代"准合同"理论的发展的大门。

但是，曼斯菲尔德的宣告依然不够明确，直到19世纪，英、美两国对该理论的发展都还很有限。其中一个重要原因是普通法的法官们不情愿用曼斯菲尔德开放而模糊的原则来牺牲普通法的规范有序。而且，人们对于"准合同"（即法律默示合同，implied-in-law）与存在于事实默示（implied-in-fact）的真实合意关系也有混淆。"准合同"理论的目的是阻止不当得利，而不是保护预期利益或信赖利益，因为它追究的是被告出于良心应该做的事，而不是被告事实上的意向。

19世纪后半期以来，英、美两国司法界对于"准合同"理论的态度发生分化。美国广泛地认定不当得利的存在，而英国却尽量地限制该原则的适用。产生如此差异的原因主要有以下几点：第一，自曼斯菲尔德以后，英国再无开明的法官敢于公开抛弃"令状制"的迂腐残余。第二，就"准合同"救济来说，独立的衡平法院独享管辖权，不必与普通法院产生关系。第三，自然法思想是美利坚合众国的建国理念，据此，合众国缔造者们对于不符合公平正义的先例采取排斥态度，在19世纪末20世纪初，这一情绪有所复活。与此形成对比的是，英国法官却对遵循先例原则（stare decisis）更加固守。第四，新的法哲学思想导致英、美两国对先例的分化在20世纪30年代更加显著。主导美国法学界的现实主义法学认为，先例可以存在于浩繁的美国判例，法官必须考虑法律规则的公平性。而英国的分析法学派认为，法律改革及政策考虑是议会的智能，法官的任务是遵守包括先例在内的现有法律。[②]

基于上述理由，在彻底废除"令状制"，普通法院与衡平法院完全合并后，美国法官公开抛弃默示允诺的法律拟制，不当得利成为与合同和侵权并列的救济基础和法律分支。19世纪后半期以来，美国法官通过引用曼斯菲尔德的经典阐述，通过与关于不当得利的衡平救济的类比，"准合同"救济作为金钱损害赔偿的普通法诉讼在持续扩张。福里德曼说，19世纪的合同法关注达成合同的自由，而20世纪的合同法更加注重衡平调整。[③] 科宾也说，现代的衡平法院和普通法院都不会因为返还救济未

---

① Moses v. Macferlan, 2 Burr. 1005, 97 Eng. Rep. 675 (1760). See Sir William Holdsworth, *A History of English Law*, Methuen & Co. Ltd., Sweet & Maxwell, Ltd., in 16volumes, reprited in 1977, Vol. Ⅷ, p. 97.

② Kevin M. Teeven, *A History of the Anglo-American Common Law of Contracts*, Greenwood Press, 1990, p. 242.

③ Friedman, *Contract Law in America*, Madison, 1965, pp. 192 – 194.

能得到“承诺之诉”的认可而拒绝对它的适用。①

埃姆斯率先将蕴涵在十七八世纪判例中的不当得利的思想归纳为统一的原则,并对其发展轨迹进行梳理。埃姆斯说,“准合同”本质上是衡平理论,因为它没有当事人的合意也没有约因。但是,“准合同”与侵权法的相同之处是当事人的责任由法律施加,它与合同的相同之处是当事人承担的是严格责任。② 克伦(Keener)也撰文对返还利益救济的合理性进行探讨,他反对为“债务性承诺之诉”添加拟制允诺的思路,为了避免理论上的混乱,他提出用“准合同”概念代替“法律默示合同”。埃姆斯和克伦的共同努力推动了始自曼斯菲尔德的关于“准合同”思想的研究,增强了美国法律人士对衡平理论的认识和接受。他们的作品延续了19世纪法学家对普通法发展方向的影响,这一进程的顶峰应该是《返还法重述》(Restatement of Restitution)在1937年的颁布。

《返还法重述》的表达与埃姆斯的阐述极为相似:“一个人以他人的利益为代价使自己获取不正当利益,有向他人返还之义务。”以不当得利作为返还救济基础的指导原则得以保留。《返还法重述》中的“返还”术语的含义更加广泛,它不限于关于“准合同”的普通法诉讼的发展,还包括了衡平法领域的强制返还(specific restitution)要素。如曼斯菲尔德在18世纪的首次阐述一样,《返还法重述》的学术成就大大推动了“准合同”理论的发展,为返还救济的扩张提供了清晰的框架,使不当得利成为独立于合同的责任基础。

《返还法重述》使用的“返还”进一步发展了曼斯菲尔德在1760年的Moses v. Macferlan案阐述的“准合同”责任范围。根据曼斯菲尔德的阐述,被告应该对下列财产负有返还义务:被错误支付的金钱、已经不存在“约因”基础的支付、强迫得来的金钱、敲诈勒索而来的金钱、不当利用原告状况而得来的金钱。③ 而根据《返还法重述》,返还救济适用于因误解达成的协议下的利益以及通过不当影响、胁迫或欺诈而得到的好处。实际上,返还救济经常适用于没有强制力的合同所磋商或施加的利益,如不符合《反欺诈法》要求的协议、合同因履行不能而被解除以及合同被违犯的情形,甚至违约者也可以请求返还被对方获得的不当利益。《统一商法典》规定违约的买方有权请求返还他所支付给卖方的超过合理赔偿的利益。④ 所以,尽管“准合

---

① Arthur Corbin, *Corbin on Contracts*, St. Paul, 1950, sec. 1103.

② Ames, *The History of Assumpsit—Implied Assumpsit*, 2 Harv. L. Rev. 53, 63-69(1888).

③ Sir William Holdsworth, *A History of English Law*, Methuen & Co. Ltd., Sweet & Maxwell, Ltd., Vol. Ⅷ, p. 97.

④ UCC sect. 2-718(2):卖方因买方违约而正当拒绝交付货物时,买方有权请求无辜卖方返还其付款总额超出以下金额的部分:(a)按照违约金约定条款约定的卖方应得赔偿金额,或者(b)若协议无此条款,买方依合同有义务承担的整个履行价值的20%,或500美元,以数额较低者为准。

同”理论不是针对违约的救济方式，当合同终止时却常常替代合同损害赔偿救济适用于违约的情形，尤其是较低的合同赔偿金不足以弥补原告的损失时。第一版《合同法重述》规定：免除被告未来的履行义务是公正的，但是被告必须返还已经得到的好处。[①] 总之，到20世纪30年代，当有不当利益存在时，法院已经有清晰而系统的原则指导“准合同”理论的采纳和扩张。

---

① American Law Institute, Restatement of Contracts, sects. 347 & 468(1932).

第四章　约因的认定规则解析

约因原则表现为一个基本法则和一组具体规则。基本法则是要求约因需具有交换价值且与允诺之间相互引诱,将此基本法则适用于具体交易推导出认定约因是否存在的系列规则。① 所以,约因原则一直仅仅是有关交易行为中产生的各种责任的许多不同规则的概括表达方式而已。这些规则储存了约因原则的精髓,是每一部英美合同法著作的核心内容。这些规则主要定型于十八九世纪,是法官司法经验的总结,是法律精神和公共道德的融合。

认定约因的指导性规则是"约因必须充分但无须等价",意思是说约因必须承载当事人的法律受损或法律获益,但在经济价值上无须与约因所支持的允诺包含的内容相等,"充分"的要求体现英美契约法对交易的强调,是对交易公平的最低要求,而"无须等价"则体现合同自由的理念,二者的结合反映了合同公平与合同自由在约因规则中的博弈。

以"约因必须充分但无须等价"为指导,有大量的以现实生活中某一典型情形为主题的认定规则。譬如,当事人对诉讼请求权的放弃是和解协议的约因吗?"过去的约因"有效吗?当事人对已存义务的履行是约因吗?对债务的部分偿还是债权人免除全部债务的允诺的约因吗?婚姻可以作为约因吗?等等。本书将对上述场景下的一般性法则、例外处理办法以及成文法的相关规定进行探讨。为了篇幅的合理和论述的方便,本章将打破逻辑关系,对上述指导性规则和具体规则并列地一一阐述。

---

① Mark B. Wessman, *Should We Fire the Gatekeeper? An Examination of the Doctrine of Consideration*. 48 U. Miami L. Rev. 45. 1993.

第一节　约因必须充分

“充分约因”(sufficient,good or valuable consideration)的核心特质是约因与允诺形成法律上的交换关系,“充分约因”是有价值的、确定的,“充分约因”可以表现为某种付出,也可以是以此付出为内容的允诺,重要的是,“充分约因”无须与相应允诺承载的内容具有同样的经济价值。并非当事人协议达成的作为允诺“约因”的事物都可以成为“充分约因”。允诺没有“充分约因”意味着尽管允诺人已经为其允诺要求并获得了“回报”,该“回报”在法律上却不足以使允诺有效。而且,并不是受诺人在允诺人请求下的所有“法律受损”都会成为“充分约因”,它可能只是附带的(incidental)或友好的(friendly)受损,当事人无意让其成为交易的一部分,也不具有讨价还价的性质。“不充分的约因”(insufficient consideration)并不同于“非法或违反公共政策的约因”(consideration which is illegal or in violation of some other public policy)。“约因的充分”是约因认定规则的基石和指导,所有规则都是它在不同生活场景的具体适用,本书在此仅对充分约因的分类以及充分约因的有价性进行探讨,其丰富内涵放在下文的认定规则中予以阐述。

一、充分约因的分类:“已履行的约因”和“待履行的约因”

“已履行的约因”(executed consideration)和“待履行的约因”(executory consideration)是英美学界对约因最常用的分类,其根据是约因与允诺的时间关系以及作为约因的内容。如果合同当事人双方中的一方以行为构成了合同的要约或承诺,已经完成了合同规定的全部义务,而另一方的义务有待履行,这时候合同的约因为“已履行约因”。“待履行的约因”(executory consideration)的存在情形是以允诺作为另一个允诺的约因,作为约因的允诺的内容可以是:作为、不作为或某种损失。①

(一)“已履行的约因”(executed consideration)的适用

一个人明知他将得到支付的情形下为他人提供商品或劳务,当商品或劳务被对方接受,那么接受方就有义务支付相应款项,这是以行为构成要约的例子。所以,如果一个卖酒商给顾客送去一批酒,顾客保留了一部分并将余下部分送回,那么顾客有义务支付他留下的酒的款项。因为卖酒商提供酒就是顾客的付款义务的约因。有时,作为约因的行为构成对要约的承诺,典型的例子是悬赏广告,当广告所指的劳务被提供时,悬赏广告就变成了约束力的允诺,在这种情况下,承诺者达成合同时即

① J. Beatson, *Anson's Law of Contract*, Oxford University Press, Inc. New York, 2002,28th edition, pp.92－93.

刻完成了他的义务。王座法庭曾经有一个案例,A 为一个信息发布给付酬金的要约,B 提供了该条信息,A 的要约因为 B 的行为变成了一个有约束力的允诺,B 在达成合同时就以履行为 A 的允诺提供了约因。①

“已履行的约因”与单务合同(unilateral contract)有紧密的联系。单务合同是指只有一方当事人承担给付义务的合同,如《法国民法典》第 1103 条规定:“如果一人或数人对于另一人或数人承担义务而后者不承担义务时,此契约为单务契约。”单务合同可以从约因的视角来解释,受诺人提供约因是合同成立的条件,因为受诺人提供的约因是已完成的履行,所以,在新产生的合同框架中只有允诺人有义务需承担了。悬赏广告是以“已履行的约因”支持的单务合同的典型例证。当然,并非所有的单务合同都可以如此解释,如大陆法系法中的赠与合同是典型的单务合同,但是无偿赠与允诺在英美法中因为缺乏约因支持而不具有强制力,除非有盖印的正式形式。

从普通法的合同法史来看,单务合同是最早得到法律认可也是最简单的合同形式。对于这类合同,受诺人在允诺人请求下遭受的、作为允诺代价的“法律受损”就是充分约因,即便允诺人没有受益。究竟该以“法律受损”或“法律获益”,或二者同时作为允诺有效的基础,在英美学界一直有争论,法官们在实践中的处理办法也不统一。但我们可以这样概括一个单务合同有强制力的理由,“允诺为了允诺人的回报而严肃做出的,该允诺已经在允诺人的要求下被支付了代价,而且允诺人从中得到了好处”。② 这里的代价就是充分约因。

这里要注意的是,作为“已履行的约因”的“法律受损”或“法律获益”都有技术含义,“从法律角度,受诺人的损失包括:如果他在允诺人的要求下或在允诺的压力下有某一作为,给他带来了轻微的不便或麻烦,或这一作为本来不是他原来的义务”。③ 所以,在 Hamer v. Sidway 案④中,尽管侄子放弃抽烟、喝酒和赌博对侄子的身体、财产和修养是好事,而且对允诺人没有好处,但因为放弃是允诺人请求的,它仍被法官认定为充分约因。所以,作为充分约因的“法律受损”有别于实际遭受的损害。它指当事人放弃他本来有权拥有的东西,克制不做本来有权做的事,或做他本来有权不做的事。而“法律获益”指允诺人接收作为允诺的“价钱”的某物、某种作为、不作为,而允诺人原本没有拥有这一切的权利。如果,允诺人不为他自己的利益

---

① Carlill v. Carbolic Smoke Ball Co. [1893] 1 Q. B. 256; See J. Beatson, *Anson's Law of Contract*, Oxford University Press, Inc. New York, 2002, 28th edition, p. 83.

② Samuel Williston, *A Treatise on the Law of Contracts*, Volume Ⅰ, New York Baker, Voorhis & Co. 1936, p. 325.

③ Ibid.

④ Hamer v. Sidway, 124 N. Y. 538, 27 N. E. 256 (1891).

而是出于善意为第三方而要求某种作为或不作为,这里有没有构成法律要求的获益在实践中还有争议。

(二)"待履行的约因"的适用

威利斯顿曾对充分约因下过这样的定义:"当事人的互为允诺(mutual promise)都彼此保证某种作为或放弃会成为允诺人的受损或受诺人的获益,而且,相互允诺都不会被任何法律宣布无效(除与约因相关的规则外),此时,这两个允诺互为充分约因。"①互为允诺的合同就包含了"待履行的约因"。譬如,以从事某种工作为内容的允诺换取以支付工资为内容的允诺。有时,一个允诺的实现可能要依赖一个另外的条件,这并不影响它作为约因的效力,如 A 允诺为 B 做工,B 允诺如果 A 的工艺得到第三方的认可,就付款给 A,B 的允诺是 A 的允诺的充分约因。

根据 16 世纪的大量判决,爱和情感不足以支持"承诺之诉"。该规则引出了关于约因和允诺的时间关系的思考,是不是在允诺做出之前的约因就是不充分的呢?更进一步说,如果时间是关键的要素,那么,同时做出的两个允诺可否互为约因呢?也就是说,在不存在信赖损失和对等物(quid pro quo)的情况下,相互的允诺能否对彼此有约束力呢?以现代法的眼光来看,这就是纯粹的待履行合同(totally executory contract)的情形。由于互惠和对等物理念的影响,互为允诺的强制力最初在司法实践中遭到阻碍。直到 1589 年的 Strangborough and Warner's 案宣布了允诺可以成为约因,因为允诺本身是互惠的(reciprocal)。此后,英国司法实践就确立了一个原则:同时做出的相互允诺可以互为约因。

以允诺交换允诺的合同是双务合同(bilateral contract)的典型形式。所谓双务合同,就是双方当事人相互承担给付义务的合同。在现代社会中,双务合同是最常见、最重要、最活跃的合同,而单务合同则逊色得多。② 合同法调整的大多数合同都是双务合同,如买卖合同、租赁合同、借款合同等。以约因为视角,大部分双务合同都是以允诺作为相对允诺的约因的合同。但是,在很长时期内,英国法院并未对单务合同和双务合同做出区分,所以,法院其实就是把单务合同中的充分约因标准适用于双务合同,以允诺内容的性质来确认该允诺是否为充分约因。正如 18 世纪的英国著名法官霍尔特勋爵所言:"如果做一件事是充分约因,允诺做那件事也应该是充分约因"。③ 古典合同法学家威利斯顿也指出:"以作为或不作为为内容的允诺,与作为或不作为本身一样是有价值的约因"。"允诺 A 以允诺 B 为约因,而作为约

---

① Samuel Williston, *Consideration in Bilateral Contracts*, Harvard Law Review, 27 (1914) 503, pp. 516 - 518.

② 李永军、易军著:《合同法》,中国法制出版社 2009 年版,第 16 页。

③ Thorpe v. Thorpe, 12 Mod. 455 (1701), see Arthur Linton Corbin, *Corbin on contracts*, St. PAUL, MINN. West Publishing House, 1952, § 145, p. 208, note 97.

因的允诺B以行为的履行为内容,如果该行为一旦得到履行将是一个合同的充分约因,那么允诺B是允诺A的充分约因,允诺A是有约束力的。"①

所以,一般来说,只要允诺所含的内容是充分约因,该允诺也应该是充分约因。当然,也存在少数例外。下文将举几例需要特别谨慎的情形予以讨论,即如何认定这些包含"待履行的约因"的允诺的效力。

1. 附条件的允诺(conditional promise)作为约因的效力。假设,雇主对其雇员允诺:他将每月按照特定价格对雇员支付终生。雇员的相应允诺是:只要允诺人要求他就提供特定的劳务。可见,雇员的允诺尽管是附条件的,但它是雇主允诺的充分约因。主顾双方达成了有效的双务协定,即便顾主没有要求什么劳务,或者协议达成时雇员已临近退休,雇主还是必须对雇员终生支付工资。所以,《合同法重述》规定:"除了78条~80条规定的以外,绝对的或附条件的允诺都是充分约因。""由于以下事实,约因应该是充分的:约因是一个允诺,对该允诺的履行以将来或过去的事项为条件,如果,当允诺做出时,客观上存在可能性,或一个理性人站在允诺人角度看来有可能性——该允诺只能由将成为充分约因的作为或不作为来履行。"②所以,附条件的允诺也被视做充分约因,即便是受制于一定偶然条件(fortuitous condition)的机会允诺(chance-making promise)。

有些允诺依赖的条件肯定会在某个时候发生,但是任何一方对其不能控制。譬如,A允诺:如果X死亡他就付款,此允诺是作为其交换的允诺的充分约因。有时,一个允诺的实现必须依赖第三人的同意,而第三人没有同意之义务。没能寻求到这种同意本身不违约,没能履行允诺之义务也不违约,因为允诺的条件没有满足。尽管如此,该允诺仍然是与之交换的允诺的充分约因。如果,允诺没有明示或默示以第三人的同意为条件,允诺人只是承诺将提供某种作为,而这种作为没有第三人的同意允诺人无法完成。这时,允诺人的无条件承诺暗示了他将寻求第三人同意的允诺。在这种情况下,允诺人没能寻求同意或没能履行承诺就构成违约,而他的允诺就是与之交换的允诺的充分约因。

在有些加工或运输协议中,经常看到这样的条款,允诺人对合同义务的履行以

---

① Samuel Williston, *A Treatise on the Law of Contracts*, Volume Ⅰ, New York Baker, Voorhis & Co. 1936, p. 341, note 9.

② American Law Institute, Restatement (second) of contract, § 77: Except as qualified by sec. 78 – 80, any promise whether absolute or conditional is a sufficient consideration. § 84 (f): Consideration is not insufficient because of the fact that it is a promise, performance of which is conditional on either a future or past event, if when the promise is made there is any possibility, or there would seem to a reasonable man in the position of the promisor to be any possibility, that the promise can be performed only by some act of forbearance which would be sufficient consideration.

不发生“罢工、火灾或其他不可抗力情形”为条件。这样的规定不会影响合同的效力。有些允诺明确地以允诺人的自愿行为为条件,这样的允诺是充分约因。譬如,A允诺:如果他买了船就以特定的价格租给B,B允诺如果他租到A的船他就支付特定的价格。这是一个有效的双务合同,A的允诺使他要么租船给B,要么不买船。

还有一种保险协议,假设一艘船在远洋过程中与岸上的船主失去联系,船主于是与保险公司达成协议,他给保险公司一张允诺性票据付保险金,而保险公司允诺:如果船在开航之日和达成协议之日之间沉没,公司将赔偿船的价值。这时双方形成有效的双务合同,如果,轮船没有沉没,船主还是需要兑付支票,而如果船确实沉没,保险公司不得以它注定就是输家作为抗辩。所以,证明允诺生效的条件是很困难的,双方当事人的允诺都是“机会允诺”,但不影响其作为约因的充分性。

2. 可撤销(voidable)和无执行力(unenforceble)的允诺作为约因的效力。在双务合同中,两个允诺一般是在要约与承诺中同时生效的,其中一个无法实施,另一个允诺也会因缺乏充足约因而无效。但是,合同法并不限于调整产生相互法律义务的协议,上述一般规则存在很多例外。

第一个例外是未成年人与成年人之间的双务合同。根据普通法,即便未成年人不受制于他自己的允诺,成年人也受到约束。未成年人的允诺是可以撤销的而不是无效的。但是即便未成年人的允诺被成文法宣布无效,成年人也可以要求强制实施成年人的允诺。当合同还没有履行时,成年人的允诺的唯一约因是未成年人做出的无效的或可撤销的允诺。

第二个例外是因为欺诈、胁迫或合同内容的非法性而可被撤销的允诺。当事人因为受到另一方的欺诈性陈述的诱使而达成合同,他有权要求该合同的撤销,也可以对该合同予以认可。这时,过错方的允诺是有约束力的,而受害方却没有。如果受害方在知情的情况下起诉要求强制实施过错方的允诺,意味着他对合同的认可。但是在起诉前,过错方是受其自身允诺约束的,受害方的允诺是该允诺的充分约因,尽管受害方不受其自身允诺的约束。

第三个例外是根据《反欺诈法》而必须要求书面签署的双务合同。如果只有一方做了签署,合同对没有签署的一方没有约束力,但是他的没有强制力的允诺却是充分约因,他可以要求强制实施对方已经签署的允诺。

二、充分约因的有价性和确切性

约因必须是确定的,足以让法院看到它的确存在,还必须是“在法律上有价值的东西”(something which is of some value in the eye of the law),由此,对以下几种情形的约因认定需更加谨慎。

(一)不可能实现(impossibility)、不确切(uncertainty)或虚幻的允诺(illusory promise)不能作为约因

一个客观上不能实现的允诺无论它的内容是什么都没有意义。例如,允诺所涉超越现实可能性,或者法律上不允许。在英国一个案件中,管家允诺他可以免除别人对其主人所欠的债务,而债务人允诺给予管家40英镑。法院认定管家的允诺不合法,因为管家无权免去别人对主人所欠的债务,它当然不是充分约因。①

内容太模糊的允诺也不能作为充分约因。在1553年的案例中,A买B的土地,A允诺将按照土地的合理价值付给B价金,法官认为这样的允诺因缺乏确定性而无效。② 例如,本书第2章提及的White案中,父亲的遗产管理人却向儿子起诉要求一笔允诺债务。儿子辩称,父亲已经能够允诺免除他的支付义务,而他付出的约因是:他允诺不再埋怨自己没能与其他兄弟占有同样多的财产。法院判决儿子的允诺不能作为父亲允诺的约因,因为儿子本来就没有权利埋怨他的父亲,只有父亲有权决定如何分配财产,所以儿子放弃埋怨的允诺根本没有为父亲的允诺提供任何约因。有人对该案判决的解释是,儿子"不发牢骚让父烦恼"的允诺太模糊,不足以成为父亲放弃其债权的允诺的约因。③

虚幻允诺不能成为约因。虚幻允诺有多种表现:第一,允诺表现为对将来事项的推测而不是对现存意愿的表达,如"我想到时候我会做你想让我做的事"。第二,表面上为附条件的允诺,但允诺人为其允诺设置的条件处于他自己控制之内,从而让该允诺如同虚设,如"我允诺到时候如果我喜欢的话,我会按照你的意思做"。上述允诺对允诺人没有限制,对受诺人没有合理预期,所以,它对允诺人没有约束力,不能作为有效约因。当然,如果当事人自己只要求对方给出一个没有实质内容的虚幻允诺,这时可能形成有效的单务合同。

虚幻允诺在生活中的例子很多,如根据买方要求或希望来决定商品数量的购买允诺,买方完全可以自行取消购买行为。如果雇主做出"只要你符合我的条件我就雇你"的允诺,这样允诺显然是虚幻的。总之,如果一个允诺在条文上或实质上规定允诺人有权在二者中择其一,选择其中之一使他逃避了责任,既没给自己带来损害也没有给对方带来好处,这样的允诺就不是充分约因。④ 有一种特殊情形,如果卖方

---

① Harvey v. Gibbons (1675) 2 Lev. 161.

② Mervyn v. Lyds, Dyer, at f. 9ia. See William Holdsworth, *A History of English Law*, Methuen & Co. Ltd., Sweet & Maxwell, Ltd., in 16volumes, reprinted in 1977, volume Ⅷ, p. 18.

③ White v. Bluett (1853) 23 L. J. Ex. See A. G. Guest, *Anson' Law of Contract*, 26th edition, Clarendon Press, Oxford, 1984, p. 90.

④ Arthur Linton Corbin, *Corbin on contracts*, St. PAUL, MINN. West Publishing House, 1952, §145, pp. 211 -212.

发出要约，以买方对商品品质的要求在来年提供商品，受诺人表示同意。此时，没有合同存在。但是，有一个持续的销售要约存在。在要约撤销前，一旦买方订购了一定数量的商品，双务合同即告成立。无论他之前的同意多么“虚幻”，他现在的订购允诺是具有强制力的。

（二）约因的有价性：情感和爱（love and affection）不可以成为约因

为了成为一个允诺的充足基础，法律要求约因必须是有价值的。这并不是要求必须具备特定的市场价值，只是排除了那些不能成为人们交易对象的客体成为约因。最显著的例子就是，一个支付金钱的允诺，假如以对方情感付出为约因，该允诺是没有强制力的，即便受诺人证明他确实付出了情感作为该允诺的交换。

16 世纪的普通法院，当原告以爱和情感作为诉讼基础时，被告做出的约因不充足的抗辩常常会得到法官的重视。关于爱和情感能否成为约因的问题长期有争论。在 1565 年的 Sharington v. Strotton 案[1]中，爱和自然情感被认定为转移财产受益权的充分约因。但是，有人对这一判决提出反对：“……判决理由是不充足的。另一方没有为允诺任何作为或付出某物，因为，你之前是我的兄弟，以后还是，你之前是我的熟人，以后还是。”[2]总之，人们对该案最激烈的批评的是：当事人之间持续的情感没有为允诺提供新的（fresh）基础。

在 1568 年的 Hunt v. Bate 案[3]中，被告的仆人被囚禁，作为被告的朋友，原告为其交付保释金，被告事后允诺将向原告偿还这笔钱，在被告失言的情况下，原告对被告提起“承诺之诉”。法院判决被告胜诉，认为：“主人从来没有以仆人的名义要求过原告这么做，原告完全是自找麻烦。”该案宣布朋友之间的爱和情感不是充分约因。在 16 世纪的英国，有许多关于婚姻赠与的类似案例一般是女方的父亲对其女儿的求婚者说：你若娶我女儿，我给你一笔钱。法院常常把婚姻拟制为求婚者的“受损”而允许以“承诺之诉”赋予该赠与允诺的强制力。但也有法官从情感角度解释本案，即，本案本质上是想女儿生活好一点，他允诺把钱交给她的丈夫，只不过是因为当时的已婚妇女没有个人财产权。父亲对女儿的爱和情感是该赠与允诺的充分约因。[4]大多数案例报告支持此判决。但是，在紧接着 1588 年的一个判决中，王座法庭沿袭了 Hunt v. Bate 案的思路，否决了家庭成员之间的情感作为约因的效力。[5] 而且，普

---

① Sharington v. Strotton, 48 Plow. 298, 75 Eng. Rep. 454 (K. B. 1565).

② Kevin M. Teeven, *A History of the Anglo-American Common Law of Contract*, Greenwood Press, 1990, p. 42.

③ Hunt v. Bate, Dyer 272, 73 Eng. Rep. 605 (1568).

④ Marsh v. Rainsford (K. B. 1587 – 1588), 2 Leon. 111, 74 Eng. Rep. 400. See Val D. Ricks, *The Sophisticated Doctrine of Cosideration*, 9 Geo. Mason L. Rev. 99. Fall, 2000.

⑤ Harford v. Gardiner, 2 Leon. 30, 70 Eng. Rep. 332 (K. B. 1588).

通民事诉讼法庭对此予以回应,法院在1600年的案件中解释道,自然情感本身不是支持"承诺之诉"的充分约因,它不足以支持诉讼,因为缺乏明确的对等物(quid pro quo)。①

情感和爱不能作为约因的判例似乎为"过去约因"规则提供了合理性资料:爱和情感是允诺存在之前一直存在的,它不是作为允诺之交换而新出现的。现代英美合同法的一般规则依旧是:情感和爱不是约因。因为,充分的约因还意味着它的有价性,它是当事人讨价还价的对象,可以用来作为允诺之交换。所以,那些不能成为人们交易对象的事物就不是约因。于是,英美合同法将情感和爱排斥了约因的范围。在任何情况下,一个以情感和爱作为交换条件的付款允诺都是没有强制力的。允诺人对受诺人已经有感情的事实也不能作为馈赠允诺的充分约因,它也许是大陆法系中的充足"原因"的意味,是允诺的重要动力。但在英美合同泆中,它不能作为允诺之交换,不能作为实施允诺的充足理由。②

(三)以"放弃诉讼请求权"作为约因的效力

放弃或允诺放弃诉讼请求权,哪怕是一定时期内的诉讼请求权,其实就是放弃自己的权利,这无疑是放弃人的法律受损,而另一方在时间、精力甚至社会声誉方面都可能获益,所以英美法认为一方放弃请求权而与对方达成的和解约定是对双方有拘束力的约定,一方放弃诉讼请求权的允诺就是和解约定的"约因"。值得注意的是,如果放弃的是产生于非法交易的主张,这种放弃不能构成约因,无论受诺人是否知道合同的非法性。

1. 放弃"明知无效的主张"不能作为约因

如果请求权人放弃一个他明知在法律上是无效的主张,当然无"约因"可言。这是1568年Stone v. Wythipol案③确立的基本原则。在该案中,未成年人的遗产管理人允诺:如果债权人放弃起诉,他替死者偿还债务。法官认为,债权人本来就无权起诉,因为债务人是未成年人,遗产管理人的偿还允诺其实没有约因支持。科克法官的陈述是:"在承诺之诉中能约束被告的约因必须是被告得到的益处或原告遭受的损失,没有任何案件能超越这个规则。本案中未成年人达成的债务合同是无效的,所以,中止对他的起诉不是被告的获益,也不是原告的损失。"④该案的判决被大量的案例效仿。

---

① Bret's Case, Cro. Eliz. 756, 78 Eng. Rep. 987 (C.P.1600).

② Arthur Linton Corbin, *Corbin on contracts*, One Volume Edition, West Publishing Co. 1952, § 131. pp. 190 – 191.

③ Stone v. Wythipol Cro. Eliza. 126. (1568).

④ Sir William Holdsworth, *A History of English Law*, Methuen & Co. Ltd., Sweet & Maxwell, Ltd., in 16volumes, reprinted in 1977. volume Ⅷ, p. 19.

2. 放弃“善意相信其有效而事实上有疑点”的主张可以成为约因

有一种特别的情况是,诉讼主张在法律上或事实上本来无效,可“请求权人”因为不知情而善意地坚信其法律效力,但因“债务人”或第三方的请求并提出的和解协议,原“请求权人”取消了向法院起诉的行为,此时,一方对诉讼请求权的放弃仍被视作有效的“约因”,和解协议对双方都有拘束力。这一规则也是在司法实践中发展起来的。

在 1821 年,放弃法律上有疑点的诉讼被判决为有效约因。该观点在 1861 年的 Cook 案[①]中得以扩展。在该案中,原告依法修缮街道,费用由受益的房屋所有人分摊。被告为该街区内一房屋的看管人。原告善意地相信被告有法定义务承担修缮费用。被告说明他不是所有人所以没有这样的义务,但原告威胁他,如果被告不支付将对其起诉,于是被告后来允诺支付部分费用。当被告发现他本来就没有支付的法定义务时,拒绝兑现其诺言。他认为,他的允诺是没有“约因”支持的,因为原告没有为该允诺付出任何代价。但是后来法院却判决他有义务支付他允诺的费用。法院的理由在于:原告确信对被告有起诉的理由,被告的允诺使原告放弃对他的起诉,也防止了原房屋所有人被起诉,所以原告在法律上的损失是存在的,而被告也有免除诉讼的得利,损失与得利都存在,合同当然有充足的“约因”。

但是,本案的判决引起了关于约因的争议。第一,原告只是放弃一个无效的诉权,他没有遭受任何损失,被告也没有因为原告接受部分费用的允诺得到任何好处。第二,“约因”必须具备法律意义上的价值而不仅仅是当事人相信有价值的事物,所以原告对诉讼主张的善意相信不能成为“约因”。第三,假如把被告的受益作为约因,假设被告因为免除了对诉讼的担心而受益。这样的解释同样不具有说服力,它也可以用于上文提到的当诉讼主张被明知无效的情形。所以,Cook 案很难同传统的“获益—受损规则”来解释,有“创制约因”的嫌疑。

但是,古典合同法学家依据合同客观主义对此类情形给予了解释。“合同是人与人之间的事务,人们通过合同为将来做出安排。在此过程中,关键的不是客观上是什么,而是当事人知道的是什么。对于当事人不知道的现存事实,对于当时的安排就是不确定的,就等于是将来的事实。所以,应允支付一笔事后证明不必要的费用也是一种法律受损。这应该可以解释,为什么原告克制了他认为有合理主张的诉权也被认为是充足约因。尽管这一主张事实上是不合理的,并且被告有知道它不

---

① Cook v. Wright, the Queen's Bench (1861) 1 Best & S 559. See Ewan Mckendrick, *Contract Law*, 4th edition,《契约法》(第 4 版)(麦克米伦法学精要丛书·影印本), 法律出版社 2003 年版, 第 87 ~ 88 页.

合理。”①

1870 年的 Callisher 案应该是这一规则在英国的最终确立,法官认定:“和解达成的基础是当事人以为他可以从中获利,如果他善意地相信他有公平的胜诉机会,有诉讼的正当理由,他对诉讼权利的放弃构成充足约因……当然,如果一个人提出一个他明知没有法律基础的主张,然后,通过和解取得一定的好处,在此情形下,他的行为只是欺诈。”②

第二次《合同法重述》第 74 条第 1 款规定:在下列情形之下,放弃行使事后证明是无效的权利或诉讼主张是有效约因:(a)因为事实或法律上的不明确,导致该权利有疑问;(b)放弃人的确相信被放弃的权利是有效的。第 2 款规定:虽然权利人主观上并未真正相信他是有权的人,但是基于他与对方的公平商议,而以书面放弃行使或放弃主张事实上不存在的权利,对该书面协议的实施仍是有效约因。③ 比较典型的美国案例是 Fiege v. Boehm 案④。

原告与被告发生不正当男女关系后怀孕,在怀孕期间,原告多次告知被告,若被告不负责任她就要以“非婚生子生父确认之诉”(bastardy proceedings)将被告告到法院。被告和被告的父亲担心事情暴露会让被告的母亲伤心失望。于是在 1951 年间,被告与其父商量后要求原告放弃私生子之诉,并同意承担原告生产时的一切费用以及小孩从出生到21 岁(每周 10 元)的生活费。1953 年,被告在原告的医生处为小孩做血液化验,化验结果显示原告所生孩子与被告并无血缘关系,于是被告拒绝支付原告部分生产费用和小孩的生活费,于是发生了本案的诉讼。法院经过分析,做出原告胜诉的判决:“……一个即将成为非婚生子女母亲的妇女做出的放弃对特定人的‘非婚生子生父确认之诉’请求权的允诺是该特定男性做出的支付孩子抚养费的允诺的充足约因,即便无法完全断定该特定男性就是该小孩的父亲,也无法确定她的诉讼一定胜诉,只要她的举动出于真实善意……”⑤

---

① Oliver Wendell Holmes, *The Common Law*, Transaction Publishers New Brunswick (U. S. A.) and London (U. K.) 2005, p. 239.

② Callisher v. Bischoffsheim(1870)L. R. 4 Q. B. 449. Sir William Holdsworth, *A History of English Law*, Methuen & Co. Ltd., Sweet & Maxwell, Ltd., in 16volumes, reprinted in 1977. volumeⅧ, p. 19.

③ American Law Institute, Restatement (second) of Contract, §74 (1) Forbearance to saaert or the surrender of a claim of defense which proves to be invalid is nit consideration unless (a) the claim or defense is in fact doubtful because of uncertainty as to the facts or law, or (b) the forbearance or surrender party believes that the claim of defense may be fairly determined to be invalid. (2) The execution of a written instrument surrending a claim or defense by one who is under no duty to execute it is consideration if the execution of the written instrument is bargained for even though he is not asserting the claim or defense and believes that no invalid claim or defense exit.

④ Fiege v. Boehm (1956) 210 Md. 352. 123 A. 2d 316.

⑤ 杨桢著:《英美契约法论》(修订版),北京大学出版社 2000 年版,第 118 页注释。

第二节　约因无须等价

在阅读英美合同法著述时，我们时常看到“adequacy”和“sufficiency”这两个词汇，它们被翻译为汉语后意思非常接近，可是当它们用于对约因的描述时，其含义相差甚远。“adequacy”是从经济角度看合同当事人之间的交易是公平的，即约因与允诺内容在经济价值上的均等。“sufficiency”指从法律角度看允诺有相应的交换价值于是它是有约因支持的，从而是有法律约束力的。为了阅读的方便，本书根据“adequacy”在合同法中的含义，将其译为“等价性”，将“sufficiency”译为“充分性”。

约因无须等价规则的基本含义是：约因只须具备与相应允诺的交换关系，具有法律上的充分性，而无须在金钱价值上与允诺的内容等值。“只要该约因事实上是为交易双方所谋求和提供的，它的微小就不会使他不足以支持允诺。”①该规则体现了合同自由、个人自治的古典理念，而且也体现了“古典交易约因论”的形式性与外在性，也是约因原则在现代社会受到最多攻击的突破口之一。

一、约因无须等价规则的理论背景

我们知道，约因是普通法院在决定哪些允诺具有强制力的司法经验中创造出来的，法官们利用约因要求对“承诺之诉”的使用范围进行限制。在双方有实质性交换的案例中，约因的要求很容易满足，支持允诺的约因就是允诺人收到的回报。但是，普通法院的法官想对更多的允诺实施强制力，包括三方交易，甚至无明显交换要素的协议，于是，尽管法官竭力通过类推等灵活方式判决约因的存在，约因还是脱离了一般意义上的对等回报。在特殊案件中，要求约因的等价性必然违背了法官急于实施该合同的目的。所以，在1587年的案例中，法官裁定：“原告付出的东西尽管价值很小，也是提起诉讼的充分约因。”②所以，“约因无须等价”规则符合普通法法院扩大合同管辖权的需求，实际上是法官对苛严的“令状制”的突破，客观上促进了英国合同法在中世纪的成长。

中世纪的衡平法院在对显失公平的合同给予救济时，也不引用等价交换(equality in exchange)的思想。譬如，穷愁潦倒的继承人以超低价出售遗产，而后法院对这类交易予以撤销的理由不是交易的不公平，而是继承人不该挥霍家庭的财产。在系列“南海泡沫案”(South Sea Bubble)中，土地的价格被南海公司上涨的股

---

① [美]科宾著：《科宾论合同》，王卫国等译，中国大百科全书出版社1997年版，第245页。

② Sturlyn v. Albany, Cro. Eliza. 67, 78 Eng. Rep. 327; See Sir William Holdsworth, *A History of English Law*, Methuen & Co. Ltd., Sweet & Maxwell, Ltd., in 16volumes, reprinted in 1977. VolumeⅧ, p. 17.

票大幅度抬高。法官判决那些以高价购买土地的人获得救济，判决理由不是他们付出了高出市场价的价钱，而是在合同达成时国家错误地以为国民很富有，这种错觉诱使人们赋予了地产更多的虚拟价值。①

十七八世纪的衡平法院对等价交换原则的接受最多表现为，法官将苛刻条款作为认定欺诈的基础，这与19世纪的法律人的做法是一样的。但是，在当时衡平法庭的评议和律师的辩词中几乎看不到关于等价交换的言辞。有时，律师和法官甚至宣称不公平本身不能导致救济。例如，克普尔(Keeper)勋爵在1682年的案子中陈述到：穷人必定比非穷人以更低的价格出卖商品。② 该言辞必定让自然法学者愤慨。十七八世纪的法律人只是简单地说这些合同并不是很不公平，没有对公平原则提出理论挑战，而不像19世纪的学者对于衡平救济提出新的理论解释，价格悬殊被认定为欺诈的证据。

英美学者在十八九世纪开始探索系统的合同理论，面对本土知识的贫瘠，他们不得不大量借鉴欧洲大陆的自然法学者的学说。例如，自然法学者宣称合同是经当事人的协议(agreement)达成的，于是，19世纪的普通法学者都以协议(agreement)或合意(assent)来界定合同，包括科明(Comyn)、齐蒂(Chitty)、詹姆斯·肯特、威廉·斯托里以及帕森斯等无一例外。实际上，这些英美学者的合同定义既是对自然法传统的借鉴，也是与自然法传统的割裂，因为他们并没有借鉴合意致合同产生约束力的原因，即守约的德性，也就是当事人通过合意实施的慷慨和交换正义的德性。③ 由此，19世纪的普通法学者他们也没有借鉴自然法中的等价交换的原则，而是专注于构建外在的统一的理论和规则。他们通过两条规则实现着合同法中的公平：第一，普通法院不追究约因的等价性；第二，衡平法院对显失公平的交易给予救济。④

"约因无须等价"规则在19世纪的确立，符合当时自由放任的哲学思潮。法官们认为"约因的等价性是当事人在达成协议时考虑的事，而不是由法院来考虑。"⑤反之，就是法官的家长主义，因为"交易对象的价值取决于合同当事人的个人欲望，

---

① Eg. Kien v. Stukeley, Ⅰ Bro. 191, 192, Ⅱ Eng. Rep. 506, 507 (HL1722), See J. Gordley, *The Philosophical Origin of Modern Contract Law*, Clarendon Press. Oxford, 1991, pp. 148 – 150.

② Batty v. Lloyd, I Vern. 141, 142, 23 Eng. Rep. 374, 374 (1682). See J. Gordley, *The Philosophical Origin of Modern Contract Law*, Clarendon Press. Oxford, 1991, p. 151.

③ J. Gordley, *The Philosophical Origin of Modern Contract Law*, Clarendon Press. Oxford, 1991, p. 135.

④ Ibid, p. 147.

⑤ Bolton v. Madden (1873), L. R. 9 Q. B. 55, per Blackburn J. See A. G. GUEST, M. A. *Anson's Law of Contract*, 26th Edition. Clarendon Press, Oxford 1984, p. 87.

所以，公平的价值是当事人协议提供的价值"。[1] 波洛克、霍布斯都将"约因无须等价"作为英国法的特点。[2] 当事人自由意志的至上导致了事物价值的主观性。人们认为，等价交换事物或劳务是一种谬论，价值不是客观地存在于事物本身的，而是表达不同人对该事物的拥有欲望。[3] 事物的价值本质上的波动的，将取决于多种理由，一个人完全可以以较低的价格处理自己的财产，也没有任何机制能检验约因是否"等价"。[4] 于是，法官的干预反而导致经济价值概念的混乱和迷惑。

约因在前古典合同合同法中发挥的第三种作用是：决定受害人可得的损害赔偿的范围。在整个18世纪及19世纪初，约因与允诺内容在经济上的不等值一直是减少赔偿金额的正当理由。但是，古典合同法理论奠基人之一，帕森斯对此予以反驳："如果协议是不合理的或显失公平的，但没有欺诈存在，法院不会宣告该合同无效，法官只会因违约而给予原告合理的赔偿。"[5]古典学者们宣称：约因存在，则导致违约的预期赔偿；约因不存在，则没有赔偿。这一宣称确认了约因不仅是合同成立的决定要素，也是当事人获得赔偿的基础。以威利斯顿为代表的古典学者们进一步指出，赔偿额度源自合同的本质，不必反映约因的价值大小。

古典合同法思想在很大程度上得到延续。美国当代合同法大师科宾认为，市场与价值都是不确定的概念，只要有心甘情愿的买方和卖方，就有市场的存在，当事人的意愿决定商品的价值。在普通法下的市场是自由的，法院并不要求一个人的支付额必须与其他人可能愿意支付的数额一样多，也并不要求一个人的出售所得只能与其他人出售同类物品所等得到的一样少。合同当事人有权订立他们自己的合同，达成他们自己的交易，并且决定他们自己的价格。对价不适当必须严重到被证明为欺诈、错误或者不当影响，才对允诺的可强制行性发生作用。[6] 第二次《合同法重述》第79条规定："如果约因的要求满足了，没有必要增加以下额外条件：第一，约因给允诺人的获得、优势、好处或者给受诺人的损失、不利、损失；第二，交换价值的均等；

---

① J. Gordley, *The Philosophical Origin of Modern Contract Law*, Clarendon Press. Oxford, 1991, p. 205.

② Kevin M. Teeven: *A History of the Anglo-American Common Law of Contract*, Greenwood Press, New York, 1990, p. 59, note102.

③ Ludwig Von Mise, Human Action 203 – 204, (Rev. Ed. 1963), See Randy E. Barnett, *Contracts Cases and doctrine*, Little Brown, and Company, 1995, p. 651.

④ J. Gordley, *The Philosophical Origin of Modern Contract Law*, Clarendon Press. Oxford, 1991, p. 205.

⑤ Theophilus Parsons, *The Law of Contracts*, 1st ed., Boston, Little, Brown & Co. 1853, p. 362.

⑥ Arthur Linton Corbin, *Corbin On Contracts*, One Volume Edition, ST. PAUL, MINN. West Publishing Co. 1952. Sec. 127, p. 185.

第三,双方当事人的权利义务的均等。”①

二、约因无须等价规则的实践运行

前文已述,英美合同法在19世纪通过两条规则实现着交易的公平:第一,普通法院不追究约因的等价性;第二,衡平法院对显失公平的交易给予救济。这一实践模式充分体现了衡平法对普通法的修正和补充。

如今,两大法院系统已经融合,普通法规则与衡平法救济同样有效。现代法律有了更丰富的理论来保护处于不利交易地位的合同当事人的权益。今天的法官在授予合同救济时都无法回避衡平原则的影响。胁迫、不当影响、欺诈、误述以及当事人议价能力不均等是导致合同无效或可撤销的要素,而这些概念的弹性空间足以让法院避开实施那些伴随着价格悬殊和其他相关要素的不公平的交易。② 总之,现代合同法的衡平性使得约因无须等价规则在实践中没有成为不公平交换的庇护,它的作用总体是积极的。

首先,让我们引述几个引人注目的例子来理解约因无须等价的内涵。一张后来被证明是无效的支票竟然是一个支付9600英镑的允诺的约因,登曼(Denman)法官认为,被告愿意为一张无用的废纸支付巨款是他自己的事,“原告在被告的允诺的引诱下付出了他本来可以保留的东西,而被告通过他的允诺得到了他想要的东西”。③ 还有的约因是程序性的,原告的誓言被判决为100美元的约因。④ 有些案例涉及赠与,如临死的人允诺给予照顾他的管家一大笔钱,该允诺得到法院的支持。⑤ 有时,对捐赠人姓名的追随被看作是约因,如孩子跟随捐赠人的姓氏被认定为捐赠人对孩子承担抚养教育的允诺甚至支付大额金钱的允诺的充分约因。⑥ 慈善家对大学的捐助允诺被判决具有约束力,其约因就是大学设立以捐助人的名字命名的奖学金。⑦

关于约因无须等价规则最为引人注目的阐述是“胡椒粒”规则,该规则主要来源

---

① American Law Institute, Restatement of (second) Contract, §79 Adequacy of Consideration; Mutuality of Obligation: If the requirement of consideration is met, there is no additional requirement of (a) a gain, advantage, or benefit to the promisor or a loss, disadvantage, or detriment to the promisee; or (b) equivalence in the values exchange; or (c) “mutuality of obligation”.

② Arthur Linton Corbin, *Corbin on contracts*, One Volume Edition, ST. PAUL, MINN. West Publishing Co. 1952. Sec. 128, p. 188.

③ Haigh v. Brooks (1839) 10A. &E. 309, per Lord Denman C. J. See A. G. GUEST, M. A. *Anson's Law of Contract*, 26th Edition Clarendon Press, Oxford 1984, p. 88.

④ Brooks v. Ball, 18 Johns. 337(NY, 1920). 该案中,被告拒绝向原告支付100美元,但是他允诺:如果原告发誓该金钱是正当的,他就支付。

⑤ Clark's Appeal, 57 Conn. 565, 19A. 332(1889).

⑥ Gardner v. Denison, 105 N. E. 359, 217 Mass. 429, 51 L. R. A., N. S., 1108(1914).

⑦ Allegheny College v. National Chautauqua County Bank, 246 NY 369, 159 NE 173 (1927).

于Chappell & Co v. Nestle Co. Ltd案①。原告是某音乐曲目的版权人。X录制了该音乐，然后转卖给被告，单价为4便士(4d)。随之，被告又将该作品向市场公开出售，单价为1先令6便士(1s 6d)外加三张被告公司生产的巧克力的包装纸，被告在收到顾客的包装纸后即刻抛弃，它收取顾客的包装纸只不过是促销它的巧克力，虽然音乐磁带本身也有利润。原告以被告侵犯版权为名起诉被告，依据1956年《版权法》第八条的规定：音乐作品可以以零售目的被录制，但是零售价的6.25%应该作为版权使用费归于版权人。被告在计算版权费时以1先令6便士(1s 6d)为基数，但原告提出异议，认为巧克力包装纸也是顾客支付的约因，也是价钱的一部分。

上议院判决原告胜诉，因为包装纸本身有经济价值，尽管价值些微，被告收到后即刻抛弃，但它无疑是该交易的部分约因。萨默威尔(Somervell)勋爵在本案中确立了英美合同法中著名的"胡椒粒规则"(Peppercorn Rule)："合同当事人可以选择以什么作为'约因'。一颗胡椒粒照样可以是充足约因，即便经证明受诺人不喜欢胡椒会将其抛弃。"

"胡椒粒规则"代表了约因无须等价规则在实践中的极端案例。类似荒谬的判决引发了人们对约因价值的怀疑，难道真的像霍姆斯说的那样，约因在此时如同盖印一样是一种形式?② 科宾善意地认为，法院在这些案例中本来有自己的想法，被宣称的"约因"只不过是一种口实。③ 阿提亚教授对此也感到茫然，他说这些判决必然导致法律的混乱，因为任何一个理性的人都希望通过允诺达到某种目的，即便是无偿的允诺对允诺人来说也是有充足"理由"的，根据上述判决，一切"理由"都可以作为"约因"，这无异于取消整个约因法理在合同法中的存在。所以，他认为约因应该是有一定价值的。不过，阿提亚也说，我们也不能坚持约因一定要有经济价值，或者认为任何有经济价值的事物都可以成为有效约因，他也怀疑有一般性规则协调当前法律中的明显失调，因为人们可以简单认为关于慈善捐赠允诺或对家庭成员送礼物的无偿允诺没有约因，而有些允诺得到的回报几乎没有经济价值又被确定为有约因，仅仅因为法官认为允诺人能够决定他的价值选择。④ 所以，阿提亚认为，我们不得不依赖一些技术规则来确定在具体情形下约因的"充分性"。

---

① Chappell & Co v. Nestle Co. Ltd (1960) Chappell & Co v. Nestle Co. Ltd, AC 87. See Jill Poole, *Casebook on Contract Law*, sixth edition, Oxford University Press, 2003, pp. 105 – 107.

② Oliver Wendell Holmes, *The Common law*, with a new introduction by Tim Griffin. Transction Publishers: New Brunswick (U. S. A.) and London (U. K.), 2004, p. 215.

③ [美]科宾著:《科宾论合同》，王卫国等译，中国大百科全书出版社1997年版，第241页。

④ P. S. Atiyah, *An Introduction of the Law of Contract*, 4th Edition, Clarendon Press, Oxford, 1989, pp. 134 – 137.

三、"名义约因"与"虚假约因陈述"

根据《布莱克法律大词典》及相关资料的解释，当事人在协议中约定的约因经济价值微小，与允诺内容相差悬殊，如仅以一美元作为一桩交易的约因，这一美元叫"名义约因"（Nominal Consideration）。[①] "名义约因"由象征性的物质提供，而有些当事人仅是在协议中包含了"充分约因"的表述，而实际上没有任何交付，那么这一陈述就是"虚假约因陈述"（recital）。[②] 不过，科宾对这两个概念的阐述似乎不一样。他说，约因的"名义"意味着当事人所称的约因只是一种托词而不是事实。法律不要求约因的等价，书面允诺常常陈述"以一美元的约因"，如果这一表述不真实，便是"名义约因"的例子。[③] 可见，科宾认为，"名义约因"常常被书面合同用来增强其约束力，但他只是笼统地提到表述的"不真实"，没有明确强调象征性约因有没有实际提供，他似乎没有区分"名义约因"和"约因的虚假陈述"。

（一）一般效力规则：无效

科宾笼统地否认了"不真实"约因的法律充分性。科宾的观点是：只要一项允诺的约因在事实上并不存在，它就不会因为存在关于约因的书面陈述或关于约因已经给付或受领的书面认可而取得被强制执行的效力。[④]

第二次《合同法重述》也宣布这种虚设的交易是无效的。其第 71 条评述在关于"交换"（bargain for）的界定中指出："仅仅是交换的假象是不够的，此时，协议有虚假的约因陈述或者拟定的约因仅仅是名义上的。在这些情形下是没有约因的，允诺要生效的话只能作为无须约因的允诺类型。"第 79 条的评述再次强调："约因"与允诺内容在价值上的巨大悬殊有时暗示了拟订的约因并不是交换的价值，只是一种假象（sham）或形式，这样的假象或"名义约因"不符合《合同法重述》第 71 条关于约因构成要件的规定。

美国历史上关于"名义约因"的典型案例是 1861 年的 Schnell v. Nell 案[⑤]。Zach Schnell 与 Nell 以及另外两人达成协议，Zach Schnel 在协议中允诺：已经去世的妻子 Theresa Schnell 留下遗嘱，上述三位将从她的遗产中各自得到 200 美元；但是妻子在临死时并没有属于她的个人财产，所有财产属于夫妻共同财产，现在自然转到了丈夫的名下，所以，关于遗嘱的条款其实没有生效。不过考虑到妻子生前勤俭贤

---

① Black's Law Dictionary, 8th edition, 2004 West, a Thomson business, p. 326.

② Randy E. Barnett, *Contracts Cases and Doctrine*, Little, Brown, and Company, 1995, p. 752.

③ Arthur Linton Corbin, *Corbin On Contracts*, One Volume Edition, ST. PAUL, MINN. West Publishing Co. 1952. Sec. 130, pp. 189 – 190.

④ Ibid.

⑤ Schnell v. Nell, Supreme Court of Indiana 17 Ind. 29 (1861), See Randy E. Barnett, *Contracts Cases and Doctrine*, Little, Brown, and Company, 1995, pp. 747 – 749.

惠,对丈夫现在拥有的财产有实质性的贡献,也因为丈夫对妻子的爱和尊重,现在丈夫同意遵守妻子遗嘱向上述三位支付金钱,但对方以 1 美分作为约因。遗嘱所列的三位向允诺人 Zach Schnel 支付了 1 美分,并在文书允诺文书上盖印。当他们拿不到钱时,就依据上述文书对 Zach Schnel 提起了诉讼。

被告辩称,文书没有约因支持。可是法庭对被告的抗辩表示反对,因为文书中明确说有 1 美分作为约因。最终,印第安纳州最高法院认为 1 美分不足以支持支付 600 美元的允诺,虽然一般规则是"约因无须等价",但是该规则在本案不适用,因为本案是金钱与金钱的比较,有固定的数额,而不是别的价值不能确定的事物之间的比较。为了 1 美分而支付 600 美元的允诺显然是不公平的、无效的。1 美分的约因完全是"名义约因"。妻子的遗嘱并没有对丈夫施加分割其财产的义务。所以丈夫的允诺只是赠与允诺。最终,印第安纳州最高法院全体法官达成一致意见,推翻初审法院的判决。

值得注意的是,该案是有当事人盖印的,法官依然否认了协议的强制力。从中可见盖印的效力在现代社会持续降低的趋势。正如第二次《合同法重述》第 87 条的评述 a 所言:"制作不可撤销要约或选择权合同的传统普通法方法是提供约因或盖印。……印章的正式性在降低,它越来越难以成为为大众普遍认可的形式。随着知识的普及,亲笔签名成为自然的形式,而盖印越来越过时……"①

"虚假约因陈述"意味着约定的名义上的微小约因根本没有支付。至于其效力,主流观点认为,这种陈述最多引起对约因的反驳性推定。在实践中,很多法院否认以书面的形式规定"虚假约因"的法律效力,允许允诺人根据书面文书来证明关于约因的陈述是虚假的,由此摆脱义务束缚。② 在 1957 年的 Allen v. Allen 案③中,在非盖印的书面文书中的"约因陈述"没有取得法律效力。

(二)在"选择权合同"中的有效性

尽管基于交易理论的效力规则在大多数情形是适用的,也有许多相反的看法和适用情形。毕竟,"名义约因"和"虚假约因陈述"都表达了当事人愿意受法律约束的意向。英国著名法学家埃姆斯明确抛弃了等价交换的要求,从而认为,名义约因能支持允诺的强制力,因为允诺人已实现了他交换的目的。④ 富勒赞成"名义约因"的法律效力,他说:"当事人不厌其烦将他们的事务诉诸于交易的形式的事实说明他们使用了正式形式,所以由'名义约因'支持的允诺取得法律强制力的原因与盖印合

---

① Randy E. Barnett, *Contracts Cases and Doctrine*, Little, Brown, and Company, 1995, p. 751.

② Cloude D. Rohwer & Gordon D. Schaber, *Contracts*,《合同法》(第 4 版)(美国法精要影印本),法律出版社 1999 年版,第 108 ~ 109 页。

③ Allen v. Allen ,Municipal Court of Appeals for the District of Columbia 133 A. 2d 116 (1957).

④ J. Gordley, *The Philosophical Origin of Modern Contract Law*, Clarendon Press. Oxford, p. 173.

同取得法律强制力的原因相同。"[①]事实上,它们对于"选择权合同"[②]的法律效力是得到较广泛认可的。

第二次《合同法重述》第87条规定:(1)一个要约在以下情形下是有效的"选择性合同":(a)以书面的形式,有要约人签字,为要约的制定陈述了拟订的约因,提议在合理的时间内以公平的条款进行交易……(2)当允诺人可以合理预期到该允诺会诱使受约人采取实质性的作为或不作为,而事实上该要约也产生了这样的后果时,在防止不公平的必要限度内,该要约作为一个选择权合同而生效。[③]

该条评述b认为,根据87条(1)(a)的规定:以1美元作为约因的要约通常是不可撤销的。要约的不可撤销对于受约人的价值可大可小,但法院不会探究约因的价值大小,所以较小价值的支付可以成为涉及较大价值的事物的要约的约因。……这种"名义约因"常常用来支持条款公平的短期选择性合同。选择权的保留是对社会有益的交易能够达成的前期基础,该事实就是该要约得到强制实施的充足理由。适合该交易的书面签字满足了合同的正式性要求。[④] 该条评述c是关于约因陈述的效力:"……在第87条(1)(a)所谈的案例中,提供或陈述'名义约因'都只具有形式功能。书面签字具有重要的形式价值,而交付1美元或胡椒粒的仪式所具有的形式价值微不足道。考虑到正式的书面合同有被容易编造的口头证据导致无效的危险,所以,选择性合同并不因陈述的'约因'没有实际提供而失去效力。"[⑤]

总之,在约因是支持一个选择权合同的必要条件的情况下,价值些微的"名义约因"甚至"虚假约因陈述"往往被认为显示了创制有效义务的意图,从而受到法律的尊重。科宾对其中的合理性进行了法理分析。他说,假如甲付出25美分以换取乙在30天内的任何时候以10,000美元的价格出售并转让某块土地的允诺。25美分与土地当然不等价,但是,25美分并不是与土地相交换,甲只是买得了强制对方以10,000美元的价格转让该土地的权利,而且这一权利的持续期间为30天。我们无法确信25美分不足以买取这一权利,因为我们并不知道有没有这样的市场价。……乙对甲的允诺是能够强制执行的,尽管有证据表明其他地产商会乐意花

---

① Lon L. Fuller, *Consideration and Form*, 41 Columbia Law Review (1941) p. 820.

② Option Contract: 规定要约接受期限的合同。See Merriam-Webster's Dictionary of Law, p. 103.

③ American Law Institute, Restatement (Second) of Contract, §87. Option Contract: (1) An offer is binding as option contract if it (a) is in writing and signed by the offeror, recites a purported consideration for the making of the offer, and proposes an exchange on fair terms within a reasonable time; (2) An offer which the offeror should reasonably expect to induce action or forbearance of a substantial character on the part of the offeree before acceptance and which does induce such action or forbearance is binding as an option contract to the extent necessary to avoid injustice.

④ Randy E. Barnett, *Contracts Cases and Doctrine*, Little, Brown, and Company, 1995, p. 751.

⑤ Ibid, p. 757.

1000 美元来买取甲只花 25 美分买得的选择权。①

Smith v. wheeler 案②是关于选择权合同的典型案例。Wheeler 和 Charles Smith 在 1973 年 3 月 17 日达成一个"选择性协议",该协议规定,Wheeler 给 Smith 一年的等待期限让他购买 Wheeler 在拉克德拉(Rockdale)县的土地,双方都在选择性协议上签字,并规定"以 1 美元作为约因,特此认定"。实际上这 1 美元没有交付。可是 1973 年 5 月 22 日时,Wheeler 通过他的律师通知 Smith,鉴于 Smith 没有实际支付协议中所称的 1 美元,所以选择性协议对 Smith 是不生效的。Wheeler 还说他想把地卖给他人。

1974 年 3 月 11 日,也就是协议签订后近一年时,Smith 用挂号信通知 Wheeler 他要实施他购买该块土地的选择权,并在信封里放了 1 美元。Wheeler 拒绝接受信件里的交付,在 1974 年 4 月 23 日向 Rockdale 法院起诉要求宣布他和被告 Smith 之间的选择性协议无效,并从政府财产准让登记册中删除这一记录以免对他的财产造成不当影响。他提出的理由是被告没有按照协议的约定交付 1 美元作为约因。

初审法院做出了对原告有利的裁定。法官的理由是 1 美元的约因没有在该协议被撤销前支付,所以该协议无效应该从政府的财产转让记录中删除。被告提起上诉。佐治亚州最高法院推翻了初审判决。法官认为,即便 1 美元没有支付也不影响合同的效力。并说他们已经多次认定了"1 美元约因的虚假陈述"的法律效力。佐治亚上诉法院在 1979 年的 Jolles v. wittenberg 案③又根据 Smith v. wheeler 案的判决认定了虚假的 1 美元约因的效力。

不仅如此,第二次《合同法重述》第 88 条也认为:"如果允诺用书面制作、由允诺人签字且包含了拟制约因的陈述,那么对权利人所做的履行合同义务的保证就是有约束力的……"④该条评述认为:"为担保所支付的费用通常是全部债务的一小部分。约因可以通过主债务人的信用来提供,所以,很难说 1 美元的约因在数量上是否充足,法院也不会深究这个问题。如同第 87 条关于选择权合同的规定一样,本条进一步放弃追究书面担保合同中陈述的约因是形式或假象,或已实际提供。"⑤

---

① Arthur Linton Corbin, *Corbin On Contracts*, One Volume Edition, ST. PAUL, MINN. West Publishing Co. 1952. Sec. 127, pp. 187 - 188.

② Smith v. Wheeler, Supreme Court of Georgia, 233, Ga. 166, 210 S. E. 2d 702(1974).

③ Jolles v. wittenberg, 148 GA. APP. 805, 253 S. E. 2d 203 (1979).

④ American Law Institute, Restatement (Second) of Contract, § 88. Guaranty, A promise to be surety for the performance of a contractual obligation, made to the obligee, is binding if (a) the promise is in writing and signed by the promisor and recites consideration…

⑤ Randy E. Barnett, *Contracts Cases and Doctrine*, Little, Brown, and Company, 1995, pp. 757 - 758.

第三节 “过去约因”规则

何为“过去约因”(past consideration)呢?假如,B 溺水,A 救他,B 事后允诺对 A 给付酬金,A 不能以他救人的行为作为 B 的允诺的约因,因为从时间角度来说,B 的允诺是后续的。A 的行为对现在的允诺人没有利益,对受诺人,即他自己也不涉及任何损失。英国法的传统法则是:“过去约因”不是有法律价值的“约因”,除非事后的允诺有新的“约因”支持,该允诺不能强制实施。需要注意的是,“过去约因”必须与“已履行的约因”(executed consideration)区别开来,在“已履行的约因”中,允诺和构成“约因”的行为是同一桩交易的组成部分,过去“约因”指允诺做出之前的付出或履行,它独立于允诺。我们可以借用动机与约因的划分对“过去约因无效”规则做出合理解释。允诺人在得到好处后对付出人做出一个回报允诺,此时允诺人从他的允诺中得到的只是感激他人的动机的满足,不具有法律意义上的价值,所以,“过去约因”不是充分约因。

一、十六七世纪关于“过去约因”的探讨

1602 年的 Slade 案[①]确立了以“承诺之诉”代替“债务之诉”的合法性,但是“债务之诉”对非正式允诺的漫长垄断限制了“承诺之诉”的扩张。当时产生的争议主要涉及遗产管理人对死者的债务的偿还责任问题以及约因原则。首先回顾一下在“令状制”下债务能够得到司法救济的条件。“债务之诉”的适用条件是被告必须得到了实际的“对等物”。在用于纯粹的待履行合同(pure executory contract)之前,“承诺之诉”的适用条件是受诺人因允诺遭受了实际的损失。所以,法律人必须思考哪些履行行为能够支持允诺的约束力。于是,基于“债务之诉”与“承诺之诉”的经验,一种规则逐渐形成:被告得到的好处或者原告遭受的损失必须与允诺构成同一个交易。换句话说,法官们在司法实践中思考着约因与允诺的时间关系及其对允诺效力的影响。

其实在“约因”概念形成之前,原告不能就他在允诺发生前对被告的付出而提起“债务之诉”。《博士与学生》有段对话:“如果允诺为过去已获得的利益而做出,你为我修建了房子我允诺付给你 40 英镑,该允诺足以支持诉讼吗?没有诉权,但是允

---

① Slade v. Morley(Slade's case),4 Co. Rep. 91a,76 Eng. Rep. 1072(1602). 第一章有关于该案的详细陈述。

诺人有良心上的履约责任。"[①]1490 年的特殊欺诈案例诉讼(an action on the case in the deceit)表达了上述理念,被告在买卖交易完成后对交易对象做出质量保证,原告不得因被告违反该保证起诉。[②]

根据为允诺付出的"约因"是否已经履行,"约因"可以划分"待履行的约因"(executory consideration)和"已履行的约因"(executed consideration)。前者是指,以允诺作为另一个允诺的约因,作为"约因"的允诺的内容可以是:作为、不作为或遭受某种损失。互为允诺(mutual promise)的合同就包含了"待履行的约因"。譬如,以从事某种工作为内容的允诺换取以支付工资为内容的允诺。有时,一个允诺的实现可能要依赖一个另外的条件,这并不影响它作为"约因"的效力。譬如,A 允诺为 B 做工,B 允诺如果 A 的工艺得到第三方的认可,就付款给 A,B 的允诺是 A 的允诺的充足约因。"已履行的约因"的含义是:如果合同当事人双方中的一方以行为构成了合同的要约或承诺,已经完成了合同规定的全部义务,而另一方的义务有待履行,这时候合同的"约因"为"已履行约因"。一个人明知他将得到支付的情形下为他人提供商品或劳务,当商品或劳务被对方接受,那么接受方就有义务支付相应款项,这是以行为构成约因的例子。"待履行的约因"和"已履行的约因"这两个概念的使用始于 1597 年,它们表达了足以支持"承诺之诉"的两种约因的区别。

如何区分"已履行的约因"和"过去约因"是十六七世纪的面临的难题。在 1568 年的 Hunt v. Bate 案[③]中,被告的仆人被囚禁,作为被告的朋友,原告为其交付保释金,被告事后允诺将向原告偿还这笔钱,在被告失言的情况下,原告对被告提起"承诺之诉"。法院判决被告胜诉,"主人从来没有以仆人的名义要求过原告这么做,原告完全是自找麻烦"。该案在约因原则发展史上有多重意义:第一,当事人的友谊不能作为约因,因为它早已存在于允诺之前;第二,尽管原告的付出在允诺之前,但如果它是在被告的请求下做出,也应该视做有效约因。在 1585 年的一起案例中,罗兹(Rhodes)法官对"过去约因"与"已履行的约因"的区别阐述得颇具现代意味:"如果一个人为我服务一年,没有任何报酬,假如我在年末向他允诺为他的诚挚服务支付给他 20 英镑,那么,他可以就这个允诺向提起诉讼,因为该允诺有充足约因支持。但是,假如一个仆人得到一份工资,在劳务结束后,他的主人允诺多付给他 10 英镑,

---

① ST. Germain, Doctor and Student, Dial. Ⅱ, See Kevin M. Teeven, *A History of the Anglo-American Common Law of Contract*, Greenwood Press, New York, 1990, p. 93, note 35.

② Y. B. Trin. 5 Hen. Ⅶ, f 41v, pl. (1490). See Kevin M. Teeven, *A History of the Anglo-American Common Law of Contract*, Greenwood Press, New York, 1990, p. 93, note 36.

③ Hunt v. Bate, Dyer 272 (C. P. 1568).

仆人无权就此增加工资的允诺起诉,因为新的允诺没有约因支持。”[①]显然,这些观点是为了支持“承诺之诉”适用于默示合同领域。

1585 年 Sidenham 案的判决与 1568 年 Hunt v. Bate 案的判决是一脉相承的,法官的意思是,原告的劳务是在被告的请求下付出的,该付出对于后续的允诺就是“已履行的约因”,就足以支持诉讼。1616 年 Lampleigh v. Braithwait 案[②]对该规则给予了明确的阐述,“一个纯粹自发的帮助不能成为支持‘承诺之诉’的约因,但是如果这种帮助是在被告的请求之下而为,它就是有效力的约因,允诺尽管在帮助行为之后,却不是裸露的……这就是区别”。在该案中,被告 Braithwait 杀人后请求原告 Lampleigh 向国王取得赦免状,Lampleigh 花费了很大的精力和钱财来办这件事,后来被告允诺他要为此向原告支付 100 英镑。可是被告没有支付,于是原告为他的允诺将他告上法庭。法官认为,被告先前的请求其实就包含了他要对原告的付出给予补偿的默示允诺。所以,先前的请求和后来的允诺是同一桩交易中不可分割的组成部分,一旦原告为他争取到赦免状,它们就应该被强制实施。[③]

在 Slade 案之后,“债务性承诺之诉”凭借其程序上的优势仍继续使用。此时,人们开始质疑“债务性承诺之诉”中的约因其实是“过去约因”。然而上述对“已履行的约因”和“过去约因”的区分带来一些混淆。从前文已知,“先前债务成为约因”是“债务性承诺之诉”的合理性基石,因为先前债务推定了默示允诺的存在。这种质疑在 1617 年的 Hodge v. Vavisour 案[④]中被提出来,不过,被法官否定了。法官认为,债务是一直存在的,默示允诺和交易是同时存在的,所以,约因不是“过去约因”。从现在的眼光来看,当时 Hodge v. Vavisour 案中的理由难以自圆其说,它是夹在两个事实之间的模棱两可的遁词。一个事实是:“债务性承诺之诉”的责任基础是先前债务,其后续允诺的拟制只不过是为了避免与“债务之诉”的重合;另一个事实是:过去约因无效。法院不愿违背历史潮流,接受被告的辩护——“允诺基于过去约因,所以是没有强制力,他可以提起‘债务之诉’要回他的商品。”因为,被告的责任已经属于由“债务性承诺之诉”确认的普通债务。

Hodge v. Vavisour 案的判决似乎表明,“过去约因无效”规则的例外有二:第一,债务是先前存在的;第二,及原告在被告请求下的作为。这样一来,原告在被告请求下的作为不再像 1568 年 Hunt v. Bate 案、1585 年 Sidenham 案以及 1616 年 Lampleigh v. Braithwait 案阐述的那样被视为“已履行的约因”。正是基于这种认识,在 1732 年

---

① Sidenham and Worlington' case 2 Leo. 224. See William Holdsworth: *A History of English Law*, Methuen & Co. Ltd, Sweet and Maxwell, reprinted in 1977. Vol. Ⅷ, p. 15.

② Lampleigh v. Braithwait Hob. 105 (1616).

③ Laurence Koffman & Eliabeth Macdonald, *The Law of Contract*, 4th edition, Tolley, 2001, p. 49.

④ Hodge v. Vavisour, 3 Bulstr. 222, 1 Rolle Rep. 413 (1617).

Hayes v. Warren 案中,法官判决,如果原告之前对被告付出了劳务,他不能就被告后续的支付允诺提起诉讼,除非,原告做工是出于被告的明确请求,或者被告从原告劳务中的获益默示了请求的存在。①

普通法院在 17 世纪的判决关于"过去约因"的探讨呈现出以下特点。第一,模糊了"已履行的约因"和"过去约因"的区分;第二,承认了"过去约因无效"存在例外。先前债务支持"债务性承诺之诉"就是一个明显例外。当时也有人提出,先前债务之所以是充分的约因,因为债务人应该返还。这似乎又是将道德义务作为充分约因。所以,法学家们关于"过去约因"规则的看法在十六七世纪还是不确定的,这反映了约因原则本身的不成熟及渊源的多样性。

二、"过去约因"规则在英国法中的现代发展

(一)"过去约因"典型判例分析

1842 年的 Roscorla v. Thomas 案②是阐述"过去约因"原则的经典案例。原告与被告商议以特定的价格从被告处买马,协议达成后被告允诺他的马是"健壮的、无病的",可后来,马被证实有病,所以原告以被告违反健康保证的允诺提起诉讼。法官判定原告败诉:对于被告的允诺,原告提供的支付只能是"过去约因",被告对马的健康保证并不是原告支付的诱因,所以这个健康保证是无偿的,是没有法律约束力的。③

现代英国的典型案例当数 Re McArdle 案④。一位父亲留下遗嘱,等他的妻子去世后,他的房子由他的孩子们拥有。母亲健在时,与其中一个孩子共同生活在这栋房子里,母亲花钱对房子作了整修和改造。出于感激,孩子们写下一份协议,写明:"考虑到您对房子的整修和改建,我们在此同意让遗嘱执行人从房产中扣除资金对您做补偿,分割出 488 英镑作为房产的修整花费。"可是,后来上诉法院认为,母亲对房子的整修和改建是在孩子们的允诺前完成的,所以只能是"过去约因",当遗嘱执行人拒绝付 488 英镑,妻子不能起诉强制要求这笔钱,因为她对付款的允诺并没有提供有效的约因。⑤

本案让我们联想到"道德约因"。曼斯菲尔德在论述"道德约因"时,列举了三种允诺可以是基于道德伦理而有约束力的,即某人允诺偿还超过时效的债务,一个

---

① Hayes v. Warren Stra. 933 (1732). See William Holdsworth: *A History of English Law*, Methuen & Co. Ltd, Sweet and Maxwell, reprinted in 1977. Vol. Ⅷ, p. 15.

② Roscorla v. Thomas (1842) 3 Q. B. 234.

③ Laurence Koffman, Eliabeth Macdonald, *The Law of Contract*, 4th edition, Tolley, 2001, p. 48.

④ [1951] Ch 669 (CA).

⑤ Jill Poole, *Casebook On Contract Law*, 6th edition, Oxford Universty Press, 2003, pp. 108 - 109.

人在成年后允诺偿还他在未成年时与他人达成的合同的债务,或者是一个被宣布破产的人在条件好转后允诺偿还已经被破产程序免除的债务。在曼斯菲尔德的观点占主流时,上述允诺都得到支持,可是后来的英国成文法,如《1869 年破产法》(Bankruptcy Act 1869)和《1980 年实效法》(Limitation Act 1980)都对该规则进行了修改,上述允诺的生效一定要有受诺人提出新的约因为条件,这是"交易约因论"盛行的后果。

另外,在很长时期内,根据《1874 年未成年人救济法》(Infant Relief Act 1874, s. 2),成年后做出的偿还未成年时的债务的允诺可以被宣布无效。但是当事人达成一个新的偿还合同,则对未成年人的这种特殊保护不存在。即如果债权人提供新的约因,哪怕价值低微,后来的偿还允诺也是有约束力的。英国法律委员会认为对于"新允诺"和"新合同"的区分不合逻辑,1987 年英国《未成年合同法案》(Minor's Contracts Act, 1987)取消了《1874 年未成年人救济法》的规定。从这一点来说,普通法的古老原则(以偿还未成年时的债务为内容的允诺不需约因就可生效)在现代英国法中有所复活。①

(二)对"过去约因无效"规则的修正

现在的英国法同样继承了传统规则的例外。即当"过去约因"是出于允诺人的请求做出的,它能够成为后来的允诺的约因。前文已述,该例外规则萌芽于大约 400 年前的古老案例,即 1616 年的 Lampleigh v. Braithwait 案。要注意的是,该例外规则的运用是谨慎的,原告的劳务一定是基于被告的请求,双方都需明白原告的履行是将得到支付的,而且,默示的付款允诺往往产生在商业关系中。所以,有人认为这种例外规则之所以没有适用于上述 Re McArdle 案,因为被告没有请求原告管理财产,由此也缺乏默示的付款允诺。②

历史总是在轮回之中,1616 年 Lampleigh v. Braithwait 案确立的例外在 1975 年的一起复杂案件③中得到重申。该案的基本案情是:原告拥有一家私人公司 Shing on 的股份,该公司的主要资产是一栋在建的楼房,被告是 Fu Chip 投资公司的主要股东。双方达成协议,原告将其占有的 Shing on 公司的股份卖给 Fu Chip 公司。作为回报,Fu Chip 公司分配给原告 420 万该公司的股票。如果所有这些新分配给原告的股份立即上市销售,必然降低 Fu Chip 公司其他股东所持股票的价值。所以,被告要求原告在 1 年内不得销售或转让新配股的 60%,同时被告保护原告的股票免遭

---

① H. G. Beale & W. D. Bishop, M. P. Furmston TD, *Contract Cases and Materials*, Butterworths, 1990, p. 128.

② Paul Richards, *Law of Contract*, 5th edition,《契约法》(第 5 版)(朗文·培生法学基础系列·影印本),法律出版社 2003 年版,第 53 页。

③ Pao on v. Lau Yiu Long (1975) 3 All Er 65.

经济损失。上述内容的协议签署后,原告考虑到自己将丧失股票可能升值的利益,就拒绝完成股份转让程序,除非被告(Fu Chip 公司的主要股东)允诺补偿其新配股份在 1 年以内的价值损失。被告做出了这样的补偿承诺。可事实上,原告持有的 Fu Chip 公司的新配股价值大幅度下降,原告依据被告做出的补偿承诺提起诉讼。可被告在答辩中说,原告没有对他们的补偿承诺提供"约因"。

枢密院司法委员会认为,补偿允诺的约因就是原告答应在 1 年之内不得销售他们持有的 Fu Chip 公司股份的 60%。[①] 斯卡曼(Scarman)勋爵阐述到:"一方做出某种行为,另一方在事后做出对其行为给予支付金钱或施加其他利益的允诺,一方的行为可以成为后来允诺的有效约因。但是一方的行为必须是在允诺人的请求下做出的,双方都明白该行为是要用金钱或别的好处给予补偿的,双方还要明白如果这种施加好处的允诺提前给出的话,它肯定能得到强制实施。"[②]

英国现代成文法也对"过去约因"原则有所变革。英国 1882 年的《票据交换法》第 27 条第 1 款规定构成票据的"有效约因"可以是:(a)足以支持简单合同的任何约因,包括先前的债务或义务;(b)无论该票据是即期支付或在将来某个时候支付,这种债务或义务都被视做有价值的约因。[③]

三、"过去约因"规则在美国法中的突破:道德约因的效力

第二次《合同法重述》第 86 条规定:"(1)一个允诺是作为对允诺从受诺人已经获益的认可而做出,在防止不公平结果的必要限度内,该允诺是有约束力的;(2)该允诺在以下情形下没有约束力:(a)如果受诺人将利益作为赠与施加给允诺人或者出于其他原因允诺人没有不当得利;(b)允诺包含的价值与允诺人所获的利益相差悬殊。"[④]从上述规定可以看出,美国合同法对于当事人在允诺之前的付出的法律效力定位是有别于传统普通法的。这主要是因为曼斯菲尔德的"道德约因"在美国保留了更多影响。第二次《合同法重述》第 86 条的两个释例非常有趣,常常成为"过去约因"或者"道德约因"的讨论素材。

第一个案例是 Mills v. Wyman 案[⑤]。被告 25 岁的儿子离家在外与家人失去联

---

① Jill Poole, *Casebook on Contract Law*,6th edition, Oxford University Press,2001,p. 109.

② A. G. GUEST, M. A. *Anson's Law of Contract*, 26th Edition, Clarendon Press Oxford 1984,p. 85.

③ Laurence Koffman & Elizabeth Macdonald, *The Law of Contract* , 4th Edition ,Tolley,2001, p. 50.

④ American Law Institute, Restatement, Contract (Second), § 86: A promise made in recognition of a benefit previously received by the promisor from the promise is binding to the extent necessary to prevent injustice. (2) A promise is not binding under subsection (1) (a) if the promisor conferred the benefit as a gift or for other reason the promisor has not been unjustly enriched; or (b) to the extent that it's value is disproportionate to the benefit.

⑤ Mills v. Wyman, Supreme Judicial Court of Massachusetts, 20 Mass. (3 Pick.) 207 (1825).

系期间,陷入贫困且身患重病,原告对他提供治疗和照顾直到他去世。被告在获悉这一事实后,写信给原告允诺他将支付原告为他儿子花去的费用。当被告违背允诺时,普通诉讼法庭(the Court of Common Pleas)法官认为,原告没有为该允诺提供任何约因,所以诉讼无从产生。原告不服。

马萨诸塞州最高法院最后认定本案原告的付出并非出于被告的请求,原告只是在被告儿子陷入困境时充当善良的撒马利亚(Good Samaritan),被告的允诺是没有约因支持的,"道德义务是支持明示允诺的约因"的说法在本案不适合,本案中儿子早已是自立的成年人。被告的支付义务,不受法律强制,取决于由"良心法庭"(tribunal of conscience)的裁决。最后,普通诉讼法庭的意见被维持,原告没有获得救济。①

第二个案例 Webb v. Mcgowin 案②。本案中的上诉人是木业公司的员工,在一次工作中,按照正常的工作方法,他需要把一根约 75 磅重的木头从厂房顶层扔到地面上,正要往下扔时,他看见雇用被上诉人的 Mcgowin 站在木头即将着地的位置,如果他松手,沉重的木头将刚好击中 Mcgowin,并导致他的重伤或死亡。唯一安全并合理的办法就是上诉人与木头一起着地由此让木头落地的方向避开 Mcgowin 站的位置。上诉人这样做了,保住了 Mcgowin 的安全但他自己却身负重伤,终身残疾,不能从事正常的脑力和体力工作。于是,在 1925 年 9 月 1 日 Mcgowin 允诺将对上诉人的余生给予照顾,从他受伤之日起每两周向他补助 15 美元。但是,1934 年 1 月 1 日,Mcgowin 去世了,补助金在给付一次后就停下来了。于是 Webb 对其遗产管理人提起诉讼,要求从 1934 年 2 月 27 日到诉讼提起之日期间的补助金。

上诉法院主审法官布里肯(Bricken)认为尽管原告即上诉人的损失不是出于允诺人 Mcgowin 的请求,但是允诺人得到了实质性利益,该利益就是他的允诺的充分约因。所以他推翻了地区法院的判决发回重审。被上诉人不服,向亚拉巴马(Alabama)州最高法院申请"卷宗调查令"(writ of certiorari),福斯特(Foster)法官肯定了上诉法院的判决,并认为,上诉法院注意并适用了在允诺人只有道德义务无实质性获益与允诺人有实质性获益两种情形的区别。本案中被告的获益是实质性的,所以他应该承担赔偿的责任。所以,最高法院拒绝了被上诉人的"卷宗调查令请求"。③

显然,在 Webb v. Mcgowin 案中,道德义务被作为有效的约因,它与 Mills v.

---

① Randy E. Barnett, *Contracts Cases and Doctrine* , Little, Brown and Company, 1995, pp. 620 - 628.

② Webb v. Mcgowin 27 Ala. App. 82, 168 So. 196 (1935).

③ Randy E. Barnett, *Contracts Cases and Doctrine*, Little, Brown and Company, 1995, pp. 629 - 633.

Wyman 案的不同判决结果带给我们一个难题,“道德约因”或“过去约因”该如何区分呢？道德义务在哪种情况下可以是有效约因呢？第二次《合同法重述》第 86 条的说法是暧昧的:“一个允诺是作为对允诺人从受诺人已经获益的认可而做出,在防止不公平结果的必要限度内,该允诺是有约束力的”。看来,“过去约因”法则与其他法则一样在实践中有很大的弹性。

但是,以下几种情形的处理在美国是比较明确的。[①] 第一,以偿还超过时效的债务为内容的明示或默示允诺是有约束力的,许多法院要求新的允诺以书面形式制作。第二,一个被宣布破产的人在条件好转后允诺偿还已经被破产程序免除的债务。美国法也认可这种允诺的法律效力,无须约因支持。第三,一个人在成年后允诺偿还他在未成年时与他人达成的合同的债务, 他的允诺同样有约束力。同样,如果一个协议因为“误述”、“不当影响”或“错误”等原因而被撤销,当上述因素被排除后,如果允诺人允诺履行原来协议下的义务,他的允诺也可以得到法院的强制实施。假若曼斯菲尔德活到今天,一定会为他在 200 多年前提出的“道德约因论”在今天的美国仍有如此深远影响而欣慰。

第四节　约因的相对性:约因必须由受诺人提供

在大陆法系语境中,渊源于罗马法的“法锁”概念的合同关系的相对性成为合同责任区别于其他责任的标志。在英美法中,同样有合同相对性概念(privity of contract),它的基本含义是:合同不得对非当事人的第三方施加合同义务;非合同当事人不得起诉要求合同的强制实施,即便该第三人是合同的受益人。[②] 英美学界对于合同相对性与约因的关系并无定论。有人认为,合同的相对性原则等同于“约因必须由受诺人提供”的约因规则。该规则的含义是:当 A 和 B 达成了以 C 为受益人的合同,C 不能要求强制实施允诺的履行,因为 C 没有付出约因。不过,也有人认为,二者不可混为一谈。无论如何,学者们都承认,“合同的相对性”与“约因必须来自受诺人”的关系是相当紧密的,不能孤立地对其中某一项进行研究。因为对它们进行阐释的经典判例是重合的。[③] 笔者认为,“约因必须由受诺人提供”表达的就是合同相对性的部分内涵,即非合同当事人不得起诉要求合同的强制实施。有鉴于此,本书借用“约因的相对性”概念来展开对“约因必须由受诺人提供”规则的

---

① Claude D. Rohwer, Gordon D. Schaber, *Contracts*, 4th edition, West Nutshell Series,《合同法》(第 4 版)(美国法精要影印本),法律出版社 1999 年版,第 110～116 页。

② Ewan Mckendrick, *Contract Law*,4th Edition,《契约法》(第 4 版)(麦克米伦法学精要丛书·影印本),法律出版社 2003 年版,第 133 页。

③ 同上,第 138～139 页。

描述。

一、在普通法中的萌芽与弹性

(一)“约因必须来自受诺人”规则的萌芽

“约因必须来自受诺人”规则在十六七世纪已经萌芽。在1669年的一起案件中,法院判决债权受益人不能获得救济,因为他是约因的局外人,与允诺人缺乏相对性。① 这一规则是由“承诺之诉”的性质决定的,“承诺之诉”的最初功能是保护B因相信A的允诺而遭受的信赖损失,而约因是作为侵害性信赖损失的证明机制而存在的。② 那么根据权利义务对等规则,作为原告的B当然应该是提供约因的人。同时,“约因必须来自受诺人”规则的萌芽暗示了法院对于人们挑起诉讼的防范之心。

(二)“约因必须来自受诺人”规则受到的抑制

不过,在以下因素的影响下,“约因必须来自受诺人”的规则在十六七世纪的司法实践中不甚严格。

1. 衡平法约因概念的影响:爱和情感的法律效力

在16世纪,尽管爱和情感原则上不能在“承诺之诉”中作为约因。但是,在司法实践中,假如一个人对医生允诺:如果你治好我的病我将给你一笔钱。医生的女儿能够针对该允诺起诉。“关系的亲密使得女儿有权享有父亲所付出的约因的利益。”③ 1677年的Dutton v. Poole案中,儿子对父亲允诺向他姐姐支付1000英镑。法院判决姐姐有权诉求该允诺的强制实施,尽管她不是合同当事人,没有付出约因。但法官认为父女亲情足以将针对父亲的允诺和父亲付出的约因扩展至孩子。④ 后来,曼斯菲尔德进一步认可Dutton案的判决,于是,爱、情感和道德义务都可望成为充分约因,涉及家庭关系的更是如此。因为“道德约因”是曼斯菲尔德法官对传统约因理论发起变革的武器,甚至在1777年Trueman v. Fenton案⑤中仅仅基于允诺人的获益就认可了允诺的强制力。在该案中,债务人在宣布破产前夕,与债权人进行一大笔交易,后来,债务人宣布放弃破产保护,允诺偿还债务。曼斯菲尔德法官判决债

---

① Bourne v. Mason 1 Vent. 6 (1669). See A. Simpson, *A History of The Common Law of Contrcts*, 1975, p. 479.

② Kevin M. Teeven, *A History of Promissory Estoppel: Growth in the Face of Doctrine Resistance*, 72 Tennessee Law Rev. 111, Summer, 2005.

③ William Holdsworth: *A History of English Law*, Volumn Ⅷ, London: Methuen & Co. Ltd, Sweet and Maxwell, 1977, Vol. Ⅷ, p. 12.

④ Dutton v. Poole (1677) 2 Lev. 211. See William Holdsworth: *A History of English Law*, Volumn Ⅷ, London: Methuen & Co. Ltd, Sweet and Maxwell, 1977, Vol. Ⅷ, p. 12.

⑤ Trueman v. Fenton, 2 Cowp. 544, 98 Eng. Rep. 1232(1777), See William Holdsworth: *A History of English Law*, London: Methuen & Co. Ltd, Sweet and Maxwell, 1977, Vol. Ⅷ, p. 26.

权人有权要求偿还允诺得到强制实施。

2.“债务之诉”和“账目之诉”的影响：非协议的当事人也可取得协议的利益

如果 A 付钱给 B，为 C 获得用益权，C 能够提起“债务之诉”或“账目之诉”请求自己的权利。在 17 世纪，C 还可以提起“债务性承诺之诉”。1651 年的一起案例中，父亲将商品交付给儿子，儿子允诺付给原告 20 英镑。法院推翻了受诺人没有付出约因的抗辩，罗利（Rolle）法官判决：“商品是为原告的利益而交付的，尽管合同并不是原被告之间达成的，原告仍然有诉权，因为法律上默示了针对原告的允诺，债务是存在的，所以，原告可以对儿子提起承诺之诉。”①霍尔特勋爵对该案的意见是认可的：“如果 A 对 B 允诺，他将付钱给 C，C 有权对 A 起诉要求允诺的款项。”②

除上述两种因素外，律师们将允诺人（被告）的获益和受诺人（原告）的受损等同地作为约因的习惯意识，淡化了这样的事实：只有当这种获益来自受诺人（原告）时，获益才能作为约因，或者说，只有受损由受诺人（原告）负担时，受损才能作为约因。罗利法官在 1651 年 Starkey v. Mill 案中的意见暴露了这种思路的混乱。

二、在近现代英国法中的确立与变革

（一）19 世纪：约因必须来自受诺人

19 世纪随着曼斯菲尔“道德约因论”的衰落，普通法官对于约因原则在 18 世纪的“叛逆”及混乱极力进行整顿，并对普通法传统给予保护。19 世纪初期兴起的要约—承诺规则导致了人们对合同当事人身份的辨别和重视，由此形成的观念是：合同只对当事人有效。

于是，英国法官们开始严格限制合同第三方受益人的诉讼权利，强调约因必须来自受诺人。法官们的理由是：在大多数时候，第三方受益人都是免费的受益者，没有为允诺提供任何代价，而普通法一般不允许无偿受益者提起合同之诉，所以第三方受益人也不得享有这种特权，所以，一个人只能强制实施针对他本人的且他本人提供了约因的允诺。

1833 年的 Price v. Easton 案③可以形象地解释这一规则。Price 欠原告 13 英镑，同意为被告工作，而被告又允诺将 Price 的工资支付给原告。但后来被告没有履行他的诺言。法官认为原告不能向被告诉求那 13 英镑，因为原告本人并没有为被告

---

① Starkey v. Mill (1651) Style 296. See William Holdsworth: *A History of English Law*, Volumn Ⅷ, London: Methuen & Co. Ltd, Sweet and Maxwell, 1977, Vol. Ⅷ, p. 13.

② Yard v. Eland (1699) I Ld. Raym. See William Holdsworth: *A History of English Law*, Volumn Ⅷ, London: Methuen & Co. Ltd, Sweet and Maxwell, 1977, Vol. Ⅷ, p. 13.

③ Price v. Easton (1833) 4 B & Ad 433, See Laurence Koffman, Eliabeth Macdonald, *The Law of Contract*, 4th edition, Tolley, 2001, p. 50.

的允诺提供“约因”。Price v. Easton 案的判决理由在 1861 年 Tweddle 案①中得到印证。该案是对“约因无须由允诺人接受”的解释。原告的父亲和未来的岳父商议，为了原告已定下的婚事，他们分别给原告 100 英镑和 200 英镑，而且原告结婚后，他们还把这个协议写成了书面文字。可是岳父还没来得及支付 200 英镑时就去世了，于是原告起诉岳父的遗嘱执行人要求这笔钱。法院认为，原告不能要求岳父的允诺得到强制实施，因为他本人并没有为它提供约因，尽管他是受益人但并不是该合同的当事人。尽管原告的父亲没有从该合同中受益，但只有他能起诉岳父的遗嘱执行人，因为他能证明他提供了约因。原告的父亲无须证明允诺人，即岳父接受了约因，他只需证明他本人提供了约因。Tweddle v. Atkinson 案标志着“约因必须来自有权提起该合同诉讼的当事人”规则在英国的建立。②

（二）约因相对性规则的现代变革

对古典约因规则的改革充斥了 20 世纪的英美合同法学界，而对约因相对性规则的变革被称作后古典学派对古典约因原则最彻底的胜利。③ 在英国，丹宁勋爵等激进人士对约因相对性规则发起攻击，高夫勋爵也曾经在 1995 年 White v. Jones 案中表达了对“技术性的僵化规则”的不满：“我们的合同法弊病丛生，它受到不必要的约因原则的束缚，严格的合同相对性原则使得第三人的权利无法得到认可。我们必须考虑通过制定法和判例法形成‘严格规则’的例外。”④法律委员会 1996 年的报告是 1999 年《合同法案》（第三人的权利）的基础，该报告指出：“未来的法律改革将给予合同的第三方一定的强制实施该合同的权利，但也有些合同第三人可以受益却无强制实施权。拟定的法案将会对现有的第三人规则形成很大的例外，但在法案没有包括的案件中现有规则的效力不变。”⑤

英国 1999 年《合同法案》（第三人的权利）规定：第三人的诉讼权利范围由合同签订人的意向决定，解释合同当事人是否有让他人受益的意向是关键。根据新法，非合同当事人在以下两种情形下享有起诉权。第一，合同明确规定第三人的该种权利，包括规定肯定性权利，如得到支付，也包括以限制性条款方式出现的权利，即合同签订人可以明确表示他们不给予第三人这种权利，也可以给这种权利规定一些限

---

① Tweddle v. Atkinson (1861) 1 B & S 393.

② Paul Richards, *Law of Contract*, 5th edition,《契约法》（第 5 版）（朗文·培生法学基础系列·影印本），法律出版社 2003 年版，第 55 页。

③ Roy Kreitner, *The Gift Beyond The Grave: Revisiting The Question of Consideration*, 101 Colum. L. Rev. 1876, December 2001.

④ Michael H. Whincup, *Contract Law and Practice*, Fifth edition, Kluwer Law International BV, The Netherlands. 2006, p. 83.

⑤ Ewan Mckendrick, *Contract Law*, 4th Edition,《契约法》（第 4 版）（麦克米伦法学精要丛书·影印本），法律出版社 2003 年版，第 141 页。

制性条件;第二,合同明确指明享有起诉权的第三人的名字,或者该第三人属于合同所指的某一类人,尽管这一类人在合同达成时还不存在。譬如,根据A与B签订的合同,B为A修建工程,A后来将该建筑转卖给C。后来发现由于B没有尽到必要的注意义务建筑需要大量的维修工作。那么,C能对B提起诉讼吗?如果根据"合同需指明享有起诉权的第三人的名字"的要求,C是没有权利的,因为A与B的合同没有列出他的名字。但是,如果A与B的合同规定的质量保证扩展到该建筑的其他所有人或承租人,那么,C可以作为其他所有人属于合同中的享有起诉权的某一类人,可以对B提起诉讼。①

英国1999年《合同法案》还规定,一般情况下,受益人一旦认可了合同受益条款或者以某种方式对该受益条款产生信赖,非经受益人的同意,受益人的权利不得被改变。可见,只要符合法案规定的情形,第三人享有的起诉权不受他本人没有提供约因的事实的影响。既然议会制在法案中表明了这样的态度,那么法院没必要在实践中增加一个"当事人需提供约因"的要求。所以《合同法案》(第三人的权利)同时也是"约因必须由受诺人提供"原则的例外。

三、在美国法中的创新

英、美两国具有相同普通法传统,他们在合同法基本原则上的分野是随着约因原则在19世纪的变化而产生的。古典时期的美国合同法先驱——兰德尔也采纳英国传统法则,他宣称约因必须来自受诺人,合同只对当事人产生权利。②

到19世纪后半期,美国对于第三方受益人的办法与英国迥然不一。纽约州的Lawrence v. Fox案③只比英国的Tweddle v. Atkinson案早两年,该案中的被告Fox,引诱Holly借给他300美元,Fox允诺还给原告Lawrence,即Holly的债权人。被告辩称Lawrence没有为他的偿还允诺付出约因,原、被告之间没有相对性。法院毫不费力地认定,被告从Holly那里借的300美元就是支持他的偿还允诺的约因,约因不必来自受诺人,因为获益约因就是充分约因。④ 1859年的Lawrence v. Fox案成为债权受益人获得救济的经典案例。

捐赠受益人的权利直到1918年Seaver v. Ranson案才正式建立,该案同样是纽

---

① Ewan Mckendrick, *Contract Law*, 4th Edition,《契约法》(第4版)(麦克米伦法学精要丛书·影印本),法律出版社2003年版,第141~146页。

② Christopher Columbus Langdell, *Selection of Cases on the Law of Contracts*, 2nd. edition, Boston, Little, Brown & Co. 1879, pp. 1011-39.

③ Lawrence v. Fox, 20 N. Y. 268 (1859).

④ Kevin M. Teeven, *A History of the Anglo-American Common Law of Contract*, Greenwood Press, Newyork, 1990, p. 230.

约州的代表性判例,法官采纳了英国 1677 年 Dutton v. Poole 案确立的规则。丈夫允诺妻子对她侄女进行赠与,侄女的受益权得到保证。① 大部分法官赞同持续扩展 1859 年 Lawrence v. Fox 案判决以实现公平,不受制于严格的技术规则。从 20 世纪 20 年代开始,大部分的美国法院都拒绝接受"约因必须来自受益人"规则。

第一次《合同法重述》允许捐赠受益人在很多情形下有权寻求救济。这一规定的合理性在于商业便利,也得到美国法院的权威判例的支持。庞德说:"允许合同约定的受益人对有支付义务的人强制合同约定,在理论上是公平的,也是有实践意义的。"②以此论证,现代美国法院普遍地认可合同指向的第三方受益人的权利。其中的原因主要是自发的市场诚信促进了人们对第三方受益人的权利的认可,"约因必须来自受益人"规则不符合社会成员彼此依赖的商业潮流。

第二次《合同法重述》第 302 条(意向的或临时的受益人)的规定是:(1)除非允诺人与受诺人另有约定,如果他们认可针对受益人的履行有利于当事人合意的达成,该受益人为意向受益人。针对受益人的履行包括:(a)允诺的履行将满足受诺人对受益人支付金钱的义务;(b)合同表明受诺人打算给予受益人允诺履行本身所包含的利益。(2)附带受益人则是指非合同意向的受益人。③ 另外,第二次《合同法重述》第 90 条(合理引致作为或不作为的允诺)还规定:若允诺人可合理期待他的允诺将诱使相对人或第三人为特定的作为与不作为,相对人或第三人确实有特定的作为与不作为,如果只有该允诺的强制实施才能避免不公正结果的产生,则该允诺有拘束力。违反允诺的救济范围仅限于维护公平所需。④

从两次《合同法重述》的条文以及对约因的定义可以看出,与英国的普通法规则不一样的是,现代美国合同法在决定允诺是否具有法律约束力时,没有要求构成交换价值的允诺或某种履行来自受诺人,也没有要求构成交换价值的允诺或某种履行

---

① Seaver v. Ransom, 224 N. Y. 233,120 N. E. 639(1918).

② Kevin M. Teeven, *A History of the Anglo-American Common Law of Contract*, Greenwood Press, Newyork, 1990, p. 230.

③ American Law Institute, Restatement (Second) of Contract, § 302. Intended and Incidental Beneficiaries (1) Unless otherwise agreed between promisor and promisee, a beneficiary of a promise is an intended beneficiary if recognition of a right to performance in the beneficiary is appropriate to effectuate the intention of the parties and either (a) the performance of the promise will satisfy an obligation of the promisee to pay money to the beneficiary; or (b) the circumstances indicate that the promise intends to give the beneficiary the benefit of the promised performance. (2) An incidental beneficiary is a beneficiary who is not an intended beneficiary.

④ American Law Institute, Restatement(second) of Contract, § 90: (1) A promise which the promisor should reasonably expect to induce action or forbearance on the part of the promise or a third person and which does induce such action or forbearance is binding if injustice can be avoided only by enforcement of the promise. The remedy granted for breach may be limited as justice requires.

一定流向允诺人。因为第三方受益人对合同的强制实施权利已经得到广泛认可，从这一点看，原告必须遭受一定的法律损失以作为交换价值的内容的观点在实践中已经被抛弃。[①] 早在1853年Perry v. Swasey案[②]中，大法官就判决："法律创立了新的相对性(privity)，推定合同的受益人付出了约因。"[③]这是"约因必须来自受诺人"规则的重要例外，原债务人基于他与新债务人之间的给付关系，将债务转移给新债务人，债权人可以直接向新债务人提起诉讼。

第五节 履行已存义务的约因效力规则

关于履行或允诺履行已存义务(Performance of Existing Duty)是否构成约因的问题目前在英美合同法中是颇具争议。对此问题一般分为三种情况予以说明：第一，履行法定职责；第二，履行对允诺人的先前合同义务；第三，履行对第三方的合同义务。

一、对法定义务的履行不是约因

英国传统观点认为：履行法定义务不是"约因"。该规则的目的是防止公职人员为他们正常的工作职责索要钱财。开创性的案例是英国1831年Collins v. Godefroy案[④]。该案中，原告接到被告签发的传票而在一项民事审判中出庭作证，后来被告又允诺给他6基尼。[⑤] 法院判决原告不能强制索要这笔钱，因为出庭作证是他的公共义务，它不足以作为被告允诺的"约因"。[⑥]

美国法律同样不许把对公共职务的履行作为"约因"，《合同法重述》(第二版)第73条规定：允诺人对于没有疑义和争执的法律义务的履行不能作为"约因"，但是如果允诺要求的内容与法律上的义务有差别，则此履行可以成为"约因"。[⑦] 该条的

---

① Claud D. Rohwer &Gordon D. Schaber, *Contracts*, 4th Edition,《合同法》(第4版)(美国法精要影印本)，法律出版社1999年版，第96页。

② Perry v. Swasey, 66 Mass. 12 Crush. 36, 40 (1853). 被告是原债务人的房客，原债务人与房客约定，房客(被告)把应付的租金直接付给原告，也就是原债权人。

③ Roy Kreitner , *The Gift Beyond The Grave: Revisiting The Question of Consideration* , 101 Colum. L. Rev. 1876, December 2001. note 42.

④ Collins v. Godefroy (1831) 1 B & Ad 950.

⑤ guine，英国旧币值，1基尼相当于1.05英镑。

⑥ Laurence Koffman & Elizabeth Macdonald, *The Law of Contract* ,4th edition, Tolley, 2001, p. 57.

⑦ American Law Institute, Restatement, Restatement(Second) of contract, §73 Performance of a legal duty owed to a promisor which is neither doubtful nor the subject of honest dispute is not consideration; but a similar performance is consideration if it differs from what was required by the duty in a way which reflects more than a presence of bargain.

正式评论指出了如此规定的原因:第一,以已经存在的法律义务作为允诺之"约因"时,该允诺容易被人视做赠与性允诺,或产生于错误或不公平的允诺。即便允诺有约因,该允诺也可能因错误、虚假表示、胁迫、不当影响或违背公共政策等原因无效。合同应该是交易,若交易的内容是法律上已经存在的义务,则失去合同的意义。第二,对于公务人员或政府工作人员来说,若以额外的金钱来要求他们做本该做的事,这是违反公共政策的。第三,适用本条时必须确定法律上的义务,如果当事人对于该义务是否存在抱有怀疑,且怀疑出于善意、诚信,则不适用本条之规定。[①]

美国合同法的这一规则与其他法律部门的规定是协调的。例如,《纽约州刑法典》第200条30款规定:他人或组织为公务员履行了他本来被要求或授权范围内的职责而故意给予、提供或同意给予公务员不合法利益,且在此职务范围内,公务员本无权获得额外或特殊报酬,该人或组织有罪。罪名为"给予非法利益罪",属A级轻罪。[②] 第300条第35款规定:公务员为他本来被要求或授权履行的公共职责而收受或同意收受不合法利益,且公务员本不该为此职责享有任何特殊或额外报酬,该公务员有罪。罪名为"接受非法利益罪",属A级轻罪。[③]

但是,"履行法定公共职责不能作为约因"的规则在司法实践中也不能僵化适用,关键是实际履行是否超过了法定职责。英国在1840年就有这样的例外案例。[④]被告悬赏,任何人只要能为一桩案子提供信息都将得到奖励。原告是一名治安警察,他为被告提供了信息,于是要求奖金。被告拒绝支付,辩称原告提供案件侦破信息只不过是履行了他作为警察的法定义务,而且如果原告要钱的主张得到支持将助长公职人员的腐化堕落,所以原告与被告之间的约定(如果承认他们之间有有效约定的话)是违反公共政策的。法院没有采纳被告的抗辩,首先,该案所涉及的特别服务,它超越了警察的法定公共职责,在适当情形下当然可以成为约因;其次,"以违反公共政策为由宣布合同的无效"的做法在此不适用,因为本案悬赏广告其实有利于

---

① 潘维大、黄阳寿编著:《英美契约法案例解析》,北京大学出版社2001年版,第67页。

② Criminal Code of New York, §200.30: a person is guilty of giving unlawful gratuities when he knowingly confers, or agrees to confer, any benefit upon a public servant for having engaged in official conduct which he was required or authorized to perform, and for which he was not entitled to any special or additional compensation. Giving unlawful gratuities is a class A misdemeanor.

③ Criminal Code of New York, §200.35: A public servant is guilty of receiving unlawful gratuities when he solicits, accepts or agrees to accept any benefit for having engaged in official conduct which ha was required or authorized to perform, and for which he was not entitled to any special or additional compensation. Receiving unlawful gratuities is a class A misdemeanor.

④ England v. Davidson. (1840) Ad and El 856.

司法活动的开展。[①]

在英国,以类似理由作出的与传统法则不一样的判决还有很多,如 1925 年上议院在 Glassbrook Bros. v. Glamorgan County 案[②]中判决警察有权要求接受了警力保护的煤矿支付额外费用,因为对煤矿的保护标准超过了正常的保护标准;在 Harris v. Sheffield Unitied Football Club Ltd. 案[③]中,法院最终裁定警察提供了超过他们的公共职责限度的服务,所以他们有权就该服务主张费用。

二、对既存合同义务的履行

就约因的认定来说,研究涉及法定义务的履行的案例不具有典型意义,法官可以别的法律规范作为判决的基础。真正值得探究的相关问题是,合同当事人对先前合同义务的履行能否作为新诺言的约因,即合同成立后,变更合同的后续允诺有法律效力吗?

古典约因论认为,受诺人对原来的合同内容受诺人履行或允诺履行他本来有法律义务该做的事,对允诺人来说其实就没有任何受益,所以,他对原有合同义务的履行不是新的允诺的约因。该规则缘起于一个古老的案例:Stilk v. Myrick 案[④]。该案案是英美合同法史上名副其实的经典案例,几乎每本著作都提到它。该案案情在前文已详细陈述。原告 Stilk 最终没有拿到船主后来允诺中的报酬。虽然两份汇编对于败诉的原因记录不一样,但是被后世英国法所接受的是 Camp 汇编的陈述,即 Stilk 没有为船主后来的增加工资的允诺付出"约因",他只是履行了他对船主本来的合同义务。Stilk v. Myrick 案奠定了一个重要的约因法则:对先前合同义务的履行不能作为新诺言的"约因"。这对合同变更的处理带来很大影响。

但是,长期以来,该案确立的这个"既存义务原则"一直受到质疑。在实践中,Stilk v. Myrick 案的判决也受到挑战。事实上,在该案之前的一个案例 Harris v. Watson 案[⑤]。该案情与 Stilk v. Myrick 案很相似,但是法官判决的基础是我们今日

---

① Paul Richards, *Law of Contract*, 5th Edition,《契约法》(第 5 版)(朗文·培生法学基础系列·影印本),法律出版社 2003 年版,第 58 页。

② Glassbrook Bros. v. Glamorgan County [1925] AC 270. See A. G. GUEST, M. A. *Anson's Law of Contract*,26th Edition, Clarendon Press, Oxford 1984, p. 93.

③ Harris v. Sheffield Unitied Football Club Ltd. [1987] 2 All Er 838. See Paul Richards, *Law of Contract*, 5th Edition,《契约法》(第 5 版)(朗文·培生法学基础系列·影印本),法律出版社 2003 年版,第 58 页。

④ Stilk v. Myrick (1809) 2 Camp317 and 6 Esp129. (U. K). Jill Poole *Casebook on Contract Law* (sixth edition) Oxford University Press2003, pp. 116 - 117,本书第二章第二节有该案的详细案情。

⑤ Hartley v. Ponsonby (1791) Peake 102. See S. Wheeler & J. Shaw, *Contract Law Cases, Materials and Commentary*, Clarendon Press, Oxford, 1994. pp. 339 - 340.

所称的“经济胁迫”因素,意思是说,原告的主张只有在以下情形才得不到支持:航行中有紧急情况出现,船员借机举枪强迫船主增加工钱。然而,爱伦巴拉夫(Ellenborough)勋爵在 Stilk v. Myrick 案中抛弃了这种基于公共政策的判案思路。或许,他是想用“履行先前义务不能成为约因”的规则来预防“经济胁迫”实践的发生,从这个角度,该判决也是以维护公共政策为主旨的。

后来的 Hartley v. Ponsonby 案①的案情与 Stilk v. Myrick 案也类似,只是逃亡的船员比例更高,36 人中逃亡了 17 人,剩下的船员中又只有 4 ~ 5 人能胜任航行任务。当剩下的船员冒着风险完成航行任务,而船主却不依照约定支付额外工资时,船员提起诉讼,并胜诉了。法院认定原告有权要求被告支付额外工资的允诺得到强制实施,因为原告冒险继续航行的行为就为被告的允诺提供了充分约因。

19 世纪中期以后,由于市场波动和其他不确定因素的影响,合同变动的发生日渐频繁。法院在实践中对该规则进行突破,如果,合同变更源于不可预知的情况变化,且当事人相信了增加对方当事人义务的允诺,美国法院开始强制允诺人承担允诺增加的义务。总之,合理信赖和情势变更成为合同变更的善意基础。在英国,对 Stilk 案给予全面攻击的是上诉法院在 Williams v. Roffey Bros & Nicholls Ltd[1991] 1 QB 1. ②中的判决,该判决的影响超越了约因充足性原则的范围,而且动摇了整个约因规则的基础。因为该案的案情与其案情 Stilk 案非常相似,可是判决结果截然不同,第二个允诺被判决有约因支持,理由是允诺人从该允诺中获得了实际利益。至于该案引发的约因学说变革与讨论本书在上一章已有详细论述。

传统规则的变革在美国合同法中的表现亦很明显。最早对 Stilk 案提出挑战的美国判例是马萨诸塞州法官在 1830 年的 Munroe v. Perkins 案中作出的判决。在该案中,建筑承包人因担心损失,迟迟不肯继续建筑合同的履行,但房主允诺将做更多支付,在此允诺的诱使下,承包人完成了对自身毫无利润的建筑工程。法官引用了 Le Fevre 案的判决思路,依据信赖利益保护原则使承包人拿到了房主允诺增加的建筑价款。③

第二次《合同法重述》第 89 条规定:合同全部履行完毕前,当事人修改合同义务的允诺,在以下情形,具有法律上的拘束力:(1)修改合同源于缔约时不可预料的状况。且该修改内容在客观上公平合理;(2)修改内容没有违反成文法规范;(3)当事人因为信赖允诺人修改合同义务的允诺,而使自己的地位发生重要改变,为维护当

---

① (1857) 7 E&B 872(U. K.) Paul Richard s, *Law of Contrac*, 5th Edition,《契约法》(第 5 版)(朗文·培生法学基础系列·影印本),法律出版社 2003 年版,第 59 ~ 60 页。

② 本书第三章第四节有对该案的详细介绍。

③ Munroe v. Perkins 26 Mass. 298, 304 – 305, 9 Pick. 298, 304 – 305(1830).

事人之间的公平有强制执行允诺的必要。[①]《统一商法典》第2－209条规定:“变更本条范围内的合同的协议无须约因支持即可具有约束力。”该条规定了在买卖合同的修改中对约因的要求。

实践中,美国法院对于合同修改的处理方法在各州不一,有诸多创新的实践。[②]有些州通过寻找当事人之间撤销先前合同的默示协议的方法来赋予合同变更的效力;有时,一方当事人已经违约,另一方做出一个补充允诺以保证原来义务的履行,这样的行为代替了违约赔偿之诉的发生,法院一般会认定这类允诺的约束力;如果合同在实施过程中遇到了实质性的且合同制定时没有预见的负担,现在该困难给一方当事人带来额外的负担,大多数的法院都会认可修改协议的效力;还有些法院判决认为当事人放弃了违约的权利,所以遭受了损失,那么新的合同修改协议当然是有效的;少数州,包括新罕布尔州(New Hampshire)和密里苏达州(Minnesota)采取了更加自由的方式来抛弃传统法则,他们认为约因要求对于合同的修改本来就不适用。有些州的成文法规定以书面签字代替了约因作为合同变更的效力证明。但是,合同修改协议的效力受制于通常的合同效力抗辩。“经济胁迫”的抗辩经常会被当事人运用,另外,合同的修改也经常与《反欺诈法》有关。

值得注意的是美国的Angel v. Murray案[③]。该案被告Murray与新港市达成5年(1964年7月1日~1969年6月30日)的合同,以每年137,000美元的价格负责清理新港市的垃圾。1964~1967年间,新港市的住户每年以20~30户的速度增加,但是,自1967年起住户增加率暴增为每年400户,这种情形是被告Murray没有想到的,所以他在1967年6月要求市议会自1967年7月起至1969年6月30日止,每年对他额外支付10,000美元。市议会经过商议,同意了Murray的请求。可是新港市的市民觉得额外支付违反原先的合同,于是以Murray和市政府的财务官员为被告提起诉讼。

一审法院基于如下理由判决原告胜诉:清除全市垃圾是被告原有的合同义务;住户增加是被告有预料的;市政府的额外给付没有约因支持。可是州最高法院推翻原判决,作出了被告胜诉的结论。判决理由如下:

---

① American Law Institute, Restatement, Contract Second, § 89 : a promise modifying a duty under a contract not fully performed on either side is binding (a) if the modification is fair and equitable in view of circumstance not anticipated by the parties when the contract was made; or (b) to the extent provided by statute; or (c) to the extent that justice requires enforcement in view of material change of position in reliance on the promise.

② 各州法院实践参见:Cloude D. Rohwer & Gordon D. Schaber, *Contracts*, 4th edition,《合同法》(第4版)(美国法精要影印本),法律出版社1999年版,第116~118页。

③ Angel v. Murray, Supreme Court of Rhode Island, 1974, 113. R.1. 482, 332 A. 2d. 630.

第一,传统的"既存义务不是约因"法则旨在预防当事人间的不公平,如胁迫导致的合同变更等。例如,Alaska Packers' Ass'n v. Domenico 117F. 99 (9th Cir. 1902) 案中,21 位船员与被告公司签订书面合同,约定每位船员的基本工资为 50 美元,每多捕一条鱼,工资增加 2 美分。可是渔船出港后原告拒绝工作要求将基本工资提高到 100 美元,由于被告临时无法找到别的替代工人只好答应原告的要求。渔船返航后被告拒绝给付承诺的额外工资,原告提起诉讼。法院判决原告本来有工作之义务,被告事后提高工资的新允诺不具备"约因"。可是本案不存在不公平因素,当事人因遭遇缔约时没有预料的事项才提出修改合同,法院基于公平原则应该承认变更的效力。

第二,《统一商法典》第 2 篇第 209 条规定:"修改合同的允诺无须约因即可具备法律效力。"又依第二次《合同法重述》第 89 条规定,合同全部履行完毕前,当事人修改合同义务的允诺,在以下情形,具有法律上的拘束力:修改合同源于遭遇缔约时不可预料的状况,且该修改内容在客观上公平合理。

三、对合同第三方的既存义务的履行

我们已经明确履行公共法定义务或者履行对合同相对人的合同义务不能构成相应允诺的"约因",可是履行或允诺履行对第三方的已存义务却能够成为"约因",这应该是"履行已存义务不是约因"的例外。我们可以一些案例来说明其产生与发展的过程。

十六七世纪人们已经开始讨论一个比较特殊的合同关系:第三方向合同当事人允诺,如果该当事人能履行或允诺履行已经存在的合同义务,他将对该当事人有所付出。那么第三方与该合同当事人之间的协议是有效合同吗?当事人对原有合同义务的履行是有效约因吗?

这样的讨论同样来自于实践的挑战。在 1600 年的一起案例中,原告卖奶酪给被告的儿子,被告表示,只要原告将奶酪交付给他儿子,如果他儿子不付款,他将向原告支付。儿子真的没有付款,原告向其父亲起诉。被告辩称:原告没有为父亲的允诺提供约因支持,他只是履行了他对儿子的原有合同义务。法官推翻被告的抗辩,肯定了约因的存在。① 在稍后的一起案例中,两个人为第三人的债务而达成的合同是有约束力的。被告要求原告帮其还清所有债务,并允诺给原告部分补偿。原告按照建议还清了对第三人的债务,可是允诺人拒绝对他支付。法官作出了对原告有

① Sherwood v. Woodward(1600) Cro Eliza. 700. See Sir William Holdsworth, *A History of English Law*, Methuen & Co Ltd, Sweet & Maxwell, Ltd, in 16volumes, reprinted in 1977, VolumeⅧ, p. 23.

利的判决。[1]

上述两个案例的判决基础在哪里呢？当允诺人做出允诺时，奶酪没有交付，债务没有偿还，所以它们都涉及允诺对允诺的交换。已知在“承诺之诉”中，允诺可以作为允诺的约因，那么，为什么履行已经合法存在的合同义务为内容的允诺不能作为另一个允诺的充足约因呢？

1860 年 Shadwell v. Shadwell 案[2]是关于该规则的争议的著名案例。叔父写信给他刚刚订婚的侄子，也就是本案的原告，信中写道：“得知你与 N 小姐订婚的消息非常高兴，我在此承诺给你帮助，在我有生之年，我会每年资助 150 英镑，直到你作为衡平法院出庭律师的职业收入能达到每年 600 基尼。”在其叔父允诺的影响下，原告与 N 小姐立即结婚了，但他的收入从没到达过 600 基尼。在其叔父去世后，原告起诉他的遗产管理人索要叔父允诺的资助。对于其叔父允诺是否具有约因问题，法官们意见不一。厄尔(Erle)大法官和基廷(Keating)法官认为其叔父的允诺对于叔父是有利的，因为婚姻对婚姻当事人的近亲属总是好事，该允诺对于原告的损失体现在他会因允诺做大的变动，他还会引诱他的结婚对象也做这样的变动，而且当允诺的资助不能到位时，他会遭遇经济上的责任最终陷入困境。但是拜尔斯(Byles)法官提出异议，他认为原告只是作了他依照与 N 小姐的婚约该做的事，所以，他的婚姻不是叔父的资助允诺的约因。[3]

真正将“履行对第三方合同义务可成约因”规则加以确立的当数 Scotson v. Pegg 案[4]。原告 Scotson 允诺向第三方 X 或者按照 X 的安排运送煤，当时煤还在他的货船上。X 作了向 Pegg 送煤的安排。然后 Pegg 与 Scotson 达成协议，如果 Scotson 向 X 送煤的话，他将从船可以卸货那天起以固定的价格将煤卸下。可是 Pegg 失言了，当 Scotson 对他提起诉讼时，他辩称，Scotson 已经对第三方 X 负有送煤的合同义务，所以 Scotson 只不过是允诺履行他本来的义务，没有为他以特定方式卸煤的允诺提供任何约因，所以，他的允诺没有产生法律约束力。威尔德法官正确地陈述了我们所讨论的规则，“我同意，如果 A 与 B 签约做某事，A 不能将合同义务的履行作为 B 的新允诺的约因。但是，没有权威观点反对：A 对 B 允诺做特定某事，A 也可以把同样的履行作为对 C 的有效允诺。”法院最终认定 Pegg 败诉，要对他的允

---

① Bagge v. Slade (1616) 3 Bulstr. 162. See Sir William Holdsworth, *A History of English Law*, Methuen & Co. Ltd., Sweet & Maxwell, Ltd., in 16 volumes, reprinted in 1977, Volume Ⅷ, p. 23.

② Shadwell v. Shadwell (1860) 9 C. B. N. S. 159.

③ A. G. GUEST, M. A. *Anson's Law of Contract*, 26th Edition, Clarendon Press, Oxford 1984, p. 94.

④ Scotson v. Pegg (1861) 6 H. & N. 295.

诺负责。①

Scotson v. Pegg 案基本合理地形成了这样的结论:受诺人对第三方的已存义务的履行可以成为充足约因,哪怕该履行没有对受诺人带来额外损失。但学术上对它的质疑一直没有消除,直到1975年枢密院在 New Zealand Shipping 案②才对 Scotson v. Pegg 案的结论予以确立。在该案中,船业公司与搬运公司达成合同,搬运公司将凿岩机从利物浦运到新西兰的惠灵顿。该搬运合同还免除搬运公司对搬运物造成的损失或损毁的赔偿责任,除非诉讼在一年之内提起,而且这种免责条款也适用于搬运人的雇员、代理人或非独立的分包人。当搬运公司在惠灵顿雇佣的搬运工人卸下机器时,不小心打坏了机器,于是原告船业公司起诉要求搬运工人赔偿修理机器的费用。搬运工人以船业公司与搬运公司之间的合同为自己辩护。

枢密院司法委员会认为搬运合同就是对搬运工人的免责允诺,搬运工人卸下机器的行为就是对该允诺的约因,因为该行为对船业公司是有利的。尽管根据搬运工人与搬运公司的合同搬运工人已经有实施该劳务的义务,可同时也是支持船业公司的允诺的约因。

威尔伯福斯(Wilberforce)勋爵陈述道,该案涉及的各方当事人之间都是商业关系,确实很难将本案复杂的关系用传统的要约、承诺和约因三要素的框架中做僵化的分析。生活中还有很多这样的例子,如拍卖、超市购物、购买车票等。这些例子表明英国法把自己卷入了技术化的机械合同法则中,常常不得不艰难地把纷繁复杂的事实放置进"要约—承诺—约因"的模式中。本案中,搬运工人为了船业公司的利益履行卸货的义务是船业公司与搬运公司达成协议的有效约因。允诺做本来对第三人有义务做的事,可以构成充足约因。该原则在当前案例中也适合,受诺人从他能强制实施的直接义务中受益。Scotson v. Pegg 案对此进行了阐述,枢密院大臣们将该规则确认为法律。③

这里我们会自然想到的问题是,前述从时间角度对"约因"进行划分时,有"待履行的约因"(executory consideration)和"已履行约因"(executed consideration)的区分,前面的案例都是履行对第三方已存义务(executed)作为约因的,那么,允诺履行对第三方的待履行义务(executory)可以作为"约因"吗?1980年枢密院在 Pau on v. Lau Yiu Long 案④中对此给予了肯定的回答。法官认为,原告允诺履行对 Fu Chip 公司的已存义务,即在一年内不得销售或转让新配股的60%,就是被告的补偿

---

① A. G. GUEST, M. A. *Anson's Law of Contract*, 26th Edition, Clarendon Press, Oxford 1984, pp. 94 – 95.

② New Zealand Shipping Co. Ltd. v. A. M. Satterthwaite, The Eurymedon (1975) A. C. 154(PC).

③ Jill Poole, *Casebook on Contract Law*, 6th edition, Oxford University Press, 2001, pp. 115 – 116.

④ Pao on v. Lau Yiu Long (1980) A. C. 614. 本章第三节有对该案情的详细陈述。

承诺的“约因”。斯卡曼(Scarman)勋爵说:“司法委员会的贵族们毫不怀疑地认为,允诺履行对合同第三方的已存义务能够构成当前合同的充足约因。”[①]

四、司法实践对传统法则的修正

我们已经明确履行公共法定义务或者履行对合同相对人的已存合同义务不能构成相应允诺的约因,可是履行或允诺履行对第三方的已存义务却能够成为约因,这种区分一直受到批评,我们似乎无法用法学的理论指出其合理性。或许,我们可以从公共政策角度来进行解释。对第三人的义务得不到履行产生的危害远远低于公共职务或对合同相对人的义务得不到履行对公共利益的破坏,因为,如果国家公职人员或者一个普通公民可以就他们的法定义务索要额外报酬,或者合同一方当事人在合同生效期间给另一方施加不当压力从而提出更高价钱,那么社会的正义将遭到破坏,法律的价值也受到质疑。

但是,“经济胁迫”概念已经有力地防范了合同当事人在合同生效期间给另一方施加不当压力从而提出更高价钱的行为。所以当案情明显地不存在“经济胁迫”的可能性时,履行或允诺履行已存义务为什么不能成为有效约因呢?循着这样的思路,一些富有创新精神的法官在实践中对传统原则进行修正,丹宁勋爵在以下两个案件中的判决就是这样的例子。

首先是 Ward v. Byham 案[②]。一对未婚男女从 1949 年到 1954 年期间居住在一起。他们在 1950 年有了一个小孩。在 1954 年,男方将女方赶出家门,自己照顾小孩。几个月以后,女方,也就是本案的原告,要求小孩与她共同生活。被告答应她的请求,并允诺给女方每周 1 英镑生活补贴,但条件有二:一是由小孩本人决定是否与母亲继续生活;二是原告必须证明小孩得到好的照顾而且生活幸福。孩子决定随母亲生活,在开始的 7 个月内被告依约支付每周 1 英镑的生活费。但后来,女方与他人结婚后,被告立即停止付费。原告以被告违约为名提起诉讼,但被告以《1948 年国家补助法》(National Assistance Act 1948) 第 42 条为依据进行辩护。该法规定,非婚生子女的母亲有抚养该非婚生子女的法定义务。所以,被告认为本案母亲对孩子的抚养只是履行了她的法定义务,她的付出不能成为被告支付生活费的允诺的约因。

丹宁勋爵否决了被告的抗辩,对他所说的一般原则进行直接的攻击。他认为,原告的付出已经超出了《1948 年国家补助法》(National Assistance Act 1948)第 42 条对她施加的义务。的确,非婚生子女的母亲有抚养孩子的义务,但是没有“把小孩照

---

① A. G. GUEST, M. A. *Anson's Law of Contract*, 26th Edition, Clarendon Press, Oxford 1984, p. 96.

② Ward v. Byham (1956) 1 W. L. R. 496.

顾得好并让他生活幸福”的义务。所以,原告为被告的允诺提供了充足的约因,原告胜诉。丹宁勋爵说,即便原告只是履行了她的法定职责,被告也要受其允诺的约束,在本案中,“履行或允诺履行一项法定义务,应该被视作有效的约因,因为接受该约因的人受益了”。丹宁勋爵的观点在当时没有得到其他同行的认可。①

在稍后的案件 Williams v. Williams 案②中,丹宁勋爵的观点更加激进。本案发生于 1957 年,它的大致案情是:一对夫妻在开始分居时达成协议,丈夫每周对妻子支付 30 英镑,但妻子要自立并且不能索要该笔钱。当丈夫停止支付允诺的钱时,妻子提起诉讼,丈夫辩称他的支付允诺没有相应的约因支持,因为她在与他分居期间本来就有养活自己的义务,不能以任何方式索要该笔钱。

上诉法院认为,丈夫有支付的义务,如果妻子要回来,丈夫对她的抚养义务即刻恢复。妻子的允诺对丈夫其实是有利的,因为对她的抚养负担只限于每周 30 英镑,他们的协议阻止了她索要丈夫财产。以上种种受益的可能性构成了丈夫允诺的充足约因。丹宁勋爵说:“我承认妻子允诺在分居期间自立只是允诺履行她本来的义务,不过,一项履行法定义务的允诺,应该被视作有效的约因,只要该当事人的行为没有违反公共利益的成分。”③

虽然,英美合同法在“履行公共法定义务或者对合同相对人的已存合同义务”和“履行对第三方的已存义务”能否构成约因问题上的区别依然存在,丹宁勋爵的大胆判决无疑为许多法官带来启示,并为合同法的变革带来新的活力。

第六节　债务和解协议的效力认定

假如,A 欠 B 200 英镑,现在 B 允诺只要 A 还他 100 英镑就算还清了全部债务,剩下的 100 英镑不予追究,可是,如果 B 在 A 还了 100 英镑后,仍不依其允诺,追索余下的欠款,他的主张能得到法院支持吗?即对债务的部分偿还(Part Payment)能否作为债权人免除全部债务的允诺的约因?在英美法制史上具有里程碑意义的 1602 年 Slade 案之后,由于“承诺之诉”对“债务之诉”的取代而引发的关于约因的重大讨论有“过去约因”问题及债务和解协议的问题。债务和解协议是债权人与债务人达成协议,债务人做出与他原来的义务不一样的履行,债权人不再追究原来的债权。具体的讨论涉及两点:第一,和解协议需要约因吗?第二,尚没有履行的和解协

---

① S. Wheel & J. Shaw, *Contract Law Cases*, *Materials and Commentaries*, Calrendon, Press, Oxford, 1994, pp. 341 – 342.

② Williams v. Williams (1957) 1 All Er 305.

③ Jill Poole , *Casebook on Contract Law*, 6th edition, Oxford University Press, 2001, p. 112.

议有强制力吗?

一、中世纪“债务之诉”中的债务和解协议效力问题

与“过去约因”规则一样,和解协议的法律特质也起源于古老的“债务之诉”。在1495年的一个“债务之诉”案件中,布赖恩(Brian)法官认为,以部分支付冲抵全部债务的约定是无效的,“本案涉及的债务是20镑,而当事人约定原告只偿还10英镑,这当然不能满足20英镑的债权。但是,如果原告以一匹马来冲抵债务,马是该和解协议的充分约因。因为,我们无法确定马是否比原来的金钱债权更有价值”。[①]显然,本案法官的意思暗示着:如果债务人在债务偿还方式上与约定的有不一样,哪怕经济上不等值,该偿还也是和解协议也是有效的,而对金钱债务的部分支付肯定不等同于原来的全部债务。

布赖恩法官的意见在当时并非普遍共识。不仅在上述案件中存在不同意见,在1455年的案例中,丹福斯(Danvers)法官也认为,债务人的部分支付足以成为债权人获得的“对等物”,所以债务人能通过“债务之诉”获得债务的免除。[②] 而且,丹福斯法官的观点在16世纪被认可。在1563年,普通民事诉讼法庭判决20英镑加盖印的标识足以冲抵100英镑的债务。[③] 当时,关于这一规则的探讨不多,因为大部分的法律问题都被“宣誓断讼程序”或陪审团的概括性裁定隐没。1602年的平内尔案(Pinnel's Case)[④]只是对这个既已接受的债务规则的重述。“平内尔案”的简要案情是:1600年11月11日,Pinnel对Cole提起“债务之诉”要求被告偿还8英镑10先令。Cole申辩,他已经在Pinnel的建议下,于10月1日偿还给Pinnel 5英镑2先令,而且,这部分支付已冲抵了全部债务。

普通民事诉讼法庭受理了此案,法官认为,在债务到期日债务人支付较少的款项不能冲抵较大数目的全部债务,因为对于原告来说一笔较小数目的款项不可能等于一笔较大数目的款项。这就是今天所说的著名的“平内尔规则”。法庭在肯定了被告偿还剩余债务的义务后,继续陈述:“但是一匹马、一只老鹰或一条绳子反而可以免除债务。因为马、老鹰或绳子在特定情况下可能对原告更有利,不然原告也不会接受它们冲抵债务……在全部债务到期之前原告接受部分欠款在特定情况下可以视为全部债务的免除,因为在全部债务到期之前收到不确定的部分债务比在到期

---

① Y. B. Mich. 10 Hen. Ⅶ, f. 4, pl. 4 (1495). Kevin M. Teeven, *A History of the Anglo-American Common Law of Contract*, Greenwood Press, New York, 1990, p. 70.

② Y. B. Mich. 33 Hen. Ⅵ, f. 48, pl. 32(1455). Kevin M. Teeven, *A History of the Anglo-American Common Law of Contract*, Greenwood Press, New York, 1990, p. 49, 94 note.

③ Anon, Dal. 49, pl. 13(1563) 94.

④ (1602) 5 Co. Rep. 117a.

时收到全部债务对原告更有利…… ”①

平内尔判决的合理性在于:“债务之诉”的基础是给付义务而不是允诺,部分支付不可能免除那个给付义务。“债务之诉”中的责任产生于交易而不是允诺,债务人被控诉的理由是他接受了对方的金钱或财产,所以,债务人的给付义务只能通过返还支付才能免除。如果债务人付出的不及他的给付义务,债权人就没有“对等物”,当然就没有“债务之诉”的基础。不过,如果和解协议债权人要求债务人履行一些新的义务,而不仅仅是数额较少的支付,那么和解协议依然有强制力。这些新的因素包括支付时间、地点的改变,以及原告提供的事物性质的改变。

二、债务和解协议的效力在十六七世纪的不稳定状态

债务和解协议的效力认定是衍生于“债务之诉”的特殊问题,只要它不超越“债务之诉”这一令状的范围,约因概念对于这类协议的解决是不需要的。但是,当“承诺之诉”发展壮大并逐渐囊括“债务之诉”之时,约因法理也与债务和解协议融合。1584 年出现了第一个涉及约因要求的债务和解协议的“承诺之诉”案例。在该案中,R 是 A 的遗嘱执行人,R 向 B 起诉要求死者生前转移给 B 的玉米的价金,B 辩称:合同达成后,因为玉米遭受暴雨灾害,A 同意只收部分价钱,即在每一英镑债务到期之时债权人只接受 3 先令,所以他也一直只准备了部分价款。全体法官作出有利于原告 R 的判决,否定了被告 B 的抗辩,法官认为:“本协议中没有约因,因为原告从这个和解协议中没有得到任何好处,只有损失,被告没有为原告的免债允诺付出任何劳务或责任。所以,本协议对原告没有约束力。”②

对于该规则在“承诺之诉”中的合理性,也许可以借用罗马法来解释。罗马法有一条规则:合同义务只能以合同成立的方式来免除。该规则也被普通法所接受,顺此逻辑,意在免除现存合同义务的协议必须具备约因,因为约因是普通法中合同成立的要件。无论我们把“部分支付”看作免除债务的行为规则还是涉及免除合同义务的协议的合同效力规则,最后的结果都是一样的。对债务的部分支付既不能成为免责的行为,也不能成为“免债允诺”的约因。

该规则在十六七世纪还不是很严格和稳定。考虑到到手现钱对于债权人来说是充足利益,所以也有部分案例认为,尽管部分支付不能不能满足全部债务,但可以

---

① A. G. GUEST, M. A. *Anson's Law of Contract*, 26th Edition, Clarendon Press, Oxford 1984, p. 98.

② Richards v. Bartlet, 1 Leon 19 (1584). Kevin M. Teeven, *A History of the Anglo-American Common Law of Contract*, Greenwood Press, New York, 1990, p. 71.

作为新允诺的充分约因。[①] 在 1595 年的一起案件中，原告欠被告 5 英镑，但他们协商只要原告付给他 4 英镑，被告允诺全部债务清偿。法院认定该债务和解协议是有效的，"部分偿还免去了被告的起诉之苦，所以是被告的获益"。[②] 科克大法官在 1617 年的一起案件中也做出过类似的判决："如果 A 欠 B 1000 英镑，B 接受了 A 支付的 500 英镑，并以此部分支付允诺免除其余债务。虽然，500 英镑不能冲抵 1000 英镑，但是可以成为允诺的充分约因，B 不必为此寻求救济。"[③]在 17 世纪还有一些与此类似的判决。

还有一个问题不容回避，假设和解协议存在约因，那么债权人一定要受"待履行的和解协议"的约束么？"债务之诉"要求被告实际接受"对等物"，所以，停留在允诺交换允诺阶段的和解协议对债权人是没有约束力的。当"承诺之诉"对互为允诺的交易实施保护后，自然会产生这样的结论：债务人偿还部分债务的允诺，应该成为债权人免除全部债务的允诺的约因。这一观点似乎在 17 世纪前半期被采纳。

于是，在 1602 年一起案件中，遗嘱执行人与死者生前的债务人达成协议，遗嘱执行允诺免除债务人对死者所欠的 205 英镑，而债务人允诺以 7 次分期付款的方式支付 150 英镑。法院认为尽管债务没能抵消，但该协议是有强制力的，它是允诺对允诺的交换，原告有权提起"承诺之诉"。[④] 美国科明（Comyn）大法官也曾说："以互为履行允诺达成的债务和解协议是有效的。尽管允诺的事项在诉讼发生时没有履行，当事人有权要求该履行的强制实现。"[⑤]不过法院对这类协议的保护也只是暂时的，17 世纪末，法院就转而要求债务的实际冲抵，这一转变反映了普通法对先例的固守。

为什么"承诺之诉"会最终采纳"债务之诉"中的债务相抵的要求呢？一种理由认为是为了避免原告提起诉讼。还有理由认为，和解协议通常包含了对债务的减让，对协议的履行是债务减让的诱因，依此逻辑，如果债务人不履约导致债权人不能

---

① Eg. Reynolds v. Pinhowe, Cro. Eliz. 429(1595)，法官认为债务人的及时偿还避免了债权人的诉讼之烦；Hubbard v. Farrer, 1 Viner br. 306, pl. 1(1635)，法官认为债权人对金钱的实际掌握就是获益。Kevin M. Teeven, *A History of the Anglo-American Common Law of Contract*, Greenwood Press, New York, 1990, p. 95, note 62.

② Reynolds v. Pinhowe (1595) 5 Co. Rep. 117a. See Sir William Holdsworth, *A History of English Law*, Methuen & Co. Ltd., Sweet & Maxwell, Ltd., in 16 volumes, reprinted in 1977, Volume Ⅷ, pp. 21 – 22.

③ Bagge v. Slade (1617) 3 Bulstr. 162. See Sir William Holdsworth, *A History of English Law*, Methuen & Co. Ltd., Sweet & Maxwell, Ltd., in 16 volumes, reprinted in 1977, Volume Ⅷ, p. 22.

④ Goring v. Goring (1602) Yelv. Ⅱ. See Sir William Holdsworth, *A History of English Law*, Methuen & Co. Ltd., Sweet & Maxwell, Ltd., in 16 volumes, reprinted in 1977, Volume Ⅷ, p. 22.

⑤ Sir William Holdsworth, *A History of English Law*, Methuen & Co. Ltd., Sweet & Maxwell, Ltd., in 16 volumes, reprinted in 1977, Volume Ⅷ, pp. 22 – 23.

实施他原来的债权，那么债权人也不愿意授予债务减让。今天看来，当时学者们对上述历史原因的分析也许是充分的，但并不能排斥政策或道德因素对该原则风行所起的重要作用。

三、近现代合同法对"平内尔"规则的继受与变革

普通法的演进是缓慢的，债务和解协议的效力在漫长历史时期都是不稳定的。我们已知道，18 世纪的曼斯菲尔德勋爵对约因原则进行了强烈的攻击，作为曼斯菲尔德的追随者之一，布勒法官曾说，曼斯菲尔德甚至在实践中认可了债权人以收取部分债务冲抵全部债务的协议的效力。他讲到："接受部分债务冲抵全部债务的口头协议是否有强制力？我不能确定，按照科克大法官确定的规则，它应该没有可诉性。但是，据我所知道，科克大法官之后曾经有相反的判决，曼斯菲尔德勋爵时期就有一个这样的判例，如果一个人选择了较小金额的支付，法律为什么要阻止呢？"①

直到 19 世纪初，该规则才最终确立：债务人对到期债务的部分偿还，不能成为债权人免除债务允诺的约因。于是，提供约因或者偿还方式的差异成为债务人摆脱原有债务的途径。"平内尔案"确立的规则在 1884 年的 Foaks v. Beer 案②中得到认可。Foaks v. Beer 案的事实是，Foaks 欠 Beer 夫人 2090 英镑。他们双方达成书面协议，Foaks 立即支付给他 500 英镑，其他以分期付款的方式偿还。Beer 夫人也同意她不会针对该判决追究利益。双方没有考虑到判决债务从判决生效之日起就有利息，5 年以后，Foaks 付清了判决的债务；Beer 夫人却要求判决债务的利息 360 英镑，Foaks 依据他们之间的协议和 Beer 夫人的承诺拒绝支付。

该案引发了关于"平内尔"规则的争议。大多数法官认为，英国法抛弃已有 280 年历史的古老规则是不明智的。不过，反对的意见也不少，布莱克本（Blackburn）勋爵认为，"平内尔规则"是科克法官的失误，因为商人得到的提前部分偿还可能比坚持全部债务对他更有利。但布莱克本为了避免与同事们的冲突选择了遵从传统。经过反复争议，上议院最终裁定，根据"平内尔"规则，Beer 夫人有权要求那 360 英镑，Foaks 没有为她的"免债允诺"付出"约因"。③

Foaks v. Beer 案的判决受到多方的批评，因为它不仅不符合一般的商业习惯，也与"约因无须等价"规则相悖，甚至导致荒谬，因为"债权人可以接受一匹马、一瓶葡萄酒或一只山雀都来冲抵全部债务，但是根据独特的英格兰普通法，他不可以接受

① Stock v. Mawson（1798）I B. and P. at p. 290. See Sir William Holdsworth, *A History of English Law*, Methuen & Co. Ltd., Sweet & Maxwell, Ltd., in 16volumes, reprinted in 1977, Volume Ⅷ, p. 29.

② Foaks v. Beer（1884）9 App. Cas. 605. See Jill Poole, *Casebook on Contract Law*, 6th edition, Oxford University Press, 2003, pp. 124 – 126.

③ Jill Poole, *Casebook On Contract Law*, 6th edition, Oxford University Press, 2003, pp. 124 – 126.

略低于1英镑的金钱来免除1英镑的债务”。[①] 波罗克等法学家还认为，“平内尔”规则将决定合同成立的“约因”原则用于合同义务的解除，法官们没有谨慎的考虑其对未来法律行为的导向，该规则使债权人可以撕毁他与债务人严肃做出的还款协议。在种种压力之下，法律改革委员会1937年建议，如果受诺人已经按照债权人的允诺履行他的部分偿还义务，就取消“平内尔”规则的适用，但这种改革建议在成文法中一直没有得到体现。[②]

根据传统的“平内尔”规则，偿还方式的差异可以让部分偿还冲抵全部债务。为了防止债务人利用债权人的经济困境达到减少债务目的，法律要求这种新要素必须来自债权人的请求。[③] 在1882年的Goddard v. O' Brien案[④]中，法官裁定被告以流通票据的方式支付较小款项足以成为约因，只要债权人愿意免除债务人的义务。可是1966年的D & C Builders Ltd. 案[⑤]否认了支票的这一作用。在该案中，原告为被告做了建筑工程，应该得到482英镑的工程款。原告在6个月之内陷入了经济困境。被告之妻了解到原告的状况，提出提前向其支付300英镑用以充抵全部债务。而且，她还补充道：如果原告不要这300英镑，将什么也拿不到。原告不得不答应改协议，但是，在300英镑的支票兑付后，起诉要求剩余债务。上诉法院以“平内尔”规则为基础支持原告的主张，否认了该案中债务和解协议的约束力。丹宁勋爵说：“以现金方式支付部分债务和以支票支付部分债务之间没有什么区别。支票被交付时，是附条件的支付，当支票被兑付时，就构成实质性支付。那时这种支付方式与现金支付就完全一样了。当债权人不受制于现金支付，同样也不受制于支票支付。”[⑥]

当然，1966年的D & C Builders Ltd. 案判决更重要的意义是阐释了“经济胁迫”概念对传统合同法的补充。该判决意味着：只有在当事人之间没有“经济胁迫”因素，免除债务的允诺被违犯不会产生不公正的情形下，偿还部分欠款才不能作为免除全部债务的允诺的约因。显然，尽管该案判虽然以“平内尔”规则为基础，实际又

---

① Couldery v. Bartrum (1881), 19 Ch. D. 394, 399. Mary Charman, *Contract Law*, 2nd edition, published simultaneously in U. S. A and Canada by Willian Publishing, 2002, pp. 60 – 61.

② 值得一提的是，加拿大安大略省(Ontario)的《商法补充条例》(The Mercantile Law Amendment)已经取消了“平内尔”规则，它的规定是：“债务人对债务的部分履行，当被债权人明确接受为对全部债务的免除时，或者出于对同样目的的协议的遵循时，尽管债务人没有对此提供新的约因，也应该视作对全部债务的清偿。” See A. G. GUEST, M. A. *Anson' s Law of Contract*, 26th Edition, Clarendon Press, Oxford 1984, p. 100.

③ Paul Richards, *Law of Contract*, 5th Edition,《契约法》(第5版)(朗文·培生法学基础系列·影印本)，法律出版社2003年版，第64页。

④ Goddard v. O' Brien (1882), 9 Q. B. D. 37.

⑤ D &C Builders Ltd. v. Rees(1966) 2 QB 617.

⑥ Paul Richards, *Law of Contract*, 5th edition,《契约法》(第5版)(朗文·培生法学基础系列·影印本)，法律出版社2003年版，第70页。

形成对该古老规则的超越和补充。Foaks v. Beer 案与 D & C Builders Ltd. 案同样适用“平内尔”规则,对当事人的判决结果却是相反的。Foaks v. Beer 案强化了苛刻而不公的普通法规则,后者却关注了实质的公正。通过此案,我们不得不思考,随着“经济胁迫”理论的发展,“平内尔”规则的实际意义何在?

“平内尔”规则在形成之时似乎意在防止债务人会利用债权人的经济困境谋取不当利益,没有考虑到债权人也会有不诚实之举。这种“嫌贫爱富”的价值偏袒注定该规则的历史局限性。尽管它在 19 世纪得到权威认可,可“部分偿还不能冲抵全部债务”的规则的弊病却无法掩饰。法律人在实践中的智慧再次成为法制创新的动力。“部分偿还不能冲抵全部债务”的系列例外规则都已经形成,包括前面谈过的债权人要求下的支付方式的变化,以及 D & C Builders Ltd. 案中提到的“经济胁迫”理论对“平内尔”规则的替代等。在所有例外中,“允诺禁反言”规则对传统约因规则的消减最为引人注目。也就是说,法官依据衡平法原理判决债权人不得违背自己免除债务的允诺,从而剥夺了债权人事后要求剩余欠款的权利,保证了债务人的信赖利益。“允诺禁反言”规则的发展可谓 20 世纪英美合同法的重大突破,但鉴于本书上一章对“允诺禁反言”做过较详细的论述,下文只对该规则的另外两种例外展开论述。

第一种例外是,当债务人与多个债权人达成债务和解时,如果每个债权人承诺接受比他的债权数额更少的支付冲抵全部债务,债务人的可以被免除。对于这种和解协议的效力基础有以下两种解释:第一,每个债权人之间有一个合同,每一债权人都允诺放弃属于自己的部分债权,由此,每个债权人相互提供了“约因”。这种解释的不足之处在于,债务人就不能成为合同的一方,因为很难认定他对各个债权人支付部分债务的允诺能构成“约因”。第二,每一债权人都不得背弃和解协议起诉要求余款,因为这样会形成对其他债权人的欺诈。这一理由目前得到更广泛的接受。①

“平内尔”规则的第二种例外是,债权人接受了第三人支付的用以冲抵全部债务的部分金额后,债权人不得追索剩余款项。这个例外可借用上述第二个理由来解释。在 1825 年 Welby v. Drake 案②中,债权人接受了由债务人的父亲支付的 9 英镑来免除了原来债务人欠他的 18 英镑的债务。阿伯特(Abbott)法官说如果债权人对儿子起诉要求债务余款将是对债务人父亲的欺诈,并判决父亲的支付阻碍了债权人

---

① Paul Richards, *Law of Contract*, 5th edition,《契约法》(第 5 版)(朗文·培生法学基础系列·影印本),法律出版社 2003 年版,第 70 ~ 71 页。

② Welby v. Drake (1825) 1 C. & p. 557.

对儿子的追索权。[1] 在1911年的类似案例[2]中，判决认为："如果第三人支付了部分欠款以冲抵全部债务，债务即消失，因为对债务的追索将是对第三人的欺诈。所以，在债务人与一组债权人达成债务和解协议时，债权人接受和解即免除了剩余债务，否则就是对其他债权人的欺诈。"[3]可见"平内尔"规则的这两个例外都基于政策或道德因素而不是严格的约因法理的逻辑推理。

---

① A. G. GUEST, M. A. *Anson' s Law of Contract*, 26th Edition, Clarendon Press Oxford, 1984, p. 107.

② Hirachand Punamchand v. Temple (1911) 2 K. B. 330 案情是：一个士兵的父亲写信给原告，即他儿子的债权人，他要用期票方式支付儿子的部分债务以冲抵全部债务，并随信寄去一张汇票，票面价值为部分支付的金额。债权人兑付了该汇票后，对债务人提起诉讼追索余款。上诉法院认为债权人应该被视为接受了债务人父亲的要约，即接受汇票冲抵原来的债务。所以儿子的债务消灭了。

③ A. G. GUEST, M. A. *Anson' s Law of Contract*, 26th Edition, Clarendon Press Oxford, 1984, pp. 107 - 108.

第五章　对约因原则之比较研究

人类的法律史既是源远流长的河流，也是一幅流动的图画，各种法律现象在其中繁衍生息，并相互影响和借鉴。在追溯了约因原则的起源与发展历程并解析其内在的认定规则之后，本书将把研究对象放置于更广阔的时空，选择几种与之紧密相关的法律现象与之比较，并试图回答以下问题：允诺禁反言原则是对传统约因原则的替代还是补充？吉尔摩的“合同死亡论”有何偏颇？约因原则相对于合同形式在功能上有相通之处吗？又有何超越？民法法系的“原因论”与约因原则有怎样的差异？分属于不同法系的它们有怎样的沟通？为什么约因原则为普通法传统独有？它在普通法中有怎样的未来？

第一节　禁反言与约因——替代还是补充

前文已述，约因与允诺禁反言无疑是英美合同法中的独特而核心的要素，它们都萌芽于英格兰中世纪的合同诉讼令状，其源头至少可追溯至16世纪。古典的约因原则是强调合同法的交换价值，注重保护当事人的预期利益，约因和允诺之间的互惠关系是决定合同效力的根本。“……合同的成立必须具备交易，交易包含双方当事人对交换的合意表示和约因。”[①]“为构成约因，必须有某种履行或允诺作为允诺

---

① American Law Institute, Restatement (second) of Contract, § 17.

的交换……”[①] 允诺禁反言原则立足于保护受诺人的信赖利益，它常常被称作“约因的替代”(restitute for consideration)。美国第一次《合同法重述》新增第90条使得第75条所称的“约因”不再是简单合同成立的必备要素，即便是无偿允诺也可以基于对受诺人信赖利益的保护取得强制实施的效力。第二次《合同法重述》提高了允诺禁反言在合同法中的地位，并扩大了其适用范围。

20世纪以来，新的经济与社会环境促成了新的合同理论的衍生，于是合同的“衰落”、“危机”等成为经常的话题。其中最具有煽动性的是美国耶鲁大学法学教授吉尔摩提出的“合同死亡论”。格兰特·吉尔摩认为，信赖及信赖的潜质存在于所有的合同，信赖的可能性成为强制实施允诺的充足理由，无须考虑是否有什么约因。[②] 重要的是，通过信赖利益保护，狭窄的约因框架被突破，法院确认的义务范围及救济范围在扩大。[③] 而且，随着信赖利益保护被广泛认可，合同责任正在融入侵权责任的领域，古典合同理论的独有的调整范围正在崩溃。随着“允诺禁反言”原则的成长，传统约因法理的“法律受损”因素被突破，随着准合同和不当得利理论的发展，约因法理的“法律获益”因素被破坏。所以合同责任与侵权责任就不再有什么区别。[④]

吉尔摩的“合同死亡论”的核心内容是：允诺禁反言将替代约因成为合同效力的普遍基石，由此合同法将失去独立存在的价值。允诺禁反言原则真的会代替约因吗？合同死亡的本质是什么？吉尔摩的预言合理吗？关于信赖保护替代约因原则的讨论最早可追溯到出版于1530年的《博士与学生》。[⑤] 该书认为，合理信赖足以成为允诺性救济的检验机制，并在16世纪发展成约因原则。[⑥] 下文将从历史起源、发展进程、适用范围、法哲学思想等角度分析允诺禁反言与约因的关系，并对吉尔摩的“合同死亡论”进行评析。

---

① American Law Institute, Restatement (second) of Contract, § 75.

② Grant Gilmore, *The Death of Contract*, Edited and with a Foreword by Ronald K. L. Collins, Ohio State University Press Columbus, 1995, p. 80.

③ Ibid, p. 72.

④ Ibid, pp. 95 – 112.

⑤ *Doctor and Student*，由英国法哲学家和教会法学家圣·杰曼(ST. Germain)所著。本书采用一个神学博士与一位普通法学生对话的形式写成，运用宗教和道德标准对普通法进行批评。该书于1523年用拉丁文出版，第二部于1530年用英语出版，对衡平法的发展有重大影响。

⑥ ST. German, Doctor and Student, 230 – 31 (J. L. Barton & T. F. T. Plucknett, eds., Seldon Soc'y 1974) 1530. See Kevin M. Teeven, *A History of Promissory Estoppel: Growth in the Face of Doctrine Resistance*, 72 Tennessee Law Rev. 111, Summer 2005.

一、允诺禁反言与约因在内涵上的相通与交融

(一)相同的历史起源:信赖利益保护

兴起于14世纪的"承诺之诉"(action of assumpsit)代表了中世纪英格兰合同诉讼形式的统一和现代合同法的萌芽。"承诺之诉"最初的适用情形是:A允诺为B做某件事,可是在履行其承诺的义务的过程中,却因A的履行瑕疵让B遭受损害,那么A承担赔偿责任。可见,"承诺之诉"区别于先前的"债务之诉"等其他合同类诉讼形式的突出特点是对原告遭受的"侵权性信赖损失"(tortious detrimental reliance)的救济。因为程序上的优势,"承诺之诉"的使用范围被逐步扩大到被告对允诺的不作为给原告带来损失的情形,甚至仅仅是双方互为允诺的情形。在16世纪后半期,当"承诺之诉"可以代替"债务之诉"后,原告使用"约因"(consideration)来介绍自己据以提起"承诺之诉"的事实依据。1557年的Joscelin v. Shelton案应该是consideration作为起诉条件的第一个例证。① 在缺乏合同法理论指导的情形下,法官们在实践中构思着易于掌握的技术性规则来区分哪些允诺可以成为诉讼的基础从而具有法律强制力。于是,"约因"代表了受诺人的受损,成为该种诉讼的适用前提。所以,约因原则的源头就是侵害性信赖损失的证明机制。随之,信赖因素蜕变成交易中的受损性质的约因,既受诺人为允诺付出的代价。普通法院不再忙于寻找财产性债务诉讼的要素,而是积极探索协议中的合意。这一判决思路的转变反映了法官对合同认识的进步。

现代人都认为,允诺禁反言原则的功能是保护信赖利益,将约因界定为"允诺的价格标签"②。其实,约因的最初含义是受诺人的信赖损失,这一出人意料的历史事实符合合同法的根本目的:增强信用,促进交易。

(二)发展进程中的相互交融:合理信赖成为约因

"承诺之诉"的可诉性检验机制蜕变为统一的约因原则以后,信赖利益概念在普通法院陷入沉寂状态,只是在衡平法院中被频繁讨论。普通法院不再将信赖损失作为非正式合同的独立救济基础。但是,从17世纪末开始,英美合同法开始突破传统的普通法框架,致力于满足商业时代的需求。霍尔特大法官在1703年的Coggs v. Bernard案③中再次发掘了信赖利益概念的价值。本案的判决意见是:无偿的受托人因自己的过失受制于"承诺之诉",因为委托人相信了受托人将安全运送货物的允诺,约因可以存在于财产主人因相信受托人的允诺而将财产交付给他的行为。

---

① Joscelin v. Shelton(1557)3 Leo. 4. See Sir William Holdsworth, *A History of English Law*, Methuen & Co. Ltd., Sweet & Maxwell, Ltd., Volume Ⅷ, 1937, p. 6.

② J. C. Smith, *The Law of Contract*, London, Sweet and Maxwell, 1993, 2nd Edtion, p. 67.

③ Coggs v. Bernard, 21 2 Ld. Raym. 909, 919 – 20, 92 Eng. Rep. 107, 113 – 14(K. B. 1703).

Coggs 案成为“合理信赖作为约因”的权威先例而被后世反复引用。

在17世纪末到19世纪前半叶150多年里，英美合同法开始突破传统的普通法框架，致力于满足商业时代的需求。被誉为“英国商法之父”的曼斯菲尔德勋爵对这一时期的法制有重大影响。出生于苏格兰并接受了良好的民法法系知识训练的曼斯菲尔德竭力让合同法摆脱古代“令状制”的影响，将衡平法思想及大陆法学知识大胆引进普通法。在其早期职业生涯中，曼斯菲尔德曾经在衡平法院大法官哈德威克(Hardwicke)[①]面前出庭辩护。在 Reech v. Kennegal 案[②]中，哈德威克采纳了信赖及道德义务概念禁止遗产管理人以《反欺诈法》为自己抗辩。法庭认为，死者相信了遗产管理人将部分遗产交给死者侄子的口头允诺所以没有修改遗嘱，遗产管理人因自身允诺而负有道德义务，因为遗产管理人因被指定为剩余财产承受人(residuary legatee)而有获益。该判决标志着合理信赖和道德义务概念在英国司法实践中的变革。

威尔莫特法官在1765年的Pillans案的陈述充分展示了曼斯菲尔德主导的法庭对信赖原则成长的贡献。威尔莫特大法官与曼斯菲尔德一样极力主张约因只是证明合同效力的依据之一，他说，霍尔特法官早在1703年Coggs v. Bernard案中就将合理信赖作为“承诺之诉”的约因基础，并宣称：在“承诺之诉”中，允诺可以因交易、道德义务或信赖而取得强制力。这是霍尔特法官对16世纪以来普通法院追究允诺责任的正当性依据的概括。他还提出，自然法是信赖逻辑的合法性源泉。霍尔特法官对基于信赖事实的约因概念的特别界定导致了案例汇编者们将1703年Coggs案作为“信赖足以成为约因”的权威先例。[③] 对于19世纪早期的英美法院来说，1703年Coggs v. Bernard案和1765年的Pillans案被当作英国普通法支持合理信赖保护原则的仅有的权威先例。

经过一番抵制，新生的美利坚合众国依然采纳了独立前的判例法传统。在19世纪涉及信赖利益保护的案例中，法院的判决思路并不统一。有些美国法院直接采纳衡平法实践或自然法思想作为信赖救济的基础，使“允诺禁反言”成为独立于传统约因的救济途径。有的法官寻找衡平法和自然法之间的相似性，进而支持信赖就是充足约因。还有些法官宣称Coggs案和Pillans案为“合理信赖就是充足约因”原则提供了权威先例。作为普通法的维护者，肯特法官虽然对以道德义务为基础的诉讼

---

① Hardwicke 勋爵(1690～1764年)，原名 Philip Yorke，1733～1737年担任王座法庭首席大法官，1737～1756年担任衡平法院大法官。

② Reech v. Kennegal27 Eng. Rep. 932, 933－34 (Ch. 1748).

③ Pillans v. Van Mierop, 3 Burr. 1633, 1671－73, 97 Eng. Rep. 1035, 1039－40 (K. B. 1765), See Kevin M. Teeven, *A History of Promissory Estoppel: Growth in the Face of Doctrine Resistance*, 72 Tennessee Law Rev. 111, Summer 2005.

持自由的态度,但他并不支持以受诺人的信赖作为无交易要素的允诺的强制力基础,他的观点在 1809 年的 Thome v. Deas 案[①]中得到体现。在该案中,保险代理人允诺为原告的某次航行免费提供保险,原告相信了该允诺,为允诺人事后没有提供保险。原告为代理人的不履行所遭受的损失对代理人提起损害赔偿之诉。肯特法官认为,除非原告因为代理人的瑕疵履行对其提起侵害之诉,代理人才可能承担责任,在仅仅是不作为的情形下,因为当事人之间缺乏约因,所以不产生法律责任。肯特也承认,罗马法或民法法系国家对这类案例有更好的方法实现公正,不过,他选择了对英国先例的坚持。

一些深受建国时期自然法思想影响的州法院拒绝采纳肯特的观点,率先引进了信赖救济概念。在 1815 年的 Homes v. Dana 案[②]中,法官基于受诺人的信赖而判决捐助允诺人承担"衡平法上的和道义上的"责任。两年之后,在一起慈善捐助案例中[③],马萨诸塞州最高法院首席大法官帕克(Parker)把信赖利益保护更推进了一步,信赖利益保护从 1815 年 Homes v. Dana 案中的衡平救济基础上升为普通法中充足的约因基础。其实,该案与 Homes v. Dana 案一样都不存在交换关系,为了让信赖救济在普通法的框架中取得合理地位,帕克法官通过使用"默示请求"概念拟制了当事人之间的交换关系。[④] 10 年之后,在涉及商业赞助的 Bryant v. Goodnow 案[⑤]中,法官融合了 1815 年 Homes v. Dana 案中的理念(信赖是允诺人承担责任的衡平及道义理由)与 1817 年 Trustee of Farming 案的解释(信赖作为充足约因),判决赞助人有普通法及衡平法上的双重责任。尽管在普通法上不存在没有交换却认定约因的先例,马萨诸塞州法院在捐助案例中扩展了约充分约因的成立基础,将合理信赖包括在内。而且,在 19 世纪期间,美国绝大多数州都在涉及捐助的案件中采纳了马萨诸塞州法院的判决思路。

19 世纪前半期被认为是信赖利益保护在美国的第一次辉煌发展期。[⑥] 但直到

---

① Thorne v. Deas,70 4 Johns. 84,84(N. Y. Sup. Ct. 1809).

② Homes v. Dana, 12 Mass. 190,191 -92, 11 Tyng 190, 192 (1815).

③ Trs. Of Farming Acad. v. Allen, 14 Mass. 171, 175, 13 Tyng 172, 176 (1817).

④ 在英国法制史上里程碑式的案例 1568 年的 Hunt v. Bate 案中,王座法庭法官判决:只有允诺人(被告)在原告采取行动前请求了原告的作为,双方才存在交换性的约因。在美国的纽约州最高法院,肯特大法官引用了"默示请求"(implied request)概念解决涉及道德义务的案件。因为 Hunt v. Bate 案判决要求受诺人(原告)给允诺人(被告)的任何获益都必须是允诺人(被告)要求的,所以 Hunt 案成为法官施加道德责任的障碍,也阻止了合理信赖,因为原告的信赖损失并非被告要求的。Trustees of Farming Academy 案借鉴了允诺性返还先例中"默示请求"概念,来支持允诺性信赖的法律约束力。

⑤ Bryant v. Goodnow 22 Mass. (5 Pick.)228,229 -30 (1827).

⑥ Kevin M. Teeven, *A History of Promissory Estoppel: Growth in the Face of Doctrine Resistance*, 72 Tennessee Law Rev. 111,Summer 2005.

19 世纪 90 年代才有法院使用“允诺禁反言”这一新概念，对先前衡平法院和普通法院零散的衡平实践进行系统整理，将曾经是作为“误述”的证据规则的“禁反言”吸纳进合同法。① 所以，在相当长的历史时期，合理信赖利益是作为约因的构成要素而得到保护的。所以，笔者认为，“允诺禁反言”与“约因”的内涵在法制上是相互交融的。甚至在当代，仍有学者认为没有必要对“允诺禁反言”原则作出专门的立法规定，因为受诺人的损失性信赖本身就可以是充分的约因。②

二、允诺禁反言与约因在法律价值上的对立与统一

任何法律制度都是历史挤压的产物，都蕴涵着特定的价值选择。约因与允诺禁反言都可以达到允诺被强制实施的后果，但两种原则遵循的逻辑不一样，它们的价值取向也不一样。前者偏重形式与效率，后者追求实质的公平。它们此消彼长的地位波动中贯穿着法哲学思潮的斗争。

（一）法律规则主义对“交易约因”的维护及对允诺禁反言原则的压制

19 世纪末到 20 世纪前半期的美国法制史主要表现为保守派与自由派的冲突以及自然法学派思想在州法院的衰落。以哈佛大学法学教授帕森斯、兰德尔、霍姆斯及威利斯顿为代表的古典法学精英③无疑承担了构建形式的、可预期的合同法规则的历史使命，出于对稳法律体系的追求，他们拒绝承认那些“将合理信赖当作约因”的司法先例的合理性，反对把信赖作为允诺责任的基础，忽视商业现实的需求。

帕森斯于 1853 年发表了 19 世纪美国最有影响的合同法著作。④ 帕森斯只是在土地授予、慈善捐助和商业赞助这些有限领域提到信赖救济先例。他承认，信赖在衡平法中的约束力等同于约因在普通法中对未来履行的允诺的约束力，慈善捐助和商业赞助一旦被信赖就对允诺人产生了道义上的责任。不过，帕森斯又根据其不成熟的义务相互性理论（mutuality of obligation）对合理信赖原则给予了限制。兰德尔曾经是帕森斯的同事，1870 ~ 1895 年间担任哈佛大学法学院院长。作为 19 世纪后期形式主义法学运动的开创者，兰德尔笃信交易，反对信赖作为允诺责任的基础。兰德尔对威尔莫特法官在 1765 年的 Pillans 案的陈述进行攻击，认为该判决不符合

---

① Kevin M. Teeven: *A History of the Anglo-American Common Law of Contract*, Greenwood Press, New York, 1990, p. 249.

② S. Wheeler & J. Shaw, *Contract Law Cases, Materials and Commentary*, Clarendon Press, Oxford, 1994, p. 366.

③ 这四位法学教授依其年代顺序是：帕森斯（Theophilus Parsons, 1797 ~ 1882 年）、兰德尔（Christopher, Langdell, 1826 ~ 1906 年）、霍姆斯（Oliver Wendell Holmes, Jr., 1841 ~ 1935 年）及威利斯顿（Samuel Williston, 1861 ~ 1963 年）。霍姆斯在《普通法》中率先提出“交易约因论”。其他三位教授都写了合同法专著。

④ Theophilus Parsons, *The Law of Contracts*, Boston, Little Brown & Co. 1853 – 1855.

合同的交易模式。兰德尔对僵化规则的固守以及对商业现实和先前判例的忽视胜过帕森斯。

对于19世纪末期以来法院将合理信赖作为充分约因的实践风气,霍姆斯同样反对。前文已述,英国霍尔特勋爵在1703年判决的Coggs v. Bernard案成为信赖利益保护的里程碑式案件。霍姆斯拒绝承认关于此案的普遍解释,即合理信赖即可构成约因,坚持认为Coggs案实际上过失性寄托案件,而不是以"承诺之诉"来实施以将来履行为内容的允诺的现代合同诉讼。因为,寄托人的信赖并不是受托人要求的,信赖根本不能构成受托人安全运送货物的允诺的约因。① 在《普通法》中,霍姆斯宣称:除非"约因与允诺之间存在相互的引诱",允诺在普通法中没有约束力。② 这一概括以"交易约因论"著称,并被第一次《合同法重述》认定为约因有效成立的唯一基础。③ 在后来担任法官的生涯中,霍姆斯更是拒绝承认被信赖的允诺的约束力,竭力将允诺禁反言理论驱逐于允诺责任之外,将交易约因打造成合同责任的唯一基石。

威利斯顿可谓霍姆斯"交易约因论"的继承者和发展者,尽管他已经认识到信赖利益保护在某些领域的必要性,并提出允诺禁反言(promissory estoppel)概念来予以描述。作为美国第一次《合同法重述》的主编,威利斯顿将"允诺禁反言"定位为"约因"的替代,而不是认定"约因"的基础。也就是说,在商业合同以外的特殊类型的交易,比如捐助、弃权、土地授权及婚姻协议等缺乏交易的情形下,"允诺禁反言"可以发挥"约因"之责成为效力基础。所以,第一次《合同法重述》对于"约因"的定义完全是"霍姆斯式"的,"(1)作为允诺的约因是这个允诺要求的、并作为该允诺交换的:a.某种作为 或b.不作为,或c.法律关系的创设、修改或消灭,或d.一个反允诺;……"④不过,在科宾等人的努力下,第一次《合同法重述》新增第90条使得第75条所称的"约因"不再是简单合同成立的必备要素,即便是无偿允诺也可以基于对受诺人信赖利益的保护取得强制实施的效力。但第75条的正式评述特别强调:"受诺人因为对允诺的信赖而遭受损失,或者允诺人从允诺中获得好处的事实,不能构成交易,因为缺乏约因。"⑤

第一次《合同法重述》对允诺禁反言模糊而限制性的规定使合理信赖保护原则在普通法中第一次得到成文法意义上的定位,但也使它从主流的允诺责任基础降格

---

① Oliver Wendell Holmes, *The Common Law*, with a mew introduction by Tim Griffin. Transaction Publishers, New Brunswick(U. S. A.) and London(U. K.), 2004, pp. 228 – 229.

② Ibid, pp. 230 – 231.

③ American Law Institute, Restatement (First) of Contracts, § 75 & cmt. c (1932).

④ Ibid.

⑤ Ibid.

为边缘性责任机制。《合同法重述》给当时大多数法律人传达了这样的理念：允诺禁反言原则是与约因原则并列的独立允诺责任机制，前者只适用于非商业性允诺，后者则是商业交易的唯一效力基石。

（二）古典约因论的衰落与现实主义法学对允诺禁反言原则的推动

古典的“交易约因论”是法律规则主义者的学术成果，它表达了美国在19世纪的时代主题——商业交易，并集中体现了古典合同法的客观主义。法律规则主义者追求合同规则的严格清晰，反对不可预期的衡平因素对商业的影响。合同客观主义意味着纠纷解决的简单化，法官对案件事实的确认限定于当事人的外部行为（言与行），合同被假定为议价能力均等的当事人在没有外部妨碍情况下的自由选择。总之，“交易约因论”的正式形成与兴盛折射出19世纪后半期商业社会对确定性合同规则的需求，也反映了当时的法律对效率的偏重。

“交易约因论”的直接后果有二：一是限制有效合同的入口，合同责任被限制在狭窄的范围，无交易因素的非正式允诺的约束力得不到确认；二是合同责任绝对。相对于工商业时代的不确定性及合同实践的灵活，古典合同规则显然是狭窄而僵化的。到19世纪末20世纪初，新的合同理论对古典约因理论发起攻击。例如，查尔斯·弗里德认为合同成立的基础其实是当事人的意志或允诺，约因原则存在内在矛盾，而且忽略了无偿允诺的实施价值。① 以阿提亚及富勒为代表的信赖合同学派认为，人们自愿承担合同义务的情形越来越少，生活中大多数合同责任是基于一方的受益或一方因信赖对方而遭受的损失而强行产生的，“约因”是历史遗留的古董，无用的技术，最多证明了允诺的严肃性。② 著名法学家科宾认为，约因的内涵从未确定，某种约因的存在可以证明允诺人受法律约束的意向或信守诺言的意思，但约因不是允诺具有强制力的唯一因素，也不是必备理由。③ 伴随着激烈的理论攻击，司法实践对约因规则进行变革，《统一商法典》等现代成文法对约因原则的适用范围加以限制。约因的衰落成为现代英美合同法的标志。

但是，在古典约因论受到批评、限制以及内在变革的同时，允诺禁反言原则却迎来了新的高潮。因为信赖利益保护内含的诚实信用及实质正义符合20世纪的法哲学精神。新派法学家的历史使命不再是合同法规则的构建、阐述和选择，而是探索规则的政策合理性、潜在目的和正义性。所以，现代合同法强调法律与道德的紧密联系，主张从现实社会需求去寻找法律的真正意义，注重研究法律与社会的关系以

---

① Charles Fried, *Contract as Promise* , Cambridge , Harvard University Press, 1981 , p. 29, pp. 35 – 38.

② P. S. Atiya, Contracts, Promises and the Law of Obligation, 94 L. Q. R. (1978).

③ Arthur Linton Corbin, *Corbin on Contracts* , ST. Paul, Minn. West Publishing Co. 1952, § 111.

及法律在社会中的实际运作状况。

其实,在第一次《合同法重述》颁布以前,兰德尔、霍姆斯等法律规则主义者的学术抵制并没有阻止信赖利益保护在司法实践中的成长。美国绝大多数州在19世纪中后期完成了法院系统的融合后,普通法合同法迅速吸收衡平法中信赖保护规则,如合理信赖保护原则的适用领域除了19世纪初业已开始的捐赠允诺外,弃权、寄托、代理及口头土地赠与等无偿允诺也被包含其中。[①] 而且,到19世纪70年代,越来越多的法院开始对商业允诺实施信赖救济,商业性信赖救济判决所依据的理由是多样的,法官或将合理信赖认定为普通法上的充足约因,或依据衡平法上的原因原则(equitable principle of causa),或依据衡平禁反言(equitable estoppel),或认定允诺人有衡平性欺诈,或受诺人的部分履行可以作为《反欺诈法》[②]的例外而使允诺具有强制力。这些判决回应了工业时代更加灵活或长期的工商业交易的需求,纠正了传统的交易原则严格适用于这些新型交易时对信赖利益保护的漏洞。商业性信赖救济判决表达的观点是:信赖与交易并列成为允诺责任的基石。另外,现代商人常常通过开放的合同约定(open-end contract)、单务合同要约(unilateral contract offer)、任意期限约定(at-will relations)及合同变更(contract modification)等方式来适应工业时代带来的不可预期性。这些新的实践常常有悖于合同法的传统要求。而信赖利益保护原则恰恰在这些领域成为法官限制允诺撤销权或确认允诺强制力的依据。这些判决回应了工业时代更加灵活或长期的工商业交易的需求,纠正了传统的交易原则严格适用于这些新型交易时对信赖利益保护的漏洞。

合理信赖原则适用于合同用语不确定的事例很多,合理信赖原则为20世纪所有合同依据默示善意条款对确定性规则的变革铺平了道路。例如,19世纪末,为了给"西进运动"提供必要的基础设施,铁路公司购买土地修建铁路,合同没有具体规定土地的具体方位与面积,由施工队在施工过程中划定土地的边界。工程开始后,土地卖方以合同约定不明为由对合同有效性提出异议。法官认为,一旦工程动工且

---

① Benjamin F. Boyer, *Promissory Estoppel: Principle from Precedents*, Ⅱ, 50 Mich. L. Rev. 873, 873 – 79(1952).

② 英国于1677年通过,全称为《防止欺诈与伪证法》(An Act for the Prevention of Frauds and Perjuries)。该法第4条及第17条对某些合同类型施加了书面形式的法定要求。美国法继承了这两条款的主体内容。

确定了方位，任何约定不明或缺乏义务相互性的合同瑕疵都不复存在；[①]根据义务相互性原则，在以允诺交换某种履行的单务要约中，即便受诺人已经开始履行要约人也有权解除要约，因为只有受诺人履行完毕时，允诺的相互性才能认定。选择性合同（option contracts）及不得撤销要约（firm offer）也暴露出自身问题；根据古典合同法理论，“除非有盖印的形式或有约因支持，任何要约在被受诺人接受以前都是可以撤销的”。“即便要约规定了要约被接受的最后时限，甚至要约明确规定它本身不可撤销，上述规则也适用。”[②]到19世纪末，受诺人对允诺的实际信赖开始成为允诺人不得撤销要约的理由。[③]

担保合同在普通法中有悠久的历史，然而古典合同法学的义务相互性及交换理论却对其效力形成障碍。1864年的Rice v. Almy案是担保人因债权人的信赖而承担责任的极有影响的案例。法院在本案使用了特别的技巧，宣称衡平禁反言（equitable estoppel）的信赖损失要素足以构成必要约因。[④] 对于雇主、许可证颁发者及特许经营者来说，任意期限合同可以帮助他们减少因市场变故带来的损失。任意期限合同关系的撤销权曾经不受约束。由此，在复杂的代理关系、专有的分销关系及特许经营协议等任意期限的市场模式中，常常产生当事人的信赖损失问题。于是，法院开始对那些已经为市场活动的开展付出实质性投入的经营者给予信赖利益保护。宾夕法尼亚州法院在任意合同保护方面有独特的创建。19世纪中期以后，由于市场波动和其他不确定因素的影响，合同变更的发生日渐频繁。Stilk v. Myrick案确立的关于合同更改的古典原则是：先前义务不能构成新的允诺的约因。[⑤] 该规则事实上阻止了合同履行过程中变更的法律效力。法院在实践中对该规则进行突破，如果，合同变更源于不可预知的情况变化，且当事人相信了增加对方当事人义务的允诺，美国法院开始强制允诺人承担允诺增加的义务。总之，合理信赖和情势变更成为合同变更的善意基础。最早对Stilk v. Myrick案提出挑战的美国判例是马萨

---

① 例如，Work v. Welsh, 43 N. E. 719, 721 (Ill. 1896). 在该案中，法官认为，一旦买方出于对出卖允诺的信赖对土地做了实质性的改善，出卖土地的允诺不得撤销。Ottumwa, Cedar Falls, & St. Paul R. R. v. Mcwilliams, 32 N. W. 315, 316 – 317 (Iowa, 1887). 在该案中，法官认为，合同不约定所需土地的具体面积和方位是合理的，因为在合同签订时这些内容必然是不知道。Curry v. Ky. W. Ry., 78 S. W. 435, 436 (Ky. 1904). 法官的意见是，禁反言原则禁止土地主人在受诺人开始占领土地后撤销其转让允诺，因为土地主人已主动或被动地促成了土地的占用。

② Samuel Williston, *A Treatise on The Law of Contracts*, 3rd edition, by Warter H. E. Jeager, New York, Baker, Voorhis & CO. 1957, pp. 176 – 177.

③ Hopkins v. Racine Malleable & Wrought Iron Co., 119 N. W. 301, 303 (Wis. 1909).

④ 其实equitable estoppel的要件是当事人对事实的误述，而不是对将来履行的允诺，可见法官的灵活。

⑤ (1809) 2 Camp. 317 and 6 Esp. 129. 详情参见第二章。

诸塞州法官在1830年的Munroe v. Perkins案中作出的判决。在该案中,建筑承包人因担心损失,迟迟不肯继续建筑合同的履行,但房主允诺将做更多支付,在此允诺的诱使下,承包人完成了对自身毫无利润的建筑工程。法官依据信赖利益保护原则使承包人拿到了房主允诺增加的建筑价款。[①]

第一次《合同法重述》的规定导致了信赖利益保护的暂时停滞。许多法官依据第75条关于交易约因的规定,强调信赖不符合交易的要求。以学识丰富著称的汉德(Hand)法官也同样如此。但是,以40年代和50年代一系列建筑投标案[②]为契机,第一次《合同法重述》第90条的规定被突破,原本用来解决非盖印的无偿允诺救济困境的允诺禁反言原则被普遍适用于商业交换,威斯康星州最高法院甚至在1965年的案件中将该原则适用于磋商阶段的非确定性允诺。[③] 在现实主义法学家科宾的倡导下,公布于1981年的第二次《合同法重述》关于"允诺禁反言"的第90条(合理引致作为或不作为的允诺)的篇幅大大增加,"允诺禁反言"原则的适用范围扩大了,而且,该条评述对信赖利益保护定位为:"强制执行那些未完成交易的主要基础之一,信赖的可能性为履行中的交易的强制实施提供支持……"除了第90条,第二次《合同法重述》以专门的条款规定不可撤销要约、担保合同、合同变更以及受制于《反欺诈法》的允诺类型,以强化对信赖利益的保护。合理信赖保护不再适用于捐助、婚姻等特种类型的合同,相反,它主要由公共政策来调整。

(三)法哲学精神的统一:公平正义

我们已经看到,"交易约因论"与"允诺禁反言"呈现出此消彼长的历史波动。但是,它们的关系并非你死我活的对抗,而是对立中的统一。它们相互协作,共同维护着合同法的公平正义。

但是以"约因"支持而有效的允诺和适用"禁反言"而有效的允诺之间的区别是显著的。在前一种情形,履行是允诺人要求的,是允诺的交换对象,是允诺开始生效的条件。但是在"禁反言"原则适用时,受诺人的行为虽然受到允诺的诱使或影响,但不一定是允诺人要求的,只要是受诺人在允诺的诱使或影响做出的就够了,允诺的生效是该履行的结果。但是,卡多佐和科宾也认为,"约因"与"禁反言"原则在对

---

① Munroe v. Perkins 26 Mass. 298, 304 – 305, 9 Pick. 298, 304 – 305 (1830).

② James Baird Co v. Gimbel Bros., 64 F. 2d 344, 346 (2d Cir. 1933), Northwestern Engineering Co. v. Ellerman, 69 S. D. 39, 408, 10 N. W. 2d 879, 884 (1943), Drennan v. Star Paving Co., 51 Cal. 2d 409, 333 p. 2d 757 (1958). 在后两个案例中,尤其是Drennan v. Star Paving Co.案中,法官采纳了普通法的默示条款拟制,当总承包人相信分包商对他的报价并将其作为向政府投标时工程总报价的计算依据,禁止分包人违背自己的报价。

③ Hoffman v. Red Owl Store 26 Wis. 2d 683, 133 N. W. 2d 267 (1965). 第三章有关于该案的详细论述。

允诺予以强制实施时的思路是相通的：如果允诺是严肃做出的，受诺人对允诺的合理信赖必须得到法律的保护。

从法哲学角度来看，与自由放任经济相呼应的古典合同法致力于为商业交易提供系统规则，法律规则主义者追求合同规则的严格清晰，反对不可预期的衡平因素对商业的影响。合同客观主义意味着纠纷解决的简单化，法官对案件事实的确认限定于当事人的外部行为（言与行），“交易约因论”符合社会对效率的需求。但是，这一时期忽略了对信赖利益原则带来的非正式预期利益的保护。主宰20世纪合同法的新自然法学和现实主义法学的确给合同制度带来很大的变革，但是并没有使合同法丧失其独立性。新自然法学对合同的影响主要是使道德正义在合同法规则体系中占据较重要地位，其最明显的体现就是诚实信用原则受到重视。但诚实信用原则并不是取消古典法则，只是当具体法则的运用可能威胁公平正义的法律目标时，它才对合同法予以补充和修正。法律现实主义对合同法的影响主要法官享有更大的自由裁量权，使社会现实因素影响对法律适用起了直接作用。其最明显的体现就是公共政策或商业惯例成为解释合同条款的依据。但是，无论法官的自由裁量权有多大，近代合同法的基本法则在现实主义法学最为昌盛时期仍然处于合同法的核心。只有在规则的适用会导致判决结果与公共政策严重相背时，规则才退居其次，所以现实主义法学对合同法的影响也是在抽象层面的。

所以，就法律价值而言，约因原则与允诺禁反言原则在终极意义上是统一的，后者并非前者的替代，而是补充。为了实现公平，法官不得不在疑难案件中做实用主义的政策权衡。一旦公众意识到司法部门对交换规则的机械适用明显带来实质上的不公正，那么信赖利益保护保护原则的作用会自然增大。① 正如大法官密克法丁（McFaddin）所言，“允诺禁反言的发展表明，法院希望在司法救济中与商业交易中日益增强的诚实信用道德意识保持协调。无论如何，允诺禁反言原则已经成为法官们阻止不公正结果的有效工具……”②

三、对吉尔摩的“合同死亡论”的评析

《合同的死亡》以合同理论的起源、发展和衰落为基本框架。吉尔摩认为，美国的合同法理论由兰德尔偶然发现的，经过霍姆斯和威利斯顿的整理、勾勒和发展，尤

---

① Kevin M. Teeven, *A History of Promissory Estoppel: Growth in the Face of Doctrine Resistance*, 72 Tennessee Law Rev. 11 Summer, 2005.

② Benjamin F. Boyer, *Promissory Estoppel: Principle from Precedents*, 50 Mich. L. Rev. 873, 873 - 79(1952).

其是霍姆斯在《普通法》中的精彩论述,纯粹的或古典的合同理论形成了。① "交易约因论"是一个历史结晶,充分体现了古典合同法的合同自由、客观主义与责任绝对原则,并成为限制合同责任的工具。正如美国法律史学家劳伦斯·M.弗里德曼所说的那样,古典的抽象的合同法与当时的社会是相适应的,与自由的市场大致吻合,巧妙地配合了19世纪自由经济的发展。②

然而,随着适合其生长的自由放任经济的土壤的不复存在,"交易约因论"遭遇了各种新的理论和思潮的挑战。根据吉尔摩的论述,"合同死亡"本质上是合同责任被侵权责任融合,由此形成一个更大的民事责任体系。合同一般理论在19世纪晚期的形成其实是将合同人为地从一般侵权行为范围中分离出来。到现代社会,依据准合同或不当得利理论,被告所获利益除非明示为赠与都应该返还。依据"允诺禁反言"原则,原告因为相信被告的承诺而遭受的损失应得到赔偿。上述两种归责基础突破了约因原则的"获益"和"受损"要素,从而,合同的损害与侵权的损害已无法分辨。③

吉尔摩的"合同死亡论"引起巨大反响,其中不乏批评之声。笔者也认为吉尔摩在发出警示时未免仓促草率。

(一)吉尔摩对第二次《法律重述》第90条的误读

吉尔摩认为合同死亡的重要标志是以信赖利益保护为核心的"允诺禁反言"对约因原则的取代。他说,根据第二次《合同法重述》第90条的评注,绝大多数"合同"案件都可以在第90条之下获得解决而不必付诸第75条所讲的约因原理。关于信赖利益保护的第90条简直是帮助我们摆脱合同理论中一切技术限制的魔力之门。④

吉尔摩的观点看似有理,其实他误读了第90条的内涵。的确,信赖本身普遍存在于商业交换,合同法的根本目的就是增强人们对商业协议的信赖。为了明晰信赖利益保护机制与约因原则的关系,有学者建议对信赖划分为两类:第一,以遭受损失为形式的信赖,即信赖损失;第二,为对方带去获益的信赖,即交易论中的约因。⑤ 根据上述划分,霍姆斯抛弃的是第一种信赖,于是他拒绝承认被信赖的允诺的效力,以便削弱非正式交易的强制力,只让那些在进行中的交易或交换的允诺得到实施。于

① Grant Gilmore, *The Death of Contract*, Edited and with a Foreword by Ronald K. L. Collins, Ohio State University Press Columbus, 1995, p.6.

② Ibid, pp.7-8.

③ Ibid, pp.95-96.

④ Ibid, pp.98-99.

⑤ Craig Leonard Jackson, *Traditional Contract Theory: Old and New Attack and Old and New Defense*, 33 New England L. Rev.365(1999).

是，古典合同法为了规则的统一和体系的逻辑性而牺牲了司法和交易中的公正。恰恰是信赖利益保护原理能够拯救那些被“交易约因论”抛弃的协议，为其中的受害者提出得到救济的理由。

第二次《合同法重述》标志着美国法院对合理信赖保护原则的自由适用，但科宾教授依然将允诺禁反言原则与约因原则分离，并没有像20世纪初期那样将合理信赖作为约因的构成因素。也就是说，重述者们并不关注存在于交换中的以“获益”（诱因）为基础的信赖，而是极力强调被霍姆斯的客观合同论打入冷宫的信赖“交易”，即无偿允诺中没有给允诺方带来好处的信赖，[①]如 Coggs v. Bernard 案[②]中的酒的主人对无偿运送人的信赖。这样的信赖是允诺的自然后果，并不必然对允诺人产生获益。受诺人因为对允诺的信赖导致了自身状况的改变，使信赖成为义务基础的是自然公正理念，即无辜的受害人因允诺人随意的允诺而遭受了损失，他理应以某种方式得到补偿。

所以，吉尔摩通过对交易行为的分析确认信赖要素在交易中的普遍存在，这本身没有错。但是，吉尔摩由此提出“信赖的可能性成为强制实施允诺的充足理由，无须考虑是否有什么约因”[③]其实是误读了第90条的内涵。他认为第90条包含了被霍姆斯排斥的无偿允诺中的信赖损失和进行中的交易所含的自然信赖。事实上，第90条所指的信赖限于前者。在缺乏交换的场合中，信赖可以被理解为对约因的替代，但是，在约因足以成为诉讼基础的案件中，法官舍近求远地依据信赖原则，显然不是明智的做法，因为这样会背离合同法促进交易的本质，也会给合同法体系造成混乱。[④]

（二）古典合同理论的衰落并不等于合同的死亡

古典合同理论的存在前提是当事人都是具有相同议价能力的“理性经济人”，该理论要求的合同达成方式是一方做出内容确定的要约，另一方做出与要约内容一致的承诺。吉尔摩也承认，古典合同理论在形成和存续时期都表现为象牙塔般的抽象概念和原则，只存在于法学院而不是法院，学者们在大量的合同案例中抽象出一般理论的方式有些牵强或臆断，类似于希腊神话中的普鲁克拉斯（Procrustes）非要客人

---

① Arthur Corbin, *Corbin on Contracts*, ST. PAUI. MINN. West Publishing co. 1952, § 194.

② 21 2 Ld. Raym. 909, 919 – 20, 92 Eng. Rep. 107, 113 – 14 (K. B. 1703).

③ Grant Gilmore, *The Death of Contract*, Edited and with a Foreword by Ronald K. L. Collins, Ohio State University Press Columbus, 1995, p. 80.

④ Craig Leonard Jackson, *Traditional Contract Theory: Old and New Attack and Old and New Defense*, 33 New England L. Rev. 365 (1999).

适合他那张固定的床。[①] 正是存在如此的先天不足,即便是人们对法律规则的崇拜达到顶峰的时期,也有些创新性的判决回应现实需求,纠正传统的交易原则严格适用于新型交易时形成的保护漏洞和事实上的不公正。到了19世纪末期,垄断资本主义和工业生产带来的诸多社会问题亟待国家的干预和调整,大规模的立法也开始对19世纪抽象的合同原则进行弥补,许多看似属于私人性质的合同关系被纳入公法的调整范围。同时,合同法出现了以下变化:合同自由受到限制、赔偿责任扩张、诚实信用义务增多、侵权法与合同法的相互渗透等。在吉尔摩生活的时代,科宾与卡多佐是代表性的霍姆斯理论摧毁者,他们批评约因内涵的不确定,坚持司法应适应社会现实,主张灵活而广义的"约因"概念。

古典合同理论的失灵并不等于作为社会现象的合同的死亡。首先,吉尔摩在论证方法上存在逻辑上的错误。吉尔摩在承认古典合同理论的虚无缥缈的同时,又以霍姆斯的理论作为自己论述的前提,以该理论作为美国合同法的基石,似乎"交易约因论"的动摇意味着全部合同法的死亡。其次,根据日本学者内田贵的看法,吉尔摩没有正确把握作为社会现象的合同,古典理论中的合同模式只是一种假设。"如果将作为当事人意思产物之合同变得越来越少当作'合同之死'的特征的话,应该死的合同从起初在现实中的就不能成为范例。"[②]被吉尔摩称为合同的死刑执行人的麦考利(Macaulay)也说:"我绝非断定合同法死了,我所说的是,学者讲述的合同法现在没有能在表述上正确反映现实中发挥作用的合同制度,并且从来没有过。""作为活的制度的合同充满于我们身边。" [③]所以,死亡的是古典合同理论,合同制度依然活着。格式合同、强制缔约及随付义务的增多都是合同行为的现代形象。

既然19世纪的古典学者们没有勾勒出反映现实生活的合同理论,那么合同效力正当化的理论根据是什么呢? 信赖利益原理将合同从意思自治主导下的"允诺论"中解放出来,但无法对现代合同法的许多新现象进行合理解释,如信息提供义务等。于是,学者们最终冲破当事人间的关系,将从社会孤立出来的抽象的合同范例拉回到社会,麦克尼尔(Macneil)的"关系合同论"由此产生并受到推崇。麦克尼尔认为,社会学上的合同是为实现将来一定事态的当事人间的企划,在合同所属的社会关系中,被容许的合同内容是自然决定下来的,企图将这种事实认识提升到法世界的,便是关系合同论。[④] "关系合同论"的崭新之处是,合同的拘束力的根源不只存在于当事人的合意,或信赖,还应该存在于合同背后的社会关系和共同体的社会

---

① Grant Gilmore, *The Death of Contract*, Edited and with a Foreword by Ronald K. L. Collins, Ohio State University Press Columbus, 1995, p. 19.

② [日]内田贵著:《合同的再生》,胡宝海译,中国法制出版社2005年版,第49页。

③ 同上,第197~198页。

④ 同上,第120页。

规范。显然,“关系合同论”中的“合同”概念,比古典合同论中的“合同”具有更加广泛的内涵和宽阔的生存空间。

总之,合同生效的逻辑与人类的伦理有紧密关系。杰克森(Jackson)认为,约因——信赖这种认定合同责任的方式尽管有些陈旧,但最适合传递交易当事人的愿望。合理信赖与对价是不可分离的美国合同法的效力基础,它们是相互补充而不是相互对立的。约因与信赖基础尽管不是完美的组合,仍然是合同法体系的重要组成部分,也为法律初学者提供了认识合同法的途径。①

约因原则的效力机制符合合同法维护交易的本质。合同是最为普遍的法律行为,合同法的价值取向是维护合同自由并促进交易。绝大多数的信赖案件都是不明智交易的例证,当事人因为没有经验、充足安排或法律顾问,基于对方将履约的假设,草率达成交易。在这种情形下,一方做出允诺,对方没有提供约因,但对允诺产生了信赖。以允诺禁反言原则作为允诺的效力基石不符合合同法的常态。信赖普遍存在于交易的事实不能成为信赖取代约因的依据,这是由合同的阶段性决定的。合同经历了一个纯粹的待履行(purely executory)阶段。在这个阶段,其中一方开始履行前,当事人可能预期违约或者履行期限到期时仍不履行,其中任何一种情形都是违约,而非违约方可以向法院提出救济。无论是第一方的履行,还是第二方的作为或不作为,都不存在信赖,由此,只有交换理论才能解释合同的实施或救济。② 吉尔摩在宣称《合同法重述》第 90 条的信赖救济吞并第 75 条的交换原则时,也承认,第 75 条对于双方都未采取任何行动的纯粹待履行交换(purely executory exchange)是必要的。只不过,吉尔摩主要关注的是合同的实施阶段。

作为最近一版《合同死亡论》的编辑者,柯林斯(Ronald K. Collins)认为,也许吉尔摩的真正用意并不是主张作为交易形式的合同的终结,只是警示合同行为的逐渐转型,并揭穿世人曾经抱有的“统一、确定而可预见的古典合同理论的神话”。③ 无论吉尔摩有无这样的深刻含义,大多数人已经承认,合同的死亡并没有在 20 世纪 80 年代出现,学者们对 Contorts(合同法和侵权法的结合体)的构想也变成泡影。反而,合同法通过“第三方受益人原则”(third party beneficiary doctrine)的自由适用侵入了

① Craig Leonard Jackson, *Traditional Contract Theory: Old and New Attack and Old and New Defense*, 33 New England L. Rev. 365(1999).

② Ibid.

③ Ronald K. L. Collons, *The Life and Afterlife of Grant Gilmore and His Death*, Nw. U. L. Rev. 7 (1995).

侵权法的领地。① 甚至早在1981年的美国法学院协会(Association of American Law School)的会议上,威斯康星州最高法院法官阿布拉姆森(Abramson)在报告中就指出:合同应该是独立的诉讼类型,他还说吉尔摩的"合同死亡论"太夸张了。② 就在这次会议上,吉尔摩本人也试图解释为什么前段时间被人认为是垂死的法律领域现在不仅复兴,反而焕发蓬勃生机。③

特别要指出的是,科宾等现实主义法学家在20世纪中后期对法律规则主义的胜利并没有彻底解决规则主义与源自衡平法、自然法和实用主义的思想之间的历史冲突。面对《统一商法典》及第二次《合同法重述》对合同纠纷给予的衡平性及不统一的解决方式,新规则主义者(New-Formalist)在20世纪末期抬头。他们表达了对习惯规范、贸易惯例、善意原则、显失公平原则及口头证据规则的松散运用的担忧,批评现代商业法的弹性,抵制对"允诺禁反言"原则的自由适用。尽管各种统计结果不一,但是,以"禁反言"为依据的案件的胜诉率远远低于以约因理论起诉的案件,该原则在司法实践中并没有吞并或掩盖其他赋予允诺效力的理论,司法部门倾向于选择可预期的市场交易规则而拒绝与商业效益相悖的政策考虑。④

第二节 约因与形式:功能的相通与超越

在任何法律体系中,都存在一些规则来确认哪些协议是具有执行力的合同(enforceable contract)。这些规则的功能就是对特定协议贴上"执行力标签"(badge of enforceability)。在英美合同法中,承担起这一功能的主要是约因规则和形式要求。为了对交易实施有效的保护,现代各国法律都可能对某些类型的合同增加特别的形式要件,如盖印、书面材料等。而约因却为普通法系合同法独有。但是,就英美合同法而言,约因原则的适用范围远远大于形式要求。因为,所有简单合同都需要约因,而法律只对部分简单合同施加了形式要求。

1941年美国法学家朗·富勒发表了著名的论文《约因与形式》⑤,展示了将约因与形式进行比较的价值。本节关于约因与形式的比较是在英美法的语境中进行的,

---

① Allan Farnsworth, *Developments in Contract Law During the 1980s: the Top Ten*, 41 Case W. RES. L. Rev. 203, 218 - 222 (1990), See Randy E. Barnett, *Contracts Cases and Doctrine*, Little Brown and Company, 1995, pp. 669 - 670.

② Kelso, *The 1981 Conference on Teaching Contracts: A Summary and Appraisal*, 32 J. Legal Education (1982), p. 616.

③ Ibid, p. 640.

④ Robert A. Hillman, *Questioning The New Consensus On Promissory Estoppel: An Empirical And Theoretical Study*, 98 Columbia Law Review (1998), pp. 580 - 588.

⑤ L. Fuller, *Consideration and Form* 41 Colum. L. Rev. (1941) pp. 799 - 824.

文章立足于揭示二者在功能上的相通与差异。

一、合同形式要求在普通法中的起源与发展

人类对形式的依赖和要求缘于人类朴素的宗教情怀，合同形式的萌芽比约因的萌芽更为久远。“法学家们广泛认为，对形式的固守是早期的、欠发达法律体系的特征。”①古罗马法最早确认的合同都是要式的，要式合同的效力来源于形式本身，合同的达成需要特别的仪式，包括当事人做特定的动作说特定的话。意大利法学家朱塞佩·格罗索认为：“早期人对形式的特别追求，这同当时法所含有的宗教成分有关……”②在古罗马，专司占卜之职的祭司曾经垄断了对法律的解释，人们从祭司那里了解为进行诉讼或实施某些活动而需要遵循的程式。所以，“原始民族的形式主义有其深刻的存在理由，它把形式纳入法的内在逻辑之中……”③总之，古罗马人因崇拜祭司自然迷信祭司传授的法律形式，因为形式代表了神意。

“早期普通法与早期罗马法一样，对诉讼程序、案件事实的关注超过对实体的、抽象的法律原则的重视。”④而程序往往表现为一定的形式。盎格鲁—撒克逊时期没有现代意义的合同概念，所谓的“合同”主要运用于杀人案件。加害人家庭的代表向被害人家庭允诺，杀人者将按时出庭并达成一个支付赎罪金的正式协议。然后，双方当事人见面，杀人者允诺，并交付某物作为担保物（wed，诺曼征服后叫“gage”），并指定一个担保人（borh，诺曼征服后叫“pledge”），于是和平得以恢复。在程序法中，担保物和担保人长期存在作为被告将出庭的保证，延续数个世纪。不过，在早期，担保物就可能只是一件价值很小的东西，出示担保物变成一种形式。担保物和担保人这种协议达成方式渐渐扩展到其他交易，如盎格鲁—撒克逊的婚姻形式。因为，从民事角度来看，当时的婚姻意味着女性的亲属将他们对女性的监管权卖给了她未来的丈夫，订婚的效力取决于 wed 的给付。只是，随着时间的推移，程序逐渐简化。债务人可以自己做担保人，wed 也萎缩为一种不具实质价值的标志物，于是，达成的合同叫做形式合同（formal contract）。在伦巴第（Lombard）法律中，人们甚至可以提供一根棍子，握手、将手放置在受诺人的手上这些达成协议的形式。这些形式长期存在，虽不能说是合同法规则，但人们用这些形式进行着财产转移的活动。

---

① Ewan McKendrick, *Contract Law*, 4th edition,《契约法》（第 4 版）（麦克米伦法学精要丛书·影印本），法律出版社 2003 年版，第 75 页。

② ［意］朱塞佩·格罗索著：《罗马法史》，黄风译，中国政法大学出版社 1994 年版，第 116 页。

③ 同上，第 101 页。

④ Mary A. Glendon, Michael W. Gordon, Paolo G. Garozza, *Comparative Legal Tradition*, 2nd edition,《比较法律传统》（第 2 版）（影印本），法律出版社 2004 年版，第 156 页。

在布拉克顿(Bracton)时代出现了“违反盖印约定之诉”(action of convenant),其条件是当事人有正式的、书面的材料(formal principle in writing)。“违反盖印约定之诉”与“债务之诉”成为影响合同法早期发展的两大对人诉讼形式。“违反盖印约定之诉”因诉讼所依据的文书的正式形式而取得强制力。爱德华一世统治时期确立:该诉讼依的书面材料还必须盖印。曾经是达官贵人才可能拥有的盖印开始平民化了。由于盖印比笔墨更难伪造,“盖印约定之诉”也因此受到推广。到13世纪,与土地有关的多种协议都用它来实施。从1284年的《威尔士法案》(Statute of Wales)开始,各种协议都可以用“违反盖印约定之诉”来实施。到14、15世纪,它已覆盖“待履行合同”(executory contracts)的整个领域。对这类诉讼的普遍抗辩是:原告没有盖印的书面材料。①

1602年Slade案②的判决是普通法合同法史上的分水岭,该案将几大合同诉讼形式统一起来,“承诺之诉”既可以在金钱支付允诺中取代“债务之诉”,也可以在履行特定作为的允诺中取代“盖印合同之诉”。在17世纪前半期,合同术语(contract)开始以协议的含义得到非正式的运用。所以,在16世纪初作为疑难案件的救济方式而出现的“承诺之诉”(writ of assumpsit),现在成为覆盖正式与非正式的合同的统一诉讼形式。再加上科克③等人对Slade案的渲染,“承诺之诉”取得了最终的胜利。

“承诺之诉”的兴盛带来了原被告双方地位的不平等,被告不能用早先存在于“债务之诉”中的“宣誓断讼”程序来对抗原告那些无根据的口头指控,而17世纪初的陪审制缺乏成熟的证据规则,这一切导致伪证泛滥。在当时私人之间的“待履行允诺”不断增多的背景下,不仅仅是议会担心不道德的原告利用陪审团的无力而获得不利之财,普通法法官对此同样不安。大法官马修·黑尔(Matthew Hale)④在1672年说:“有种现象已经成为很大的忧虑,两个几乎不能交谈的人之间产生了允诺。如果法律为允诺的有效性强加了某种标志性的仪式,或规定宣誓断讼程序对允

---

① Sir William Holdsworth, *A History of English Law*, Volume Ⅲ, London, Methume & Co. Ltd., sweet and Maxwell, pp. 415 – 419.

② Slade v. Morley(Slade's case),4 Co. Rep. 91a,76 Eng. Rep. 1072(1602).第一章有关于该案的详细论述。

③ 在英国法制史中,科克是联系中世纪与现代法的桥梁。他善于从过去的资源中挖掘现代法律规则,甚至不惜修改历史,他也用这种技巧扩大了Slade案的影响。

④ 根据梅特兰、霍尔兹沃斯等人的说法,马修·黑尔率先系统描绘了英国法的结构,布莱克斯通的《英国法评注》只是为其润色。马修·黑尔是自科克之后最伟大的普通法大师,而且是比科克更优秀的律师和历史学家,对于英国《反欺诈法》的制定有重大贡献。马修·黑尔的著作是《普通法史》(*The History of the Common Law*,C. Runnington,4th ed., London,1779)。

诺进行限制，一切都没问题……Slade 案带来的恶果胜于它已经或将要带来的进步。”①

为了让陪审制成为有效的事实证明机制，法律必须对陪审员对证据的采用和对事实的认定加以控制。《防止欺诈和伪证法案》(An Act for the Prevention of Frauds and Perjuries，简称《反欺诈法》)即为此于 1677 年出台。该法案第 4 条和第 17 条对特定种类的合同义务的生效施加了书面形式要求。所涉合同种类都是 17 世纪引发诉讼争端较多的事务。

《反欺诈法》第 4 条规定：下列协议除非以书面形式达成或者有书面备忘录或其他记录，并有当事人或其他有法定授权的人的书面签字，否则无法产生诉讼：(1)要求遗嘱执行人或遗产管理人基于特殊允诺以他自己的财产来赔偿损失的协议；(2)要求被告为他人的债务、疏忽或失误而作出赔偿的协议；(3)以婚姻为约因的协议；(4)关于不动产权益的转移的协议；(5)从签订之日起在 1 年之内无法履行完毕的协议，第 17 条规定：价格超过 10 英镑或以上的商品买卖协议，除非买方已接受了部分拟售商品，或者提供了某物作为交易之保证，或者有关于交易的、有当事人制作或书面签字(或由当事人的代理人签字)的书面笔记、备忘录，该协议不能作为诉讼依据。②

议会将当时陪审团感到难以处理的由“承诺之诉”实施的口头合同诉讼分为六类。《反欺诈法》包括的都是“待履行合同”，且它们在“承诺之诉”被采用前都需盖印契据才能得到执行。第 4 条前三类所指的遗嘱执行人允诺、婚姻合同和担保协议都是第三方受益人合同。在 16 世纪，即便已经有部分履行，这类合同的可执行性也是不确定的，因为没有被告的获益(quid pro quo)作为证据；而涉及不动产权益的合同、价格超过 10 英镑的买卖协议以及履行期限将超过 1 年的合同又组成另外一类，它们受到《反欺诈法》特别关注的原因是它们涉及的价值较大。

在英国，上述书面要求已于 1954 年被大部分废除。在美国，除路易安那州(Louisiana)外，其他州都基本复制了《反欺诈法》第 4 条的内容，而《统一商法典》第 2－201 条在对买卖合同的形式要求中继承了《反欺诈法》第 17 条的内容，只是以 500 美元取代了 10 英镑。③《反欺诈法》在加拿大一些省和澳大利亚某些州至今有

---

① Kevin M. Teeven, *A History of the Anglo-American Common Law of Contract*, Greenwood Press, New York, 1990, p. 87.

② Claude D. Rohwer, Gordon D. schaber, *Contracts*, 4th edition,《合同法》(第 4 版)(美国法精要影印本)，法律出版社 1999 年版，第 138～139 页。

③ 《统一商法典》买卖篇 2003 年的修订将 500 美元的适用起点上调为 5000 美元，载 http://www.nccus/. org。

效,只是一些形式已发生改变。①

无可置疑的是,随着交易的频繁和人们对效率的需求,法律对合同形式的要求从苛严趋于宽松,从烦琐趋于简洁。英国制定法对合同的形式要求主要有:(1)《1925年财产法》[Law of property Act 1925 ss. 52,54(2)],规定期限为三年以上的租赁合同必须采用契据(deed)的形式;(2)英国《1989 年财产法(混合条款)》[Law of Property(Miscellaneous Provisions)Act 1989]要求出卖或以其他方式处理不动产权益的合同必须要有书面形式,并有当事人的签字;(3)无偿赠与允诺必须有契据才能生效;(4)《1882 年票据交换法》(Bill Of Exchange Act 1882) 和《1878 年票据买卖法》[Bills of Sale Act (1878) Amendment Act 1882]规定:汇票、本票、买卖票据必须要有书面形式才能具备流通票据的效力;(5)《1974 年消费信贷法》(Consumer Credit Act 1974)将消费信贷合同要式化,必须要以书面形式,规定的格式和签名;(6)还有些合同必须要有书面材料证明,如担保合同必须用书面材料证明,这是对《反欺诈法》第 4 条的继承,海上保险合同必须由包括制定法规定的特定事项,并由保险人签名的券书来证明,才能实施。

二、约因与形式在功能上的相通性

约因与形式都是人们生活实践的自然产物,反映了人们尊重交易及允诺的朴素道德观念。形式是可见的、外在的、确定的。法律一旦对于特种合同的形式要求做出明确的规定,法官审查其效力时自由裁量权较小。而约因偏于对合同效力的内在考察,法院在有无约因以及何为约因的认定中有较多的自由裁量权。受到法官的个人情感和社会环境的影响,认定约因的规则因时代或案情的不同而有所变化。

(一)法律形式的功能及其正当性

朗·富勒是新自然法学派代表,20 世纪著名法理学家,因与英国分析法学派代表哈特关于"法律与道德"的辩论而为人熟知。他的《约因与形式》(*Consideration and Form*)②是 20 世纪法学家抛弃古典规则中心主义,转而关注规则的实质正义的典型著作。该文立足于以法理学的思维来解析合同责任,探讨了法律形式的正当性、合同责任的实体基础以及约因原则潜在的政策考虑、形式价值与实体价值。

根据富勒的阐述,《约因与形式》对合同形式的功能概括为以下相互联系的三方面:(1)证据功能(Evidentiary Function),在法律争端中,正式的形式可以为合同的存在和其内容提供证据,将合同该功能可以通过书面形式、证言或公证书等途径取得。

---

① Ewan McKendrick, *Contract Law*, 4th edition,《契约法》(第 4 版)(麦克米伦法学精要丛书·影印本),法律出版社 2003 年版,p. 75。

② L. Fuller, *Consideration and Form* 41 Colum. L. Rev. (1941),pp. 799 – 824.

证据功能是商人们偏爱上述形式的重要原因；(2)谨慎功能(Cautionary Function)，正式的形式是“对未经谨慎考虑的行为的外在检测机制”，迫使当事人明白他们在做一个严肃的有法律约束力的行为；(3)引导功能(Channeling Function)，正式形式提供了一个简单的、外在的、客观的合同效力标准，法院以之决定当事人的允诺具有合同效力而不是慷慨的一时冲动或其他随意的非正式的意思表示。

富勒将形式的引导功能称为“对司法判断的促进”，“如同铸币上的标志免去了人们检验钱币的重量的麻烦，法律形式免去法官考察法律交易是否为当事人意向的麻烦”。以此为出发点，富勒认为，法律形式可以比拟为语言。一个人为了交流他的思想，必须把原始材料组织成得到认可的语言模式。一个计划达成交易的人面临同样的问题，他的思维首先确定了经济上或情感上的目的，然后在律师的帮助下选择最能实现其目的的交易方式。语言的理想状态是它的意义不受它被使用的环境的影响。在法律中，正式交易的理想状态应该是“抽象”的交易。古老的盖印合同代表了理想的途径，它排除了欺诈、错误等形式外因素对合同约束力的影响。

根据富勒在《约因与形式》中的论述，合同责任的实体基础表现为以下几点：第一，私人自治原则。这是合同法范畴中最基本的原则。它意味着法律将个人当作有权在一定范围内创立和改变法律关系的主体。个人向他人转让财产是在行使自身的权利，个人达成合同时也是如此。当法院实施允诺只不过是赋予当事人自己事先建立起来的规则以法律强制力。第二，信赖利益保护。人们早就认识到，对允诺的违犯可能导致对允诺的履行产生信赖的受诺人的地位发生改变，由此遭受损失。信赖利益保护与私人自治原则关系较复杂。有时，信赖利益可以作为责任的独立基础，排除了依赖私人自治的必要性。《合同法重述》第 90 条款下的案例即可得到印证。有时，赔偿信赖损失的原则与私人自治原则矛盾。受诺人合理相信了允诺人的允诺而遭受了损失，虽然允诺已明确规定允诺人不承担责任，但法官仍然要允诺人就此承担赔偿责任。有时，信赖利益保护不是独立的或竞争性的责任基础，而是在补充或强化私人自治原则。第三，防止不当得利。有时，对不当得利的防止可以作为责任的独立基础，如在因为不符《反欺诈法》而得不到强制实施的口头允诺被违犯时，当事人提起返还原物的诉讼。有时，防止不当得利也可对私人自治原则的补充和强化而成为责任的独立基础，如法院对默示赔偿允诺的类推就是为了防止不当得利。

那么，法律形式与合同责任的实体基础相通吗？第一，形式与私人自治显然有关系。我们希望人们为自己设定法律时符合条件，以便保证期望得以实现。这些期望被满足的保证越大，我们渴望享有的私人自治的空间就越大。在合同法领域，为了允诺的效力保证，我们可以要求盖印、公证等正式形式，这是个人自治权的体现。第二，形式的证据功能和谨慎功能显然有助于防止信赖损失和不当得利的发生。

(二)约因原则的形式功能

为什么缺乏约因的允诺不能被强制实施呢?对这一问题的思考自然涉及约因原则的形式功能与实体价值。如果我们回答,约因是对证据的补缺,以此排除因当事人的疏忽或伪证而导致的无交换的允诺被强制实施的危险。或者我们提出,无偿允诺之所以不被实施,因为这样的允诺经常是胁迫性的,当事人缺乏仔细考虑。显然,这两种答案关注的都不是允诺的内容而是允诺做出的方式。而且,依据这样的思路,约因的作用完全可以由允诺的正式的形式或严格仪式来发挥,如果允诺有盖印,上述疑虑不再存在。

根据霍姆斯的论述,随着盖印在民间的大量使用,合同盖印的书面材料被认为是加盖印章的人受法律约束的不可辩驳的证据,盖印的合同已经成为有独特的诉讼形式支持的、具有独特性质的允诺。约因要求是英格兰合同法的独特实体法规则,但它从未囊括盖印合同的领域,所以,盖印合同独立于约因要求也是新的实体规则,为了保持理论的完整性,有人提出:"盖印自含约因"(Seal imports consideration)。霍姆斯还认为,书面的盖印与约因都是法律要求的、使允诺具有约束力而不仅仅是当事人的意志表达的形式。约因本质上也是与盖印一样的形式。唯一的区别是,一种形式是现代引入的,有合理的存在基础,或至少符合我们的习惯思维,所以我们平时没有去注意它,而另一种形式是从古老的法律条件中延续下来的,不为我们熟悉。霍姆斯还说,在后者(约因)的影响下,盖印合同的法律规则趋于衰落,很多地区的盖印形式越来越随意。①

约因的形式功能是与生俱来的,该原则产生之初就是为了审查允诺做出的情势,包括允诺人的意向以及做出允诺前有没有经过仔细考虑等因素,以此保护允诺人的利益。在现在的加勒比地区,在针对不法占有他人之物的行为的刑事指控中,证明该物为合法取得的举证责任由犯罪嫌疑人承担,这一程序与约因法则中由受诺人提供"约因"以证明他对允诺利益的合法拥有的规定很相似。一旦他提供了约因,则意味着他为允诺付出了代价,所以允诺的利益或允诺人允诺要做的事就是属于他。约因作为允诺的代价,提供了交易存在的证据,所以,约因要求在一定程度上阻

---

① Oliver Wendell Holmes, *The Common law*, with a new introduction by Tim Griffin. Transction Publishers: New Brunswick (U. S. A.) and London (U. K.) 2004, pp. 214 - 215. "盖印自含约因"的说法最早出现在1566年, Sharington v. Strotton Plowder——"如果有盖印的契据(deed),原因或约因就不再需要,也不再需要法官的权衡。但是当事人需对契据负责,如果他承认是他的契据,那么他就应该受约束,因为每一契据自含约因,也就是说,他一旦以契据的方式表达了他的意愿,该协议就不可以再称作'裸露的协议'"。基于该义务提起的盖印之诉中,约因不再被需要,因为足以说明他有制作该契据的意愿。See Sir William Holdsworth, *A History of English Law*, London, Methume & Co. Ltd., Sweet and Maxwell, Volume Ⅲ, p. 419.

止当事人通过不公正手段取得财产。如果当事人能证明他对允诺付出了代价就可以对抗别人对他非法取得财产的指控,该代价就是约因,由此,盗窃等其他非法取得财产手段的不成立。①

那么,约因原则与法律形式在对合同进行调整的过程中有怎样的相通呢?第一,约因原则的基本内容就是无偿的及未被信赖的非正式允诺没有强制力。从形式要求来看,这类允诺缺乏证据功能和谨慎功能的保护,法院对它们的态度是合理的。第二,约因原则把当事人之间的部分履行交易被看做合同的典型模式,如 A 把马交给 B,以此作为交易的是 B 允诺向 A 支付 10 美元。A 起诉要求 B 允诺的价款。从形式上来说,马匹的给付与接受包含了自然的形式,它们满足了法律形式的证据目的、谨慎目的及引导目的。第三,当"名义约因"或"虚假的约因陈述"被认定为有效约因时,使用形式的好处通过这一裁定得到满足,即当事人竭力为其交易套上交换的形式。有"名义约因"支持的允诺得到强制实施的原因,类似于那些使盖印合同得到强制实施的原因。第四,以对诉讼主张的放弃作为约因。从形式的谨慎功能的角度来看,通过允诺来放弃权利和创设权利之间是有区别的。对权利主张的放弃,即便是口头做出的,正常地带有被剥夺的感觉。如果语言表示有这种效果,它们倾向于向说话人产生心理的痛苦,它们满足了谨慎、书面形式或盖印所包含的意义。第五,对法律义务的履行一般不是有效约因,其中涉及不当胁迫、维持职业道德等因素。其实,胁迫和形式价值之间有互动关系,凡是倾向于促进允诺谨慎达成的要素都在一定程度上保护人们免遭胁迫的伤害。②

三、约因的实体价值及其受到的限制

约因原则排除那些因错误或伪证导致的没有交换价值的允诺被实施的可能性,或者,约因规则因考虑到无偿允诺很可能是当事人一时冲动做出的,缺乏仔细考虑而拒绝给予无偿允诺以约束力,这些都是约因的形式价值的体现,而这些目标可以通过其他形式要求比如盖印、公证书等方式达到。但是如果有人提出,无偿允诺之所以没有法律约束力,是因为实施这类允诺会增加人们的精力与时间的成本,对社会运行和商业交往没有太大意义,那么这样的考虑则触及约因原则的实体功能。

(一)约因原则的实体功能及价值追求

约因原则在遭遇古典变革之前发挥着多方面的作用:第一,默示允诺人义务的存在;第二,决定(寄托合同中)当事人在履行过程中须付出的注意程度;第三,决定

---

① J. Cumberbatch, *Of Bargains, Gifts and Extortion: An Essay on the Function of Consideration in the Law of Contract*, Anglo-American Law Review, Vol. 3(1990), pp. 239 - 249, at 241.

② L. Fuller, *Consideration and Form* 41 Colum. L. Rev. (1941), pp. 799 - 824.

受害人可得的损害赔偿的范围;第四,确定责任的时间起点;第五,为合同相对性原则提供例外。① 古典理论家们重构约因原则的技巧就是将这些功能予以抛弃或贬值,让约因原则只回答一个问题——法律将实施哪些允诺。在现代合同法中,约因原则的实体功能也是多方面的,其价值追求也可以与前述合同责任的实体基础相契合。

1. 经济功能

约因要求的基本要素是当事人必须享有“法律获益”或承担“法律受损”,非正式形式的无偿允诺不具备合同约束力。该法则简单地认为只有商品交换才能增加社会的经济效益,无偿的赠与允诺的实施被视做是对社会资源的浪费。尽管该观点受到攻击,但它至少表明约因原则对商业交易的鼓励,这符合现代合同法的共同趋向。

从法律经济学的视角,约因要求可能有如下经济作用:第一,通过要求原告提供充分的能证明某人允诺给他某物的证明,以此减少假冒合同诉讼的数量;第二,降低由不经意或偶然地使用允诺语言而引起错误合同行为的可能性;第三,使法院免予实施那些起因于社会及家庭琐屑允诺,从而降低司法制度管理成本;第四,法院可以缺乏约因为名远离那些当事人对主要事项约定不明的,从而节约司法运行成本;第五,限制合同一方当事人在履约期间提高合同价格的机会主义行为。②

2. 对私法自治原则的体现

第一,约因原则的中心任务是拒绝实施无偿允诺及未被信赖的允诺。从合同责任的实体基础来解释,这里没有信赖利益损失或不当得利,这种无偿允诺也没有充分表达对私人自治原则的适用,尤其我们还要考虑司法介入对允诺强制实施的负面因素。

第二,对无偿赠与允诺效力的限制也体现了法律对允诺人和受诺人的平等保护以及对允诺人真实意向的重视。这也是私法自治的应有之义。无偿允诺中的捐赠人和受赠人与商品交易中的当事人不同,赠与允诺一般是出于情感、慈爱和利他主义做出的,允诺人有履行允诺的道德义务。但是受诺人没有付出任何东西作为允诺的交换。约因法理给予了允诺人撤销允诺的权利,保护了允诺人不受他在一时冲动缺乏谨慎思考情形下做出的允诺的约束。反过来,正是由于没有“约因”的赠与允诺保留了允诺人可以撤销的期望,人们强化了对约因的要求以增加交往的确定性,保

---

① 关于这些功能的详细内容的论述见本书第三章。

② [美]理查德·A. 波斯纳著:《法律的经济分析》,蒋兆康译,中国大百科全书出版社1997年版,第124~126页。

护受诺人的利益。也许,约因的悠久历史就是它存在的合理性的证明。[①]

第三,约因原则把当事人之间的部分履行交易被看做合同的典型模式。譬如,A把马交给B,以此作为交易的是B允诺给A10美元。A起诉要求B允诺的价款。从合同责任的实体基础来说,A有信赖,B有不当得利,交易包含了经济价值,符合私人自治原则的运行特点。部分履行交易中的约因为"已履行约因",司法机关以允诺作为约因的纯粹待履行的交易的介入要晚得多,因为这里不存在不当得利,信赖损失可能存在,也可能不存在,无论如何,不会像给付被告履行的代价那么明显和直接。

第四,对于受诺人没有付出约因但遭受了信赖损失的允诺,约因原则不给予救济,但当事人可依据第一次《合同法重述》第90条之允诺禁反言原则获得救济。从合同责任的实体来看,该种情形确实不属于典型的私人自治领域。

3. 对道德伦理的弘扬

约因原则并非奠基于亚里士多德等古代哲学家关于公平交易的哲理,它是人们在生活实践中的自然产物,它表达的不是单纯的经济对等性要求,而是允诺神圣等朴素的道德观念。约因原则蕴涵的道德伦理追求还表现为以下几点:

第一,约因原则对当事人的法律获益及法律受损的强调,以及对无偿赠与允诺的强制力的限制,体现了法律对不劳而获的懒惰思想的蔑视。

第二,法院在有些案件中对"道德约因"的认可。在这过程中,法官其实是把被告履行他所允诺的事项的道德义务作为强制实施这一允诺的实体基础。广义上讲,交换合同的特殊法律地位也是借助类似常理而取得的。因为人们不得不交换商品和劳务,所以,他们为此目的而签订的合同应该得到特别的实施。当允诺的内容受到道德义务的支持时,法官对法律形式的关注自然降低了。但是,当允诺人允诺他将做他本来就有义务做的事,即便不够谨慎,于公平正义又有何伤害呢?

第三,对当事人交易诚意的重视,对约定明确的要求。法律否认"虚幻允诺"(illusory promise)的"约因"效力。如果允诺受制于一定的条件,而这个条件本身由允诺人控制。这样的允诺就是"虚幻允诺",它不能作为相对允诺的约因。譬如,A向B允诺,如果B为A修剪草坪,A付给B 20美元,B允诺如果他决定不去看球赛他就修剪草坪。表面上这是一个商业交易。实际上,B没有足够诚意,A与B之间没有明确的约定,B的允诺是虚幻的,所以不能作为A的允诺的约因,所以该"交易"得不到实施。当然,法院很可能以"当事人没有建立法律关系的意向"为由拒绝这类"交易"的法律效力。从这个角度看,法律对"虚幻允诺"的否认也是约因原则对私

---

① "允诺禁反言原则"可以基于受诺人因为对允诺的信赖而受损的事实为受诺人提供救济,要求允诺的强制实施。

法自治精神的体现。当然,如果法官能从有些“虚幻允诺”中推定当事人有竭尽全力、善意履行的默示允诺存在,那么该虚幻允诺将被视做“确定允诺”。

(二)约因原则的形式主义对其价值追求的限制

基于以上分析,约因原则表达了对合同自由与平等精神的追求。事实上,约因原则内在的家长主义特质导致了约因的形式主义和技术化。[①] 本质上,这是作为古典合同法核心的约因原则的历史局限性,其形式主义和技术化的弊病使上述实体功能和价值追求受到限制。

“约因”不能证明当事人之间的公平。“约因”的基本法则之一是“约因无须等价”,即法院不会探究“约因”的价值与相对允诺包含的价值在经济上是否相等,只看“约因”是否有“法律充分性”(legal sufficiency),“合同所涉的所有事物的价值都是由合同当事人的需求决定的,由此公平的价值就是当事人同意给付的价值”。[②] 在“约因法则”一章中我们看到在 Haigh v. Brooks (1839)案中巧克力包装纸也被认定为“约因”的组成部分,萨默威尔(Somervell)勋爵在本案中确立了英美合同法中的著名的“胡椒粒规则”(Peppercorn Rule)——“合同当事人可以选择以什么作为约因。一颗胡椒粒照样可以是‘充足约因’,即便经证明受诺人不喜欢胡椒会将其抛弃。”该规则意味着当事人约定的任何事物都可以成为相对允诺的有效约因,从而产生有效的合同。显然,“约因”的“合法性占有证明”功能和追求交易公平的初衷无法实现,反而为那些不怀好意的当事人提供了敲诈勒索的法律依据。

在此,我们需要讨论莎士比亚的著名戏剧《威尼斯商人》,该作品是分析英国合同法的绝好文学素材。善良的安东尼奥为了帮助急需用钱的朋友,无奈向另一商人夏洛克借了 3000 达克特[③],安东尼奥允诺,如果他自己在三个月内不偿还,夏洛克将有权从他身体的任何部位割一磅肉。出乎安东尼奥的意料之外,代表他全部财产的船队在海上遇难,当三个月期限即将到期时,安东尼奥的朋友愿意用 6000 达克特冲抵债务,可夏洛克提起诉讼坚持要依约从安东尼奥的身上割下一磅肉,法官、债务人和其他在场人都请求他发慈悲之心,可夏洛克坚持他的“法律权利”。他说:

---

① [英]阿提亚:《合同法导论》,赵旭东等译,法律出版社 2002 年版,第 121~124 页。

② Leviathan, 75 (1651); [Penguin Books, (1976) C. B. MacPherson ed.] 208, See Arthur Rosett, *Contract Law and It's Application*, 5th edition, Westbury, New York, The Foudationpress, Inc. 1994 . p. 215.

③ ducat,旧时欧洲国家通用的金币或银币。

"你也许会问我为什么我选择一磅腐肉

而不要3000金币——我不想回答

我只想说这是我自己的乐趣——可以了吧?"①

是的,夏洛克为安东尼奥的允诺付出了充足"约因"——借给他3000达克特,期限三个月,所以安东尼奥的允诺已经变成了有法律约束力的合同,尽管3000达克特与安东尼奥的生命无法等值,尽管安东尼奥借钱出于无奈,不能还钱也属意外,可是,当我们对夏洛克的狡猾无情切齿痛恨时,也注意到合同制度本身的缺陷。当然,在现代合同法理论框架中,安东尼奥的被动局面不会出现,因为,即便一个有约因支持的允诺也会因"经济胁迫"、"错误"、"不当影响"情势变更等因素的认定而被取消强制力。

第三节 约因与民法法系的"原因":跨文化的回应

也许是人类文明的共同性,西方的法律制度其实很相似。虽然两大法系的历史基础不一样,但民法法系和普通法系中有许多相似的概念和原则。在合同法领域同样如此,比如,两大法系都有关于合同成立的过错、欺诈、胁迫、要约与承诺的概念,合同强制执行力都取决于法律对赠与和交换的区分。在法国、西班牙及意大利等拉丁支系的民法法系国家的民法典中,合同的生效依赖"原因"(cause or Causa)要素。正如"约因"成为英美合同法的独特标志一样,"原因"也是法国民法法系重要而个性的法理,对二者的比较研究是探究两大法系的独特传统及相互沟通的良好视角。②

一、原因理论的起源、形成与发展

(一)古罗马法的合同体系及原因概念的萌芽

古罗马法还没有抽象的合意或债的概念,也没有合同生效的一般原则,合同是逐个被国家认可、能通过诉讼形式保护的协议类型。罗马法中的合同体系可以概括为"形式法定、类型强制"。我们可将罗马人的协议分为合同和简约,而合同又分为有名合同与无名合同。

1. 有名合同

(1)要式合同。与其他古代民族一样,罗马人的法律行为重形式而轻意思表示,

① 吴伟仁编:《英国文学史及选读》(英文版)(第1册),外语教学与研究出版社1988年版,pp. 106-107。

② For example, Lorenzen, *Causa and Consideration in Contracts*, 28 Yale LJ 621(1919); Markesinis, *Cause and Consideration, a Study in Parallel* Canb. LJ53,1978.

罗马最初只有要式合同,先后出现"铜块和称式"(per aes et libram)、"口头合同"(contractus verbis)与"文书合同"(contratus lifteris)。这些合同的订立都要求当事人履行特定的形式,包括特定的语言、动作或程序。

(2)非要式合同。第一,要物合同。罗马共和国末叶,大法官给予消费借贷(mutuum)等四种协议中已接受了标的物而事后拒绝返还的当事人以事实诉权的制度。帝政以后,它们正式作为要物合同受到市民法的保护。要物合同亦称为"践成合同"。它们的成立要件是标的物的交付,交付的方式可以是转移所有权,可以是转移占有,也可以是转移持有。① 第二,合意合同。罗马共和国末叶,为了适应商业的发展,在万民法的影响下,罗马法允许交易双方只要合意即可达成合同,即"诺成合同"。合意合同在罗马法中产生最晚,具有进步意义。但是它的类型是封闭的,内容是强制的,与近现代民法中的"合同自由"、"意思自治"相去甚远。

2. 无名合同

上述合同类型有特定名称并有专门诉权保护,所以被称为有名合同。而那些没有专门名称,又需一方交付物件等才能生效的合同,就被称为"要物无名合同",简称为无名合同。无名合同是为了弥补要物合同之不足而产生的,到罗马共和国末期,除了前述四种要物合同外,有些类似协议,有双方合意,一方也交付了标的物,但仍然属于简约,仍然不能发生合同的效力。裁判官根据"任何人不得损人利己"的"公平原则",授予得不到对等给付的当事人以一定的诉讼形式收回被对方占有的物,此后随着经济的发展和学家们的努力,无名合同的效力在法律上得到认可,当事人的救济越来越完善。无名合同是从简约中分化出来的,它与要物合同一样具有"要物性"的特点,它的基础是:一方当事人已经执行协议的内容,而另一方未履行。

3. 简约

在罗马法中,即使是在法学昌明时期,除了数量有限的合意合同、要物合同和无名合同外,当事人的协议若没有特定的形式,是不能作为诉讼依据的。那些仅以当事人合意为基础的、没有特定形式、不属于特定合同类型的协议就是"无式约束",亦称为简约。后来,一些开明的裁判官对一些重要的、常见的且不存在欺诈的简约给予诉权。公元5世纪初,皇帝也承认某些简约的法律效力。这些能赋予当事人诉权的简约被称为"有保护简约"(pacta vestita)或"穿衣简约"。剩下的就被称作"无保护简约"(nudum patum)或"裸体简约"。它们仅产生"自然法债"(obligatio naturalis),虽然得不到市民法的保护,不能产生诉权,但可以产生抗辩。

4. 原因概念在罗马法中的萌芽

整个原因理论赖以建立的最著名的文字片断就是《学说汇纂》的D.2,14,7。其

① 周枏著:《罗马法原论》(下),商务印书馆1996年版,第659页。

中的 D. 2. 14. 7 pr. 规定："有些万民法协议产生诉权，有些则产生抗辩。" D. 2. 14. 7. 1 接着说："产生诉权的那些协议采用了诸如买卖、租赁、合伙、使用借贷、寄托等其他类似合同的特有名字。"上述文字是说，要式合同和要物合同以外的诺成合同，即合意合同，它们依据合意产生，仅具有万民法的意义，但是他们是有特定名称的，所以是有诉权的有名合同。①

那么，那些没有特定名称、没有归入合意合同的万民法协议的效力如何呢？D. 2.14.7.1 补充到："即使这些协议没有转入其他合同名下，但只要存在原因，就产生债。……比如，我给你一件物品是为了让你给我另外一件物品或者为了让你为我制作一件物品，也就是说是一种交换，但是，这同样也是一种合同，并由此产生市民法之债。"②这显然是针对后来被称为无名合同的协议，其中的原因就是指已为的给付（即已给付某物或已做某事）。

对于那些不属于有名合同、又由不存在"原因"的万民法协议的性质，罗马法怎么规定的呢？D. 2. 14. 7. 1 提供的答案是："没有原因时，很明显不能通过协议产生债，因此，裸体简约不产生诉权，仅产生抗辩。"③也就是说，没有"原因"的万民法协议只能是简约，原则上无法产生诉权。

根据上述条文，合意合同、无名合同及简约在最初意义上都是万民法协议，但通过人们的努力，它们在名称和效力上有了区别。上述条文使我们对"原因"概念有了初步的认识：第一，在古罗马法中，"原因"的生成契机在"简约"向"无名合同"的转化。它使一些不属于合同的简约转化成"无名合同"，从而具有市民法债的效力。第二，"原因"仅存在于无名合同，与有名合同无关。第三，"无名合同"产生市民法债的效力的"原因"是一方当事人对已为给付或做某事。《学说汇纂》的有关文本（D. 2. 14. 7. 2）把"一方当事人对已为给付或做某事"称"原因"（causa），此处的"原因"一词是物（res）的同义词，它指的是具体的已为给付的客体。该条文成为中世纪法学家构筑原因理论的依据和渊源。

（二）中世纪法学家在对罗马法文本的解读中创立原因理论

罗马帝国的灭亡并没有导致罗马法的消亡，在中世纪的西欧，罗马法一直残存，与日耳曼法和教会法相融合。12 世纪，随着《国法大全》原稿的发现以及商品经济发展的需求，西欧各国掀起复兴罗马法的浪潮。罗马法的研究进程大致分为三个阶段：注释法学派时期（1100 ~ 1250 年）、评论法学派时期（1250 ~ 1400 年）以及人文主

---

① 本段中的罗马法条文参见徐涤宇著：《原因理论研究》，中国政法大学出版社 2005 年版，第 69 ~ 70 页。

② 徐涤宇著：《原因理论研究》，中国政法大学出版社 2005 年版，第 70 ~ 71 页。

③ J. Gordley, *The Philosophical Origin of Modern Contract Law*, Clarendon Press. Oxford, 1991, p. 49.

义法学派时期(1400～1600年)。注释法学派的目的是弄清楚罗马法的词源词意,为国王和司法部门提供咨询。评论法学派形成于注释法学派之后,它的研究方法主要是辨证推理、逻辑推理、讨论、分类评注、三段论法、二难推理等,该学派重视现实需要,他们的研究成果主要是系统集注和单行的论文集,试图从罗马法理学中提炼出他们所处时代需要的内容。① 这两大研究学派通过对罗马法中关于"原因"条文的解释和发展,为合同的生效寻找到一个一般性途径——"原因"。

1. 注释法学派的探索

中世纪法学家们对"合意"在合同中的作用有了清晰的认识。注释法学派以经院哲学为基础,在罗马法典籍旁或行间进行注释,对法律名词、条文和原则进行解释。该学派最著名的代表阿库修斯(Accursius,1182～1260年)认为,有效之债有两个效力根源,自然法根源(natural root)和市民法根源(civil root)。自然法根源来源于所有人都可以达成的合意,但是自然法债不能直接产生强制力。有时,市民法债根源被附着到自然法债上,为该自然法债提供效能、形式或衣服使它产生约束力。②根据阿库修斯的观点,要物合同与正式合同中的合意仅创立了自然法债,它们必须通过财产交付或正式形式的"穿衣"由此产生市民法(ius civile)义务。

但是,注释法学派没有达成统一的原因理论。前文已述的罗马法条文D.2.14.7.1被称为整个原因理论的基础:"没有原因时,很明显不能通过协议产生债,因此,裸体简约不产生诉权,仅产生抗辩。"阿佐(Azo)、阿库修斯及雅各布斯(Iacobus)将该条文中关于无名合同的"原因"定位为"提供的某物或所做的某事"(something given or done),他们将罗马法文本中的要式口约的"原因"说成是"某物或对某物的希望"。而雅各布斯和彼特鲁斯(Petrus)在讨论这些文本时,简单地认为,如果允诺人错误地相信他的允诺有"原因"存在,那么该协议是无效的,如果他明知没有"原因"却要允诺,那么他是在做赠与,则该允诺也是有效的。③

2. 评论法学派的扩展和创建

一般的原因学说是由后期注释法学派代表巴特鲁斯和巴尔杜斯构建的。对于上述条文——D.2.14.7.1,巴特鲁斯(Bartolus de Saxoferrato)冲破了"原因"仅存在于无名合同这一限制,试图将"原因"扩展适用于所有合同。譬如,在买卖合同中,卖方的原因是取得价款,买方的原因是取得交易物。譬如,以马换马的无名合同中,每一方当事人都想获得对方的马。总之,巴特鲁斯用经院哲学的方法,对罗马法的条

---

① 由嵘主编:《外国法制史》,北京大学出版社2003年版,第127～129页。

② J. Gordley, *The Philosophical Origin of Modern Contract Law*, Clarendon Press. Oxford, 1991, p.41.

③ Ibid, p.50.

文进行扩大解释:“没有原因只是意味着原因还没有实现,但是该协议是基于原因而达成的。”于是,“原因的就是对回报的接受”的理论得以形成。①

罗马法另一条关键的条文说要式合同必定有原因。该条文原来的意思也许是,除非有该允诺做出的充足理由或“原因”,这样的允诺是没有强制力的。巴特鲁斯解释道,合同的“原因”可以是“对回报的接受”,但仅此一点是不够的,因为,即便该允诺是无偿的,要式协议也有强制力。这一情形下的“原因”应该是“慷慨”。

于是,古罗马裁判官或后期皇帝只是非常谨慎地给某些简约“穿衣”,使其进入无名合同的范畴。中世纪的法学家却大胆地认为所有合同都有一件衣服,而且,这件衣服的名字叫“原因”。根据评论法学派阐述的一般原因学说,当事人的合意在原则上是有约束力的,具备以下两种原因之一:慷慨或者为自身的付出收到了回报。前者是有偿合同的“原因”,后者是无偿合同的“原因”。“原因”一词已经成为能够涵盖各种合同具有(或应该具有)法律约束力的各种理由的一般术语。②

3. 后经院法学家(late scholastics)对一般原因理论的综合

1503年,巴黎大学教授皮埃尔(Pierre Crockaer)教授发起一场知识转型运动,他抛弃唯名论者的哲学,加入托马斯·阿奎那(Thomas Aquinas,1225~1274年)所属的多米尼加组织(Dominican Order)。皮埃尔的学生福朗西斯·维克多(Francisco de Victoria)继承其老师的事业,于1526~1546年期间在其祖国西班牙担任大学教授,他组建了西班牙自然法学派(Spanish Natural Law School),并培养了许多优秀的学生。对于维克多及其学派来说,托马斯哲学是医治那个时代的知识、精神及政治弊病的良方。所以,这些法学家被称为后经院法学家,正是他们促成了罗马法、亚里士多德哲学及托马斯哲学的综合。

后经院法学家像之前的中世纪法学家一样,将自己的使命定位为对罗马法文本的解读,并将托马斯哲学与罗马法文本连接起来,提出了私法领域的基本原则和概念。对于评论法学派在14世纪提出的原因学说,后经院法学家予以赞同,但更加注意理论的深化。他们认为,原因学说表达了重要的思想,即通过允诺,一个人可以实施交换正义的行为和慷慨的行为,如果一个人的允诺不是为了“对合适的人、以合适的量以及在合适的时间”的给予,也不是为了“接受回报”,那么,这个人没有实施任何德性,这个人就是缺乏谨慎或者不够诚实。

为了让原因理论自圆其说,后经院法学家通常简单地将合同分为无偿的和有偿

---

① J. Gordley, *The Philosophical Origin of Modern Contract Law*, Clarendon Press. Oxford, 1991, pp. 49-50.

② [美]哈罗德伯尔曼著:《法律与革命》,贺卫方等译,中国大百科全书出版社1993年版,第298页。

的,与之相应的原因是无偿原因和有偿原因。此时,原因理论的价值主要为合同效力提出了统一的伦理解释,即允诺得到强制实施必须基于两种理由:允诺人践行了慷慨美德或者交换正义的美德。

二、原因论与约因论差异

(一)理论基础上的差异

亚里士多德(Aristotle,公元前384~公元前322年)无疑是"古代最伟大的思想家"之一,被称为古希腊哲学家中"最博学的人物"。亚里士多德关于伦理学、形而上学、政治学及物理学的著作直到12世纪末、13世纪初才传到欧洲大陆,大量的译著给中世纪的经院哲学研究注入了强劲活力。作为西欧中世纪最权威的经院哲学代表,托马斯·阿奎那成为亚里士多德哲学在这个时代强有力的推动者之一。无论是在关于国家起源、法律定义还是法律与道德的关系等问题上,阿奎那都沿袭了亚里士多德的学说,并力图将其融合在他的教会神学体系中。

法学家对亚里士多德学说反应相对迟滞。在13世纪,甚至最著名的注释法学家阿库修斯对于这新来的希腊哲学都不甚了解。法学家们忠实于罗马法条文,强调法律的价值,甚至有些抵制道德哲学对法学的侵蚀。但是,那些接受了人文教育并熟悉亚里士多德学说的学子却势不可当地加入了对法学研究的潮流,他们以法国的巴黎及奥尔良为中心,形成了后期注释法学派(Post-Glossators)。该学派的研究更加深奥,注重详细分类和对罗马法条文的推理。到14世纪后期,法学家巴特鲁斯和他的学生巴尔杜斯(Baldus de Ubaldis)将亚里士多德学说用于对合同法问题的解释。他们的目的和方法与之前的法学家别无二致,但他们精通并信仰亚里士多德哲学,巴特鲁斯将亚里士多德描述为哲学的权威,巴尔杜斯认为道德哲学是"法学之母"。正是如此,亚里士多德和托马斯哲学成为他们构建一般原因学说的哲理基础。

1."四因说"与原因概念体系

"四因说"一直被认为是代表亚里士多德从唯物主义开始到以唯心主义告终的典型。[①] 亚里士多德认为,世界是由可以被技术化地称作"物质"的单个事物构成的,人、动物、植物与水、火、土、空气都属于这些"物质"范畴。每一事物都在以特定方式运动,使事物保持其本性,而该事物的趋于运动的方式就是该事物的"目的因"(final cause 或 end)。而且,每一事物之所以这样运动是由其内存的某物决定的,该内存的、决定事物运动方式的就是事物的"本质"(nature),那些使事物保持其本质的特质就是"实体形式"(substantial form)。"本质"使事物能作为同样事物继续存在。当一棵树燃烧成灰烬后,树的"实体形式"消灭而新的事物出现,但是树的某种

---

① 张宏生、谷春德主编:《西方法律思想史》,北京大学出版社1990年版,第23页。

物质存在于灰烬中，这种东西就是“质料因”（material cause）或质料（matter），“质料”不是一种形式而是可以以不同形式存在。每一物质除了上述“目的因”、“实体形式”、“质料”三种“原因”外，还有“动力因”（efficient cause），它把通过把事物的质料和“实体形式”连接起来，进而促进事物的生成。①

“四因说”的第一贡献是为中世纪的原因概念体系奠定基础。注释法学家们对上述概念的运用是零星而散乱的。巴托鲁斯和巴尔都斯却充分了解这些原因术语在亚里士多德和托马斯哲学中的技术含量。罗马法原文中只有“causa”，拉丁语意为“理由”（reason），巴尔杜斯和巴图勒斯已经谈到当事人的“目的因”（causa finalis）甚至“近前的目的因”（causa finalis proxima）等概念。巴尔都斯认为，在买卖合同中，买方的‘目的因’是买卖标的，卖方的“目的因”是价款。事实上，巴尔都斯对于“动力因”、“形式因”、“质料因”和“目的因”都分别给出了例子来解释。他用了一系列亚里士多德和托马斯哲学中的术语来解释“目的因”：“目的因是行为人思考的内容，正如形象是视觉的对象，港口是航行的目标，无论我们做什么，都有引导我门行为的最终原因。”“最终原因是其他原因的原因。”②

2.“目的因”与认识合同的方式

“四因说”不仅提供了现成的“原因”概念，还包含了认识事物的方法。亚里士多德认为，要认识某一事物，首先必须知道该事物独有的“实体形式”，人们头脑中形成的与“实体形式”相应的概念就是“实质”（essence），一旦充分理解了事物的“实质”，就可形成对该事物的“定义”（definition），“定义”表达了该事物所属的类别以及该事物区别于一般事物的特性。亚里士多德将“实体形式—实质—定义”的认识路径用于对政治学、伦理学等问题的研究。而托马斯在讨论道德法时又适用和发展了亚里士多德的分析法。

托马斯·阿奎那认为，道德行为的实质由人们履行该行为的“目的因”（end）来界定，而该“目的因”本身是实现人的最终目的（ultimate end）的手段。所以，合同的定义取决于当事人的“近前的目的因”（proximate end，or immediate end）以及达到他们最终目的的手段。正是受制于两种目的，合同的定义必须表达当事人必须知道的基本合同事项，以及服务于合同最终目的的其他义务，尽管当事人可能主观上没有意识到这样的义务。而且，对合同的解释必须根据合同的最终目的来进行，超越当事人的利益冲突。③

---

① J. Gordley, *The Philosophical Origin of Modern Contract Law*, Clarendon Press. Oxford, 1991, pp. 17 – 18.

② Ibid, pp. 51 – 52.

③ Ibid, p. 23.

托马斯用“目的—实质(定义)—义务”的推理来决定允诺在何时有约束力,这是他对亚里士多德的重大超越。亚里士多德只是列举了几种具体交易的列举,而托马斯则是对交易的概括。他分辨交易所服务的目的,并对它们进行分类:交易正义的行为或慷慨正义的行为。巴托鲁斯和巴尔杜斯深受亚里士多德原因术语及托马斯认识方式的影响。巴托鲁斯区分了事物的实体(substantial)和偶然(accidental)形式。他将合同之类的法律现象描述为人造物,而人造物通过其特质来取得实体形式,而事物的特质是由行为人的目的决定的。可见,构建原因论的后期注释法学家们同样将合同的“目的因”与合同的实质紧密相连。同样,后经院法学家们也是根据合同的目的来定义每一类型的合同,并竭力证明当事人的义务来自他们所达成的合同的性质。

总之,原因论可以看做是中世纪欧洲法学家利用古希腊哲学思想解释罗马法而形成的知识成果。该理论具备亚里士多德哲学、托马斯·阿奎那的经院哲学以及自然法思想为等深厚的哲理基础。原因理论的哲理基础展示了它与约因论的差异。普通法中的约因理论是中世纪普通法官的司法经验的总结,缺乏丰富的哲学内涵。普通法法官们对于人们为何达成合同没有理论性解释,也没有试图要对“约因”做出学理解释。法官专注于对合同诉讼形式的适用范围加以限制,对于那些法官认为值得给予救济的案子,法官就认定有“约因”存在,他们通常在一些交换性质的合同中推定有“约因”存在。约因理论在判例中得到衍生、保存和发展。

(二)价值追求上的差异

根据亚里士多德和托马斯的哲理,任何事物都有“四因”,而且“目的因”是认识事物的起点。据此,当事人是否要承担某一义务,即某一允诺是否具有强制力,最终取决于允诺的“目的因”。那么人们做出允诺的目的是什么呢?

亚里士多德认为,人的实质是其作为理性的存在。人通过理智(reason)和意志(will)来实施行为。理智就是人通过一定概念来理解世界的能力。意志是为其“最终原因”做选择的能力。人的最终目的是该种生物所特有的生活。而德性(virtue)是人的组成部分,它是帮助人实现其最终目的——完美生活的品质。那么何为德性呢?德性是关于人的感受和行为的中道,过度和不及都是恶,在过度和不及的中间才是德性。[①] 譬如,在财产的接受和支付上,过度了是挥霍,不及是吝啬,中间就是慷慨。亚里士多德还认为,正义是关心他人之善,是最圆满的德性,是“集一切德性之大成”。[②] 而正义有分配正义(distributive justice)或交换正义(commutative justice)。

---

① 苗力田编:《亚里士多德选集(伦理学卷)》,中国人民大学出版社1999年版,第39~40页。

② J. Gordley, *The Philosophical Origin of Modern Contract Law*, Clarendon Press. Oxford, 1991, p. 103.

前者遵循几何比例,每一公民根据其功绩得到其权利和义务。而交换正义或矫正正义则根据数学比例计算,它通过对给付方做出补偿,并恢复二者之间的公平来实现。①

托马斯·阿奎那对亚里士多德的德性论的超越在于其对道德法(moral law)的构建。他把亚里士多德的两种正义德性整合为允诺行为的"目的因",并由此德性来决定当事人的义务。托马斯说,当一个人允诺在将来向他人转移财产时,或同意立即这样做时,他实施了交换正义或慷慨正义。当一个人自愿地把财产转移给他人而不需要接受人付出任何代价时,这种行为体现的德性不是交换正义而是慷慨。慷慨不是给付的数量,而是一种品质,"一个慷慨的人,为了高尚而给予,并且是合适地给予。也就是对合适的对象,按合适的数量,在合适的时间以及其他合适给予所遵循的标准"。体现交换正义的行为要求交易的平等。托马斯反复借用罗马法条文来阐述公平价格原则。②

德性论对原因理论的构建有直接影响吗?巴特鲁斯和巴尔杜斯在借鉴亚里士多德"四因说"中的术语时,显然也借鉴了亚里士多德在《伦理学》中关于慷慨正义和交换正义的分类。巴尔杜斯认为,原因理论的合理性在于:它避免了一方不当地处理他的财产而另一方不当受益。而一方出于慷慨而给予时,他不是不当处理他的财产,另一方也没有不当受益。当双方交换时,任何一方都没有不当受益。

巴尔杜斯关于两种"原因"的分类与亚里士多德关于慷慨和交换正义的区分有惊人的一致。对于亚里士多德来说,慷慨不是简单地给予,而是"对合适的人,以合适的量,在合适时间"的给予。交换正义不是简单的交换,而是没人在交换中以对方的损失而受益。所以,对于原因论者来说,慷慨不仅是不收回报的付出,交换不仅是伴随着回报的给予。③ 这是对亚里士多德德性观的表达,即人必须中道地处理自己的财产。

"原因论"中的交换正义是要求当双方进行交换时,双方都没有不当受益,接受"回报性"履行意味着以公平的价格接受某物,双方都不得牺牲对方利益让自己受益。这也是"原因论"对罗马法规则的传递。一段著名的罗马法文献说到一个案例,一个人以低于正常价格的一半的价钱出卖了他的土地,法院对他给予了司法救济。注释法学派认可并发展了这类救济,但没有提出原则性解释。在罗马法条文的启示下,"原因论"的创立者巴尔杜斯对上述救济的解释是:不公平的价格违背了"自然

---

① J. Gordley, *The Philosophical Origin of Modern Contract Law*, Clarendon Press. Oxford, 1991, p. 13.

② Ibid, pp. 13 – 14.

③ Ibid, p. 55.

公正”(natural equity)。该罗马法条文规定，“根据自然法，公正的原则应该是：任何人不得利用他人受到的伤害损失而受益”。巴尔杜斯认为，“自然公正”是罗马法对不当得利施以救济的基础，也是对不公平价格施以救济的基础。①

西方学者认为，古希腊哲学和罗马法以不同的方式促进了后经院学者在16世纪对法学理论的综合，罗马法提供了丰富的法律资源，后经院学者则利用广泛的哲学思想解决罗马人遗留的问题，而他们所利用的哲学思想就是通过托马斯·阿奎那解释过的亚里士多德哲学。② 而对于合同效力根据的归纳，后经院哲学家们依赖了亚里士多德的德性观以及阿奎那的“目的——实质(定义)——义务”的推理方式。他们以慷慨和交换正义的讨论为起点，吸纳了阿奎那关于公平交易的观点。他们根据允诺行为的目的——交换正义或慷慨正义——而将合同定义为买卖或赠与合同，并从定义推导出当事人应负的义务。作为后经院学者的成果，原因理论的伦理追求已得到鲜明呈现：慷慨、公平交易。

相比原因理论的伦理追求，约因原则更具经济色彩和形式主义特质。第一，无偿的赠与允诺不存在约因。第二，在双方交换中，支持允诺的“约因”就是允诺人从允诺中取得的回报。然而，普通法的法学家没有吸收古希腊哲学中的交易公平的理念，在19世纪的普通法著作中，交易的公平由以下两种机制调控：普通法院不关注“约因”的经济价值；衡平法院对那些显失公平的交易施与救济，而且救济的基础不是因为交易不公平而是因为交易条款的苛严证明了欺诈的存在。所以，约因论的形式主义表现为“约因”并不能保证其与相应允诺在经济上的等值，“约因”只是当事人的“法律受益”或“法律损失”。“约因”并不是一般意义上的偿付(recompense)，“约因”的有无更多地取决于法官有无实施该允诺的目的。所以，Sturlyn案③流传下这么一句名言：“只要做了一件事，无论价值多么些微，它也是支持诉讼的充分约因。”在前述Chappell案④中，萨默威尔(Somervell)勋爵宣称胡椒粒也可以成为允诺的“约因”，哪怕胡椒粒对被当事人马上扔掉。“约因无须等价”规则往往带来与公平交易相反的后果。

(三)内涵及对有效合同认可范围的差异

“原因”概念的内涵被概括为：(1)允诺必须是当事人有意做出的；(2)环境的实质性改变可以导致原因的灭失；(3)它必须包含合理的理由，理由可能存在于实质性的或道德考虑；(4)慷慨处分是赠与行为的充足原因；(5)为了道德目的而做出的允

---

① J. Gordley, *The Philosophical Origin of Modern Contract Law*, Clarendon Press. Oxford, 1991, p. 56.

② Ibid, p. 10.

③ Sturlyn v. Albany, Cro. Eliz. 67, 78 Eng. Rep. 327(QB 1587).

④ Chappell & Co v. Nestle Co. Ltd (1960), AC 87. 第四章第二节对该案进行了详细阐述。

诺是有法律效力的,如对道德高尚的人的允诺、对学识丰富的人的允诺、对宗教机构的允诺,而这些道德目的可以是表达对上帝的忠诚、促进学术,帮助穷人等。①

可见,"原因"意味着合同的效力来源是道德上的,这是教会法的严守信用原则被成功引入法律的表现,所以所有允诺原则上都是有约束力的。"原因"指向合同成立的宽泛理由,与"无偿合同"和"有偿合同"的划分相对应,合同成立的原因也分为"无偿原因"(causa gratuita)和"有偿原因"(causa onerosa)。"无偿原因"就是当事人合理地处置他的财产的慷慨。所以,有效的无偿允诺不仅包括无偿的赠与合同,也包括无偿的借贷或者寄存或者代理关系等。而且,具备正式形式的公证文书也必须明确说明允诺赖以存在的"原因",否则,该合同就是愚昧的结果而不是慷慨。

显然,教会法中的原因概念扩大了可强制执行允诺的范围,缩小了无效的裸露协议的范围。于是,"自然的、道德义务的存在,甚至仅仅是忠实的责任,授予无偿利益的意愿,都是单务允诺取得约束力的基础"。而英国普通法中的基本原则是,已经存在的道德义务不能为后续的明示允诺提供充分约因。在法国及其他罗马——拉丁支系(Roman——Dutch)的国家中,刻意做出的免除道德义务的允诺、实施慷慨或慈善的行为,都是有法律强制力的。所以,足以支持允诺的"原因"比普通法中支持允诺的"约因"的范围要宽泛很多。② 根据民法法系所主张的"原因论",在英美法上的"过去约因"或"部分返还冲抵全部债务"情形下的合同都是有效的。

但是,就有偿合同内涵来看,"约因"的范围比"原因"要宽泛,因为"它不介意接受约因的一方是否真的有实际的收益,只要被接受了,而提供约因的一方就因此承担了某种负担,或失去某种具有法律价值的东西。"同时,"约因"更加确定和准确,因为它排除了动机或道德义务。③

那么,如果有些允诺不是当事人真实意思的表示,而是有不道德或非法的因素存在,那么从道德意识出发,"原因论"这样来排斥允诺的强制力:一个人在这种情况下不履行他的允诺不算罪过。所以,在原因理论框架中,合同义务的减少或解除不是问题;然而,上述问题在英国却导致新的合同理论的出现,如"胁迫"、"合同落空"、"误述"等,它们独立于约因法理,甚至与传统的约因法则的逻辑相对。所以,总的来说,法国法中的原因学说涵盖面更广,它包含了英国的合同取消和合同落空规

---

① Sir William Holdsworth, *A History of English Law*, Methuen & Co Ltd, Sweet & Maxwell, Ltd, in 16 volumes, reprinted in 1977, Vol. Ⅷ, p. 43.

② Ibid.

③ Ibid, p. 413.

则的基础，也包括了英国法律中所谓“缺乏约因”。① “原因”与“约因”的显著不同之一是：“原因”可以为合同效力问题的解决提供统一的理论。

任何社会都不会赋予所有的允诺以法律效力，都要一套机制对允诺的法律效力进行辨认，而这一目标的实现可以有两个逻辑起点。人们可以假设所有的允诺都有效，然后用特定的方法来排除无效的案例。人们也可以假定所有的允诺都无效，然后规定一些例外的允诺有效的情形以严格限制有效允诺的入口。也许是因为对程序的重视，以及合同观念和合同诉讼本身在中世纪受到抑制，英格兰选择了后面一种思路。约因原则是作为“承诺之诉”的适用前提而在16世纪正式形成的。长期以来，人们一般从允诺人的“法律获益”或受诺人的“法律受损”来考察“约因”的存在，所以，“约因”只适用于有偿合同，无偿的赠与允诺是没有“约因”的，因此也没有法律效力，除非它以盖印合同的形式出现。不少人攻击约因原则把有效合同的入口收得太紧。他们认为：“约因只不过是一种僵化的技术，它有时会阻止法院关注当事人的真实意向，约因甚至是合同的破坏力量，有些协议，明明是双方精心达成，却因为没有满足这一技术要求而被宣布无效。”②

总之，原因论给了有效合同一个宽泛的存在理由，原因可以是“有偿”的，也可以是“无偿”的。而约因论恰恰是限制有效合同的入口，无偿的赠与允诺被认为缺乏约因，从而不具强制力。

（四）实践作用的差异

十七八世纪被称为理性法的时代，近代自然法学家基于理性自明的信念，对后经院学派借助亚里士多德及阿奎那哲学构建的理论发起攻击。霍布斯和洛克以人类避苦求乐的本性为出发点，将合同定位为人类对个人利益的追求以及对这种追求的节制。他们认为，合同当事人为了取得好处都放弃了一些利益，社会本身就是合同，当事人从中避苦求乐，并从别人的节制中获益。所以，合同义务的确认可以撇开亚里士多德哲学概念，对合同的解释不必依据“德性”、“实质”等后经院学派倡导的术语。于是，经过法学家数百年的努力并最终在后经院学派手中完成的复杂的原因理论归于沉寂。不过，法律本身在这一时期变动不大，后经院学派阐述的基本原则得以保留。普芬道夫等在拒绝亚里士多德的同时，并没有追随霍布斯和洛克的哲学。尽管他们宣称他们的法律原则将奠基于更高的哲学基石，事实上，他们没有提出新的哲学原理，合同法因此失去亚里士多德播种的哲学源泉，法学开始与哲学分离。

---

① ［法］勒内达维著：《英国法与法国法：一种实质性的比较》，潘华仿、高鸿钧、贺卫方译，清华大学出版社2002年版，第129页。

② Ewan McKendrick, *Contract Law*, 4th edition,《契约法》（第4版）（麦克米伦法学精要丛书·影印本），法律出版社2003年版，第121～123页。

法律原则的重构发生于19世纪，在合同法领域的成就就是“意志论”的提出：合同的达成就是对当事人意志的表达，而不是对德性的践行，当事人的义务表明他对自身意志的服从，而不是源自合同的实质。所以，19世纪的意志论超越了17、18世纪理性自然法的人性论，它完全剥离了合同效力的社会道德因素，使单纯的合意成为效力的基础。①

总之，从十六七世纪开始，原因理论的扩展趋势受到两种观念的限制：第一，自然法赋予一切协议的强制力。第二，古日耳曼法中的一个错误理念——对守信义务的过分强调。这两种理论源泉，尤其是第二个，导致德国法对原因要求的全面取消。但是，许多研究罗马——拉丁之系(Roman——Dutch)法律的学者仍然将“原因”作为必备要件。通过多玛特(Domat)的引入和朴蒂埃的发展，1804年颁布的《法国民法典》保留了原因要求，其第1108条、第1131条和第1133条忠实地复制了两位学者的阐述。例如，该法第1131条规定：“没有原因、或基于错误原因、或基于非法原因的义务是没有法律约束力的。”②由于《法国民法典》在欧洲大陆的开创性影响，意大利、波兰、西班牙等国的法典中都有关于原因的规定。

被法国法及其他罗马——拉丁之系国家接纳的“原因”是弹性和模糊的，人们难以对它给予准确的定义，只能做出相关情形的列举。如果当事人没有通过其协议来建立他们的法律关系，或者合同的标的在合同成立之前就已经灭失，那么，合同是没有“原因”的。如果当事人基于对事实的错误认识而达成了合同，意味着错误的“原因”，合同不正当而且如果标的物是非法的，则该合同就会被认为是非法的。于是，正当合同基于以下条件：当事人有通过合同建立法律关系的意向，当事人必须达成真实合意，而且，标的物必须合法地存在。正是“原因”概念的弹性和模糊，许多法国学者拒绝将原因作为合同生效的要件。他们认为，原因要求是抽象的、形而上的概念，导致了混乱，并没有达到有效目的。有些罗马——拉丁支系的著名法学家也持同样的观点。他们认为，原因要求是法学家的臆造之物，“原因”表达的就是“具有法律强制力的协议必须基于严肃和谨慎的意思”。③

另外，尽管法国法学家使用了传统术语来阐述原因原则，但原因概念已经褪去伦理色彩，这些术语已经不包含慷慨或交换正义的德性。在19世纪的学者们看来，慷慨不再是合适的给予，交换不再是需要公平的交换正义的行为，由此，原因原则最多意味着当事人必定有签约的动机，动机必定是取得某物或不取得某物。至此，欧

---

① 徐涤宇著：《原因理论研究》，中国政法大学出版社2005年版，第102页。

② 尹田著：《法国现代合同法》，法律出版社1995年版，第152页。

③ Sir William Holdsworth, *A History of English Law*, Methuen & Co Ltd, Sweet & Maxwell, Ltd, in 16 volumes, reprinted in 1977, Vol. Ⅷ, p. 44.

洲大陆法学家们对罗马法中原因理论的不懈改造所到达的后果是：取消“原因”作为合同生效的必备要件。“一切协议都是有强制力的，只要是有行为能力的当事人自由达成的，只要标的物是物理可行的，且法律上允许的。”[①]所以，该原则的存在对于允诺的实际实施没有施加任何限制，即便没有“原因”，法院也不会强制实施非法的或不道德的合同，而该原则的存在也没有阻止法院赋予那些愚昧的赠与允诺以法律效力。没人指望法院会问允诺人是否向“慷慨”原因要求的那样真的是对“合适的人，以合适的量，在合适的时间”做出给予。所以，“如果将原因要求看作是法院限制允诺实施的尝试，就是忽视了它的真实意义。原因论只是做出了重要的理论宣告，即允诺基于两个充足理由得以实施：体现慷慨的美德或体现交换正义的美德”。[②]

与原因论的渊源正好相反，约因原则完全是实践的产物，是法官们在实践中限制允诺效力的一种实际的技术性的方法——只有具备“约因”的允诺才能适用某种诉讼形式。其最古老的源泉可以追溯至12世纪“债务之诉”中的“对等物”要素。作为“承诺之诉”的适用条件，约因要求正式形成于16世纪，而约因理论成熟于19世纪，从19世纪末20世纪初开始，该理论开始衰落和变革。但是，截至目前，“约因”仍然以普通法中合同成立的要件而存在。普通法的法官们对于人们为什么做允诺没有任何理论解释。他们也没有对“约因”做出统一的定义。所谓的约因原则只是法官们认定“约因”是否存在的经验总结，如“过去的履行不能作为新允诺的约因”、“对现有合同义务的履行不能作为新允诺的约因”、“部分支付不能作为债权人免除全部债务的允诺的约因”、“约因无须等价”等。合同效力的有无有赖于法官在既定规则的基础上寻找“约因”的愿望和技术。笔者认为，这两种理论的实践命运的分水岭发生于十八九世纪，约因原则与当时主导的法律哲学——合同自由实现了完全的融合，“交易约因论”成为英美古典合同法的核心。而原因理论却因其古老的哲理基础被法学家们抛弃，于是陷入沉寂。

三、约因论与原因论的沟通

显然，“原因”与“约因”在起源、哲理基础、价值取向、实践作用方面存在巨大差异，并彰显了两大法系的不同个性。原因理论凝结了民法法系源远流长的深厚学理；而约因原则体现了普通法的实践性特质。但是，人类的法律文明异彩纷呈，却在源远流长中相互借鉴与移植，勾勒了一幅动态的法律图画。民法法系原因论与英美法系约因论也同样有过交流和碰撞。

---

① Sir William Holdsworth, *A History of English Law*, Methuen & Co Ltd, Sweet & Maxwell, Ltd, in 16 volumes, reprinted in 1977, Vol. Ⅷ, p. 45.

② Ibid, pp. 78 – 79.

（一）中世纪衡平法院对原因论的引进

英国衡平法院大法官为原本隔海相望的原因论与约因论架设了沟通的桥梁。十五六世纪，普通法院在选择和取舍合适的术语对于能否被强制执行的协议进行区分，“consideration”术语因其使用上的方便和内容上的概括而受到普通法院的欢迎。在这一历史时期，衡平法院受着同样的困扰。为了让自己的管辖权覆盖涉及合同和财产使用的纠纷，衡平法院对可否强制执行的允诺进行区分，对有否用益权的情形进行辨认。在合同法领域，那些教士出生的大法官极力采纳教会法的“原因”概念，并在英语中用“consideration”来表达教会法原因（causa）含义。衡平法院大法官认为，“原因”（cause）可以是允诺人做出允诺时想要取得的任何东西，只要允诺是允诺人带着一定的目的刻意做出的，它就有充分的“原因”支持一桩诉讼。所以，允诺不一定是商业性质的，和平、慈善、道德义务都可以是有效允诺的“原因”。

如果衡平法院争得了对英国合同法发展的主导权，“约因”也取得了与教会法学家给予“原因”的技术含义。但事实上，普通法院拒绝宽泛的合同效力认定机制，衍生于普通法法院司法实践中的合同思想成为英国合同法的主流。所以，以教会法原因论为基础的约因原则未能在英国法立足，它随着中世纪衡平法官创立的合同法规则的衰落而逐渐退出英国合同法的历史舞台。

原因论的内在理念被拒绝了，但其外在形式依然没有淡出英国人的视线。在16世纪初期，无论是在普通法中还是在衡平法中，合同法语境下的“consideration”都还未取得技术性意义。在“consideration”已经频繁使用的同时，其他术语，如“报偿”（Recompense）、“原因”（cause）等也在同时使用，与“consideration”表达着同样的意蕴。圣·杰曼在《博士与学生》中使用过“原因”4次。① 1574年的Calthorpe's case，约因被更加宽泛地阐述为：“一种原因或有价值的理由，要求双方在事实上和法律上的相互给付。”②在整个16世纪，“原因”都频繁出现在普通法院的判决中，作为对“约因”的解释或辅助。

（二）近现代英美学者对原因论的借用

相对于欧洲大陆，英美合同法的形成与发展是相当滞后的。英国第一本关于合同法的著述直到1790年才出现。之前，关于合同的普通法文献主要限于一些判例和布莱克斯通的简略论述，合同法没有理论归纳或系统原则，只表现为普通法院中杂乱的诉讼形式以及衡平法院中一些弹性的救济理由。以鲍威尔（Powell）为先锋，

---

① Sir William Holdsworth, *A History of English Law*, Methuen & Co Ltd, Sweet & Maxwell, Ltd, in 16 volumes, reprinted in 1977, Volume Ⅷ, p. 6.

② "a cause or meritorious occasion requiring a mutual recompense in fact or in law." See William Holdsworth, *A History of English Law*, Sweet & Maxwell, Ltd, in 16 volumes, reprinted in 1977, Volume Ⅷ, p. 6.

英美学者在十八九世纪开始探索系统的合同理论。面对本土知识的贫瘠,他们不得不大量借鉴欧洲大陆自然法学者的成果,如格劳秀斯、普芬道夫、多玛特以及朴蒂埃的作品。实际上,由于文化的隔离,英美学者对于上述作品中的很多概念只是一知半解。他们常常望文生义地选择一些术语来对本土的法律元素进行理论阐释。

前文已述,在十八九世纪,民法法系的法学家在对合同效力的分析中抛弃了德性概念只保留了意志(will)概念。法国德国的学者不解释为什么合同有约束力,他们只是将合同界定为当事人的同意或个人意志的表达。他们认为:"合同之所以产生义务仅仅因为它是合同。"他们只关注当事人的意愿是什么,但不解释为什么个人的意志要受到尊重,也不追究当事人想要实现的目的。"唯意志论"的兴起,导致法德学界都陷入理论困境:如何区分赠与和交换问题。对约因理论的阐述则是英美法学家对此困惑的积极回应。在普通法中,约因要求作为"承诺之诉"的适用条件早已存在,但是,该要求的具体含义一直未得到清晰的解释。此时,普通法学者从欧洲大陆广泛引进法学资源,而原因理论被他们认为是这些资源中与他们想要阐述的内容最为契合的。

于是,19 世纪早期的普通法学者将"约因"等同于有偿合同中的"原因"。布莱克斯通是试图将普通法合同法加以系统化努力的第一人,从他开始,试图对"约因"做出一致的理论解释的普通法学者就固执第把"约因"等同于"原因"。布莱克斯通在 18 世纪末的作品中就以"原因"的定义模式来定义"约因"。他说,"约因"就是"合同的理由"(reason),而"约因"在普通法简单合同中的必要性来自于民法法系的原则:一个裸露的协议不能支撑诉讼(No action lies on a naked pact)。他还用民法法系的术语(如 do ut des, facio ut des 等)来对该"约因"进行解释。布莱克斯通似乎已经将"约因"等同于交换合同的"原因",但没有解释为什么"慷慨"不是合同的"理由"。

"英国商法之父"曼斯菲尔德以思想解放而著称。他认为约因要求是明示允诺取得强制力的障碍,并对约因原则发起了直截了当的正面攻击。在 1765 年的 Pillans 案[①]中,曼斯菲尔德的同仁威尔莫特勋爵认为,约因的功能仅指证据,当"约因"简化为文字、盖印合同和债券等时,也就不存在什么缺乏约因的问题了。该判决实质上是将"原因"与"约因"混同的。依据大陆法系的原则,当协议被表达成书面形式就不可能是裸露的协议,因为书面形式就是"原因",以此推导,书面形式在英国法中就相当于"约因"了。

曼斯菲尔德的另一约因观是"道德约因论",即只要被告有履行的道德义务,或

---

① Pillans v. Van Mierop, 3 Burr, 1663, 97 Eng. Rep. 1035 (K. B. 1765). 本书第一章第四节有对该案的详细论述。

者有基于良心或公平道义上的责任,该允诺就有充足约因存在。由于“道德约因论”蕴涵的对道德和自然法的崇尚而深受当时法律人的欢迎。如果曼斯菲尔德勋爵的约因理论能最终取胜的话,英国的合同理论将与大陆合同理论很近似。事实上,他的理论没有被接受,在19世纪第二个25年,“道德约因是充分约因”的观点被拒绝。相反,英国法向十六七世纪回归,即“约因”是“承诺之诉”的前提条件,可见,英国的合同法理论仍然无法摆脱“令状制”的影响。

19世纪是英美法学家对“约因”系统化的重要时期。早期的学者们引用布莱克斯通或者民法法系学者的观点继续将“约因”等同于“原因”。《美国法评注》的作者肯特说:“没有约因的合同是裸露的协议(nudum pactum),没有法律效力,尽管它创设了道义上的责任;普通法的这一原则取自民法法系……”与此相似的是,鲍威尔、威廉·斯托里(William Story)、帕森斯等英美学者将“约因”等同于“原因”。科明认为“约因”就是当事人签订合同的“动机”。帕森斯坚持认为民法法系中的原因和普通法系的“约因”表示某种比“动机”更狭窄的东西。总之,正如一些英国法学家所说,19世纪早期的英美学者将“约因论”当作民法法系的“原因论”在普通法系的本土化。①

第四节　约因与普通法传统:起源、成长与未来

“普通法”的表述有多种含义。首先它常常指英美法系的全部法律,与“大陆法”相对应,后者指欧洲大陆的法律制度以及深受其母法罗马法渊源影响的法律制度。在狭义上,普通法仅指英格兰皇家法院所创立的那部分法律,一方面,它相对于包括议会立法在内的制定法,另一方面,相对于衡平法院的规则和惯例相对。② 此处的“普通法”主要是狭义上的。普通法的传统包括判例法的主导地位、遵循先例原则、救济程序中心主义等,本节认为,约因法理是普通法个性的凝结,是普通法传统的独特产物。

一、约因原则的产生缘于独特的普通法背景

(一)约因孕育于英格兰合同法独特的起源路径——诉讼形式的内在演进

早在英格兰有所谓“合同法”这一术语以前,与之相关的诉讼形式已经基本定

---

① (U.K.) Simpson, “*Innovation in the Nineteenth Century Contract Law*”, L. Q. R., 91(1975), pp. 247 - 251.

② [德]K. 茨威格特、H. 克茨著:《比较法总论》,潘汉典、米健、高鸿钧、贺卫方译,法律出版社2003年版,第282页。

型,普通法体系已经坚不可摧。延续几百年之久的罗马法复兴浪潮在席卷欧洲大陆时,却未能囊括不列颠,罗马法的合同理论也未能系统进入英格兰法。于是,英格兰合同法只好从那些烦琐的、机械的诉讼形式中缓慢生成;“债务之诉”在12世纪独占合同诉讼的殊荣;“违约之诉”在13世纪的出现以及与“债务之诉”的并存;“承诺之诉”在14世纪的兴起及其对合同诉讼形式的统一,这些艰难历程表明:英格兰合同法的起源路径充斥着法官们对诉讼技术的探索和对程序障碍的突破,归根到底就是合同诉讼形式的内在演进。

英格兰合同法是法官司法活动的产物,它在保守中蕴涵了实践性与灵活性。独特的起源方式也孕育了英美合同法的独特元素,“约因”就是典型代表。霍姆斯在《普通法》中对约因的历史追溯最为久远,他研究了《法律年鉴》、格兰维尔和布拉克顿的著作以及《英格兰法律摘要》等古代典籍,否认了将“约因”归功于衡平法院对“原因论”的引进的说法。他在做过词源考证后认为,在伊丽莎白统治以前,“约因”没有被称做“原因”(cause),在之前的文献中,“约因”都以“对等物”(quid pro quo)的形式出现。“约因”术语的首次出现是在《英格兰法律摘要》对“债务之诉”的记载中。霍姆斯认为约因法理的早期痕迹只能在中世纪的合同诉讼令状中寻找。他对《法律年鉴》中的案例按时间为序做了仔细的研究后进一步指出,在衡平法对约因原则有任何提及之前,“约因”在“债务之诉”中已经有充分的发展。①

著名法史学家霍兹沃思同样坚持认为约因原则是英格兰的本土产物。他说,罗马法的合同理论从未在英格兰扎根。布拉克顿的著作表明罗马法的合同理论不适合英格兰的国情。所以,布拉克顿以后,那些理论也停止了对普通法的侵蚀,而普通法也不再受到教会法的影响,因为教会被禁止参与普通协议的救济,教士的持续努力也无济于事。我们可以看到,以教会法的“原因论”为基础的合同理论,虽然经过中世纪衡平法院大法官的努力,终未立足。普通法从罗马法中借鉴的最重要理念就是:一个裸露的协议(bare agreement)不能作为诉讼的依据。由此,普通法只有自己承担起辨认那些协议具有拘束力的重任,即从实践中发展自己的合同理论。英格兰合同法蕴涵在约因理论中,“约因”的出现才有了对裸露的协议和合同加以区分的机制。排除盖印合同以及根据成文法要求必须具备特殊形式的合同,我们可以说,每一项具备“约因”的协议都具有法律实施力,换句话说,这样的协议就是合同。② 而且,“约因原则的核心要素和最终内容全部是从规制普通法的债务之诉和承诺之诉

---

① Oliver Wendell Holmes, Jr. *The Common Law*, with a mew introduction by Tim Griffin. New Brunswick (U. S. A.) and London(U. K.), in Law & Society Series,2004, p. 200.

② William Holdsworth, *A History of English Law*, London, Methuen & Co. Ltd, Sweet And Maxwell, reprinted in 1977, Vol. Ⅷ,pp. 412 -413.

的规则中发展而来的，且尤其是从后一诉讼形式的持续扩张而来的规则中而发展内起来的”。[①]

（二）英格兰中世纪合同理论的滞后刺激了约因原则的生成

英格兰的合同法在形成过程中较少受到外来文化的影响，既没有走上罗马化的道路，也没有被教会法淹没，英格兰合同法的最终形成比世界上其他地方晚300年。[②] 正是因为英格兰合同法在生成时没有现成的概念术语和理论可以依赖，所以，它是滞后的。英国关于合同法的第一部著作直到1790年才出现，在这之前，只有一些判例报告和布莱克斯通在《英国法释义》中的寥寥数页，可以说英国合同法学在布莱克斯通时代还是未开垦的处女地。[③]《英国法释义》只是把合同作为转移财产（有形财产和无形财产）的方式之一，没有涉及合同自由的理念。[④]

合同观念和合同诉讼本身受到压制也是英格兰中世纪合同理论滞后的重要原因。中世纪英国社会相当讲究身份等级，当权人士不愿意促进合同这种具有平等意味的事物的繁荣兴旺。而且王室法院对合同事务冷漠。王室法院最初的管辖权限于那些威胁王室安全、与王室利益密切相关的案件，平民之间达成的协议自然不属于这一范围。与合同有关的诉讼不是普通法院工作的主要内容，正如格兰维尔在12世纪末写到：“王室法院没有保护私人协议的传统，甚至，它对所谓的私人协议毫不关注。”[⑤]在格兰维尔的著作里，普通法的合同观念很淡漠，而且王室法院又无意发展，王室法院对合同的关注最远走到“债务令状”这一步。尽管当时的“债务令状”收费昂贵，国王还对此不感兴趣，他习惯性地认为债务问题与他的维护王国公共安全的职责关系不大，甚至在一段时间，关于债务的诉讼可以通过当事人的决斗来解决。[⑥]

在布拉克顿作品里，王室法院对合同之诉的范围有所扩大，但是必须满足“正式”和“要物”的条件，即作为诉讼依据的合同，首先，形式上须是以盖印的文书制作，

---

① William Holdsworth, *A History of English Law*, London, Methuen & Co. Ltd, Sweet And Maxwell, reprinted in 1977, Vol. Ⅷ, p. 2.

② Theodore F. T. Plucknett, *A Concise History of the Common Law*, 5th edition,《简明普通法史》（第5版）（影印本），中信出版社2003年版，第627页。

③ James Gordley, *The Philosohpical Origin of Modern Contract Law* [M], Oxford: Clarendon Press, 1991, p. 134.

④ William Blackstone, *Commentaries on the Laws of England*, Volumn Ⅱ of the Rights of Things (1776), Chicago: The University of Chicago Press, 1999, pp. 110 – 170.

⑤ R. De Glanville, *Treatise on the Laws and Customs of the Realm of England*. See Randy E. Barnett, *Contracts Cases and Doctrine*, Little, Brown and Company, 1995, p. 13.

⑥ Theodore F. T. Plucknett, *A Concise History of the Common Law*, 5th edition《简明普通法史》（第5版）（影印本），中信出版社2003年版，第631 ~ 632页。

其次,内容上须是“要物的”,即已经有金钱或财产的实际转移。至于那些以誓言做担保的合同,不仅王室法院不得救济,国王还禁止教会法庭受理。所以,布拉克顿承认,英国法中没有合意合同概念。① 最后,普通法院更多的出于与其他法院的竞争管辖权的动机才不得已扩大对合同诉讼的受理,但是,法官们对合同之诉远远不如他们对侵权之诉的热情,一般的合同诉讼形式“承诺之诉”也是借助了侵权理论才发展起来的。

“‘约因’是人们对判例规则不成熟的归纳,是人们基于不充足的经验而对形形色色的判决草率地抽象出来的法律原则。”②正是在合同法理论贫乏的情形下,法官们试图有一个方便的、易于掌握的技术性规则来区分哪些允诺可以成为诉讼的基础,那些允诺具有法律强制力。这样“急于求成”的概括注定了约因原则的不完善以及历史局限性,所以,该原则在现代社会受到种种质疑和批评。出于这样的事实,约因法理必须与新出现的法律原则,如“胁迫”、“不当得利”、“允诺禁反言”等进行磨合与协调,这是历史发展的必然。

(三)约因原则的塑造主要是普通法法院的成就

司法权的分化与竞争是中世纪英格兰法制的突出特点,也是合同法发展的重要动力。那么,普通法法院以及与之并列的衡平法院等其他法院对约因原则的形成各自有怎样的历史贡献呢?

任何法律制度都不可能赋予所有的允诺法律效力对其强制实施。正如著名法哲学家所言,一些改变主意的自由对于那些并非绝顶聪明的人的交流是绝对必要的,如果我们的每一个允诺,哪怕是很荒唐的允诺都要被强制实施,法律不给我们机会让我们已增长的智慧弥补过去的愚昧,这将是非常可怕的事。③ 可教会法院,商人法院和衡平法院对允诺的效力都是大开方便之门,集市里的商人法院为了促进商事活动的活跃,对商人做出的所有允诺都给予诉讼机会;教会法院根据誓言神圣的观念将违背经允诺人宣誓的允诺的行为视做罪孽,违约者要受到宗教性的惩罚,包括被开除教籍,逐渐地,教会法对没有经宣誓的允诺同样给予神圣性,并具有约束力。那么在衡平法院呢,大法官认为,公平正义是衡平法的追求,既然一个人因为允诺未履行而遭到损害,他理所当然应该得到救济。

正是别的法院对有效合同范围的不加限制,对合同效力进行确认和限制的历史任务就只能由普通法院来完成,具体讲,就是约因法理的形成和发展。当然,普通法

---

① Theodore F. T. Plucknett, *A Concise History of the Common Law*,5th edition《简明普通法史》(第5版)(影印本),中信出版社2003年版,第632页。

② Val D. Ricks, *The Sophisticated Doctrine of Consideration*,9 Geo. Mason. L. Rev. 99, Fall,2000.

③ Morris R. Cohen, *The Basis of Contract*, 46 Harv. L. Rev. (1932).

院承担此重任也是以扩大它的管辖权为动力的。长期以来,民事允诺因不直接关乎国王的安宁而不是王室法院的工作内容。可是对合同事务的漠视态度让普通法院失去了大量的案源。于是,为了取得更多的在合同诉讼方面的管辖权,普通法院不得不创设允诺有效的例外,扩大对允诺权利的救济,在司法实践中逐渐形成了确认允诺有效的规则,包括盖印合同因它的形式有效,非盖印合同必须具备约因才可强制执行。到16世纪末,普通法院才算取得对其他法院的在合同诉讼管辖权竞争的胜利。

当然,在与普通法院并列的法院中,衡平法院对英国法制的影响是巨大的。衡平法院是为了满足英国在十三四世纪日益兴旺的商业经济,并弥补普通法的种种缺陷而逐渐产生的。在当时的观念中,国王是"公平、正义"的源泉,所以,凡是依普通法得不到救济的当事人,就按照自古以来的习惯直接向国王求助。国王不堪亲自审理案件的重负,便将此重任交给大法官(chancellor),大法官不受制于普通法先例,依"公平、正义"的良心原则对案件做出灵活的判决。

在合同法领域,那些教士出生的大法官极力采纳教会法的"原因论",并在英语中用"consideration"来表达教会法原因(causa)含义。衡平法院大法官认为,"原因"(cause)可以是允诺人做出允诺时想要取得的任何东西,只要允诺是允诺人带着一定的目的刻意做出的,它就有充足的"原因"支持一桩诉讼。所以,允诺不一定是商业性质的,和平、慈善、道德义务都可以是有效允诺的"原因"。由于在普通法院得不到救济的合同诉讼都被送到衡平法院,出于管辖权上的竞争,普通法院在15世纪晚期和16世纪初期受到衡平法院法官的影响是有可能的,因为这个阶段两大法院法官接触频繁,普通法法院可能做出与衡平法院类似的救济。但是,这种影响绝不能高估,尤其是在约因法理的形成问题上①。

事实上,普通法院拒绝宽泛的合同效力认定机制,衍生于普通法法院司法实践中的合同思想成为英国合同法的主流。由于衡平法院没有争到对英国合同法发展的主导权,以教会法"原因论"为基础的约因原则未能在英国法立足,它随着中世纪衡平法官创立的合同法规则的衰落而逐渐退出英国合同法的历史舞台。两大法院系统的并立与冲突在英国延续到19世纪末,二者对管辖权范围的争夺中还交织着复杂的政治纷争。以历史视角,衡平法的合同规则被排挤,约因原则成为普通法的成就,也是时代的产物。

根据前文阐述,约因法理在"承诺之诉"中的发展开始于16世纪中后期,1602年的"斯莱德案"标志着英格兰合同法摆脱了程序技术的控制开始独立发展。在这

---

① Theodore F. T. Plucknett, *A Concise History of the Common Law*, 5th edition《简明普通法史》(第5版)(影印本),中信出版社2003年版, p. 652。

之前的英国合同法只是表现为一些烦琐僵化的诉讼方式,“原因”理论难以注入。对于英国合同法来说,“斯莱德案”是意义重大的自我解放事件,而这个里程碑意义的判决做出之时,正是斯图亚特王朝肇始、两大法院冲突日益激烈的时期,[①]因为此时的英国正处于都铎王朝与斯图亚特王朝之际,试图专制的国王与正在上升的国会间的权力较量就表现为代表各自利益的法院间的激烈冲突。普通法院首席法官爱德华·科克(Edward Coke)因极力反对衡平法院对普通法院管辖权的侵犯、捍卫普通法院的独立而被国王詹姆士一世(James Ⅰ,1603~1625年在位)撤职,这一事件的发生也在“斯莱德案”案不久之后的1616年。

正是在约因原则形成、合同法开始独立发展的关键时期,普通法院与衡平法院的关系处于低谷之际,这一历史背景加剧了普通法院对衡平法理念的排斥,包括“王权至上”、“良心原则”以及“宽泛约因”等。普通法院法官们虽然渴望从衡平法院那里夺回更多案件,却不屑于借鉴衡平法院的理论,宁愿在自身传统中缓慢发展新的规则,包括约因原则的塑造。

二、约因依赖判例法传统得以保存和发展

英国19世纪的著名“桂冠诗人”[②]阿尔弗雷德·丁尼生(Alfred Tennyson)在其诗作中写到:“这国土有公正古老之名,有一个稳定的政府在治理,凭着一个又一个的判例,自由慢慢地扩展到下层。”[③]普通法原本是由中世纪王室法院法官的判例发展而成。当今,在英美法系占支配地位的观点仍然认为,明确或隐含地提出某个法律主张的法院判决——特别是终审法院的判决,构成了法律的一般渊源或正式渊源。[④] 而遵循先例原则是判例法传统的表现和实现途径。

“遵循先例”的拉丁语是“stare decisis et non quieta movere ”。意思是某个法律要点一经司法判决确立,便构成一个日后不应背离的先例。早在13世纪,在普通法的建立过程中,英国法官在处理案件时就不时援引先例,到16世纪,援引先例的做法已成为一种确定的惯例。18世纪后半叶,英国著名法学家、法官威廉·布莱克斯通爵士曾就先例的拘束力问题进行阐述。19世纪70年代,随着法院组织的改革和

---

① Mary A. Glendon, Michael W. Gordon & Paolo G. Carozza, *Comparative Legal Tradition*, 2nd Edition,《比较法律传统》(第2版)(美国法精要影印本),法律出版社2004年版,p. 162。

② “桂冠”一词源于古希腊,人们以月桂树叶编成冠冕献给他们崇拜的英雄或诗人。在英国,桂冠诗人属王室成员并享用皇室俸禄,其职责是为王室喜庆盛典即兴吟诗作赋,但现在已经不再专门担任这一特定作诗任务了。17世纪以来,英国文学史上已有19位“桂冠诗人”,丁尼生是第12位,于1850年受封。

③ [英]阿尔弗雷德·丁尼生著:《丁尼生诗选》,黄杲译,上海译文出版社1995年版,第88页。

④ [美]E. 博登海默:《法理学——法律哲学与法律方法》,邓正来译,中国政法大学出版社1999年版,第429页。

系统可靠的判例汇编的出现,遵循先例的原则得以确立。伴随着普通法的传播,这一原则相继被其他普通法系的国家和地区接受。在美国,有些州从1825年开始强调先例的作用,到1850年遵循先例原则得到牢固树立。

遵循先例原则的含义是,下级法院受上级法院判决的约束,某些法院受自己先前判决的约束,该原则在英国主要表现如下:①(1)英国上议院的判决对所有下级法院有拘束力。1898年的“伦敦街道有限公司诉伦敦市议会”案②的判决是:“本院就法律问题所做的判决是终决性的,而且……除议会法令外,任何规定都不能对本院判决中所被指称的错误情形进行纠正。”根据该判决,上议院也受自己先例的约束,这一原则直到1966年才被改变。(2)上诉法院的判决对自身和所属下级法院有拘束力。(3)高等法院法官所做的判决对下级法院(即郡法院)具有拘束力,但是对高等法院内部其他法官不具拘束力,只具有说服力。在美国,由于联邦制的存在和社会变革较快,人们对遵循先例原则的奉行没有英国那样严格。各州最高法院和联邦最高法院都为自己保留了背离自己先例的权利,但是,为了保持法律的稳定,法官们对遵循先例原则仍然是尊重的。

不可否认的是,遵循先例的传统保持了普通法的历史延续性,促成了约因原则的生成和发展。“约因”无疑萌芽于中世纪的司法判例,在16世纪后半期,“承诺之诉”诉状中开始出现诉讼套语——“in consideration that...”、“in consideration of X, undertook Y.”或“upon consideration that...”约因原则能在16世纪茁壮成长得益于普通法院法官在判决中对“约因”术语的灵活运用。约因法理能够经受种种波折(如曼斯菲尔德在18世纪对约因的批评,20世纪以来废除约因的呼声不断),顽强存留至今,同样是遵循先例原则的功劳。每一条约因法则都是在判例中被阐述和确认。例如,普通民事诉讼法庭在1602年的平内尔案③确立“在债务到期日债务人支付部分款项不能作为债权人的免除全部债务的允诺的约因”,直到300年后,该规则由上议院在Foaks v. Beer案④得到认可后,才成为约因原则的古典法则之一,即我们今天所说的“平内尔”规则。

又因为,绝大多数法学家和法官都认为,判例的正式法律渊源地位的取得,或者说先例之所以得到遵循并不是因为先例本身,而是隐藏在其后或超越于其上的某种东西赋予了它以权威性和效力。这意味着,法院并不应该是先例的仆役,“对于那些反映一种异常现象的、无法成为整个法律制度结构中的一部分的或与法律制度的一

---

① 由嵘主编:《外国法制史》,北京大学出版社2003年版,第364~365页。

② London Street Tramwalys Co. v. London Coty Council (1898) Appeal Cases 375。参见[美]E. 博登海默著:《法理学——法律哲学与法律方法》,邓正来译,中国政法大学出版社1999年版,第542页。

③ (1602) 5 Co. Rep. 117a. 本书第四章第六节有关于该案的详细论述。

④ (1884) 9 App. Cas. 605. 本书第四章第六节有关于该案的详细论述。

些指导原则不相符合的先例,它们也有灵活处理的能力”。[①]

正是这样的“灵活处理”促进了约因法理的修正与发展。尽管“约因”是法官判决的基础,法院真正关注的是交易的合法性,所以当允诺看似严肃而公正时,法官会尽量的寻找约因,拟制约因。对于看似不公正的交易就利用约因原理宣布其无效。在这个意义上,约因法理的作用与其他合同规则,如欺诈、胁迫、显失公平,在调整交易行为上是一致的。[②] 这一目标的实现靠的是法官依靠区别的技术(distinguish)对先例的修改、重新阐述扩大或限制。例如,1991 年的 Williams 案[③]给约因理论带来历史变革,它是对 1809 年的 Stilk 案[④]判决的巨大挑战和修正,Stilk 案确立的原则是:受诺人对先前合同义务的履行不能作为新的允诺的“约因”,其实是宣告合同修改的无效。可是,Williams 案给了“约因”更加宽泛的定义,它确立的原则是:只要没有“经济胁迫”因素存在,商业和解是有约因支持的。这样合同修改得到了尊重。从 Stilk 案判决的“严格约因”到 Williams 案判决的“宽泛约因”体现法院的价值取向从形式正义到实质正义的转变。

三、约因原则的形式主义和技术化是普通法的烙印

约因的形式主义、技术化和僵化性早已成为众矢之的。法律修改委员会呼吁,在许多案件中,约因原则已沦为僵化技术,与商业习惯和人之常情都不协调。[⑤] 格夫(Goff)勋爵在 1995 年的 White v. Jones 案[⑥]中表达了同样的怀疑:“我们的合同法被普遍认为的缺陷在于,它受到不必要的约因法则的技术阻碍。”[⑦]

笔者认为,约因原则的形式主义和技术化特质是与生俱来的,是孕育、保存和发展它的母体——普通法在它身上打下的烙印。法国比较法学大师勒内·达维说:“在英国人的心目中,法律是一种技术,其主要的目的在于解决争议,而不是像在法国那样,是通过主持正义维持社会合作。”[⑧]普通法随处散发形式主义与技术化的

---

① [美]E. 博登海默著:《法理学——法律哲学与法律方法》,邓正来译,中国政法大学出版社 1999 年版,第 544 页。

② Brian A. Blum, *Contracts* Aspen law & Business,《合同法》(Aspen 释例系列·注释本),中国方正出版社 2004 年版,pp. 149 – 150。

③ Williams v. Roffey Bros & Nicholls Ltd [1991] 1 Q. B. 1. 本书第三章第二节有关于该案的详细阐述。

④ (1809) 2 Camp. 317 and 6 Esp. 129. 本书第二章第四节有关于该案的详细阐述。

⑤ A. G. Guest, *Anson's Law of Contract*, 26th Edition, Clarendon Press, Oxford, 1984 p. 109.

⑥ White v. Jones (1995) 2 A. C. 207, 262 – 263.

⑦ Ewan McKendrick, *Contract Law*, 4th edition,《契约法》(第 4 版)(麦克米伦法学精要丛书·影印本),法律出版社 2003 年版,p. 122。

⑧ [法]勒内·达维著:《英国法与法国法:一种实质性的比较》,贺卫方等译,清华大学出版社 2002 年版,第 17 页。

“光彩”，如对抗制诉讼程序（adversary system）的种种形式与技巧让非普通法法系人士难以把握；遵循先例前提下法官对“判决理由”（拉丁文：ratio decidendi）和“附带意见”（拉丁文：obiter dicta）的区分，同样是微妙的技术。

普通法的这一特质渊源于中世纪那些充满形式主义的烦琐的诉讼程序，当事人可使用的法律变得僵化和残缺不全，败诉往往由于技术上的原因，若不是这样，衡平法和后来的衡平法院都没有产生的必要。中世纪英国律师公会的训练模式也加重了普通法的形式主义和技术化色彩。我们都知道，中世纪英国的法学教育是职业性的，集中在法院集中的几大律师公会，教学方式是模拟法庭，教师就是经验丰富的律师，学员学习的内容是诉讼的经验和技巧。[①]

马科维茨斯·韦伯认为，这种教授法律的方式自然导致人们较为形式主义的地对待法律，法律由先例和类推支配。法律实务者们不是旨在形成合理的结构，而是试图创造出人类在实践中有用的合同和诉讼。韦伯认为英国中世纪的法律实践和教育是纯经验的，法律思想总是从个别到个别，法官们从不会试图从个别案件中归纳出一般原则，然后以演绎推理的方式从这些一般原则中推导出个别案件的判决。相反，法律思想总是无法摆脱文字的樊笼，为了满足实际案情的需要，法官们只好将某一术语向四面八方进行扩展解释，甚至使用类推和技术性拟制。如果诉讼当事人的实际需要主张的合同种类和诉讼形式具有足够的弹性，则可能在实体方面保持极其古老的特征并在外形上保持不变，而不管经济领域发生了多大的变化。[②]

韦伯本是在描述英国中世纪的法律教育模式及其对英国法律风格的影响，可是，这段文字，尤其是后半部分，是对约因法理在英美合同法中的生存状态最生动的描述。有时，“约因”概念被法官做“四面八方的扩展解释”，使得“约因”的认定标准极为弹性，有无“约因”的区分极为模糊。诚然，如果将 White v. Bluett 案[③]、Hamer v. Sidway 案[④]与 Williams v. Roffey Bros 案[⑤]之间进行比较，我们难以理解为什么 White 儿子克制着不埋怨父亲的允诺不能成为“约因”，而 Hamer 中侄子克制着不抽烟、不喝酒、不赌博却可以成为“约因”，我们也难以理解为什么法官不能确认 White 案中的父亲从其儿子不埋怨的允诺有“实际获益”，而只在 Williams 中做了这样的认定。另外，我们也很难将 Ward v. Byham 案 与 White v. Bluett 案协调。有时，约因

① 关于英国中世纪法学教育可以参见[美]约翰·H. 威格摩尔著：《世界法系概览》（下册），何勤华等译，上海人民出版社 2004 年版，第 901 ~ 927 页。

② [德]K. 茨威格特、H. 克茨著：《比较法总论》，潘汉典等译，法律出版社 2003 年版，第 288 ~ 289 页。

③ White v. Bluett (1853) 23 L. J. Ex 36.

④ Hamer v. Sidway 124 N. Y. 538 (1891), 27 NE 256.

⑤ Williams v. Roffey Bros & Nicholls Ltd (1991) 1 Q. B. 1.

的技术规则产生了很多荒唐的结果，让人不得不嘲笑它刻板与远离人情，根据英国普通法，一个债权人可以接受任何东西来清偿债务，但不能用收取部分欠款的方式，他可以牵走债务人的一匹马，一瓶葡萄酒或一面手鼓，完全在于当事人的自愿和喜好，但是，但是根据英国普通法的独特性，他不可以选择从债务人手中接受略低于一英镑的金钱来冲抵一英镑的债务，因为这是“无约因合同”。①

关于约因原则与普通法传统的相依相存关系远不止上文的论述。还有人提出，陪审制也是造就“约因”的重要因素。他们认为，约因法理的发展源于英美法系法官对对陪审制的不信任。因为陪审团的职责是对事实的审理，所以法官尽量将事实问题简化为法律问题，以减少陪审员对法庭的干预。于是出现了这样的有趣现象，陪审制在英国的衰落也伴随着约因制度的英国的衰落。在陪审制运用极少的大陆法系国家，根本没有“约因”的影子。②

上述观点是有依据的，作为现代英国合同法基础的“承诺之诉”通过解决三个问题达到简化允诺得以实施的途径：第一，是否有允诺存在？第二，允诺值得实施吗？也就是说能作为诉讼依据吗？第三，允诺被违犯了吗？陪审团有权对第一及第三个问题做出裁定。但是，法官可以通过对第二个问题的回答形成对陪审团的控制。16世纪的英国法官一般采取解释“约因”含义的方式来决定允诺是否具有可诉性。法律要求绝大多数原告的诉状中都有“约因”，该术语与“允诺”(promise)、“违犯”(breach)共同成为“承诺之诉”起诉状中的关键词。而且，“约因”成为在“令状制”中最可能推动法律发展的力量。为了限制陪审团对违约救济权的裁判权，法官对模糊的“约因”术语进行解释，决定哪种允诺能或不能作为诉讼基础。③

四、约因原则在普通法中的存废之争

伴随着学者对约因的合理性和价值发起理论攻击，法官在司法活动对约因内涵的灵活解释，以及成文法对古典约因论的适用进行限制和修正，关于约因原则在英美法中的未来前景成为重大的研究主题。人们的观点可大致划分为废除派和改良派。经过数百年的演进，约因原则在今天受到的挑战是必然还是偶然？约因原则承担的功能有没有另外一种机制来代为行使？约因原则能否对经济需求和伦理道德做出回应？它是否为人们留有改革的空间？当代学者对约因给予了怎样的辩护又提出了什么具体变革思路呢？笔者试图从以上角度来探讨该原则在英美合同法中

---

① (U. K.) Mary Charman, *Contract Law*, 2nd edition, published simultaneously in USA and Canada by Willian Publishing, 2002. pp. 60 – 61.

② Grant Gilmore, *The Death Of Contract*, Ohio State University Press, Columbus, 1995, pp. 107 – 108.

③ Val D. Ricks, *The Sophisticated Doctrine of Consideration*, 9 Geo. Mason. L. Rev. 99, Fall, 2000.

的未来。

(一)约因原则受到的批评

约因原则在现代合同法中的衰落已是不争的事实,而人们对它的批评恰恰暴露了它的缺陷,也暗示了它衰落的理由。围绕约因的争议主要集中在两点:约因原则以无偿赠与不具有交换价值为由而拒绝赋予其强制力;约因无须等价规则与约因原则促进交易公平之宗旨的矛盾。当然,学者们揭示出的弊病还远不止这两点。正确认识约因原则遭受的批评,有利于人们理性分析该原则的发展历程及未来前景。

1. 相对于现代法制的迟滞和无用

著名法制史学家霍尔兹沃斯的观点具有代表性,他认为,约因原则已经是不合时宜,实体法律早已摆脱了诉讼形式的束缚,诉讼法已经失去主导地位。可惜,主宰英国合同法理论的仍然是那些衍生于古老诉讼形式的程序要求的原则。霍尔兹沃斯在《约因的现代历史》中说:"也许,现代约因的弊端已经多于它的优点……实际上,约因已经是不合时代的过时之物。"①

20 世纪最重要的合同法流派——信赖利益学派也认为,合同责任的基础是受诺人因允诺人的允诺而遭受的信赖损失,"约因"是历史遗留的古董,无用的技术,即便有什么用处,最多是允诺严肃性的证明。②

2. 与其他法律传统的不协调

经常在上议院和枢密院适用苏格兰法和非洲法的怀特勋爵(Lord Wright)曾经写到:"在这些国家(苏格兰及非洲),约因是不存在的。约因在法国、意大利、西班牙、德国、瑞士及日本也是无立锥之地的。这些都是法制高度发达的文明国家;怎么可以将普通法的约因规则看作公理或任何法典的必备要素呢……我不得不承认,约因原则只是一个累赘。科学的、合乎逻辑的合同理论应该以合同意向的检验来确定当事人是否有严肃的意向做出有约束力的合同。"③其他学者也指出:"取消约因不会对英国法造成任何损失……民法法系没有约因也发展出了完善成熟的合同法体系。从法律协调的角度来看,约因原则最好不要存在。目前,约因对英国法没什么贡献,而且造成了英国法与民法法系的隔离,从而对欧洲法律的扩展没有意义。"④

---

① Holdsworth, "*Modern History of Consideration*", reprinted in Selected Readings On Contracts, p. 61. See Arthur Linton Corbin, *Corbin On Contract*, ST. PAUL. MINN. West Publishing Co. 1952, p. 168.

② P. S. Atiya, *Contracts*, *Promises and the Law of Obligation*, 94 L. Q. R. (1978).

③ Lord Wright, *Ought the Doctrine of Consideration to be Abolished from the Common Law*? 36 Harv. L. Rev. (1936).

④ Hein Kötz and Axel Flessner, *European Contract Law*, Clarendon Press · Oxford, 1997, p. 75.

3. 约因原则不该剥夺无偿赠与允诺的强制力

不可否认的是,合同法的突出作用是通过鼓励和保护自愿交换而促进社会资源的有效转移和配置。于是,约因原则对无偿赠与允诺的效力的否定似乎符合这一逻辑。而事实上,关于赠与允诺的法律约束力的讨论是学界的热点,对该问题的不同回答直接关系到约因原则的未来。不少人从伦理学、经济学、社会学等角度指出了无偿允诺的价值。

"允诺合同论"的代表查尔斯·弗里德批评约因理论的重要理由就是它忽略了无偿允诺的实施价值。他认为,如果法律对赠与行为(假设该行为是自由、谨慎而合理的)的认可能促进个人自由,并最终有利于社会。简·巴伦从多角度向交易在合同法中的支配地位发起挑战,否认了"赠与需交付才生效"这一要求的历史起源。她认为,赠与具有与交易同样的实体意义,财富不仅限于商品,客体不仅仅是作为产生额外的物质回报的途径才取得价值。总之,简·巴伦反对对赠与的生效施加正式的形式要求。①

当代经济分析法学代表、美国法学家波斯纳提出,对财产的任何处理方式都是有价值的,因为这是主人的选择,他可以选择自己使用,也可以选择转移,甚至毁坏。他还利用"成本——收益"的评估方法对法律实施人们的自由意志对社会的功效和实施成本进行了比较,而且还提出了实施无偿允诺的最佳方式。他认为一个"经济人"做出无偿的赠与能促进人与人之间的互助品格。而如果一个赠与允诺具有法律约束力则可以提高本来不确定的赠与物本身的价值,因为该允诺可以吸引受诺人做一些事情,而价值的提高对赠与人没有任何损失。实践中之所以拒绝大多数赠与允诺的约束力,只是因为它们常常难以证明。②

4. 技术色彩浓厚,实体价值薄弱

学者们对约因的形式主义、技术化和僵化性早已提出了激烈批评。无偿允诺除非被制作为盖印的形式,否则没有强制力,但是法院并不关注约因在经济上是否充足,仅仅是"名义约因"就可能满足需求。很多允诺,如果法律真的尊重当事人建立法律关系意向的话,本该具有约束力,可是约因要求阻止了它们的强制力的发生。还有一些允诺,如果法官没有运用创造约因的技巧,也将会失去强制力。而约因的创造是微妙的、技术性的,进一步增加了人们理解约因的困难。③ 英国法律修改委员

---

① Jane B. Baron, *Gifts*, *Bargains and Form*, 64 Ind. L. J. 155(1989).

② R. Posner, *Gratuitous Promise in Economics and Law*, 6 J. L. S. (1977), pp. 411 – 415, pp. 419 – 420.

③ William Holdsworth, *A History of English Law*, Methuen & Co. Ltd., Sweet & Maxwell, Ltd., in 16volumes, reprinted in 1977, Vol. Ⅷ, p. 46.

会呼吁,在许多案件中,约因原则已沦为技术,与商业习惯和人之常情都不协调。①

5. 在司法实践中的多余甚至负面影响

约因原则虽然在理论上被受指责,可实践中仍然被作为有效合同的看门人。针对这种令人困惑的现象。对约因原则又深入研究的马科维茨·B. 韦斯曼(Mark B Wessman)通过对大量案例的实证考察,认为约因原则在司法实践中已经过大于功,已经没有保存之必要。威斯曼将约因原则在司法实践中的作用分为以下几种情形:第一,约因的运用是多余的,合同的判决完全可以用传统的合意原则来实现。有时,当事人之间完全没有合意存在;有时,当事人经过了一定的磋商但没有最终达成合意;有时,当事人约定不明确导致他们之间没有合意存在;有时,当事人之间的允诺太随意,没有上升到合同的严肃性。在以上情形,"合同须基于合意"的基本原则应该是最直接、最便捷的纠纷解决依据,法官实在不必援用"过去约因不是约因"或"虚幻允诺不是约因"等规则来解决。第二,法官似乎将约因原则作为政策性的责任认定机制。当事人存在欺诈、胁迫、不当影响等恶意行为的时候,法官用"道德约因"或"过去约因"规则使这些允诺无效。此时,约因原则再次显得多余,它只不过被用作上述抗辩理由的替代。这种情形下的运用会对法律带来负面影响:法官用包揽式的"约因"来免除了对恶性的证明和仔细认定,虽然节约了时间和精力却失去了疑难案件的深入研究,从而抑制了法律的成长。第三,约因原则的适用不仅多余,而且有许多负面影响,如某些规则回避了法律对事实问题的深究,扭曲了允诺禁反言原则的适用,甚至武断地否认了某些合理允诺的效力。②

另外,前文已对约因原则遭受的一些攻击有详细阐述,在此不再赘述。例如,"同意合同论"对"约因论"的最大不满是约因理论无法对允诺的有效性提供统一的标准,不得不借助许多例外。20 世纪美国现实主义法学家科宾对古典约因理论发起是激进而直接的攻击,他指出约因的两大弊病:约因内涵的不确定;约因功能的有限性。

(二)对约因原则的最新辩护:"赠与世界"与"协同法理"

在约因原则遭遇批评之时,也有许多人在理性地分析约因原则的作用和变迁,使该古老法律元素能够积极回应社会现实的需求,并源远流长。前文已述,约因原则不仅具备充分的形式功能,如证据价值、促使当事人谨慎的功能和对司法审判的导向功能;还蕴涵了丰富的实体功能,如对交易的鼓励,对不劳而获的蔑视,对当事人的平等保护,对当事人意思的重视,等等。这些功能恰恰满足了人类在经济交往

---

① A. G. Guest, *Anson's Law of Contract*, 26th Edition, Clarendon Press, Oxford, 1984, p. 109.

② Mark B. Wessman, *Should We Fire the Gatekeeper? An Examination of the Doctrine of Consideration.* 48 U. Miami L. Rev. 45, Septenber, 1993.

中对公正和秩序的普遍需求。近年来,学者们又对约因法理提出新的辩护。虽然他们的新观点遭到约因废除论者的批评,①但仍然为我们认识约因原则的价值提供了新的视角。

1. 取消无偿赠与允诺的法律强制力的合理性:保护"赠与世界"

约因原则备受指责的疑点之一就是它不承认简单的无偿允诺的强制力。在很多人积极列举无偿允诺的种种价值之时,美国法律学者爱森伯格(Melvin Aron Eisenberg)和丹尼·马科维茨(Daniel Markovits)却从独特的视角否认无偿赠与允诺的法律强制力,以此赞扬约因原则的合理性。

爱森伯格虚拟了两个与协议有关的世界:"赠与世界"(world of gift)和与之相对的"合同世界"(world of contract)。前者包括赠与允诺和实际的馈赠;后者限于商业协议,包括了大部分交易以及那些从属于交易的非互惠的商业允诺。爱森伯格虽然承认实施简单赠与允诺有些实体理由。例如,保护受诺人的期待,支持财产从相对富裕的人向贫困群体的转移,但是,他认为无偿赠与允诺原则上不应该具有法律强制力。原因如下:第一,因为赠与允诺太轻率了,对该种允诺的实施会引发合同法体系的重新调整。第二,隶属于"赠与世界"的赠与允诺依赖了模糊的默示道德理由,这种默示的理由很弹性,失望的受诺人会正常地原谅改变主意的允诺人。所以,法律无法对其规范。第三,如果简单的赠与允诺也要强制实施的话,"赠与世界"会被消耗殆尽,从而导致赠与关系的商业化。因为,赠与允诺和实际的馈赠都是出于情感达成的,即便礼物本身具有金钱价值,但赠与行为的价值却不是商业性的。让赠与行为受到法律强制将会玷污允诺人的动机而降低赠与的伦理价值。所以,法律应该避免侵入"赠与世界",在这个世界中有更美好的自我,爱、友谊、同情等情感是行为的主要动力。爱森伯格甚至提出,无偿赠与允诺不能被强制实施,不是因为它不重要,而是因为它太重要了,不该受制于冷漠的法律的条款。②

2. 对"约因无须等价"的哲理新解:合同关系的协同性

美国学者丹尼·马科维茨从哲学角度对约因原理予以维护。他提出的"协作"(collaboration)伦理是对康德哲学的继承和发展。在罗列了关于允诺的哲理困惑之后,丹尼·马科维茨提出,包含在允诺中的道德义务的理论基础是康德的基本道德原则——"本身目的法则"(formula of the end in itself)。丹尼·马科维茨对该法则的解释是:一个人永远不能把他人仅当作工具,而应该将他人当作目的本身。据此,如果一个诚实的允诺人违背了自己诚实的允诺,他抛弃了允诺本身的目的,而采纳

---

① Mark B. Wessman, *Recent Defenses of Consideration*: *Commodification and Collaboration*, 41 Ind. L. Rev. 9. 2008.

② Melvin Aron Eisenberg, *The World of Contract and the World of Gift*, 85 Cal. L. Rev. (1997).

了与受诺人不相符的目的，违约行为是对允诺创立起来的社会共同责任的违犯，它将允诺人和受诺人放置于敌对关系之中。

丹尼·马科维茨将理想社会的合同关系的特点概括为"协作"，他认为，"协作"是"联合意向行为"(joint intentional activity)的一种形式，合同关系的"协作"性质要求合同允诺人必须有一种意向：不放弃允诺的履行，除非被受诺人免除。丹尼·马科维茨谨慎地将"协作"与"合作"(cooperation)区分开来。"合作"意味着互惠和相互帮助，这些因素可能存在于合同关系中，但却不是合同关系的必备要素。合同关系当事人可以追求其各自的利益，"协作"仅要求当事人同意不要首先退出合同条款规定的合作项目。所以，"协作"与"合作"的要求更松散。

丹尼·马科维茨的"协作"理论恰恰解释了约因原则最受争议的内容之一，也就是说，为什么合同法一方面强调交易，同时又无视约因的价值或交易的公平性，即"约因无须等价"。他认为，交易的存在表达了合同的"联合意向行为"内涵。在一般交易中，当事人根据自己的允诺，使自己的意志受制于对方的意志，尊重对方的本身目的，所以，交易就是在当事人之间达成有道德价值的共同责任关系。又因为，"协作"是比"合作"更低层次的理想，所以，交易形式仅创立了共同责任的形式，当事人向对方允诺了什么则不是法律要关注的。"协作"产生于以下事实：各方实现其在允诺中包含的目的。这些目的的性质以及允诺的内容无关紧要的。在这个意义上，我们可以通过交易的事实达成有价值的关系，无须知道交易的条款。[①]

(三)谁能替代约因——对"约因废除论"质疑

基于约因原则的上述缺陷，废除约因的呼声不绝于耳。我们知道，合同法的主要目的是保护受诺人的合理预期，促进财富的流转和社会信用。作为基本的正义观念的体现，从罗马法开始，任何法律体系都没有赋予所有允诺以法律约束力，总是有一种机制来对使允诺有效的因素加以确认。在普通法传统中，承担起此种责任的主要是约因原则。[②] 所以，"即便我们废除约因原则，我们必须寻找另一种方法或制度来实现约因的形式和实质目标"，[③]在现在的英美合同法学界，有三种理论被认为可能成为约因的替代。下文对它们进行一一分析其替代的可能性。

1. 受法律约束的意向(intention to be legally bound)

有人认为：约因的价值在于将"允诺人希望其有法律约束力的允诺"和"非严肃做出的允诺"区分开来，但是英国合同法中早已有"建立法律关系的意向"作为合同

---

① Daniel Markovits, *Contract and Collaboration*, 113 Yale L. J. 1417 (2004).

② Arthur Linton Corbin, *Corbin On Contract*, ST. PAUL. MINN. West Publishing Co. 1952, § Ⅲ, pp. 167 - 169.

③ Lon L. Fuller, *Consideration and Form*, 41 Colum. L. Rev. (1941), pp. 799 - 824.

成立的要件,取消约因只不过要强化检验当事人是否有"建立法律关系的意向"的制度。[①] 英国著名法史学家霍尔兹沃斯也曾提出,只要当事人有通过该协议建立法律关系的意向,所有合法协议都是有效的合同。……达成合同关系的当事人的意向应该具备完整的法律效力。[②] 那么,学者们的建议有可操作性吗?

(1)约因不等同于"建立法律关系的意向"

约因包含了对当事人内在心理意向的关注,但是这并不等于说约因就等同于"受法律约束的意向",约因更为明确具体,后者更为虚幻。提供约因是当事人表达其"建立法律关系的意向"的方式之一,甚至"名义约因","虚假约因陈述"都可能导致合同的生效。别的方式,如盖印的正式形式、赠与的实际交付等也是表达当事人"受法律约束的意向"的方式。

(2)"受法律约束的意向"不是合同生效的必须要素也不是决定性要素

合同法的首要目的不是实施允诺人的意愿而是保护受诺人的合理预期。有时,允诺人做出允诺时可能真的是不严肃的,没有受法律约束的意向,如果法院有确切而有说服力的证据证明受诺人的预期以及他对允诺的信赖是合理的,允诺人的允诺还是会被强制实施。另外,即便"有受法律约束的意向",但合同效力的取得还需考虑合同内容的合法性、主体的民事行为能力、是否存在欺诈、胁迫、错误,是否显失公平等因素。

(3)认定"受法律约束的意向"在司法实践中的不确定性

"受法律约束的意向"原则表达的含义是:如果当事人没有达成建立法律关系的合意,那么他们之间就没有强制合同产生,即便该协议有约因支持。这个概念体现了现代合同法对当事人自由意思的尊重。目前,法院对该原则从两个方面加以适用:第一,假定在社交和家庭成员之间的约定中一般没有建立法律关系的意向;第二,在所有的商业协议中假定都是有建立法律关系的意向的,除非有明确的书面陈述表示当事人不因该约定受法律约束。[③]

在第一类案件中,法官的判决看来他更多是出于公共政策的考虑,即不让法院被太多的诉讼尤其是婚姻家庭诉讼困扰,英国有句谚语是:"每个家庭都是国王的令状无法到达的独立领地。"但是法官确认某一允诺是纯粹的社交性或家庭性的依据是不确定的。而且,在司法实践中,很多社交性的或家庭性的协议也有被强制实施

---

① A. G. Guest, *Anson's Law of Contract*, twenty-sixth Edition, Clarendon Press Oxford, 1984, p. 109.

② William Holdsworth, *A History of English Law*, Methuen & Co. Ltd., Sweet & Maxwell, Ltd., in 16volumes, reprinted in 1977, Vol. Ⅷ, pp. 47–48.

③ Paul Richards, *Law of Contract*, 5th edition,《契约法》(第5版)(朗文·培生法学基础系列·影印本),法律出版社2003年版,第74~79页。

的必要。在第二类商业约定的案件中,法官判决也有逻辑上的质疑,既然该协议本身不产生法律后果,其中的不建立法律后果的"书面陈述"又怎么能约束当事人呢?"书面陈述"旨在逃避国家的司法制裁,是否有违公共政策?实践中的类似案件往往出现不同的判决结果。

从上述三方面的分析看来,"当事人受法律约束的意向"的检验机制还无力取代约因,它在运作中的不确定性并不亚于约因原则,我们很难说法官确定"当事人是否具备建立合同关系的意向"比确定"协议是否有约因支持"更加容易。①

2. 以信赖利益保护为核心的"允诺禁反言"原则(the doctrine of estoppel)

"禁反言"原则是英美合同法在20世纪的重大发展,前文对它已有翔实论述。它的基本含义是:A方以自己的语言或行为,向B方做出影响他们法律关系的允诺或保证,B方基于对A的允诺的信任而采取了行动,导致自身状况的改变,此时法院当禁止A方违反自己的允诺或保证,即便B方未付出约因。该原则无疑为合同效力打开了新的大门,它对传统约因原则带来挑战是巨大的。但是,基于以下理由,"允诺禁反言"原则替代约因原则的理由还充足。

(1)信赖学说以及"允诺禁反言"原则受到的质疑

大多数学者坚持认为,对允诺中包含的当事人预期利益的保护是信守允诺理论的核心,信赖的作用限于证明允诺是认真的、经过谨慎考虑的,并不能取代允诺在合同效力理论中的主导地位。合同诉讼的目的就是强制执行允诺,包括那些基于信赖的允诺。而且,对预期利益保护的强调也并不是对信赖利益的忽视,强制执行允诺的关键在于一方当事人是否作出了"可信赖"的允诺以及要约人是否从"经济活动"中获利,法院的目的是鼓励受诺人对要约人行为的信赖,并强化要约人守信的道德义务。所以,法院强制执行那些使受诺人产生了信赖的允诺,而无须提供信赖的证明,借以鼓励人们对允诺的信赖。② 总之,根据上述观点,信赖利益保护其实是没有单独存在的必要,它已被传统的合同理论包含其中。第二次美国《合同法重述》第90条第2款规定:当"允诺禁反言"适用于慈善捐助的允诺和婚姻和解允诺,当事人无须证明允诺引致的作为与不作为的事实。③ 这似乎也承认了信赖证明的不必要。

另外,英美合同法学者们对"禁反言"还存在很多争议,具体表现为以下几点:第

---

① Ewan McKendrick, *Contract Law*, 4th edition,《契约法》(第4版)(麦克米伦法学精要丛书·影印本),法律出版社2003年版,第123页。

② [美]罗伯特·A.希尔曼著:《合同法的丰富性:当代合同法理论的分析与批评》,郑云瑞译,北京大学出版社2006年版,第56~57页。

③ American Law Institute, Restatement (second) of Contract, §90: (1) …… (2) A charitable subscription or a marriage settlement is binding under Subsection (1) without proof that the promise induced action or forbearance.

一,关于“禁反言”的种类及其适用。以英国为例,与“允诺禁反言”(promissory estoppel)并列的“禁反言”术语还有“陈述禁反言”(estoppel by representation)、“行为禁反言”(estoppel by conduct)、“财产性禁反言”(proprietary estoppel)、“约定禁反言”(estoppel by convention)等。而且,其中的“财产性禁反言”在适用上不受制于英国法的“禁反言是盾而不是矛”的规则,它可以作为诉讼的依据,争取财产权益。这一特殊性也让人不解,为什么受诺人相信一个与财产权益有关的允诺而遭受的损失可以成为诉讼的理由,而他因为对别的允诺的信任而遭受的损失却没有这样的功能呢?第二,对于适用“禁反言”的法律后果问题,即它是取消了允诺人原来合同下的权利呢,还是暂时延迟权利呢?第三,法官适用“允诺禁反言”原则给予原告的救济是侵权法性质还是属于合同法性质呢?

(2)“允诺禁反言”实践作用的有限性

美国学者罗伯特·A.希尔曼(Robert A. Hillman)所做的关于“允诺禁反言”在司法实践中的运用的报告对于我们的分析大有启发,该文章是难得的也是第一篇对“允诺禁反言”的综合性实证研究成果。他选择了近600个与“允诺禁反言”相关的案例作为研究对象。得出以下数据:第一,“允诺禁反言”被当事人采用作为诉讼依据的案件的胜诉率为8.01%,成功对抗了对方动议的比率为15.74%,所以总的胜诉率仅为23.74%。第二,在联邦地区法院和州初审法院的“允诺禁反言”提起诉求的胜诉率和联邦地区法院以合同理论提起诉求的胜诉率相比,后者是前者的10倍。而且在调查的案件中占47%的雇佣案件中,胜诉率尤其低,只有4.23%。经研究后还得出数据,初审中以“允诺禁反言”取得了胜利的当事人在上诉审中被推翻的比率达到42.24%,而对抗“允诺禁反言”原则并在初审中获得胜利的当事人在上诉审中被推翻的比仅为2%。据此,希尔曼得出的结论是:以“允诺禁反言”为依据的案件的胜诉率很低,这说明该原则在司法实践中并没有吞并或掩盖其他赋予允诺效力的理论。1994~1996年间的判例汇编显示它在实践中的运用是不成功的。即便案件在低级法院取得了胜利,在上诉程序中也会冒很大的风险。所以理论家们的推测(认为“允诺禁反言”将吞并交易合同理论并上升为主导性的允诺性责任理论)是不现实的。①

近年来其他的一些研究报告也表明,法院更倾向于实施期待利益保护,而不是信赖利益损害赔偿,以“禁反言”为依据的案件的胜诉率远远低于以约因理论起诉的案件。例如,Devecomon v. Shaw案②中,叔叔允诺承担侄子去欧洲旅行的费用,侄

---

① Robert A. Hillman, “*Questioning The ‘New Consensus’ On Promissory Estoppel: An Empirical and Theoretical Study*”, 98 Colum. L. Rev. (1998), pp. 580 – 588.

② Devecomon v. Shaw 14 A. 646 (Md. 1888).

子果真去旅行了。法院判决强制执行叔叔的资助允诺。但是,法官和学者都没有从侄子基于对叔叔允诺的信赖从而遭受信赖损失的角度来分析,而是将叔叔的允诺作为侄子去欧洲旅行的诱因从而确认双方存在"互惠诱因"的交易。该案被反信赖利益说的学者视为信赖在合同诉讼无足轻重的证据。①

"允诺禁反言"实践作用降低的原因有以下几点:第一,从合同的本质来看,合同是最为普遍的法律行为,合同法的价值取向是维护合同自由并促进交易。大多数合同当事人之间存在交易。以允诺禁反言原则作为允诺的效力基石不符合合同法的常态。而且,信赖普遍存在于交易的事实不能成为信赖取代约因的依据,这是由合同的阶段性决定的。合同经历了一个纯粹的待履行(purely executory)阶段。第二,从法哲学的发展潮流来看,面对《统一商法典》及第二次《合同法重述》对合同纠纷给予的衡平性及不统一的解决方式,新规则主义者(New-Formalist)在20世纪末期抬头。他们担忧并批评现代商业法的弹性,抵制对"允诺禁反言"原则的自由适用。第三,司法实践中存在操作上的困难。法官在实践中排斥"允诺禁反言"原则的很大原因是信赖利益损害难以证明或计算,从而让允诺原理处于优势地位。

笔者认为,"允诺禁反言"原则和约因原则具有相同的历史起源——信赖利益保护,它们在发展进程中的相互交融,合理信赖利益在漫长的历史时期是作为"约因"的构成要素而得到保护的。虽然经济发展状况与法哲学思潮的变迁促进了它们此消彼长的地位波动。但在法律价值追求上,二者在对立中包含着统一,即实现当事人之间的公平正义。"允诺禁反言"原则是传统约因原则在新时期遇到解释困境时的补充或扩张,它与约因在适用范围上是互补的,不具有替代约因原则的初衷和解释力。

3. "胁迫论"(the principle of duress)

在英美合同法语境中,"胁迫论"的含义是:一个人在受到恐吓或不当压力下被迫与他人达成合同,那么这个人可以不受合同的约束,尽管具备要约、承诺与约因的要素,该合同是可以撤销的。"胁迫论"关注当事人的交易能力是否均等,交易环境是否公平,体现了现代合同理论对实质正义的重视,它与古典合同的"客观主义"、"形式主义"以及"合同责任的绝对性"是相对的。

1991年的Williams案②是对传统约因原则带来重大变革的经典案例,在对此案的评析中,就有学者提出,"经济胁迫论"可以代替"约因论"来决定合同的构成。不

---

① [美]罗伯特·A. 希尔曼著:《合同法的丰富性:当代合同法理论的分析与批评》郑云瑞译,北京大学出版社2006年版,第56~57页。

② Williams v. Roffey Bros & Nicholls Ltd. [1991] 1 Q. B. 1. 本书第三章第二节有关于该案的详细阐述。

过当时就遭到反驳,反驳者认为二者的作用不一样,约因原则关注的是合同的成立,“经济胁迫论”主要是在合同达成以后看它能否撤销。更多的学者认为一种模糊的理论代替另一种理论没有任何意义,尽管“经济胁迫论”比起“约因论”更加符合商业需求,在它尚不能真正成为合同有效性的综合检测机制以前,它需要法院对它的进一步具体化。①

笔者认为,“经济胁迫论”目前还很不完善,难道所有不受“经济胁迫”达成的允诺就应该强制实施吗?那么怎么处理“当事人的误解”、“误述”、“合同形式”等影响合同效力的重要因素呢?而且法院也没有具体认定是否有胁迫存在的操作方法。

(四)约因的未来:继续存在但非唯一的效力基础

1.英美法律人对传统的沿袭和保全

英国普通法能够以岛国民族的习惯法为基础发展成独树一帜的世界性法系,没有像欧洲其他国家的日耳曼法律一样汇合于罗马法复兴的潮流,这一世界法制史的奇迹一直引人深思。“尽管大陆法的科学性高于英格兰普通法,但由于本土法律职业者的顽固防守,使异国法系始终无法在英国取得实质性胜利。”②独特的演进路径赋予了普通法的历史连贯性,也决定了普通法的保守以及变革相对缓慢的特点。英美法律文化中有许多独特的元素,它们产生于特定的历史背景,时代的变迁早已引发了人们的争议和不满,可是它们仍然固执地存在,并成为普通法区别于其他法系的标志,如陪审制、对抗制诉讼程序、晦涩的法律语言,等等。

约因,作为英美合同法最具个性的符号和法理,它产生于烦琐的诉讼程序的夹缝,历经数百年风雨之后,出现了令人迷惑的现象。一方面约因遭受的指责不绝于耳,甚至吉尔摩响亮宣布合同的死亡,另一方面约因要求在司法实践中仍然被明确作为合同效力的检验标准。且不说相对保守的英国,约因法理得到维护,“允诺禁反言”在只能作为抗辩的理由而不是诉讼的基础。③ 就算是在以变革和创新见长的美国,自20世纪70年代中期至90年代初,有300多份判决以“缺乏约因”为由否认了允诺的强制力。尽管,有人认为法官在这些案件中对约因的运用是多此一举,甚至有害无益,但是,这些案例暴露了约因原则的命运在学界和实务界的分离。④

---

① A. Phang *Consideration at Crossroads*,107 L. Q. R. 21(1991).

② [美]约翰·H.威格摩尔著:《世界法系概览》(下册),何勤华等译,上海人民出版社2004年版,第915~927页。

③ 丹宁勋爵在1951年的案件中宣称:“约因法理已经根深蒂固,任何侧面来风都不能将它吹倒,约因仍然是合同成立的必被要件,虽然不一定是合同变更的要求。”See A. G. Guest, M. A. Anson's Law of Contract,26th edition, Clarendon Press Oxford, 1984, p. 108.

④ Mark B. Wessman, *Should We Fire the Gatekeeper? An Examination of the Doctrine of Consideration*,48 U. Miami L. Rev. 45. (1993).

法官们不顾学界的反对，我行我素地以“缺乏为名”作为判决的依据。这展示了英美法律职业人士对其本土文化的热爱、维护和传承，而且这也正是普通法拥有强大生命力的秘诀。“约因”在判决中的根深蒂固也体现了英美法变革缓慢的特点。英美法是“法官法”，英美合同法的主体是判例法，显然，法官的坚持会给约因原则在英美法体系中保留它应有的地位，约因原则不会轻易退出历史舞台。

还有人从保持合同法体系的历史延续性角度维护着古老的约因法理。他们认为，约因——信赖这种认定合同责任的方式尽管有些陈旧，但最适合传递交易当事人的愿望。合理信赖与约因是不可分离的美国合同法的效力基础，它们是相互补充的而不是相互对立的。约因与信赖基础尽管不是完美的组合，仍然是合同法体系的重要组成部分，也为法律初学者提供了认识合同法的途径。①

2. 内涵的灵活性与适用的开放性

既然约因原则暂时没有替代者，那么，约因也暂时不会退出历史舞台，“变革论”自然更具有合理性。约因原则在适用中的灵活性以及理论本身的开放性为该理论的继续存在和现代变革提供了空间。

在17世纪以前，约因原则的核心价值就被法官们定位为交换或互惠，“约因”常常被描述为“报偿”（recompense）。但是，交换的要求不能满足法官合理赋予允诺强制力的要求。法院通过对约因要求的灵活处理以做出公平的裁定，并扩大了有效合同的范畴，其扩展的路径是多样的。为了让那些被受诺人信赖且给受诺人带去信赖损失的无偿允诺得到强制实施，法官将无交易性质的受损拟制为“约因”。16世纪末期，在许多允诺偿还未成年时的债务、被时效免除的债务以及破产人债务的案件中，道德义务成为充足约因。作为16世纪法官对约因要求最典型的突破，“债务性承诺之诉”使被告的先前债务作为其偿还允诺的效力基础。这里的“约因”本质上是拟制的“过去约因”。准合同理论及不当得利原理正是在这些诉讼中得以萌芽。执行人对死者财产的占有成为执行人偿还死者债务的允诺的“约因”，这类案件同样没有依据约因的互惠原则。在债务人以部分偿还换取债权人答应免除全部债务的允诺中，法官推定收到部分欠款的债权人得到了好处，于是抛开约因要求，直接判决他的免债允诺是有效的。

总之，约因原则能在16世纪茁壮成长的秘诀，就是法官们在司法实践中的创新，法官弹性地回答着一个问题——哪些允诺能成为诉讼的基础。尽管原告在“承诺之诉”诉状中证明“约因”的存在，法官们扭曲或忽略“约因”的交换要求，去实施了那些我们今天借助允诺禁反言、道德义务、准合同或不当得利原理来阐述的允诺，

---

① Craig Leonard Jackson, *Traditional Contract Theory: Old and New Attack and Old and New Defense*, 33 New England L. Rev. 365(1999).

甚至抛弃了约因要求,仅仅基于双方的合意,施与救济。[①]

时至今日,当代学者关于"约因"的本质并无定论,英国权威的合同法专家阿提亚教授认为"约因"的本质就是允诺被实施的理由。[②] 而特雷特尔(Guenter Treitel)教授则坚持"约因"的本质是当事人的"获益与受损",即合同的"互惠性"(reciprocity),他也承认,在有些案件中,法院为了满足"获益与受损",不得不创制"约因",这是为了让传统理论与各种案件协调而迫不得已的让步。[③]

实践证明,学者们对"约因"的不同定位影响了约因原则的未来,因为,宽泛的本质定位将给予"约因"更加广阔的活动空间,严格的定位将对约因原则的适用增加更多的束缚。以美国的 Ricketts v. Scothorn 案[④]为例,该案中孙女因为祖父的书面赠与金钱的允诺而放弃了工作,法官最后运用"禁反言原则"而判决该书面允诺被强制执行。有些法官认为孙女放弃工作就是"约因",有些法官认为她没有付出"约因"。试想想,如果原告能用约因原则得到救济,她不必寻找别的救济根据。而约因法理的适用面越广,寻求别的替代制度的必要性就越小。从这个意义上说,英国上诉法院在 1991 年的 Williams 案确立的宽泛约因路径意义重大,[⑤]它降低了当事人诉诸"禁反言原则"的需求,也降低了人们目前对"禁反言原则"的限制(如"禁反言"只能作为抗辩的理由,不能作为诉讼的依据)的必要性。信赖学派甚至认为没有必要对"禁反言原则"做出专门的立法规定,因为受诺人的不利信赖本身就可以是充分的约因。[⑥]

在近现代及当代英美合同法体系中,约因原则的适用仍然是开放的。约因不是支持允诺产生强制力的必需(necessary)要素,无须约因的合同类型在成文法中大量存在。[⑦] 约因也不再是导致合同生效的必然因素,它不排斥其他效力依据的并列存在及其对它的补充。"允诺禁反言"原则基于受诺人的信赖损失而追究允诺人的责

---

① Val. D. Ricks, *The Sophisticated Doctrine of Consideration*, 9 Geo. Mason L. Rev. 99, Fall, 2000.

② P. S. Atiyah , *Consideration: A Restatement*, in *Essays on Contract*, Oxford University Press, 1986, p. 241. See Ewan mcKendrick, *Contract Law*, 4th edition,《契约法》(第 4 版)(麦克米仑法学精要丛书 · 影印本),法律出版社 2003 年版,第 79 ~ 80 页。

③ See Treitel, *Consideration: A critical Analysis of Professor Atiyah' s Fundamental Restatement*, 50 Augt. L. J. 439 (1976).

④ Ricketts v. Scothorn 57 Neb. 51, 77 N. W. 365(1898). 本书第三章第四节有对该案的详细阐述。

⑤ Williams v. Roffey Bros & Nicholls Ltd. [1991] 1 Q. B. 1. 该案对约因的认定条件更加宽泛,包括:受损不再是约因的要件;以当事人的"实际受益"取代"法律受益";约因不必由受诺人提供。详见本书第三章第二节。

⑥ S. Wheeler & J. Shaw, *Contract Law Cases, Materials and Commentary*, Clarendon Press, Oxford, 1994. p. 366.

⑦ 杨桢著:《英美契约法论》,北京大学出版社 2000 年版,第 151 ~ 163 页。

任,使大量的没有约因的无偿允诺也可能具有强制力。[①]“盖印合同自含约因”(Seal imports consideration)的古老派谚语暗示出盖印自古是“正常”的约因原则的“例外”。如果说盖印合同因其正式形式而成为约因原则的例外,那么“允诺禁反言”则凭借公平正义、诚实信用的理念成为约因原则的补充。另外,“胁迫”(duress)、“误述”(misrepresentation)、“错误”(mistake)、“合同落空”(contract frustration)等原则,为当事人提供了撤销合同、免除责任的理由,古典理论的“约因——合同——责任”的绝对模式被打破。

3. 持续的变革保持了约因原则的活力

明智的学者指出,发展普通法最明智、最有希望的途径不是简单地抛弃传统,而是从现有资源着手变革,承认现有资源的瑕疵,并对其弥补。首先,根据时代的正义需求和法律的根本目的对原有规则进行充实和删减。约因原则是对判例规则不成熟的归纳,是基于形形色色的判决抽象出来的经验,从起源来看,约因的理论基础本身就是不充足的。在新的现实背景下修正的方式就是回到法律的流动状态,尝试进行符合我们现在经验的概括……现代人必须重新审视约因认定规则试图达到的目的,并对规则重新阐述以便与它们的目的契合。现代人必须探索支撑这些规则的原则,并根据这些原则对规则进行删减和创新。现代人还必须避免在使用这些规则时有悖于它们本来的目的,法律的正当性理由消失了,法律本身也失去了存在的必要……[②]

深入分析约因遭遇的批评,细心的人士会发现,那些批评不是针对约因原则的基本思想,而是它在实践运行中产生的与其本原使命的冲突。譬如,“对既存义务的履行不能作为约因”规则导致合同更改的无效,于是该规则成为约因原则名声变坏的肿瘤。[③] 约因认定规则大多萌芽于十六七世纪,在十八九世纪获得快速发展并基本定型,并随时代变迁和案情的特性持续变革。这些规则是法官们适用约因原则的经验总结,普通法的柔韧、法官们的机智和英美合同法的活力尽显其中。

对约因规则的改革是英美法合同法在20世纪以来的重要任务。其中,对第三方受益人的合同权利的认可是约因规则变革中的最彻底胜利。“约因必须来自受诺人”的规则在英国17世纪的司法实践中即已出现。在19世纪,英国出于对普通法

---

① 第二次《合同法重述》第90条(合理引致作为或不作为的允诺)规定:若允诺人可合理期待他的允诺将诱使相对人或第三人为特定的作为与不作为,相对人或第三人确实有特定的作为与不作为,如果只有该允诺的强制实施才能避免不公正结果的产生,则该允诺有拘束力,违犯允诺的救济范围仅限于维护公平所需。

② Malcolm S. Mason, *The Utility of Consideration—A Comparative View*, 41 Colum. L. Rev. 825, 848(1941).

③ Hein Kötz and Axel Flessner, *European Contract Law*, Clarendon Press Oxford, 1997, p. 76.

传统的特别保护,法官们开始严格限制合同第三方受益人的诉讼权利,强调约因必须来自受诺人。美国古典合同法的鼻祖兰德尔在其《合同法概述》[①]中采纳了英国的做法,强调约因必须来自受诺人,合同权利和义务只存在于合同当事人之间。所以,第三方受益人没有诉权。

进入20世纪,该规则即受到指责,英国的丹宁勋爵、高夫勋爵等在案件审理中对约因相对性发起攻击。英国法律委员会1996年的报告指出:“未来的法律改革将给予合同的第三方一定的强制实施该合同的权利……1999年《合同法案(第三人的权利)》规定第三人的诉讼权利范围取决于合同签订人的意向。在美国,从20世纪20年代开始,大部分的美国法院都拒绝接受“约因必须来自受人”规则。作为对英国权威的巨大背离,第一次《合同法重述》允许捐赠受益人在很多情形下有权寻求救济。根据第二次《合同法重述》第90条(合理引致作为或不作为的允诺)以及第302条(意向的或临时的受益人)的规定,现代美国合同法在决定允诺是否具有法律约束力时,没有要求构成交换价值的允诺或某种履行来自受诺人,也没有要求构成交换价值的允诺或某种履行一定流向允诺人。

英国法律改革委员会(Law Revision Committee)于1937年对约因原则提出了广泛的修改建议。[②] 英国1991年Williams案[③]等判决对约因理论带来了革命性变革。在司法及立法活动的双重努力下,“约因无须等价”、“既存义务的履行不是约因”、“过去约因”等规则都经历着变革和修正,并由此影响到合同的成立与解除。甚至,“只有交换性质的允诺才有强制力”的基本法则也被修正,允诺禁反言原则被称为“约因的替代”,使大量无约因合同有了效力基础。

4. 对约因生命力的制度学解释

约因要求在16世纪以“承诺之诉”的前提条件正式出现时,是人们对判例规则不成熟的归纳,是人们基于不充足的经验而对形形色色的判决草率地抽象出来的法律原则。[④] 但是,“制度实际发生的作用和意义并不因起源的神圣而增加,也不因起源的卑贱而减少。制度在发生学上的伟大意义往往是后人回头展望之际构建起来的,在后来者总体历史观的关照和理性塑造下才有了神圣的光环”。[⑤] 约因原则的

---

① C. Langdell, *A Summary of The Law of Contracts*, *Boston*, 1880.

② 建议的详细内容参见 Sixth Interim report (Statute of Frauds and the Doctrine of Consideration) of the Law Revision Committee, Cmd 5449 (1937)。也可参见杨桢著:《英美合同法》,北京大学出版社2000年版,第174~175页。

③ Williams v. Roffey Bros & Nicholls Ltd. [1991] 1 Q. B. 1. 详细案情见本书第三章第二节。

④ Val D. Ricks, *The Sophisticated Doctrine of Consideration*, 9 Geo. Mason. L. Rev. 99, Fall, 2000.

⑤ 苏力著:《制度是如何形成的》,北京大学出版社2007年版,第52页。

起源、形成与发展都是在历史长河中由无数人的活动推动的，法律人对他的阐述、解释持续赋予其新的生命力。

或许，在约因成长史上留下重要影响的格兰威尔、布拉克顿、亨利二世国王，甚至曼斯菲尔德勋爵等英明的法律人未曾想象过“约因”会成为普通法系的标志性符号，也未预料到它日后的辉煌。19 世纪的理论家为了满足法律的确定性、客观性要求，把它塑造成合同效力的唯一入口。随着古典合同理论的崩溃，约因的适用与个案的公正发生冲突，约因开始了衰落与变革。此时，法律人的坚持与创新同样是约因原则的内涵得以丰富、生命力得以延续的重要动力。因为，任何原理或制度都必须不可避免地带有历史局限性，要想持续地回应时代的需求，需要人们为其注入新的活力。

有约因废除论者认为，“约因是有效合同的要件”是一个惯常的咒语。将“约因”作为对过去的尊重而保留下来，是普通法演进的典型模式，即实质的说服力已丧失，空壳继续存在。[①] “约因”真的是毫无价值的空壳了吗？我们评价一个制度不能以个别事件的实质性对错为标准，而要做出总体上的利害权衡，而这种权衡是公众在历史中进行的。[②] 个案中的不当并不能抹杀约因原则具备的程序价值和实体价值。所以，有学者反驳认为，那些数百年来一直被坚持的原则都有着一个英明而顺利的开端，如果说它现在处境落魄，那它是如何说服当时的法律人自产生之初就坚持它呢？约因原则并没有没落到被废除的程度，它仍然是英美合同法的基础。[③]

从合同法的发展史来看，“无论如何，古典合同法反映的一些价值继续被现代社会广泛认可”。[④] 主宰 20 世纪合同法的新自然法学和现实主义法学的确给合同制度带来很大的变革，但是并没有使合同法丧失其独立性。诚实信用原则并不是取消古典法则，只是当具体法则的运用可能威胁公平正义的法律目标时，它才对合同法予以补充和修正。无论法官的自由裁量权有多大，近代合同法的基本法则在现实主义法学最为昌盛时期仍然处于合同法的核心。总之，有学者坚持认为：“约因仍然在主宰我们，而且不是从坟墓之中！”[⑤]

5. 对约因的理性定位：有效却非唯一

十六七世纪孕育了普通法合同法，也是约因茁壮成长的重要时期。科克认为，

---

① Mark B. Wessman, *Should We Fire the Gatekeeper? An Examination of the Doctrine of Consideration*, 48 U. Miami L. Rev. 45, 1993.

② 苏力著：《制度是如何形成的》，北京大学出版社 2007 年版，第 56 页。

③ 刘承韪著：《对价原则研究》，法律出版社 2006 年版，第 302 页。

④ Friedrich Kessler & Grant Gilmore, *Contracts: Cases and Materials*, Little, Brown & Co., Law & Business, 2d. ed. 1970, pp. 18 – 19.

⑤ Edwin W. Patterson, *An Apology for Considertion*, 58 Colum. L. Rev. 929 (1958).

他那个时代的普通法蕴涵了人们连续地对理性的完美塑造,无数严谨而博学的人不停地予以修正,人们经过长期的经验积累才将王国的政府引导到这种境界,而古老的规则可以公正地证明这一点。任何个人都因私利而无法比法律更智慧,法律是理性的完美呈现。①

就约因原则的发展来说,16 世纪的法律人留给后人的启示是:第一,约因没有被当作僵化的教条或限制合同责任的守门人,法官们会理智地根据公平的要求而拟制或抛弃交换的要求。法律人必须明白该原则的局限性,深层次探索合同效力的正当性依据,不要让约因原则或交换要素成为合同生效的障碍。第二,既然约因并不是合同责任的守门人,现代人就没必要抛弃它,而应该恢复它本来的定位:它是充足的、非唯一的允诺诉讼的基础。既然约因从来就不是合同生效的唯一基础,其他基础将与之并列存在并继续发展。对于合同效力基础的认定这样对人类生产生活密切相关的核心法律问题来说,更需要多元的标准。约因原则不该阻止这一客观的发展进程。

大多数学者都已经承认,人们至今没有找到统一的合同效力基石,甚至不可能为繁杂的合同规则发现唯一的原则。② 在过去 200 多年里,“意志合同论”、“交易契约论”、“允诺合同论”、“信赖合同论”、经济分析法学合同观以及“关系合同论”先后登场。它们对合同法的发展带来不同程度的影响,也都引发了人们的争议和批评。当代合同法学家詹姆斯·高德利(James Gordley)认为,统一的合同效力理论的缺失是因为法学家们自近代以来就失去了哲学的皈依,因为他们抛弃了原因理论的哲理内核,即亚里士多德和托马斯·阿奎那的哲学。

高德利迷信法学对古代哲学的依赖,无视社会经济现实对合同法的影响,③我们对此持谨慎态度。但是,历史与现实给予我们的启示却是真实的:第一,法学不能孤立于哲学。从 19 世纪中期开始,法学从哲学中分离出来成为独立的学科。但是,法学与哲学一样致力于对人的关怀,只不过前者表现为对人的外在行为的调整。合同包含了人的种种偏好和欲望,离开了“最终目的”这一精神中枢,合同法就失去道德控制,而变得任性杂乱,甚至无法界定。第二,法律应该根植于道德,并弘扬和促进人类的善德。而且,人类的价值需求是多元的,允诺的目的也应是多元的,所以合同法理论或制度的追求也应是多元的,包括促进交易、增强信用、意思自由、交易公平、保护合理信赖、促进财富最大化以及关注社会关系等。

---

① Val D. Ricks, *The Sophisticated Doctrine of Consideration*, 9 Geo. Mason. L. Rev. 99, Fall, 2000.

② Eg. See Hein Kötz and Axel Flessner, *European Contract Law*, Clarendon Press Oxford, 1997. p. 8.

③ James Gordley, *The Philosohpical Origin of Modern Contract Law*, Oxford: Clarendon Press, 1991, pp. 246 – 247.

上述合同理论的根本失误就是将这些价值简单化或者孤注一掷地追求其中一种目标,所以没有长久的生命力。

英国著名法史学家霍尔兹沃斯在对约因原则的历史及优劣进行充分研究后,对约因原则提出的变革思路与此相似:“约因”不足以成为简单合同的唯一效力机制。对待“约因”的合适方式不是简单地抛弃它,而是把它恢复到英国合同法理论中的非主导地位。他还说,最简单的方法是颁布一部成文法,该法应包括以下几点:第一,取消简单合同与正式合同的区别;第二,取消《反欺诈法》第4条以及《货物买卖法》(The Sale of Goods Act)第4条的规定;第三,只要当事人有通过该协议建立法律关系的意向,所有合法协议都是有效的合同,它们或者有明确的约因,或者做成书面形式且有当事人的签字。通过这些变革,英国的合同法将会更加易于适用,也会迎来合同自由的大幅度提升。①

无论霍尔兹沃斯的立法建议是否可行,他在分析约因的未来时对法律史的价值阐述对于我们的研究无疑具有总结性意义,笔者在此引用为本书的结束语:

“法律史也许不能对法律的未来做出准确的建议,它在述说过去。但是历史不仅仅是对古老事物的贪念和咀嚼,它孕育着法律改革的最佳模式,使之符合现实的需求。”②

---

① See William Holdsworth, *A History of English Law*, Methuen & Co. Ltd., Sweet & Maxwell, Ltd., in 16volumes, reprinted in 1977, Vol. Ⅷ. p. 48.《反欺诈法》第4条以及《货物买卖法》第4条都涉及对合同的形式要求。

② 同上。

参考文献

Ⅰ. 英文著作、论文与辞书：

1. Theodore F. T. Plucknett, *A Concise History of the Common Law*, 5th edition,《简明普通法史》(第 5 版)(影印本),中信出版社 2003 年版。

2. Ewan Mckendrick, *Contract Law*, 4th edition ,《契约法》(第 4 版)(麦克米仑法学精要丛书·影印本),法律出版社 2003 年版。

3. Randy E. Barnett, *Contracts*, Little , Brown and Company, 1995.

4. Grant Gilmore, *The Death of Contract*, Ohio State University Press, Columbus, 1995.

5. Laurence Koffman, Elizabeth Macdonald, *The Law of Contact*, 4th edition, Published by Tolley, 2001.

6. J. Beatson, *Anson's Law of Contract*, 28th edition, by Oxford University Press, Inc., New York, 2002.

7. A. G. Guest, *Anson's Law of Contract*, 26th edition, Clarendon Press, Oxford, 1984.

8. Mary Charman, *Contract Law*, 2nd edition, published simultaneously in USA and Canada by Willian Publishing, 2002.

9. Samuel Williston , *Consideration in Bilateral Contracts*, 27 Harv. L. Rev. 503, 1914.

10. Oliver Wendell Holmes, *The Common Law*, Transaction Publishers, New Brunswick (U. S. A.) and London (U. K.) Law & Society Series, 2005.

11. Frederick G. Kempein, *Historical Introduction to Anglo-American Law*, 3rd edition,《盎格鲁—美利坚法律史》(第3版)(美国法精要影印本),法律出版社2001年版。

12. Mary A. Glendon, Michael W. Gordon & Paolo G. Carozza, *Comparative Legal Tradition*, 2nd edition,《比较法律传统》(美国法精要影印本),法律出版社2004年版。

13. William Blackstone, *Commentaries on the Laws of England* , Volume Ⅱ, The University of Chicago Press, 1979.

14. Sir John MacDonell & Edward Manson, *Great Jurists of the World*, Little, Brown and Company, 1914.

15. Claude D. Rohwer & Gordon D. Schaber, *Contracts*, 4th edition,《合同法》(第4版)(美国法精要影印本), 法律出版社1999年版。

16. Samuel Williston, *A Treatise on The Law of Contracts*, in eight Volumes, Volume 1, New York, Baker, Voorhis & Co. 1936.

17. J. C. Smith, *The Law of Contract*, London, Sweet and Maxwell, 1993.

18. Paul Richard, *Law of Contract*, 5th edition,《契约法》(第5版)(朗文·培生法学基础系列·影印本),法律出版社2003年版。

19. A. G. GUEST, *Anson' s Law of Contract*, 26th edition, Clarendon Press, Oxford, 1984.

20. Chitty, *Chitty on Contract* , 26th edition, Sweet & Maxwell, 2002.

21. P. S. Atiyah, *An Introduction of the Law of Contract*, 4th edition, Oxford Clarendon Press, 1989.

22. Brian A. Blum, *Contracts*, Aspen Law & Business,《合同法》(第2版)(Aspen释例系列·注释本), 中国方正出版社2004年版。

23. Mary Charman, *Contract Law*, 2nd edition, published simultaneously in USA and Canada by Willian Publishing, 2002.

24. James Gordley, *The Philosophical Origin of Modern Contract Law*, Clarendon Press, Oxford, 1991.

25. Arthur Linton Corbin, *Corbin On Contract* (One Volume Edition), ST. PAUL. MINN. West Publishing Co. ,1952.

26. Arthur Rosett, *Contract Law and It' s Application*, Westbury, New York The Foundation Press, Inc. 1994.

27. Charles Fried, *Contract as Promise*, Harvard University Press, 1981.

28. Kevin M. Teeven, *A History of the Anglo-American Common Law of Contract*,

Greenwood Press, New York, 1990.

29. Bradford Stone, *Uniform Commercial Code*,5th edition, West Group Thompson Company, 2002,《统一商法典》(第5版)(美国法精要·影印本),法律出版社2004年版。

30. Jill Poole, *Casebook on Contract*,6th edition, Oxford University Press,2003.

31. Sir William Holdsworth, *A History of English Law*,Methuen &Co. Ltd. , Sweet &Maxwell, Ltd. , in 16volumes, reprinted in 1977.

32. Hein Kötz and Axel Flessner, *European Contract Law* , Clarendon Press, Oxford, 1997.

33. S. Milson, *Historical Foundations of the Common Law* , London, 2nd edition, 1981.

34. Max Weber, *On Law in Economy and Society*, Cambridge, Mass. M. Rheinstein. 1954.

35. Samuel Williston, *Treatise on The Law of Contracts*, New York Baker,Voorhis &Co. ,1921 –1924.

36. E. Allan Farsworth, *Contracts*,Aspen Law &Business, 3rd edition, 1999.

37. Samuel Williston, *Mutual Assent in Formation of Contracts*, in Celebration Legal Essays , Chicago, 1919.

38. Michael H. Whincup, *Contract Law and Practice*, 5th edition, Kluwer Law International BV, The Netherlands. 2006.

39. Charles L. Knapp, Nathan M. Crystal, Harry G. Prince, *Rules of Contract Law*, Aspen Publishers, New York,2003.

40. Lawrence M. Friedman, *Contract Law in America*,a Social and Economic Case Study,University of Wisconsin Press,1965.

41. P. S. Atiyah, *An Introduction of the Law of Contract*, 4th edition, Clarendon Press, Oxford, 1989.

42. Mary A. Glendon, Michael W. Gordon, Paolo G. Garozza, *Comparative Legal Tradition*, 2nd edition,《比较法律传统》(第2版)(美国法精要影印本),法律出版社2004年版。

43. H. G. Beale BA, W. D. Bishop MA, BCL& M. P. Furmston TD. BCL, *Contract Cases and Materials*,Butterworths, London, Edinburgh, 1990.

44. S. Wheeler & J. Shaw, *Contract Law Cases*, *Materials and Commentary*, Clarendon Press, Oxford, 1994.

45. Peter Benson, *Theory of Contract Law* , Cambridge Studies in Philosophy and

Law, Cambridge University Press, 2001.

46. R. Frey & C. Morris, *Liability and Responsibility: Essays in Law and Morals*, Cambridge University Press, 1991.

47. D. Ibbetson, *Consideration and the Theory of Contract*, in *Towards a General Law of Contract*, edited by J. Barton, Berlin: Duncker & Hunmblot, 1990.

48. Morris R. Cohen, *The Basis of Contract*, 46 Harvard Law Review pp. 553 – 592(1932) .

49. C. J. Hamson, *The Reform of Consideration* 54 Law Quarterly Review (1938).

50. Berman, *Excuse for Nonperformance in the Light of Contract Practices in International Trade* , 63 Columbia Law Review (1963).

51. Allan Farnsworth, *Legal Remedies for Breach of Contract*, 70 Columbia Law Review (1970).

52. Randy E. Barnett & Mary E. Becker, *Beyond Reliance: Promissory Estoppel, Contract Formalities, and Misrepresentations*, 15 Hofstra Law Review (1987).

53. P. S. Atiyah, *When Is an Enforceable Agreement Not a Contract? Answer: When It Is an Equity*, 92 Law Quarterly Review (1976) .

54. Lon L. Fuller, *Consideration and Form*, 41 Columbia Law Review (1941).

55. Simpson, *Innovation in the Nineteenth Century Contract Law* , 92 Law Quarterly Review(1975).

56. J. Cumberbatch, *of Bargains, Gifts and Extortion: An Essay on the Function of Consideration in the Law of Contract*, 3 Anglo-American Law Review (1990).

57. Robert A. Hillman, *Questioning the "New Consensus" On Promissory Estoppel: An Empirical and Theoretical Study*, Columbia Law Review 580 588(1998).

58. P. S. Atiyah, *Consideration: A Restatement*, in *Essays on Contract*, Oxford University Press, 1986.

59. Arthur Linton Corbin, *Does a Pre-exiting Duty Defeat Consideration?* 27 Yale Law Journal(1917 – 1918).

60. Treitel, *Consideration: A Critical Analysis of Professor Atiyah's Fundamental Restatement*, 50 L. J. (1976).

61. Susan Bright and Ben McFarlane, *Proprietary Estoppel and Property Rights*, 64(2) Cambridge Law Journal July 2005.

62. Lord Wright, *Ought the Doctrine of Consideration to Be Abolished From the Common Law?* 36 Harvard Law Review (1936).

63. R. Halson, *Sailor, Sub-Contrators and Consideration*,106 L. Q. R. (1990).

64. Kelson, *The* 1981 *Conference on Teaching Contracts: A Summary and Appraisal*, 32 J. Legal Education(1982).

65. A. Phang, *Consideration at Crossroad*, 107 LQR 21(1991).

66. R. Posner, *Gratuitous Promise in Economics and Law*, 6 J. L. S. (1977).

67. Robert L. Henry, *Consideration in Contracts* 601*A. D. to* 1520 *A. D.*, The Yale Law Journal, Vol. 26, No. 8(Jun. ,1917).

68. Hugh E. Willis, *What is Consideration in the Anglo-American Law of Contracts? A History Summary*, University of Pennsylvania Law Review and American Law Register, Vol. 72. No. 3 (Mar. , 1924).

69. J. B. Ames, *History of the Action of Assumpsit* Express Assumpsit, (1882) 2 Harv. Law Rev. pp. 1 – 19(1888).

70. J. B. Ames, *The History of Assumpsit—Implied Assumpsit*, 2 Harv. L. Rev. pp. 53 – 69(1888).

71. Kevin M. Teeven, *A History of Promissory Estoppel: Growth in the Face of Doctrinal Resistance*, Tennessee Law Review, 72 Tenn. L. Rev. 1111(Summer 2005).

72. Roy Kreitner , *The Gift Beyond The Grave: Revisiting The Question of Consideration* , 101 Colum. L. Rev. 1876(December 2001).

73. Joseph H. Beale, Jr. , *Gratutious Undertakings*, 5 Harv. L. Rev. pp. 222 – 31 (1891).

74. Henry Winthrop Ballantine, *Is the Doctrine of Consideration Senseless and Illogical?* 11 Mich. L. Rev. 423 – 24(1913).

75. K. N. Llewellyn, *On the Complexity of Consideration*, A Forword, 41 Colum. L. Rev. 777 ,778(1941).

76. C. J. Hamson, "*The Reform of Consideration*" 54 LQR 233, p. 234 (1938).

77. Gregory E. Maggs, *Karl Llewellyn's Fading Imprint On The Jurisprudence of The Uniform Commercial Code*, 71 U. Colo. L. Rev. 541 ,Summer 2000.

78. Charles Fried, *Contract as Promise: A Theory of Contractual Obligations* ,91 Yale LJ 404(1981).

79. Craig Leonard Jackson, *Traditional Contract Theory: Old and New Attack and Old and New Defense*,33 New England L. Rev. 365(1999).

80. Anthony Kronman, *A New Champion of the Will Theory*, 91 Yale. L. J. 404 (1981).

81. P. S. Atiya, *Contracts, Promises and the Law of Obligation*, 94 L. Q. R.

(1978).

82. Adams & Brownsword, *Contract*, *Consideration and the Critical Path*, 53 MLR 536 (1990).

83. Mark B. Wessman, *Should We Fire the Gatekeeper? An Examination of the Doctrine of Consideration*. 48 U. Miami L. Rev. 45(1993).

84. P. S. Atiya, *Contracts*, *Promises and the Law of Obligation*, 94 L. Q. R. (1978).

85. Benjamin F. Boyer, *Promissory Estoppel: Principle from Precedents*, 50 Mich. L. Rev. 873, 873 – 79(1952).

86. Ronald K. L. Collons, *The Life and Afterlife of Grant Gilmore and His Death*, Nw. U. L. Rev. 7 (1995).

87. Val D. Ricks, *The Sophisticated Doctrine of Consideration*, 9 Geo. Mason. L. Rev. 99, Fall, 2000.

88. Lord Wright, *Ought the Doctrine of Consideration to Be Abolished from the Common Law?* 36 Harv. L. Rev. (1936).

89. Jane B. Baron, *Gifts*, *Bargains and Form*, 64 Ind. L. J. 155(1989).

90. R. Posner, *Gratuitous Promise in Economics and Law*, 6 J. L. S. (1977).

91. Mark B. Wessman, *Recent Defenses of Consideration: Commodification and Collaboration*, 41 Ind. L. Rev. 9(2008).

92. Melvin Aron Eisenberg, *The World of Contract and the World of Gift*, 85 Cal. L. Rev. (1997).

93. Daniel Markovits, *Contract and Collaboration*, 113 Yale L. J. 1417 (2004).

94. A. Phang, *Whither Economic Duress? Reflections on Two Recent Cases*. 53 M. L. R. 107(1990).

95. Treitel, *Consideration: A Critical Analysis of Professor Atiyah's Fundamental Restatement*, (1976)50 Augt. L. J. 439.

96. Edwin W. Patterson, *An Apology for Considertion*, 58 Colum. L. Rev. 929 (1958).

97. Malcolm S. Mason, *The Utility of Consideration—A Comparative View*, 41 Colum. L. Rev. 825, 848(1941).

98. B. J. Reiter, *Courts*, *Consideration*, *and Common Sense*, 27 U. Toronto L. J. 439, 441(1977).

99. Oliver Wendell Holmes, *the Path of Law*, Harvard Law Review, pp. 457 – 478 (1897).

100. 吴伟仁编:《英国文学史及选读》(英文版)(第 1 册),外语教学与研究出版社 1988 年版。

101. *Merriam-Webster's Dictionary of Law*, Merriam-Webater, Incorporated, Spingfield, Massachusetts.

102. Black's Law Dictionary, 8th edition, Bryan A. Garner West, Thomson Business, 2004.

Ⅱ.中文论著、中文译著与辞书:

1. 何勤华著:《西方法学史》,中国政法大学出版社 1996 年版。

2. 何勤华主编:《外国法制史》,法律出版社 2004 年版。

3. 苏力著:《制度是如何形成的》,北京大学出版社 2007 年版。

4. 沈宗灵著:《现代西方法理学》,北京大学出版社 1992 年版。

5 周枏著:《罗马法原论》,商务印书馆 1996 年版。

6. 杨桢著:《英美契约法论》,北京大学出版社 2000 年版。

7. 由嵘主编:《外国法制史》,北京大学出版社 2003 年版。

8. 宋希仁主编:《西方伦理学思想史》,湖南教育出版社 2006 年版。

9. 张文显著:《二十世纪西方法哲学思潮研究》,法律出版社 1996 年版。

10. 张文显主编:《法理学》(第 3 版),高等教育出版社,北京大学出版社 2007 年版。

11. 张宏生、谷春德主编:《西方法律思想史》,北京大学出版社 1990 年版。

12. 苗力田编:《亚里士多德选集 伦理学卷》,中国人民大学出版社 1999 年版。

13. 尹田著:《法国现代合同法》,法律出版社 1995 年版。

14. 徐国栋著:《民法基本原则解释》,中国政法大学出版社 1992 年版。

15. 梁治平编:《法律的文化解释》,三联书店 1994 年版。

16. 李永军、易军著:《合同法》,中国法制出版社 2009 年版。

17. 杨宜良著:《国际商务游戏规则——英国合约法》,中国政法大学出版社 1998 年版。

18. 傅静坤著:《二十世纪契约法》,法律出版社 1999 年版。

19. 徐涤宇著:《原因理论研究》,中国政法大学出版社 2005 年版。

20. 刘承韪著:《对价原则研究》,法律出版社 2006 年版。

21. 孔祥俊著:《合同法教程》,中国人民公安大学出版社 1999 年版。

22. 李玉泉著:《保险法》(第 2 版),法律出版社 2003 年版。

23. [德]K. 茨威格特、H. 克茨著:《比较法总论》,潘汉典、米健、高鸿钧、贺卫方译,法律出版社 2003 年版。

24.［美］伯纳德·施瓦茨著:《美国法律史》,王军等译,中国政法大学出版社1990年版。

25.［英］阿提亚著:《合同法导论》(第5版),赵旭东等译,法律出版社2002年版。

26.［英］丹宁勋爵著:《法律的训诫》,杨百揆等译,法律出版社1999年版。

27.［英］约翰·史密斯著:《合同法》,张昕译,法律出版社2004年版。

28.［美］E.博登海默著:《法理学——法律哲学与法律方法》,邓正来译,中国政法大学出版社1999年版。

29.［法］勒内达维著:《英国法与法国法:一种实质性的比较》,潘华仿、高鸿钧、贺卫方译,清华大学出版社2002年版。

30.［日］内田贵著:《契约的再生》,胡宝海译,中国法制出版社2005年版。

31.［美］约翰·威格摩尔:《世界法系概览》,何勤华等译,上海人民出版社2004年版。

32.［日］望月礼二郎著:《英美法》,郭建译,台湾五南图书出版公司版。

33.［美］罗斯科·庞德著:《法律史解释》,邓正来译,中国法制出版社2002年版。

34.［美］罗斯科·庞德著:《普通法的精神》,唐前宏等译,法律出版社2001年版。

35.［英］梅因著:《古代法》,沈景一译,商务印书馆1959年版。

36.［美］哈罗得·J.伯尔曼著:《法律与革命——西方法律传统的形成》,贺卫方等译,中国大百科全书出版社1993年版。

37.［美］理查德·A.波斯纳著:《法律的经济分析》,蒋兆康译,中国大百科全书出版社1997年版。

38.［意］朱塞佩·格罗索著:《罗马法史》,黄风译,中国政法大学出版社1994年版。

39.［美］科宾著:《科宾论合同》,王卫国等译,中国大百科全书出版社1997年版。

40.［美］罗伯特·A.希尔曼:《合同法的丰富性:当代合同法理论的分析与批评》,郑云瑞译,北京大学出版社2006年版。

41.［美］亨利·马瑟著:《合同法与道德》,戴孟勇等译,中国政法大学出版社2005年版。

42.［美］劳伦斯·M.弗里德曼著:《美国法律史》,苏彦新等译,中国社会科学出版社2007年版。

43. 潘维大、黄阳寿、编著:《英美契约法案例解析》,北京大学出版社2001

年版。

44. 薛波主编:《元照英美法词典》,法律出版社 2003 年版。

45.《牛津法律大辞典》,David M. Walker, 李双元等译,法律出版社 2003 年版。

附录1:主要案例的名称及其判决要旨(以发生年代为序)

1. Y. B. Trin. 46 Edw. Ⅲ, pl. 19 (1372). (The Farrier's Case). 铁匠过失地将钉子钉进了马蹄,导致马的死亡。"侵害诉讼"对非武力过错案件的运用。王室法院首次公开承认"特殊侵害诉讼"。

2. De B. v. De. F (1348) 22 Lib Ass, Fo. 94 P1. 41 (Case of Humber Ferryman). 被告承诺把原告的母马安全渡送过河,可是由于被告超载导致渡船翻覆,原告的母马落水淹死,要求被告赔偿损失。王座法院最后以被告超载给原告造成伤害为由判决原告胜诉。"承诺之诉"萌芽的经典案例。

3. Waldon v. Marshall Y. B. 20 Hy. VI. Trin. pl. 4. Y. B., Mich. 43 Edw. Ⅲ, f. 33, pl · 38(1369). 被告承诺为原告医治马,被告治疗中的过失导致原告的马死亡。最后法庭以"特殊侵害诉讼"做出原告胜诉的判决。

4. Doige's Case, Y. B. 20 Hen. VI. Chap. 34 p1. 4, f. 34 (1442). 关于土地买卖,"承诺之诉"适用于被告不作为的经典案例。

5. J. Somerton Y. B. Ⅱ Hy. VI. Hil. pl. 10. (1453). 律师违反对其当事人的明示约定,与他人共谋,导致其当事人遭受损失,原当事人得到救济。诉讼形式是"基于不当履行的承诺之诉"。

6. Y. B. Mich. 10 Hen. VII, f. 4, pl. 4 (1495). 偿还部分欠款不能充抵全部债务的最早案例。

7. Whitehed v. Elderton, K. B. 27/1076, m. 64 (1530).

被告存在先前的债务,并有后续的偿还允诺。“债务性承诺之诉”出现的开端。

8. Marler v. Wilmer,K. B. 27/1109,m. 74(1539). 原告认识到必须提出交易和后续允诺之间的联系,否则该允诺就没有被执行的原因(causa),就是一个裸露的协议(nudum pactum)。此后,关于义务(obligation)和后续简式约定(assumpsit)之间的联系的术语在实践中很快出现。

9. Harvy V. Stone,K. B. 27/1112,m. 65(1539). 一桩待缔结的婚姻被确认为约因。

10. Mervyn v. Lyds, (1553)Dyer,at f. 9ia. 不确定的允诺不可以成为约因。

11. Joscelin v. Shelton(1557)3 Leo. 4 . 判决书记录以 consideration 作为起诉条件的第一个例证。原告宣称:被告允诺,若原告的儿子娶被告的女儿,被告将对原告支付金钱。原告胜诉。

12. Marsh v. Rainsford, 3 Dyer,272 b,n. 被告向原告允诺,如果原告娶了被告的女儿,被告将向原告支付一笔金钱。原告胜诉。

13. Anon, Dal. 49, pl. 13(1563) 94. 普通民事诉讼法庭判决 20 英镑加盖印的标识足以冲抵 100 英镑的债务。“约因无须等价”规则的早期表现。

14. Sharington V. Strotton. Plowden 300 (1566). 探讨爱和情感能否作为约因的经典案例。

15. Hunt v. Bate Dyer,272 (1568). 3 Dyer 272a,272b, 73 Eng. Rep. 605,608 - 609(K. B. 1568). 确认友谊不能为允诺提供约因,友谊在允诺之前就存在。它的持续存在的特性使得它成为“过去约因”。

16. Richards v. Bartlet, 1 Leon 19 (1584). 债务人对债务的部分偿还不能作为“债权人免除全部债务”的允诺的约因。

17. Manwood and Burston's Case(1587)2 Leon. 203. 该案诉讼文书将各种可能的“约因”做了分类。

18. Sturlyn v. Albany,Cro. Eliza. 67,78 Eng. Rep. 327. (QB 1587). 法官裁定:“原告付出的东西尽管价值很小,也是提起诉讼的充足约因。”约因无须等价规则的早期表现。

19. Harford v. Gardiner, 2 Leon. 30, 70 Eng. Rep. 332 (K. B. 1588). 法官确认家庭成员之间的情感不能作为约因。

20. Stone v. Wythipol,Cro. Eliz. 126(1589). 科克法官宣告了约因的内容与必要性:“每一让被告在承诺之诉中承担责任的约因,必然是被告的获益,或原告的受损。没有哪个案子能超越这一法则。”在该案中,法官开始考虑当事人的行为能力对约因效力的影响。

21. Strangborough v. Warner,4 Leo. 3,74 Eng. Rep. 685(1589). 该案判决最终

确认允诺可以成为约因,即"待履行合同"具有约束力。

22. Reynolds v. Pinhowe (1595)5 Co. Rep. 117a. 法院认定只偿还部分欠款的债务和解协议是有效的,"部分偿还免去了被告的起诉之苦,所以是被告的获益"。

23. Pinnel's Case (1602) 5 Co. Rep. 117a. 英国合同法史上的经典判例,确立"平内尔规则",即债务人对部分欠款的偿还不能充抵全部债务,虽然债权人有免除全部债务的允诺。

24. Slade v. Morley (Slade's case),4 Co. Rep. 91a,76 Eng. Rep. 1072(1602). 里程碑意义的判例,默示允诺概念得到认可,"承诺之诉"对繁杂的合同诉讼形式的统一。

25. Goring v. Goring (1602) Yelv. Ⅱ. 以互为允诺达成的债务和解协议也是有效的。

26. Rogers v. Parrey, 2 Bulstr. 136, Cro. Jac. 326 (1614). 法官判决对合同约定财产租赁期进行限制。

27. Lampleigh v. Braithwait Hob. 105 (1616). 最早确认:原告付出的帮助是在被告的请求之下而为,它是有效力的约因,尽管被告的感激支付允诺在帮助行为之后。

28. Bagge v. Slade (1616)3 Bulstr. 162. 原告向第三方既存债务的偿还构成被告向原告支付的允诺的约因。

29. Bagge v. Slade (1617)3 Bulstr. 162. 科克大法官判决:虽然500英镑不能冲抵1000英镑,但是可以成为免除全部债务的允诺的充足约因,债权人不必为此寻求救济。

30. Broad v. Joolyfe, Cro. Jac. 596, 2 Rolle Rep. 201(1621). 法官判决防止合同导致不正当竞争。

31. Harvey v. Gibbons (1675) 2 Lev. 161. 不合法的允诺不可以成为约因。

32. Harris v. Richards, Cro. Car. 273, 79 Eng. Rep. 838(1632). 支付不超过法律规定的利率是合法约因,非法利率成为有约因支持的允诺的抗辩理由之一。

33. Paradine v. Jane Aleyn 26, 82 Eng. Rep. 897(K. B. 1647). 关于地主起诉要求收取地租的案件,一般被看做英国法中的合同责任绝对的渊源。

34. Starkey v. Mill (1651) Style 296. 法官突破了"约因须来自受诺人"规则,给予原告救济。

35. Bourne v. Mason 1 Vent. 6 (1669). 英国早期关于"约因须来自受诺人"规则的著名判例。

36. Dutton v. Poole (1677) 2 Lev. 211. 法官因当事人与第三人之间的亲情而突破"约因须来自受诺人"规则。

37. Batty v. Lloyd, I Vern. 141,142,23 Eng. Rep. 374,374(1682).法官认为穷人必定比非穷人以更低的价格出卖商品。

38. Ball v. Hesketh, Comberbatch 381, 90 Eng. Rep. 541 (1697).霍尔特将未成年人订立的合同从绝对无效变成可撤销合同。

39. Sherwood v. Woodward(1600) Cro Eliza. 700.原告向第三方履行既存义务被作为被告向原告支付的有效约因。

40. Thorpe v. Thorpe, 12 Mod. 455(1701).霍尔特勋爵在该案判决中提出:"如果做一件事是充分约因,允诺做那件事也应该是充分约因。"

41. Coggs v. Bernard 21 2 Ld. Raym. 909,919 – 20,92 Eng. Rep. 107,113 – 14 (K. B. 1703).英国著名的运酒案,无偿的受托人因自己的过失受制于"承诺之诉",合理信赖成为责任基础。霍姆斯借用此案作为他阐述"交易约因论"的起点。

42. Mitchel v. Reynolds, 1 P. Wms. 181, 24 Eng. Rep. 647 (1711).法官主张消除合同约定对自由贸易的障碍。

43. Lewis v. Chase(1720) I P. Wms. 620.衡平法院法官基于良心判决破产债务人的偿还允诺有效,认可了债权人因为该允诺而获得救济的权利。

44. Kien v. Stukeley, Ⅰ Bro. 191,192,Ⅱ Eng. Rep. 506,507(HL1722).土地的价格被公司上涨的股票而大幅度抬高。法官判决那些以高价购买土地的人获得救济,判决理由不是他们付出了高出市场价的价钱,而是在合同达成时国家错误地以为国民很富有。

45. Moses v. Macferlan, 2 Burr. 1005, 97 Eng. Rep. 675 (1760).曼斯菲尔德提出了关于不当得利的诉讼得以成立的条件,开启了现代"准合同"理论的发展的大门。

46. Pillans v. Van Mierop, 3 Burr. 1663,1671 – 74,97 Eng. Rep. 1035,1039 – 40 (K. B. 1765).英国普通法支持合理信赖保护原则的权威先例。涉及兑付票据交换的商业允诺,曼斯菲尔德法官宣称约因的意义仅限于证据,书面的、盖印的合同以及债券商业允诺都不存在缺乏约因的问题。

47. Dutton v. Poole (1677) 2 Lev. 211.儿子对父亲允诺向他姐姐支付1000英镑。法院判决姐姐有权诉求该允诺的强制实施,尽管她不是合同当事人,没有付出约因。但父女亲情足以将针对父亲的允诺和父亲付出的约因扩展至孩子。"约因必须来自受诺人"的规则被突破的典型案例。

48. Reech v. Kennegal27 Eng. Rep. 932, 933 – 34 (Ch. 1748).衡平法院法官采纳了信赖及道德义务概念禁止遗产管理人以《反欺诈法》为自己抗辩。

49. Rann v. Hughes, 4 Brown P. C. 27, 2 Eng. Rep. 18(H. L. 1778).涉及遗产管理人做出单独的书面允诺是否有强制力的问题。上议院否定了曼斯菲尔德在

Pillans 案中的判决,重申非盖印的书面协议仍然需要约因。

50. Trueman v. Fenton,2 Cowp. 544, 98 Eng. Rep. 1232(1777). 债务人宣布放弃破产保护,允诺偿还破产前夕所欠的债务,曼斯菲尔德判决债权人有权要求偿还允诺得到强制实施。

51. Atkins v. Banwell (1802) 2 East 505. 贫民自己花钱济贫后,向该牧区的负责人提起诉讼,要求收回他的花费。法官判决:原告败诉,但是,如果有明示允诺,原告应该会胜诉,因为“道德义务是明示允诺的充足约因”。

52. Cooke v. Oxley,3 T. R. 653, 100 Eng. Rep. 785(K. B. 1790). 涉及烟叶买卖, 王座法庭法官认为两个允诺在时间上是分离的,由此不能彼此作为约因,所以当事人之间没有协议存在。

53. Hartley v. Ponsonby (1791) Peake 102. 案情与 Stilk v. Myrick 案相似,法院认定原告有权要求被告支付额外工资的允诺得到强制实施,因为原告冒险继续航行的行为就为被告的允诺提供了充足约因。

54. Harris v. Waston(1791) Peak 102. 关于海员要强制实施船主在航行中做出的增加报酬的允诺,法院同样判决海员败诉,但其基础是海事政策原则,不是约因的缺乏。

55. Stilk v. Myrick (1809) 2 Camp317 and 6 Esp129. 英国合同法史上的经典案例,确立了“既存义务的履行不能作为约因”的规则,否定了合同在履行过程中的变更效力。

56. Barnes v. Hedley,2 Taunt. 184(1809). 债务人允诺偿还本金和利率,尽管该借贷行为因违背高利贷法被判决无效,法官仍然判决债务人的允诺须强制实施。

57. Thorne v. Deas,70 4 Johns. 84,84(N. Y. Sup. Ct. 1809). 涉及保险代理人,美国的肯特法官不支持以受诺人的信赖作为无交易要素的允诺的强制力基础。

58. Lee v. Muggeridge, 5 Taunt. 36. (1813). 一份借贷合同因为它由已婚妇女达成而被宣布无效,这位妇女的丈夫去世后她允诺偿还该借贷合同产生的债务,法院判决先前的债务是偿还允诺的有效约因。

59. Homes v. Dana, 12 Mass. 190,191 -92, 11 Tyng 190, 192 (1815). 法官基于受诺人的信赖而判决捐助允诺人承担“衡平法上和道义上”的责任。

60. Trs. Of Farming Acad. V. Allen, 14 Mass. 171, 175, 13 Tyng 172, 176 (1817). 慈善捐助案例,马萨诸塞州最高法院首席大法官帕克把信赖利益保护更推进了一步,信赖利益保护从衡平救济基础上升为普通法中充足的约因基础。

61. Kennedy v. Lee, 3 Mer. 441,36 Eng. Rep. 170 (Ch. 1817). 涉及以邮件接受要约的交易,衡平法院大法官采纳了民法法系的要约与承诺概念来解决允诺同时性问题。使要约与承诺概念成功进入普通法。

62. Adams v. Lindsell, 1 B. &A. 681, 106 Eng. Rep. 250 (1818). 羊毛商人将要约寄给羊毛品制造商。王座法庭法官选择投递承诺的时间作为合同生效时间,该案确立的承诺从被投递时生效的规则被美国法采纳,即邮筒主义(mail-box rule)。

63. Bryant v. Goodnow 22 Mass. (5 Pick.)228,229 – 30 (1827). 涉及商业赞助,法官将合理信赖包括在约因范畴内,判决赞助人有普通法及衡平法上的双重责任。

64. Mills v. Wyman, Supreme Judicial Court of Massachusetts, 20 Mass. (3 Pick.) 207 (1825). 美国探讨道德约因的重要案例,原告没能获得救济。

65. Welby v. Drake (1825) 1 C. & P. 557. 债权人接受了第三人支付的用以冲抵全部债务的部分偿还后,债权人不得追索剩余款项。

66. Munroe v. Perkins 26 Mass. 298,304 – 305, 9 Pick. 298, 304 – 305(1830). 最早对 Stilk 案判决(即当事人对既存合同义务的履行不能作为合同变更协议的约因)提出挑战的美国判例。法官依据信赖利益保护原则使承包人拿到了房主允诺增加的建筑价款。

67. Munroe v. Perkins 26 Mass. 298,304 – 305, 9 Pick. 298, 304 – 305(1830). 法官依据信赖利益保护原则突破"既存义务的履行不能作为约因"规则。

68. Collins v. Godefroy (1831)1 B & Ad 950. 原告接到被告签发的传票而在一项民事审判中出庭作证,后来被告又允诺给他报酬,但原告不得据此允诺索要报酬,履行出庭作证的公共义务不得作为约因。

69. Price v. Easton (1833) 4 B & Ad 433. 原告本人因没有为被告的允诺提供"约因"而无法诉求。"约因必须来自受诺人"规则在近代英国法中的体现。

70. Adams v. Nichols 19 Pick (Mass. 1837) 275,276. 该案强化合同责任绝对的古典规则,当事人的不履行不能因意外事件或不可避免的必须而免除责任。

71. Haigh v. Brooks (1839)10A. &E. 309, per Lord Denman C. J. 一张后来被证明是无效的支票竟然是一个支付 9600 英镑的允诺的约因,法官认为,被告愿意为一张无用的费纸支付巨款是他自己的事。

72. Eastwood v. Kenyon(1840),11,Ad. &ER. 438, Queen's Bench. 给予曼斯菲尔德的道德约因论致命打击的经典案例。

73. England v. Davidson . (1840) Ad and El 856. 公务人员的实际履行超过了法定职责,则此履行可以作为相对允诺的约因。

74. Thomas v. Thomas (1842)2 Q. B. 851. 对动机和约因进行区分的经典案例,而且强调了"约因必须来自受诺人"规则,消除了衡平约因论对法官的影响。

75. Roscorla v. Thomas (1842) 3 Q. B. 234. 关于马匹的买卖,英国历史上阐述"过去约因"原则的经典案例。

76. White v. Bluett(1853) 23 L. J. Ex 36. 儿子允诺不就父亲在儿子中分配财产的事宜向父亲发牢骚,父亲则允诺不就儿子对他所欠的债务对儿子提起诉讼。法院判决儿子的允诺不能作为父亲允诺的约因。

77. Jorden v. Money (1854) 5 H. L. Cas. 185. 涉及债务偿还,英国历史上第一次提到禁反言理论的案例,但没有适用于本案。

78. Hadley v. Baxendale 9 Ex 341, 156 Eng. Rep. 145 (1854). 英国合同法史上的经典案例。关于磨房曲轴维修,在该案判决中,法官阐述了限制违约赔偿范围的规则:第一,损害是可以预见的;第二,被告知悉造成损害的"特殊情况"。

79. Lawrence v. Fox, 20 N. Y. 268 (1859). 债权受益人获得救济的经典案例,对"约因必须来自受诺人"规则的突破。

80. Shadwell v. Shadwell(1860)9 C. B. N. S. 159. 案情涉及婚姻赠与,法官们对"履行对第三方合同义务能否构成约因"展开激烈争论。

81. Cook v. Wright, the Queen's Bench (1861) 1 Best & S 559. 确认:放弃"善意相信其有效而事实上有疑点"的主张可以成为约因。

82. Pryor v. Cain, 25 Ill. 292(1861). 将纯粹合理信赖作为救济基础的慈善捐助案例。

83. Tweddle v. Atkinson (1861) 1 B & S 393. 案情涉及婚姻赠与,"约因必须来自受诺人"规则在英国建立的标志。

84. Scotson v. Pegg (1861) 6 H. & N. 295. 案情涉及运煤的交易,"履行对第三方合同义务可成约因"原则得以确立的英国案例。

85. Taylor v. Caldwell(1863) 3 B & S 826. 案情涉及音乐厅租赁,被告的音乐厅在约定的演出日前遭遇火灾。法官判决被告履行无法实现时于是免除当事人的履行义务。该案判决标志着现代"合同落空"原则的形成。

86. Schnell v. Nell, Supreme Court of Indiana 17 Ind. 29 (1861). 美国历史上关于"名义约因"的典型案例,法官否认了名义约因对协议的支持力。

87. Raffles v. Wichelhaus 2 Hurl & C. 906, 159 Eng. Rep. 375 (Ex. 1864). 英美合同法史上的著名案例,关于棉花销售,霍姆斯在对该案的分析中表达了他的合同客观主义思想。

88. Thompson V. Board of Supervisors of Mercer County, 40 Ill. 379(1866). 将纯粹合理信赖作为救济基础的慈善捐助案例。

89. Callisher v. Bischoffsheim, (1870) L. R. 4 Q. B. 449. 放弃法律上有疑点的诉讼主张权被判决为有效约因。

90. Bolton v. Madden (1873), L. R. 9 Q. B. 55, per Blackburn J. 法官判决:"约因的等价性"是当事人在达成协议时考虑的事,而不是由法院来考虑。

91. Currie v. Misa, L. R. 10 Exch. 162 (1875). 该案归纳了广为流传的约因定义："一个在法律意义上有效的约因，可以是一方当事人得到的某种权利、利益、好处，也可以是另一方当事人遭受的损失、不得不进行的克制或必须承担的责任。"

92. Dickinson v. Dodds (1 Ch. D. 463 C. A. 1876). 关于不动产销售要约。威利斯顿借用对该案的评述确立了一个古典原则：除盖印的要约外，凡是无约因支持的要约都是可以撤销的。

93. Hughes v. Metropolitan Railway Company (1877) 2 App. Cas. 439 (HL). 案情涉及房屋租赁，英国依据衡平法理而适用而判决允诺人不得反悔的著名案例。

94. Goddard v. O' Brien (1882), 9 Q. B. D. 37. 法官裁定被告以流通票据的方式支付较小款项足以成为约因，只要债权人愿意免除债务人的义务。

95. Foaks v. Beer (1884) 9 App. Cas. 605. 英国合同法史上的经典判例，对"平内尔"规则的确认、强化，即债务人对债务的部分偿还不能作为"债权人免除全部债务"的允诺的约因，除非部分偿还在方式上与原来的约定有所不同。

96. Ottumwa, Cedar Falls, & St. Paul R. R. v. Mcwilliams, 32 N. W. 315, 316 - 317(Iowa, 1887). 法官认为，合同不约定所需土地的具体面积和方位是合理的，因为在合同签订时这些内容必然是不知道的。

97. Hamer v. Sidway 124 N. Y. 538 (1891), 27 NE 256. 关于约因认定的经典案例。叔父允诺，如果其侄子到 21 岁坚持不喝酒、不抽烟、不赌钱，他就给侄子 5000 英镑。法院判决叔父的允诺是有法律约束力的，侄子放弃喝酒、抽烟和赌钱的法律权利就是对叔父允诺的约因。

98. Stewart v. Casey(1892)I Ch. At pp. 115 - 116.

99. Carlill v. Carbolic Smoke Ball Co., (1893)1 Q. B. 256. 涉及悬赏广告，以行为作为约因，即"已履行的约因"，构成对要约的承诺。

100. Work v. Welsh, 43 N. E. 719, 721 (Ill. 1896). 在该案中，法官认为，一旦买方出于对出卖允诺的信赖对土地做了实质性的改善，出卖土地的允诺不得撤销。

101. Ricketts v. Scothorn, 57 Neb. 51, 77 N. W. 365(1898). 案情涉及孙女因相信祖父将资助自己并因此辞掉工作。是美国法院依据禁反言理论给当事人救济的早期典型案例。

102. Krell v. Henry, L. R. 2 k. B. 740(Ct. App. 1903). 涉及爱德华七世的加冕典礼游行临时取消，是因"目的受阻"而合同落空的经典案例。

103. Curry v. Ky. W. Ry., 78 S. W. 435, 436 (Ky. 1904). 禁反言原则禁止土地主人在受诺人开始占领土地后撤销其转让允诺，因为土地主人已主动或被动地促成了对土地的占用。

104. Gardner v. Denison, 105 N. E. 359, 217 Mass. 429, 51 L. R. A., N. S., 1108

(1914). 法官判决:孩子跟随捐赠人的姓氏是捐赠人对孩子承担抚养教育的允诺甚至支付大额金钱的允诺的充分约因。

105. Mineral Park Land Co. v. Howard 172 Cal. 289, 156 p. 458 (1916). 认定当事人履行不能而被免除责任的典型案例,《合同法重述》第一版完全采纳了该案的判词:“当某种交易变得不具有经济可行性,就可认定为无法履行,而不具有经济可行性表示该交易只有付出浪费的、不合理的花费才能完成。”

106. DeCicco. v. Schweizer 221 N. Y. 431 (1917). 涉及婚姻赠与,是卡多佐大法官灵活地“创制约因”的典型案例。

107. Seaver v. Ransom, 224 N. Y. 233,120 N. E. 639(1918). 丈夫允诺妻子对她侄女进行赠与,侄女的受益权得到保证,对“约因必须来自受诺人”规则的突破。

108. Glassbrook Bros. v. Glamorgan County (1925) AC 270. 警察有权要求接受了警力保护的煤矿支付额外费用,因为对煤矿的保护标准超过了正常的警力保护标准。

109. Allegheny College v. National Chautauqua County Bank, 246 NY 369,159 NE 173 (1927). 慈善家对大学的捐助允诺被判决具有约束力,其约因就是大学设立以捐助人的名字命名的奖学金。

110. Central London Property Trust, Ltd. v. High Trees House Ltd. (1947) K. B. 130. 英美合同法史上的经典案例,国内广泛称为“高树案”,涉及房屋租金的调整,丹宁勋爵在本案中正式提出允诺禁反言原则。

111. Charles Richard Ltd. v. Oppenhaim (1950) 1 K. B. 616. 英国关于弃权禁反言的经典案例,案情涉及制造商延迟交货,由丹宁勋爵判决。

112. Re McArdle (1951) Ch 669 CA. 母亲索要房屋整修费用,“过去约因”无效的典型案例。

113. Combe v. Combe [1951] 2 K. B. 215(AC). 丹宁勋爵在本案中宣称,“允诺禁反言”在英国法中只能作为抗辩的理由而不是诉讼的基础,约因仍然是合同成立的必备要件。

114. Tool Metal Manufacturing Co. Ltd. v. Tungsten Electric Co. Ltd (1955) 1W. L. R. 761. 该案判决确立,“允诺禁反言”只能导致允诺人原来的合同权利的暂时中止,而不是取消,允诺人通过给予受诺人合理通知来恢复其原来的严格的法律权利。

115. Fiege v. Boehm (1956) 210 Md. 352. 123 A. 2d 316. 判决认为:放弃行使事后证明是无效的权利或诉讼主张是有效约因。

116. Ward v. Byham (1956) 1 W. L. R. 496. 案情涉及非婚生子女的抚养。丹宁勋爵创新性地判决:“履行或允诺履行一项法定义务,应该被视作有效的约因,因为接受该约因的人受益了。”

117. Williams v. Williams (1957) 1 All Er 305. 妻子向丈夫索要生活费的主张得到支持,尽管丈夫辩称妻子有养活自己的法定义务。

118. Allen v. Allen ,Municipal Court of Appeals for the District of Columbia 133 A. 2d 116 (1957). 在非盖印的书面文书中的虚假“约因陈述”没有取得法律效力。

119. Drennan v. Star Paving Co. ,51 Cal. 2d 409, 333 p. 2d 757 (1958). 美国法院将禁反言原则适用于建筑承包合同的典型案例之一,法官援用禁反言原则禁止分包人违背自己的报价。

120. Chappell & Co v. Nestle Co. Ltd (1960) Chappell & Co v. Nestle Co. Ltd. , AC 87. 廉价的包装纸被认为是交易的部分约因,萨默威尔勋爵在本案中确立了英美合同法中著名的“胡椒粒规则”(Peppercorn Rule)。

121. Hoffman v. Red Owl Store26 Wis. 2d 683, 133 N. W. 2d 267 (1965). 案情涉及商品特许经营权的授予。禁反言原则扩展适用于磋商阶段的、尚不能称作要约的允诺的经典案例。

122. D. &C. Builders v. Rees (1966) 2 Q. B. 617. 涉及工程款的支付,对“经济胁迫论”予以阐述的早期典型案例。

123. Panchaud Fr' eres Sa (1970) 1 Lloyd' s Rep. “弃权禁反言”适用范围从当事人“明知”对方违约而放弃追究扩大到他有“行为”显示他对对方违约的不在意。

124. Smith v. Wheeler, Supreme Court of Georgia, 233,Ga. 166,210 S. E. 2d 702 (1974). 关于土地买卖,名义约因在“选择权合同”被判决有效的典型案例。

125. Angel v. Murray,Supreme Court of Rhode Island, 1974, 113. R. 1. 482, 332 A. 2d 630. 案情涉及垃圾处理合同,美国法院基于公平原则而突破“既存义务不是约因”规则的著名案例。

126. New Zealand Shipping Co. Ltd. v. A. M. Satterthwaite, The Eurymedon (1975) A. C. 154(PC). 涉及货物搬运的纠纷,枢密院确认:允诺做本来对第三人有义务做的事,可以构成充分约因。

127. Occidental Worldwide Investment Corporation v. Skibs A/S Avanti, The Sibeon and The Sibotre (1976) 1 Lloyd' s Rep 293. 案情涉及航船租金的调整,在该案判决中,法官谨慎地开启了“经济胁迫论”的大门,并为“经济胁迫”抗辩设定了检验标准,即当事人所受的意志强制足以使他被剥夺了自由合意的能力。

128. Pao on v. Lau Yiu Long (1980) A. C. 614. 涉及股权买卖,允诺履行对合同第三方的已存义务能够构成当前合同的充足约因。

129. Harris v. Sheffield Unitied Football Club Ltd. (1987) 2 All Er 838. 法院最终裁定警察提供了超过他们的公共职责限度的服务,所以他们有权就该服务主张费用。

130. Williams v. Roffey Bros & Nicholls Ltd (1991) 1 Q. B. 1. 英国合同法史上的经典案例,该案的案情与前述 Stilk 案相似,涉及建筑承包合同的变更,对古典约因理论给予实质性变革。

附录2:本书关键专业术语中英文对译表

外　　文	中　　文
procedural contract	程式合同
surety contract	担保合同
deliver-promise contract	交付—允诺型合同
wed	担保物
transaction witness	交易证人
seal	盖印
wager of law	宣誓断讼程序
real contract	要物合同
writ /action of debt	债务之诉(令状)
writ /action of convenant	盖印约定之诉(令状)
writ/action of detinue	请求返还动产之诉(令状)
writ/action of account	账目之诉(令状)
writ/action of trover	动产侵占之诉(令状)
writ/action of trespass	侵害诉讼(令状)
actions of trespass on the case	特殊侵害诉讼
actions on the case in the nature of deceit	欺诈性质的特殊诉讼
actions on the case in the nature of debt	债务性质的特殊诉讼
writ/action of assumpsit	承诺之诉(令状)
assumpsit for misfesance	因被告对承诺的不当履行而提起的承诺之诉
assumpsit for non-feasance	因被告对承诺的不作为而提起的承诺之诉

续表

外　　文	中　　文
indebitatus assumpsit	债务性承诺之诉
an action on the case on assumpsit	特殊的承诺之诉
consideration	约因
debt *sur obligation*	正式债务
debt *sur contract*	合同债务
quid pro quo	对等物
Queen's Court	后座法庭
King's Court	王座法庭
The Court of Common Pleas	普通民事诉讼法庭
nude pact	裸露协定
implied promise	默示允诺
quasi-contract	准合同
executory contract	待履行合同
executed consideration	已履行的约因
executory consideration	待履行的约因
sufficient consideration	充分约因
good/valid consideration	有效约因
past consideration	过去约因
nominal consideration	名义约因
reciprocity	合同互惠性
mutuum	消费借贷
commodatum	使用借贷
tenure	土地保有权
frustration of contract	合同落空
promissory estoppel	允诺禁反言
equitable estoppel	衡平禁反言
estoppel by conduct/ estoppel in pais	行为禁反言

续表

外　文	中　文
estoppel by representation	陈述禁反言
estoppel by convention	惯例禁反言
proprietary estoppel	财产性禁反言
open-end contract	内容开放的合同约定
third party beneficiary doctrine	第三方受益人原则
contract modification	合同变更
doctrine of causa	原因论
Peppercorn Rule	胡椒粒规则
Law Revision Committee	英国法律改革委员会
National Conference of Commissioners On Uniform State Laws	美国统一州法律全国委员会
American Bar Association	美国律师协会
American Law Institute	美国法学会
Association of American Law School	美国法学院协会
Interstate Commerce Commission	美国州际商业委员会

附录3:本书所引主要成文法的中外文对译

国别	英文名	中文翻译	颁布或制定时间
英国	Bill of Middlesex	米德尔塞克斯令	
英国	Provision of Oxford,1258	牛津条例	1258年
英国	Statute of Gloucester	格罗塞斯特法案	1278年
英国	Statute of Wales/Statutum Waiae	威尔士法令	1284年
英国	Statute of Westminister Ⅱ	威斯敏斯特二号条例	1285年
英国	Statute of Usury of 1623	高利贷法	1623年
英国	Statute of Frauds	反欺诈法	1677年
英国	Hilary Rules	希拉里规则	1834年
英国	Common Law Procedure Act	普通法程序法	1852年及1854年
英国	Bankruptcy Act 1869	破产法	1869年
英国	Judicator Acts	司法法	1873年
英国	Infant Relief Act (1874)	未成年人救济法	1874年
英国	Bill Of Exchange Act 1882	票据交换法	1882年
英国	The Sales of Goods Act	货物买卖法	1893年
英国	Law of Property Act 1925	财产法	1925年
英国	Law Reform (Frustrated Contracted) Act 1943	法律改革法(受阻合同)	1943年
英国	National Assistance Act 1948	国家补助法	1948年
英国	Consumer Credit Act 1974	消费信贷法	1974年
英国	Unfair Contract Terms Act 1977	不公平条款合同法	1977年
英国	Limitation Act 1980	时效限制法	1980年

续表

国别	英文名	中文翻译	颁布或制定时间
英国	Minor's Contracts Act 1987	未成年人合同法案	1987 年
英国	Law of Property (Miscellaneous Provisions) Act 1989	财产法(混合条款)	1989 年
英国	The Contracts (Rights of Third Parties) Act 1999	合同法案(第三人权利)	1999 年
美国	Uniform Negotiable Instrument Law	统一流通票据法	1895 年
美国	Uniform Revised Sales Act	统一买卖法(修订版)	1943 年
美国	Uniform Commercial Code	统一商法典	1952 年
美国	N. Y. General Obligation Law	纽约州《一般债务法》	1936 年
美国	The Model Written Obligation Act	标准书面债务法	
美国	Restatement of Restitution	返还法重述	1937 年
美国	Restatement of Contract	合同法重述	1923 年、1981 年
美国	Criminal Code of New York	纽约州刑法典	
国际	United Nations Convention for the International Sales of Goods /CISG	联合国国际货物买卖合同公约	1980 年
国际	Principle of International Commercial Contracts/PICC	国际商事合同通则	1994 年、2004 年
欧盟	The Principles of European Contract Law	欧洲合同法通则	1996 年
欧盟	European Directive on Electronic Commerce	欧盟电子商务指令	1999 年
欧盟	Sale and Supply of Goods to Consumers Regulations 2002	欧盟消费者系列指令	2002 年

附录4:本书所含部分重要法律人物姓名在本书中的中外文对照表

外　　文	中　　文
Glanvill	格兰维尔
Bracton	布拉克顿
Edward Coke	科克
Francis Bacon	培根
ST. Germain	圣·杰曼
John Holt	霍尔特
Matthew Hale	马修·黑尔
Wilmot	威尔莫特法官
Maitland	梅特兰
William Blackstone	布莱克斯通
John Popham	约翰·波帕姆
W. Shepard	谢泼特法官
Mansfield	曼斯菲尔德
Skynner	斯凯勒尔法官
David Dudley Field	菲尔德
Theophilus Parsons	帕森斯
Denman	登曼法官
J. Ames	埃姆斯
S. Milson	米尔森
Frederick Pollock	波洛克

续表

外　　文	中　　文
Christopher Columbus Landell	兰德尔
Samuel Williston	威林斯顿
Oliver Wendell Holmes	霍姆斯
Allan Farnsworth	法恩斯沃思
Portman	波特曼
H. Spencer	斯宾塞
Joseph Story	约瑟夫·斯托里
C. Landell	兰德尔
James Carter	詹姆斯·卡特
Benjamin Nnathan Cardozo	卡多佐
Rosco Pound	庞德
Arthur Corbin	科宾
K. N. Llewellyn	卡尔·卢埃林
Joseph H. Beale	约瑟夫·H. 比尔
C. J. Hamson	汉姆森
Alfred Thompson Denning	丹宁
Richard A. Posner	波斯纳
Macneil	麦克尼尔
Vaughan Williams	沃恩·威廉姆斯
Blackburn	布莱克本
Merrit Lane	梅里特·来恩
John Joseph Sullivan	沙利文
McFaddin	麦克法丁
Patrick S. Atiyah	阿提亚
Lon L. Fuller	朗·富勒
William Holdsworth	霍尔兹沃斯
A. G. Guest	盖斯特

续表

外　　文	中　　文
Somervell	萨默威尔
Scarman	斯卡曼
Wilberforce	威尔伯福斯
S. Comyn	科明
Macaulay	麦考利
Mark B Wessman	韦斯曼
Melvin Aron Eisenberg	爱森伯格
Ronald K. Collins	柯林斯
Kevin M. Teeven	凯文·M. 蒂文
Robert L. Henry	罗伯特·亨利
Daniel Markovits	丹尼·马科维茨
Robert A. Hillman	罗伯特·A. 希尔曼
Guenter Treitel	特雷特尔
James Gordley	詹姆斯·高德利
Aristotle	亚里士多德
Accursius	阿库修斯
Azo	阿佐
Iacobus	雅各布斯
Petrus	彼特鲁斯
Bartolus de Saxoferrato	巴特鲁斯
Baldus de Ubaldis	巴尔杜斯
Domat	多玛特
Robert Pothier	朴蒂埃
Barbeyrac	巴比拉克
Samuel Pufendorf	普芬道夫
Thomas Aquinas	阿奎那
Hugo Grotius	胡果·格劳秀斯
Hein Kötz	海因·克茨

后　记

虽然已决定近期将稿子交给出版社，可我的内心并没有大功告成的胜利喜悦，更多的是遗憾和不安。从 2005 年上半年确定选题，阅读资料到现在我对这个问题已断断续续学习了近 6 年时间，可是，随着阅读资料的增加和思考的深入，越发感到这是一篇待续未完的作品。

在博士论文成书之际，首先要感谢我的博士研究生导师何勤华教授。论文的选题、写作都得到了他的很多指导，更重要的是，若非何老师不时的指点、督促和鼓励，此书恐怕至今难成。何老师对学术事业的执著，治学的毅力，在众多事务中对时间的有效管理，都为我的学习和工作树立了榜样！每当触摸这份书稿，我就不免想起 2006 年 6 月 6 日的博士论文答辩。在此，感谢对我进行答辩评审的各位教授，他们对我的论文提出了很好的完善意见。特别要感谢答辩委员会主席朱苏力教授，他那句“这是让我眼前一亮的作品”的鼓励，让当时紧张而疲惫的我备受感动，也为我后来的学习增添了信心。

虽然眼前的这本著作还有很多不足，但看到它日渐成形，我还是感到有些不可思议。因为，上大学时我选择了自己最喜欢的英语语言文学专业，曾经觉得法律专业离我是那么遥远。在此，我必须感谢我的硕士研究生导师王人博教授，他在十几年前宽容地让毕业于英语专业的我有机会成为他的学生，并一步一步引导我感受这个学科的奇妙。王老师学识广博，思维敏捷，对社会和人生都有深刻见解，让专业基础薄弱的我对王老师至今仍深感敬畏！除王老师以外，西南政法大学还有诸多老师和前辈给予了我关心和引导，他们在学术上的严谨和为人的真诚使我受益终生,在此,我无法一一列举他们的伟名,对其感激之情我会一直铭记于心。

深深感谢远在重庆、成都的父母姊妹及所有亲人,我曾经多次因工作而取消了回家相聚的计划,你们对我的深爱、我对你们的牵挂和内疚是我在异乡生活和学习的动力!感谢丈夫和儿子与我在上海共同创造着平凡却快乐的生活。勤学上进的丈夫与我在学业上进行了很多探讨。儿子从出生到现在已近9年,一直用他的笑声、哭声、可爱和淘气陪伴着我。孩子对妈妈的特别依恋以及现在不输在起跑线上的教育模式,大大增加了我的辛劳,把我的时间拆分得支离破碎,专心地读书写字成为一种奢侈。但是,我因此变得更加坚强,并更深体会到生命的充实和意义。

在为作品的瑕疵而深感不安的同时,我也切实感觉到踏实的写作过程带给我的收益。本书的选题源于教学的积累和需要,我只是因为想完整回答学生关于"Consideration"的提问才开始查阅英文资料,乃至后来在不经意中将其作为博士论文的主题。抱着为学生解惑的平淡心境和谨慎态度,我对研究目标定得很低,就是"讲一个真实的 Consideration"。为此,我确立了"以研究对象的母语来研究"的思路。在过去几年里,围绕论文的构思、写作和修改,我通过多种渠道收集并认真阅读了众多关于英美法律史、合同法及比较法的英文名著和论文。为了求得"眼见为实"的踏实,有些外文著述虽已有中译本,但我仍然坚持对照英文原版。咬文嚼字地精读外文文献固然费时,但是,这一过程不仅提高了本书资料的可信度,还为我的教学带来了意想不到的丰富素材,而且,对这几年看过的经典著作的进一步消化和吸收,足以让我充实数年!

母亲的叮嘱还时时响在耳畔,儿时走过的山路还清晰浮现在眼前,小学老师教的歌谣被我一字不漏地教唱给我的孩子……逝水流年中,越发感到生命的坚韧和快乐。希望,在未来的日子,我继续拥有这样的宁静和健康,有更多的时间与亲人相守,从容地解答学生的每一个提问,微笑地陪伴着儿子一天天长大,并能在忙碌而琐碎的生活中保持读书写字的习惯。

感谢我认识的及未曾相见的众多学界前辈,你们以讲授和著述奉献着智慧,正是你们的奠基、宽容和无私引领,后辈才得以成长,学术得以传承!

感谢一路走来的好友,与你们真诚交流和相知相惜是我一生的宝贵财富,我不在此列举你们的名字,唯恐遗漏!

感谢华东师范大学法律系学术出版基金对本书的支持。

最后,希望前辈及同仁对本书的众多不足之处予以宽容和指正!

陈融

2010 年 9 月 30 日

图书在版编目(CIP)数据

解读约因:英美合同之效力基石/陈融著.—北京:法律出版社,2011
(比较法文丛)
ISBN 978-7-5118-1661-0

Ⅰ.①解… Ⅱ.①陈… Ⅲ.①合同法—对比研究—英国、美国 Ⅳ.①D956.103②D971.203

中国版本图书馆CIP数据核字(2011)第260745号

责任编辑/杨红飞　　**装帧设计**/汪奇峰

出版/法律出版社　　**编辑统筹**/财税出版分社
总发行/中国法律图书有限公司　　**经销**/新华书店
印刷/固安华明印刷厂　　**责任印制**/张宇东

开本/787×960毫米 1/16　　**印张**/19.5　**字数**/360千
版本/2010年12月第1版　　**印次**/2010年12月第1次印刷

法律出版社/北京市丰台区莲花池西里7号(100073)
电子邮件/info@lawpress.com.cn　　**销售热线**/010-63939792/9779
网址/www.lawpress.com.cn　　**咨询电话**/010-63939796

中国法律图书有限公司/北京市丰台区莲花池西里7号(100073)
全国各地中法图分、子公司电话:
第一法律书店/010-63939781/9782　**西安分公司**/029-85388843　**重庆公司**/023-65382816/2908
上海公司/021-62071010/1636　**北京分公司**/010-62534456　**深圳公司**/0755-83072995

书号:ISBN 978-7-5118-1661-0　　**定价:**48.00元